改革开放
40年
研究丛书

ECONOMY

中国特色经济发展
与改革战略研究

李家祥——著

天津出版传媒集团
天津人民出版社

**图书在版编目（ＣＩＰ）数据**

中国特色经济发展与改革战略研究 / 李家祥著. --
天津 : 天津人民出版社, 2018.9
（改革开放40年研究丛书）
ISBN 978-7-201-14112-1

Ⅰ.①中… Ⅱ.①李… Ⅲ.①中国经济—经济发展—
研究②改革开放—研究—中国 Ⅳ.①F124②D61

中国版本图书馆 CIP 数据核字（2018）第 202204 号

**中国特色经济发展与改革战略研究**
ZHONGGUO TESE JINGJI FAZHAN YU GAIGE ZHANLÜE YANJIU

| | | |
|---|---|---|
| 出　　版 | 天津人民出版社 |
| 出 版 人 | 黄　沛 |
| 地　　址 | 天津市和平区西康路35号康岳大厦 |
| 邮政编码 | 300051 |
| 邮购电话 | （022）23332469 |
| 网　　址 | http://www.tjrmcbs.com |
| 电子信箱 | tjrmcbs@126.com |
| 责任编辑 | 郑　玥 |
| 装帧设计 | 明轩文化·王烨 |
| 印　　刷 | 高教社(天津)印务有限公司 |
| 经　　销 | 新华书店 |
| 开　　本 | 710毫米×1000毫米　1/16 |
| 印　　张 | 39.5 |
| 插　　页 | 2 |
| 字　　数 | 450千字 |
| 版次印次 | 2018年9月第1版　2018年9月第1次印刷 |
| 定　　价 | 98.00元 |

# 前　言

　　2017 年,中国共产党召开了第十九次代表大会,作出了中国特色社会主义进入新时代的重大论断,确立了习近平新时代中国特色社会主义思想的历史地位,确定了决胜全面建成小康社会,开启全面建设社会主义现代化国家新征程的目标。2018 年,又迎来我国改革开放 40 周年,需要总结长期积累特别是党的十八大以来形成的经验,在新的阶段推动全面深化改革和扩大对外开放。面对着重要的历史时刻和宏大的时代主题,作为经济学理论工作者理应投身于这一洪流,为学习理解、阐释普及、深入研究做出努力。本书将以此为引领就进入新世纪以来我国经济发展与改革开放进程中的一些战略性问题做出思考与研究。

　　进入 21 世纪后,中国经济发展历经着波澜壮阔的进程,取得了举世瞩目的成绩,破解了纷繁复杂的难题,也迎接着前所未有的挑战。服务于引领发展,党和国家相继制定了从全面建设小康社会到全面建成小康社会的发展目标,在经济建设领域陆续实施了一系列区域和产业方面的发展战略,并针对加入世界贸易组织和应对国际金融危机推出了众多深化改革和扩大开放的战略举措。对于北方特别是京津冀区域来说,近年来提出的京津冀协同发展战略、"一带一路"建设及其重大部署,更是推动了发展,焕发了活力,同时提出了许多新的课题。面对这一切,理论界积极回应时代需要,以众多理论阐述和学术研讨为之提供理论支撑,推进了中国特色社会主义经济学研究。作为一名理论经济学教学和科研工作者,我于改革开放以来长期持续开展中国经济改革与发展的重大问题的研究,进入新世纪即自2000年以来,继续积极思考新的重要理论与实践问题,承担各级各类课题,出席多个高端学术会议,参加市委和市政府的咨政活动,努力发表新的学术成果,认真提出咨政见解。考虑到以前出版过的论著与文集的情况,基于新阶段自己的研究特点,本书收入了进入新世纪特别是党的十八大以来围绕我国经济发展和改革开放的战略性问题进行探讨所取得的一些主要成果。

本书坚持马克思主义中国化的研究方向,注重思考和积极运用中国特色社会主义政治经济学的理论与方法,立足于新世纪中国经济发展和改革开放的实践,突出体现了问题导向,展示了新的历史阶段的新思考。本书主要由四十二篇在重要刊物中发表的文章或重要会议上讲演的稿件组成,基本架构包括两个大的方面,其中又各有专论。

第一个方面是经济发展战略问题研究。其中包括几个专论部分。

一是对经济发展战略的一些基本理论问题的思考。有就中国特色经济发展战略理论的产生发展与体系特征作出的总体分析;有进入全面建成小康社会时期及决胜阶段就经济发展新常态、贯彻"五大发展理念"、中国特色新型"四化"道路、以人为核心的城镇化路径等战略理论创新的分析;有中国特色社会主义进入新时代就高质量发展阶段和现代化经济体系建设的分析;有以科学发展观为指导就我国经济发展观、构建和谐社会与我国经济理论的关系的分析;有全面建成小康社会阶段就《论十大关系》的地位与价值的分析。

二是对经济发展主线理论的思考。由于我国"十二五"时期将加快转变经济发展方式确定为发展主线,"十三五"时期将供给侧结构性改革确定为发展主线,因此我在以往研究的基础上就此开展了较为集中的研讨。有就转变经济发展方式对在我国"十二五"时期的主线地位与社会科学界的重要任务的分析;有就供给侧结构性改革在我国"十三五"时期的主线地位与转变经济发展方式关系的分析;有就经济发展进入新时代供给侧结构性改革的地位的分析;有就马克思关于经济发展方式思想的丰富内容、历史地位与时代价值的分析。

三是对区域经济协同发展的思考。从近年来国家区域布局的战略看,对于华北地区来说,具有决定性意义的是党和国家实施了京津冀协同发展重大战略。本书中有就京津冀协同发展的重大意义与更新观念的分析;有就破解京津冀产业对接协作难题的分析;有就新时代认识和服务雄安新区的分析。基于环渤海区域合作意义深远并已颁布国家方案,本书还有就环渤海区域合作视域下滨海新区务实参与、产业合作的新形势新特点新路径的分析。

四是对建设全国先进制造研发基地的集中思考。京津冀协同发展国家重大战略对天津城市发展作出了"一基地三区"的新定位,为此近年来我专门围绕建设全国先进制造研发基地这一新概括进行了较系统研究。书中有就新形势下加快发展天津先进制造业的总体战略思路的分析;有就理解全国先进制造研发基地含义、特点和新定位的理论分析;有就以创新理念引领全国先进制造研发基地建设,特别是产业创新的整体分析;有就构建全国先进制造研发基地指标体系的专题分析;有就培育全国先进制造研发基地国际影响力的专题分析;有就全国先进制造研发基地建设产业创新中心的特点、意义与路径的专题分析。此外,还有就进入后国际金融危机时期我国战略性新兴产业发展的分析,为理解建设全国先进制造研发基地提供丰富背景。

第二个方面是经济改革开放战略问题研究。其中也包括几个专论部分。一是针对党的十八大以来我国进入全面深化改革阶段的新形势新需要,就经济体制改革新的历史起点与顶层设计作出的整体思考。

二是对新世纪初国家综合配套改革试验区的集中思考。针对新世纪初我国经济改革战略对国家综合配套改革试验区的部署,我着力围绕此方面的基本理论和滨海新区的建设作出专门系统研究。这一部分有就我国综合配套改革试验区的理论价值与阶段特征的总体分析;有就建设自由贸易港区与国家综合配套改革试验区、综合配套改革试验区研究理论热点评价、发展统筹城乡综合配套改革试验区土地制度创新理论等方面的专题分析;有专门针对滨海新区就推进综合配套改革的总体分析、综合配套改革实践特点与思路深化的分析。

三是对对外经济开放战略现实问题的专题思考。针对新世纪中国加入世界贸易组织后进入新阶段和爆发世界金融危机后迎接新挑战,有就新世纪国际金融资本流动的影响及我国应对的分析;有就国外战略性新兴产业的发展态势及对我国启示的分析;有就后危机时期我国出口型企业走出困境的创新选择的分析;有就"一带一路"建设与北方港口城市融入思路的分析;有就建设我国北方对外开放门户的特殊含义与以改革促建设思路的分析。

四是对对外经济开放战略理论发展的思考。我国对外经济开放战略理论有个发展过程，书中有就中国经济对外开放理论发展研究的任务、意义与框架的总体分析；有就中国改革开放以来经济开放理论的发展与新世纪新阶段创新的分析；有就邓小平对外开放理论在新阶段的重要意义和地位的分析；有就孙中山的开放主义思想的历史意义的分析。

此外，本书还安排了附录部分，收入了这一时期就与中国经济发展和改革开放战略密切相关的研究方面应邀撰写的9篇书评。这些著作多为研究京津冀协同发展、经济发展方式转变、加入世界贸易组织、全面深化经济改革、天津滨海新区发展等问题之作，撰写书评也督促自己从新的角度进一步思考了经济发展与改革开放战略方面的相关重要理论，深化了学习和研讨。附录还收入了这一时期同行专家为我就对外经济开放理论发展作出系统研究的著作发表的1篇书评。

基于上述内容，本书的突出特点主要有：

1. 将党和国家发展战略创新理论阐释与学术研究相结合

进入新世纪以后，特别是党的十八大以来，党和国家顺应世界形势变化，结合我国国情和发展阶段变化，及时就经济发展战略作出新的部署并推进理论创新。如新世纪初制定了全面建设小康社会的新发展战略目标，在科学发展观的指导下就"十二五"时期提出了以加快经济发展方式转变为主线，在进入经济发展新常态条件下作出了贯彻"五大发展理念"，推进供给侧结构性改革。党的十九大又在作出中国特色社会主义进入新时代的重大判断的基础上部署了新"三步走"战略，指明了建设现代化经济体系的新任务。2017年底的中央经济工作会议明确提出了以新发展理念为主要内容的习近平新时代中国特社会主义经济思想,其中包括坚持问题导向部署经济发展新战略。

对于这些马克思主义中国化过程中的创新理论成果和属于中国特色社会主义政治经济学的重要理论以及基于新需要新实践的新思路新课题,经济学界必须进行科学阐释,提供理论支撑。为此,本书收进了我就上述方面相继形成的学习体会及初步思考。当然,有关分析主要是从经济学角度展开的,这体现了学科特色,能以专业性理论文章发挥深入分析的作用。将理论阐述与学术研究两个思考角度努力结合起来,既承担了理论工作者的时代责任,又发挥了从事政治经济学研究的专长。

2.将国家宏观发展战略分析与区域发展战略研究相结合

进入新世纪以来,面对新形势,党和国家对经济发展和改革开放作出了许多新的战略性思考和部署,作为经济理论工作者,自己首先就此方面的一些突出问题展开了总体层面的分析,这也是长期从事宏观经济理论研究的继续。需要说明的是,这一时期党和国家对区域协调发展高度重视,陆续就各区域的改革开放和产业发展作出了多项关系全局的部署。如2005年党的十六届五中全会,在提出我国第十一个五年规划建议时首次将天津滨海新区开发开放纳入国家发展战略。2014年习近平总书记亲自召开座谈会,提出了京津冀协同发展的国家重大发展战略。2015年,国务院又颁布了首个环渤海地区合作发展规划。作为天津的经济理论研究人员,特别是自2009年自己到天津市社会科学界联合会工作,自然承担起组织专家学者为天津发展献计献策和提供理论支撑的任务,因此也和大家一样积极从事调查研究,撰写了多份研究报告和论文。尽管其中的许多思考属于天津发展问题,但又的确是全国重大发展战略的有机组成部分,深入分析会促进宏观发展战略的认识深化与行动贯彻,因此将其中一些发表的论文和讲演讨论收进本书中。

3. 将基本理论考察与实践问题研究相结合

无论是从宏观层面还是从微观方面研究中国经济发展和改革开放问题,都需要从理论角度作出分析,特别是中国经济发展走出了一条特色道路,中国特色社会主义拓展了发展中国家走向现代化的途径,为解决人类问题贡献了中国智慧、提供了中国方案,更需要在理论层面进行深入总结和研究。为此,本书中的很多论文主要是从基本理论的角度作出一些新的考察。同时,考虑需要研究的新问题常常从实践中产生,区域发展研究更需要紧密结合地方的实践,强化问题导向开展理论分析,因此与进入新世纪之前我的研究成果不同的是,本书收入的不少文章是结合国内外经济发展实践,特别是京津冀协同发展、国家综合配套改革实验区、全国先进制造研发基地建设实践和滨海新区开发开放实际而撰写的,有些发表在地方报刊之上的文章还体现出咨政建议的特点。这种情况与从事区域经济战略研究直接相关,构成了我在进入新世纪之后从事研究工作和发表成果的一个特征。

当然,就实践问题特别是对区域发展的实际问题作出思考,需要下功夫探索如何提升学术品质和展开学理分析,值得欣慰的是,一些成果还是产生了影响。一些论文发表在较高层次专业学术刊物之上,有的还获得了教育部人文社会科学优秀成果奖和天津市社会科学优秀成果奖。一些实际研究中的咨政建议也获得了多方肯定和高层批示。

### 4.将独立进行探讨与团队合作研究相结合

长期以来,自己坚持独立对一些重要经济理论和实际问题进行思考,撰写论文和论著。进入新世纪以后,尽管先后在天津师范大学和天津市社会科学界联合会担任了 10 年的主要负责工作,但我仍坚持了这个习惯,利用休息时间独立撰写和发表成果。本书收入了部分这样的文章。可是新时期研究现实问题需要集体攻关,带研究生理应指导他们学习从事科研的方法,而且与其他研究工作者和博士生、硕士生的合作也支撑了我主持课题的研究,丰富了我的研究成果,弥补了时间不足和思考局限,因此本书有部分成果是团队合作研究的成果。需要说明的是,本书是以自己名义出版的,所以选择了和一些青年教师特别是直接指导的博士生和硕士生合作的成果予以收入,而且这些成果总体为我主持课题的重要内容,基本是由我出题目,在合作者撰写初稿后由我修改润色,有的则由我主要执笔。

需要说明的是,为了突出最新问题的分析和体现理论逻辑,各部分收入的文章没有按发表的时间排序。常常是根据文章类型,按照总体宏观分析、较新问题分析、基础理论分析的顺序进行安排,并对内容进行了相应修订。

另外,考虑到出版本书的特色和范围,其中收入的文章不仅不是我的课题组合作完成的全部作品,也不是进入新世纪后我的全部写作成果,如没有收入从事中国特色社会主义政治经济学思想史方面作出的部分研究,没有包含承担经济类课题的研究报告与专门撰写的咨政建议,没有纳入在报刊上发表的较短篇幅的此类文章,更没有包括承担管理工作所进行的思考与写作。这些内容将根据实际情况,在继续编辑的一些文集,如《中国特色社会主义政治经济学史论》等之中再加以归纳和收录。

编撰本书的过程,也是重新总结和深入感悟的过程。我深感进入新世纪后特别是党的十八大以来,我国经济发展和改革开放在勇对挑战和破解难题的过程中取得了举世瞩目的创新成绩,为理论工作者从事研究提供了难得的机遇,京津冀协同发展与天津经济发展成为国家战略为天津理论界创造了前所未有的良好条件,党的十九大召开及其理论创新和发展部署更是提供了正确指引和众多课题,我们能够以研究成果融入这一伟大时代进程,并在其中提升科研能力和咨政水平是幸运的;能够获得多方高度信任和重要委托,作出自身积极努力,取得一些研究成果,并为天津师范大学理论经济学学科建设增添些许特色和亮点是应当的。将这些智力付出的结果编撰起来,有利于进行学术交流,也便于留存和查阅我与合作者的部分劳动果实。恰逢庆祝我国改革开放 40 年,作为这一伟大历程的经历者和见证者,愿以出版本书为丰富我国经济发展和改革开放战略理论与实践的研讨,融入马克思主义中国化研究与中国特色社会主义政治经济学研究,思考天津在新时代的经济发展增添一份力量。

李家祥

2018.3

# 目　录

## 发展战略理论篇

## 经济发展主线篇

# 经济改革战略篇

# 对外开放实践篇

# 对外开放理论篇

# 区域协同发展篇

# 先进制造基地篇

# 附　录

评论与被评论

发展战略理论篇

# 第一章　中国特色经济发展战略理论的
　　　　产生发展与体系特征

　　经济发展战略理论是中国特色社会主义政治经济学的有机组成部分。对于一个发展中的大国来说,所具有的特殊国情和所身处的特殊时代都决定了不可能照搬他国的发展经验和模式,必须走出一条自己的发展道路,构成这条特色道路的核心内容之一正是发展战略。在我国,这一战略的始点是经济发展战略,随着实践发展又扩充为经济社会发展战略,并逐步演变至包括经济、政治、社会、文化、生态等众多方面。党和国家在不同历史时期就中国特色经济发展战略作出了与时俱进的创新和概括,引领我国取得了世界瞩目的发展成就。中国社会主义政治经济学在诸多学科中首先肩负起研究经济发展战略的使命,并随着实践发展而不断深化和丰富这种探索,为宏观决策和培养人才发挥了理论支撑作用。

　　伴随实践发展,经济发展战略成为一个有着极为丰富内容的问题,涉及宏观背景、指导思想、目标任务、基本原则、步骤安排、重点领域、途径措施、重要保障等方面,贯穿于中国经济发展理论的始终。从社会主义政治经济学在中国的发展历程看,就这一问题的研讨与经济制度特征、经济体制改革、经济对外开放的理论研究并行推进又相互交织,形成了中国特色社会主义政治经济学的突出内容。因此有必要就这一特色理论的发展进程及主要内容作较为系统的考察与分析。

## 一、中国特色经济发展战略的初期构想与正式提出

"战略"一词,原是军事术语,其本意指基于对战争全局的分析所作的筹划和指导,与从局部出发的"战术"一词相对应。后来战略一词的含义发生了演变,泛指对涉及全局性、根本性和长远性的问题作出的决策,从而推广应用于政治领域、经济领域、社会领域等。

(一)中国特色经济发展战略的初期构想

从中国共产党的理论创新进程和国家的整体部署看,在 20 世纪 80 年代之前没有使用经济发展战略的概念,当然这不等于从理论到实践方面没有就此作出过思考和倡导。20 世纪 50 年代中期,面对社会主义改造任务基本实现后中国发展道路的选择,毛泽东认真总结了苏联的建设经验与教训,在深入调研的基础上系统论述了正确处理社会主义建设中面临的十大关系,[①]在经济方面如重工业与农业、轻工业,沿海与内地,经济建设与国防建设,国家、生产单位和生产者个人,中央和地方等关系,显然这些都属于发展基本方针和重要途径方面的战略性分析,为以后举行中国共产党第八次代表大会制定正确思路和统一思想认识奠定了基础。自 20 世纪50 年代至 60 年代初期,周恩来在政府工作报告及重要讲话时多次强调要建设现代化工业、农业、国

---

① 《论十大关系》(1976 年 12 月 26 日),载《毛泽东文集》(第 7 卷),人民出版社,1996 年,第 33 页。

防和科学技术的社会主义强国,论及了"四个现代化"的战略目标。这些都代表了在社会主义经济建设开始实践之时党和国家对发展战略的早期探索与构想。然而 20 世纪 50 年代末我们也提出了总路线、"大跃进"等要求过急并影响全局的口号,脱离了实际,带来了教训。理论界围绕后者既有头脑发热的不少论证,也有冷静务实的真知灼见。可见,尽管有着经济发展战略方面的初步思考,但是由于新中国刚刚成立,而且在长时间中党的中心工作没有放在经济建设之上,因此还没能形成此方面的明确系统认识。

(二)中国特色经济发展战略的正式提出

1978 年召开的党的十一届三中全会明确了把全党工作的重点和全国人民的注意力转移到社会主义现代化建设上来;实行改革开放推动改变以往每年制定国民经济发展计划的做法,开始着手谋划中长期发展计划。这些都使从整体和长远上研究和规划经济建设既非常必要又成为可能。1982 年召开的党的第十二次代表大会作出了标志性的设计,明确提出"在全面开创新局面的各项任务中,首要的任务是把社会主义现代化经济建设继续推向前进。为此,党实事求是地分析了我国经济建设的战略目标、战略重点、战略步骤和一系列正确方针"[①]。在党的文献中首次明确阐述了经济发展战略,主要内容包括如下方面。

1. 经济发展战略目标

党的第十二大报告将我国该阶段的经济发展目标及其具体内容

---

① 胡耀邦:《全面开创社会主义现代化建设的新局面》(1982 年 9 月 1 日),载《十二大以来重要文献选编》(上),人民出版社,1986 年,第 26 页。

概括为："从一九八一年到本世纪末的二十年,我国经济建设总的奋斗目标是,在不断提高经济效益的前提下,力争使全国工农业的年总产值翻两番,即从一九八〇年的七千一百亿元增加到二〇〇〇年的二万八千亿元左右。实现了这个目标,我国国民收入总额和主要工农业产品的产量将居于世界前列,整个国民经济的现代化过程将取得重大进展,城乡人民的收入将成倍增长,人民的物质文化生活可以达到小康水平。"①

这个战略目标是对我国一直沿用的"四个现代化"提法的具体化。邓小平首先就中国特色的现代化目标作出了说明。1979 年 12 月 6 日,他在会见日本首相大平正芳时指出:"我们要实现的四个现代化,是中国式的四个现代化。我们的四个现代化的概念,不是像你们那样的现代化的概念。而是小康之家。到本世纪末,中国的四个现代化即使达到了某种目标,我们的国民生产总值人均水平也还是很低的。要达到第三世界中比较富裕一点的国家的水平,比如国民生产总值人均一千美元,也还得付出很大的努力。就算达到那样的水平,同西方来比,也还是落后的。所以,我只能说,中国到那时也还是一个小康的状态。"②他还提出,翻两番,国民生产总值人均达到八百美元,就是到 20 世纪末在中国建立一个小康社会。根据这个意见,党的十二大确定了到 20 世纪末以工农业总产值翻两番为突出标准的战略目标,从而使经济发展战略更加明确,切实可行。

①　胡耀邦:《全面开创社会主义现代化建设的新局面》(1982 年 9 月 1 日),载《十二大以来重要文献选编》(上),中央文献出版社,1986 年,第 26 页。
②　《中国本世纪的目标是实现小康》(1979 年 12 月 6 日),载《邓小平文选》(第 2 卷),人民出版社,1994 年,第 237 页。

从当时情况看，这一目标应该是很宏伟的。实现翻两番，我国的经济建设会以世界并不多见的速度增长，经济实力大为增强，整个国民经济的现代化过程会大大推进，城乡人民生活水平将有较大的提高，整个社会经济面貌必将大为改观。同时，这个战略目标是在全面分析我国实际情况的基础上制定的，突出强调了以不断提高经济效益为前提，明确提出了人民的物质文化生活可以达到小康水平，避免了过去那种在提出经济发展任务或目标时，往往没有把满足人民生活需要摆在应有地位的错误做法，从而将经济增长与改善人民生活紧密结合起来。在当时看来，所谓小康水平，就一个国家来说，主要指按人口平均的国民生产总值达到世界中等发展程度国家的水平。这意味着，我国人民的生活水平会达到相当于当时中等发展国家的人民的物质和文化生活程度。虽然与世界发达国家相比还存在较大差距，但是体现了从实际出发、量力而行的原则，反映了社会主义经济规律的要求和全国亿万人民的愿望。

2. 经济发展战略重点

实现经济发展战略目标需要干多方面的工作，但是在一定时期内，必须有主有次，有重有轻，不能主次先后不分，为此必须确立发展的战略重点。党的十二大报告从我国现实情况出发，提出在以后的二十年内，要在综合平衡的基础上，牢牢抓住农业、能源和交通、教育和科学这几个根本环节，将其作为经济发展的重点任务。

3. 经济发展战略步骤

到 2000 年实现工农业年总产值翻两番是全国范围内总的奋斗目标，为了实现这一目标，党中央在深入分析我国经济情况和发展趋势的基础上,提出了分为"两步走"的战略步骤,即前十年,从 1981—1990年,主要是打好基础,积蓄力量,创造条件;后十年,从 1990—2000 年,进入一个新的经济振兴时期,经济发展速度和人民生活的改善将会有较快的提高。实行这一战略步骤,体现了积极稳妥,循序渐进的原则,使发展战略更为切实可行。

4.经济发展战略原则

党的十二大报告还用较大篇幅分析了在全部经济工作中必须特别注意解决的重要原则。一是集中资金进行重点建设和继续改善人民生活。二是坚持国营经济的主导地位和发展多种经济形式。三是正确贯彻计划经济为主、市场调节为辅的原则。四是坚持自力更生和扩大对外经济技术交流。这些原则中,第一条针对当时的实际情况强调了牢固树立"全国一盘棋"的思想和贯彻"一要吃饭、二要建设"的原则,基本属于发展战略的指导思想。后三条阐述了实行改革开放的基本原则,属于经济发展战略的体制保障问题。此外,报告还强调了在提高经济效益的前提下提升经济总量,要求在扩大再生产的方式上,逐步从以外延为主转向以内涵为主的轨道,逐步改变生产力布局不合理的状况,建立完善的地区经济结构。

与此同时,我国理论界也开始了经济发展战略的集中研究。1981年,中国社会科学院、世界经济学会等单位联合召开了多次"经济、社会发展战略问题"座谈会,推动学术界研究国外经验,探讨中国特色的发展战略。党的十二大召开之后,经济学界形成研讨高潮,讨论了发展战略的由来、概念与特征,经济发展战略的目标选择、制定原则、具体目标、指标体系、实现途径等。以此为基础出版了一些有影响的学术著作,如《试论我国社会主义经济的新战略》《中国经济发展战略问题研究》[①]等。这些基础性理论研究为创新经济发展战略理论与实践提供了理论支撑。20世纪80年代,党和国家提出的经济发展战略反映了我国的实际情况和发展需要,与经济学界讨论的问题及其成果一起标志着这一重大特色理论的产生。

## 二、中国特色经济发展战略的与时俱进与丰富深化

自20世纪80年代以来,我国经济发展经历了多个阶段,取得了世界公认的巨大成就,发展的国际环境也有着许多重大变化。顺应新形势的演变及其要求,党和国家必然对各个阶段的经济发展战略作出新的设计,从而推动实践的逐步深化和认识的不断丰富。突出体现在以下方面。

(一)20世纪80年代末期的"三步走"经济发展战略

党的十二大前后,党和国家相继制定了许多改革开放的重大举措,特别是以农业联产承包责任制为引领的农村体制改革突破、以出台《关于经济体制改革的决议》为代表的城市经济体制改革推动,以建立经济特区和沿海地区开放地带为标志的对外开放,都极大地焕发了经济活力,促进了生产力的发展。自1978年召开党的十一届三中全会至1987年召开党的十三大的10年间,中国国民生产总值、国家财政

---

① 马洪:《试论我国社会主义经济的新战略》,中国社会科学出版社,1982年;刘国光:《中国经济发展战略问题研究》,上海人民出版社,1984年。

收入和城乡居民平均收入都大体上翻了一番,长期困扰国家发展的一些社会经济问题开始得到解决,人民得到较多实惠。面对快速发展实绩和生产力发展的历史课题,全面认识经济发展目标的需要提上了议事日程。邓小平在1987年4月30日会见西班牙工人社会党副总书记、政府副首相格拉时,首次提出了经济建设大体分"三步走"的战略目标。他建议组织一个班子,研究二十一世纪前五十年的发展战略和规划。

1987年,党的十三大报告在系统阐述社会主义初级阶段理论之后,专门设置了"关于经济发展战略"一个大问题,进一步强调,党的十一届三中全会以后,我国经济建设的战略部署大体分为三步走。第一步,实现国民生产总值比1980年翻一番,解决人民的温饱问题。这个任务已经基本实现。第二步,到20世纪末,国民生产总值再增长一倍,人民生活达到小康水平。第三步,到21世纪中叶,人均国民生产总值达到中等发达国家水平,人民生活比较富裕,基本实现现代化。这一经济发展战略对中华民族百年图强的宏伟目标作出了积极而又稳妥的规划,是中国共产党探索中国特色社会主义建设规律的重大成果。在此基础上,大会又将发展科学技术和教育事业、合理调整和改造产业结构、扩大对外开放的广度和深度作为三个重点问题予以说明。

(二)跨世纪之际的实现两个根本性转变

20世纪90年代中期,面临跨世纪的新形势和新需要,加之自改革开放以来特别是确定了社会主义市场经济改革的目标之后,我国经济取得了新的发展,并积累了十几年的经验。党和国家在制定国民经济和社会发展"九五"计划和 2010 年远景目标时，提出实现目标"关键是实行两个具有全局意义的根本性转变，一是经济体制从传统计划经济体制向社会主义市场经济体制转变，二是经济增长方式从粗放型向集约型转变"①。第一个根本性转变属于我国经济体制改革的理论与实践，反映了自 20 世纪 90 年代初实行社会主义市场经济改革的部署，同时也是经济发展战略实施的重要保障。经济增长方式转型这一命题则直接是针对我国长期以来实行粗放型发展模式并带来经济效益差的弊端提出的，就此作出明确概括，并将其视为跨越新世纪的两个具有全局意义的根本性转变之一，赋予了新发展思路在历史上没有的地位。20 世纪 80 年代党的十二大、十三大曾认识到要注意由外延扩大再生产转向内涵扩大再生产的轨道，由粗放经营转向集约经营，这里将其概括为经济增长方式及其转变，上升为全局性、根本性的发展思路，由此提出了我国经济发展战略的根本路径。同时，党和国家还针对我国当时的情况，就此方面的实践强调了形成三种机制、向四个方面要效益的重点任务，即要靠经济体制改革，形成有利于节约资源、降低消耗、增加效益的企业经营机制，有利于自主创新的技术进步机制，有利于市场公平竞争和资源优化配置的经济运行机制，向结构优化要效益、向规模经济要效益、向科技进步要效益、向科学管理要效益。②这种概括从较高层次又突出重点地揭示了当时及较长时期内实现经济转型的重要途径。

---

① 《中共中央关于制定国民经济和社会发展"九五"计划和二○一○年远景目标的建议》，载《十四大以来重要文献选编》，人民出版社，1997 年，第 1481 页。

② 同上，第 1483 页。

20 世纪 90 年代,世界科技革命出现新的高潮,科学技术对经济社会发展的推动作用愈加明显,党中央根据世界经济全球化发展潮流和我国现代化建设需要,陆续作出了许多战略部署。如党的十五大报告在"经济发展战略"部分强调提出了科教兴国战略、可持续发展战略。20 世纪 90 年代末,面对东南亚金融危机的挑战,服务于启动内需,国家提出和实施了西部大开发战略,并在此基础上整体部署了沿海地区率先发展、中部地区崛起、东北地区振兴的区域格局。为了积极参与国际竞争与国际经济合作,提升和扩大对外开放的深度与广度,党中央提出要不失时机地实施"走出去"战略。这些都丰富了对经济发展战略途径内容的认识。

(三)新世纪初的全面建设小康社会和新型工业化道路、中国特色城镇化道路

20 世纪末,我国胜利实现了经济发展战略的第二步目标。至 2000 年,在国民生产总值增长提前 5 年完成了再翻一番任务的情况下,按现行汇率计算的人均国民生产总值和国内生产总值双双超过了 800 美元,人民生活总体上达到了小康水平,为此,我国宣布如期实现了"总体小康"。然而这种小康还只是一个低标准、偏重物质消费、发展不平衡不全面的小康,因此在跨入新世纪,面临如何实施第三步战略目标的重要任务之际,2002 年,党的十六大科学总结了长期发展的经验,分析了国际环境和国内发展的需求与条件,提出了在新世纪头 20

年,"全面建设惠及十几亿人口的更高水平的小康社会"①的战略目标,进一步深化了经济发展战略的目标和步骤。

这个设计规划了实现第三步战略目标过程中的新阶段性目标。1997年,党的十五大在十三大提出"三步走"战略的基础上又对我国到2010年、建党100年、新中国成立100年的发展作出了划分和大体部署,这被称为实现第三步战略目标的"小三步"。2000年10月召开的党的十五届五中全会进一步作出了"从新世纪开始,我国将进入全面建设小康社会,加快推进社会主义现代化的新的发展阶段"的判断。2002年,党的十六大报告高度概括并系统地阐明了全面建设小康社会的奋斗目标,不仅从宏观上规定了力争实现国内生产总值到2020年比2000年翻两番的新的数量要求,而且强调了新目标要使经济更加发展、民主更加健全、科教更加进步、文化更加繁荣、社会更加和谐、人民生活更加殷实。这就使得全面建设小康社会的奋斗目标成为一个宏观与微观、城市与乡村、经济政治文化与生态环境相结合,体现人的全面发展的综合性宏伟目标。

与此同时,党的十六大报告还分析了实现新阶段目标的必要性。报告指出,当时达到的小康水平仍存在局限性,还是低水平的、不全面的、发展很不平衡的小康,人民日益增长的物质文化需要同落后的社会生产之间的矛盾仍然是我国社会的主要矛盾。尽管我国的经济总量已跃居世界第六位,但人均水平还相当低,2002年底将达到的人均GDP为1000美元,仍属于中下等收入国家水平。只有全面建设惠及十

① 《全面建设小康社会,开创中国特色社会主义事业新局面》(2002年11月8日),载《江泽民文选》(第3卷),人民出版社,2006年,第543页。

几亿人口的更高水平的小康社会,才能使我国更加繁荣富强,人民的生活更加幸福美好,中国特色社会主义进一步显示出巨大的优越性。从小康水平到小康社会,从实现总体小康到迈向全面小康,这里的内涵发生了重大变化,内容更为丰富。"小康社会"所指的不仅仅是经济发展水平,还有人民生活水平的提升,包括中国特色社会主义经济、政治、文化的全面发展,由此形成了社会主义现代化战略的新构想,即:到2020年实现全面建设小康社会的目标,在继续奋斗几十年,到21世纪中叶基本实现现代化,把我国建成富强民主文明的社会主义国家。自此之后,中国进入全面建设小康社会的新阶段。

党的十六大还提出了走新型工业化道路和中国特色的城镇化道路。报告指出:"坚持以信息化带动工业化,以工业化促进信息化,走出一条科技含量高、经济效益好、资源消耗低、环境污染少、人力资源优势得到充分发挥的新型工业化路子。"[①]这是在总结发达国家以往走过的传统工业化道路的经验教训和科学分析我国新发展阶段面对的国际形势与国情的基础上作出的新概括。发达国家走的都是"先工业化后信息化"之路。我国作为一个后起的发展中国家,在工业化尚有重要任务待完成之时又面临着信息化浪潮席卷全球的大势。我们没有必要重复国外的老路,而是应该以信息化带动工业化,以工业化促进信息化,将二者有机结合,形成带与促的关系,使我国走出既符合国情又顺应历史潮流的富有特色之路。走新型工业化道路离不开我国的城镇化问题。因为工业化意味着农业就业人口和农村居住人口的大幅度降

---

① 《全面建设小康社会,开创中国特色社会主义事业新局面》(2002年11月8日),载《江泽民文选》(第3卷),人民出版社,2006年,第545页。

低。为了使从中游离出的大量人力资源得到利用又避免"城市病",推进城镇化就成为我国的必然选择。"走中国特色的城镇化道路"的重要概括适应了这种需要。两条新的发展道路的谋划虽然不仅仅属于经济领域,但也大大丰富了我国经济发展战略途径理论的内容。

(四)科学发展观与"十二五"时期加快转变经济发展方式

21世纪初,我国在按照党的十六大部署大力推进改革开放和现代化建设之际,一场突如其来的"非典"疫病爆发。这虽然是突发性灾害,但由此引起了党和国家对影响经济社会发展的突出矛盾和问题的思考——关键在于要解决什么样的发展、怎样发展的问题。2003年,党的十六届三中全会第一次在党的正式文件中提出了科学发展观,要求"坚持以人为本,树立全面、协调、可持续的发展观"①。坚持以人为本,就是要始终把实现好、维护好、发展好最广大人民的根本利益作为党和国家一切工作的出发点和落脚点,尊重人民主体地位,发挥人民首创精神,保障人民各项权益,走共同富裕道路,促进人的全面发展,做到发展为了人民、发展依靠人民、发展成果由人民共享。全面发展,就是要以经济建设为中心,全面推进经济、政治、文化建设,实现经济发展和社会全面进步。协调发展,就是要统筹城乡发展、统筹区域发展、统筹经济社会发展、统筹人与自然和谐发展、统筹国内发展和对外开放,推进生产力和生产关系、经济基础和上层建筑相协调,推进经济、政治、文化建设各个环节、各个方面相协调。可持续发展,就是要促

---

① 《中共中央关于完善社会主义市场经济体制若干问题的决定》(2003年10月14日),载《十六大以来重要文献选编》(上),中央文献出版社,2011年,第464页。

进人与自然和谐,实现经济发展和人口、资源、环境相协调,坚持走生产发展、生活富裕、生态良好的文明发展道路,保证一代接一代地永续发展。

科学发展观作为新发展阶段的指导思想发挥着总揽全局的作用,必然从以人为本的高度提升经济发展战略目标的标准,从"五个统筹"方面丰富经济发展战略目标的路径。自此,国家中长期计划也正式更名为规划。科学发展观提出以后,在实践中也不断得到充实。2006年,党中央从建设中国特色社会主义事业总体布局和全面建设小康社会的全局出发,提出了构建社会主义和谐社会的重大战略目标。这虽然主要针对社会建设作出部署,但又从统筹经济和社会发展的角度,特别是就城乡和区域发展、收入分配格局、就业和社会保障、基本公共服务体系、创新型国家建设、资源利用和生态环境等方面对经济发展提出了新的要求。2007年,党的十七大作出了中国特色社会主义理论体系新概括,对科学发展观的时代背景、科学内涵、精神实质和根本要求进行了全面系统的阐述,明确指出:科学发展观,第一要义是发展,核心是以人为本,基本要求是全面协调可持续,根本方法是统筹兼顾。[①]

在全党全国认真贯彻科学发展观这一重大战略思想之际,一场全球性的金融危机袭来,使我国经济社会发展遇到严重困难。党和国家在从容应对,将宏观调控的着力点转到防止经济增速过快下滑的同时,清醒认识到这场国际金融危机表面上是对我国经济增长速度的冲击,实质上是对不合理的经济发展方式的冲击,因此强调转变经济发

---

① 胡锦涛:《高举中国特色社会主义伟大旗帜 为夺取全面建设小康社会新胜利而奋斗》(2007年10月15日),载《十七大以来重要文献选编》(上),中央文献出版社,2009年,第11页。

展方式已刻不容缓，必须把加快经济发展方式转变作为深入贯彻落实科学发展观的重要目标和战略举措，不断取得实质性进展。2010年，党的十七届五中全会作出的《中共中央关于制定国民经济和社会发展第十二个五年规划的建议》在"十二五"发展规划的指导思想中作出了"以科学发展为主题，以加快转变经济发展方式为主线"的概括，说明了这一主线的背景和内涵，将加快经济发展方式转变放在了前所未有的高度，特别是提出了"五个坚持"，即坚持把经济结构战略性调整作为加快经济发展方式的主攻方向，坚持把科技进步和创新作为加快经济发展方式的重要支撑，坚持把保障和改善民生作为加快经济发展方式的根本出发点和落脚点，坚持把建设资源节约型、环境友好型社会作为加快转变经济发展方式的重要着力点，坚持把改革开放作为加快转变经济发展方式的强大动力。①这是我国经济发展方式转型理论与实践在进入加快阶段后又一新的概括与发展，丰富了对经济发展战略的重点领域与路径的认识。

（五）全面建成小康社会时期和新常态阶段的发展理念与供给侧结构性改革

2012年，党的十八大确定了到2020年全面建成小康社会的宏伟目标，在经济方面的新要求是经济持续健康发展，在发展平衡性、协调性、可持续性明显增强的基础上，实现国内生产总值和城乡居民人均收入比2000年翻一番。这里从实现发展目标的角度对发展阶段作出

---

① 《中共中央关于制定国民经济和社会发展第十二个五年规划的建议》（2010年10月18日），载《十七大以来重要文献选编》（中），中央文献出版社，2011年，第975~976页。

更精准性界定,将"全面建设小康社会"调整为"全面建成小康社会",①并把城乡居民人均收入翻一番作为目标,体现了科学发展和追求质量的取向。大会闭幕不久,习近平总书记提出了实现中华民族伟大复兴的中国梦的奋斗目标,使我国在新世纪实现两个百年发展目标的构想产生强大的号召力和感染力,为坚持和发展中国特色社会主义包括实现经济发展战略注入了崭新内涵。

全球经济自爆发金融危机以来长期持续处于低迷状态。受其影响,带动我国经济三十年增长的投资、消费和出口的增速从 2011 年起同时下降,并持续下行。面对新的发展环境与走势,2014 年在河南考察时,习近平总书记从立足长远的高度提出了"新常态"的命题,后历经中央政治局会议、北京亚太经合组织工商领导人峰会和年底经济工作会议等的逐步深化,对经济发展新常态的基本特点、科学内涵作出了精辟阐述和战略分析,就如何应对这一阶段性变化作出了总体部署。习近平总书记指出,新常态呈现出速度变化、结构优化、动力转换三大特点,增长速度从高速转向中高速,发展方式从规模速度型转向质量效率型,经济结构调整从增量扩能为主转向调整存量、做优增量并举,发展动力从主要依靠资源和低成本劳动力等要素投入转向创新驱动。认识、适应、引领新常态是当前和今后一个时期我国经济发展的大逻辑。

2015 年,党和国家在制定"十三五"规划时充分考虑了新发展阶段的趋势和地位,按照适应新常态、把握新常态、引领新常态的总要求

① 胡锦涛:《坚定不移沿着中国特色社会主义道路前进为全面建成小康社会而奋斗》(2012 年11 月 8 日),载《十八大以来重要文献选编》(上),中央文献出版社,2014 年,第 1 页。

作出战略谋划。①党的十八届五中全会作出的"十三五"规划建议,将这时期概括为"全面建成小康社会决胜阶段"②,在提出指导思想时突出重点地强调"加快形成引领经济发展新常态的体制机制和发展方式",又在部署各项战略任务时体现了如何引领新常态,从而充实了经济发展战略阶段的内容。面对新的发展阶段及其新条件、新机遇、新挑战,为了解决好什么是发展、怎样发展、为谁发展的重大问题,习近平总书记强调必须坚持以人民为中心的发展思想,鲜明提出并系统论述了"创新、协调、绿色、开放、共享"五大发展理念,认为确立新的发展理念是"关系我国发展全局的一场深刻变革"。新的发展理念体现了新形势下破解发展难题,厚植发展优势的需要,反映出党对我国发展规律的新认识,也开辟了经济发展战略指导思想的新境界。

经济发展新常态的重大判断,必然带来全国经济工作思路的重大调整。2015 年 11 月,习近平总书记在中央财经领导小组第十一次会议上指出,在适度扩大总需求的同时,着力加强供给侧结构性改革,着力提高供给体系质量和效率,增强经济持续增长动力,推动我国社会生产力水平实现整体跃升。2015 年底召开的中央经济工作会议强调,"推进供给侧结构性改革,是适应和引领经济发展新常态的重大创新,是适应国际金融危机发生后综合国力竞争新形势的主动选择,是适应

① 《深入认识经济发展新常态》,载《习近平谈治国理政》(第 2 卷),外文出版社,2017 年,第 245 页。

② 《中共中央关于制定国民经济和社会发展第十三个五年规划的建议》(2015 年 10 月 29 日),载《十八大以来重要文献选编》(中),中央文献出版社,2016 年,第 786 页。

我国经济发展新常态的必然要求"①。继而供给侧结构性改革被作为"十三五"时期的发展主线,成为新阶段的经济发展战略重点。党中央强调要坚持稳中求进工作总基调,更好把握"稳"和"进"的关系。围绕供给侧结构性改革这条主线,大力实施了去产能、去杠杆、去库存、降成本、补短板,打好防范化解重大风险、精准脱贫、污染防治的攻坚战。实施"一带一路"建设、京津冀协同发展、长江经济带发展的区域发展国家战略。与京津冀协同发展国家重大战略相适应,雄安新区作为继深圳、浦东新区之后的第三增长级被提出和推进。这些继续丰富着我国经济发展战略的途径选择。

(六)习近平新时代中国特色社会主义思想与建设现代化经济体系

在 2017 年 10 月召开的党的第十九大上,一个最大亮点就是确定了习近平新时代中国特色社会主义思想成为指导思想和行动指南。这一重大理论创新的基本方略包括了"十四个坚持",其中的坚持党对一切工作的领导、以人民为中心、全面深化改革、新发展理念、在发展中保障和改善民生、人与自然和谐共生、推动构建人类命运共同体等都直接规定了新时代经济发展战略的指导思想和重点领域。

大会报告提出了新的"三步走"战略目标,明确从现在到 2020 年,是全面建成小康社会决胜期。从党的十九大到二十大是"两个一百年"奋斗目标的历史交汇期。从 2020 年到本世纪中叶可以分两个阶段来安排。第一个阶段,从 2020 年到 2035 年,在全面建成小康社会的基础

---

① 《2015 年中央经济工作会议》(2012 年 12 月 21 日),http://www.xinhuanet.com/fortune/2015-12/21/c_1117533201.htm,新华网,2015 年 12 月 21 日。

上,再奋斗15年,基本实现社会主义现代化。从经济发展方面看,我国经济实力、科技实力将大幅度跃升,跻身创新型国家前列;人民生活更为宽裕,中等收入群体比例明显提高,城乡区域发展差距和居民生活水平差距显著缩小,基本公共服务均等化基本实现,全体人民共同富裕迈出坚实步伐等。由此,将原先"三步走"的现代化目标提前了15年。第二个阶段,从2035年到本世纪中叶,再奋斗15年,把我国建成富强民主文明和谐美丽的社会主义现代化强国。①这里将原先设想的现代化标准由中等水平提升为现代化强国,对社会主义现代化国家的标准增加了美丽的要求。可见,经济发展战略的目标要求与步骤安排都有了新的设计。

大会报告还就经济建设方面安排了"贯彻新发展理念,建设现代化经济体系"部分。这既是习近平新时代中国特色社会主义思想的基本方略的有机组成部分,也是经济发展战略设计与实施的创新。大会报告指出,我国经济已由高速增长阶段转向高质量发展阶段,正处在转变发展方式、优化经济结构、转换增长动力的攻关期。这些阐述概括了我国经济发展战略的宏观背景和所处阶段。大会报告提出,建设现代化经济体系是跨越关口的迫切要求和我国发展的战略目标,要求必须坚持质量第一、效益优先,以供给侧结构性改革为主线,推动经济发展质量变革、效率变革、动力变革,提高全要素生产率,着力加快建设实体经济、科技创新、现代金融、人力资源协同发展的产业体系,着力构建市场机制有效、微观主体有活力、宏观调控有度的经济体制,不断

---

① 《决胜全面建成小康社会　夺取新时代中国特色社会主义伟大胜利》(2017年10月27日),http://www.xinhuanet.com/2017-10/27/c_1121867529.htm,新华网,2017年10月27日。

增强我国经济创新力和竞争力,从而说明了我国经济发展的新战略目标及其内涵。大会报告详细阐述了建设现代化经济体系的六项主要任务:深化供给侧结构性改革、加快建设创新型国家、实施乡村振兴战略、实施区域协调发展战略、加快完善社会主义市场经济体制、推动形成全面开放新格局等,从而说明了经济发展战略的重点任务和重要支撑。

再从我国经济学界的研究来看,自20世纪末以来没有再就经济发展战略问题形成总体上集中式的专项研讨高潮,在各种归纳经济学研究热点的论著中也没有见到此种专题概括。这主要是因为在20世纪80年代初的讨论基础上对此方面的基础理论已形成了基本共识,学界的主要注意力继而放在围绕新的战略发展目标和主要路径探讨更深入的专门问题上。

这些专题主要有:一是"三步走"战略及不同阶段的演进的分析论证,包括邓小平经济发展战略理论、习近平新时代中国特色社会主义经济思想研究等。二是中国经济发展速度与发展道路或模式评价。三是经济增长方式或经济发展方式及其转型。四是区域经济发展战略,包括"一带一路"建设、京津冀协同发展、长江经济带发展、粤港澳大湾区、全面振兴东北地区等。六是产业结构转型与产业政策定位,包括发展战略性新兴产业、先进制造业等。七是对外经济发展战略的定位和演进。八是经济发展新常态理论、"五大发展理念"和供给侧结构性改革。九是由高速增长阶段转向高质量发展阶段、建设现代化经济体系等。此外,还有从马克思主义中国化的角度围绕经济社会整体目标开展的包括经济发展战略问题的总体考察。这些研究都积极推动和丰富深化了中国特色经济发展战略理论的研究。

## 三、中国特色经济发展战略理论的体系架构与重要特征

（一）中国特色经济发展战略理论的学说体系与内容

通过 40 年的充实与完善，我国经济发展战略理论已形成了相当完整的体系。主要部分包括：

1.经济发展战略的含义地位

一般说来，经济发展战略是指较长时期中，根据对经济发展的各种因素、条件的估量，从关系经济发展的全局出发，研究和制定经济发展所要达到的目标、实现这一目标所要经过的阶段步骤、重要路径、解决的重点以及所要采取的重大政策、措施。制定正确的经济发展战略意义十分重大。因为妥善地解决了涉及经济发展中带有全局性、长远性和根本性的问题，就容易较好地处理大量局部的和次要的问题。长时间实践已经证明，实行错误的经济发展战略必然导致整个经济的失误，正确的经济发展战略则会引领经济健康快速成长。新中国成立后尽管长期内没有使用这一概念，但经济建设中出现的全局性错误，无不与事实上制定了脱离实际情况的战略奋斗目标及其部署有关。改革开放以来，我国经济总量跃居世界第二位，经历着由富起来到强起来的转变，也得益于确立了符合实际、方向正确的经济发展战略。因此，只有以马克思主义为指导，在立足我国国情的基础上，研究和确定科学的经济发展战略，才能保证中国特色社会主义伟大事业的顺利发展和现代化的圆满实现。

2.经济发展战略的主要目标

经济发展战略目标是整个经济发展战略的着眼点和落脚点。它直接关系到国民经济发展的方向及相应的政策方法,因而选择发展目标就成为确定经济发展战略的核心问题。经济发展战略目标通常用一个国家在一定历史阶段所要达到的经济增长速度、规模、水平以及满足人民生活需要的程度等指标来体现。社会主义经济规律决定了要以人民发展为中心, 这需要根据国家在不同时期的具体情况加以具体化。按照经济发展实践和战略理论的要求,长的发展阶段要经历若干个具体的发展阶段并需要制定出具体目标。我国经济发展战略对小康社会目标的设计突出体现了这种要求。邓小平最初提出小康社会的目标之时,正是基于我国人均国民生产总值仅约250美元的低水平,从而设计了翻两番,即达到人均800美元到1000美元的标准。

由于改革开放促进了经济快速发展, 我国不断提升这一数量目标,特别是为了适应经济社会发展在不同阶段提出的新要求,又相继提出了全面建设小康社会和全面建成小康社会的新标准。党的十八大总结了建设中国特色社会主义的经验,进一步描绘了全面建成小康社会、加快推进社会主义现代化的宏伟蓝图,发出了向实现"两个一百年"奋斗目标进军的伟大号召,习近平总书记提出了实现中华民族伟大复兴的中国梦。据此,党和国家在已经确定的全面建成小康社会目标要求的基础上,提出要努力实现新的目标要求。

与"十二五"规划建议相比,这主要体现在补充了新任务和提升了原规定的高度。前者如,经济保持中高速增长,产业迈向中高端,户籍人口城镇化率加快提高;生态环境质量总体改善;各方面制度更加成熟、更加定型、国家治理体系和治理能力现代化取得重大进展等。后者如，迈进创新型国家和人才强国行列，人民生活水平特别是质量普遍提高，国民素质和社会文明程度显著提高；开放型经济新体制基本形成等。这些新的标准使发展战略目标更符合形势需要、人民意愿和社会期盼，坚持了以人民为中心的发展思想。

随着制定发展战略标准的提升，我国将最初的经济发展规划扩展为经济和社会发展规划，建设小康社会的规划内容也由经济方面逐步扩展到社会、文化、政治、生态等方面。但这不等于经济发展战略及其目标的理论与实践不再独立存在了。基于经济是基础的发展规律，而且我国仍然是发展中国家，因此经济发展战略目标始终居于国家整个经济社会发展规划中的首要地位，起着决定性作用。

3. 经济发展战略的指导思想

在整个经济发展战略中，树立什么样的指导思想，关系到战略目标、步骤和措施的制订和实现。因而，确立正确的指导思想，是制定符合发展规律和体现国情的经济发展战略的首要前提。

从我国20世纪80年代最初提出经济发展战略之时看，首先是党的十一届三中全会以来实现了思想路线的根本转变，重新确立了实事求是的思想路线，把党和国家的工作重点转到了经济建设上来，提出了全面开创社会主义现代化的历史任务。以此为前提，又针对当时实际情况要求树立积极奋斗，量力而行，长期建设的思想。因为在一个人口众多、经济文化仍然落后的国家进行现代化建设，面临着种种其它国家很少遇见的问题，存在着许多困难。特殊的国情和艰巨复杂的任务决定了我国的现代化建设不可能在短期内轻而易举地实现，必将呈现出长期性和阶段性的特点。因而,必须树立起量力而行、长期建设的战略思想,有步骤、分阶段地实现现代化。注重把"一要吃饭、二要建设"作为指导经济建设的一项基本原则。

从进入新世纪看,中央提出了科学发展观,要求着力转变不适应不符合科学发展观的思想观念,着力解决影响和制约科学发展的突出问题,把科学发展观贯彻落实到经济社会发展各个方面。以此为指引,实现全面建设小康社会奋斗目标有了新要求,首先强调了发展协调性,转变经济发展方式取得重大进展,并将生态文明建设作为奋斗目标的主要内容之一。

再从进入经济发展新常态看,只有坚持以人民发展为中心的思想,贯彻"创新、协调、绿色、开放、共享"的新发展理念,才能直面和解决经济社会发展的突出问题,使人民群众在改革发展中增强获得感,推动永续发展。

4.经济发展战略的遵循原则

经济发展战略的原则属于经济发展战略指导思想的深化,是紧密结合一个时期的实际情况和突出问题,解决难点,强调倾向性着眼点的思路性依据和要求。

例如,在最初制定发展战略时,党的十二大报告分析了必须特别注意解决的四项重要原则。在第一条集中资金进行重点建设和继续改善人民生活之中,针对当时国家建设资金较少和资金使用分散的情况,强调了牢固树立"全国一盘棋"的思想,针对人民生活水平较低的总体情况并总结了新中国成立后的建设经验,提出了贯彻"一要吃饭、二要建设"的原则。无数正反经验证明,社会主义条件下制订经济战略目标,还离不开正确处理人民生活和生产建设之间的关系。从当时战略目标的确立来看,一些国家包括我国都曾把生产发展速度,或者说把某几项重要产品的增长速度定为主要的发展目标,从而使经济发展严重失衡并陷入困境,影响了社会主义制度优越性的发挥。这和片面强调生产增长速度,忽视提高人民生活水平有直接关系。从战略目标的实现来看,如果长期片面强调生产建设,人民生活水平得不到提高,势必会影响劳动者积极性的发挥,妨碍战略目标的顺利实现。反之,如果片面强调提高消费水平,不顾发展阶段的实情而扩大消费,则会影响建设资金投入,还容易引起物价上涨,货币贬值,损害人民的根本利益和长远利益。从当时看,生产建设与生活水平提高的关系主要体现为积累和消费的关系。积累与消费之间的关系从根本上说是统一的,但又存在着矛盾。实践证明,处理好二者关系非常重要而又十分复杂,既要坚决摆脱长期靠压低消费水平来维持高积累率的错误做法,把保证人民的物质文化生活水平逐年有所提高放在首位,又要使这种提高建立在生产不断发展的基础之上。陈云将正确处理好生产和生活之间的关系的原则,形象地概括为"一要吃饭,二要建设",适应了当时指导经济发展战略目标制定和实现的需要,其中体现的内在规律对于一个人口众多、资源不够丰富、人均国民生产总值仍较低的国家来说,依然是需要长期注意的。

20世纪80年代末,党和国家针对当时的经济过热、通胀严重和改革力度、政治形势等特殊情况,提出必须处理好改革发展稳定的关系。这一重要原则不仅指导着体制改革大局和重大举措推出的力度与接受程度,而且关系着经济发展速度的调控及经济发展战略的实施。

党的十九大提出了习近平新时代中国特色社会主义思想,在阐述精神实质和丰富内涵时指出了"八个明确",其中之一是明确中国特色社会主义最本质的特征是中国共产党的领导,在阐述"十四个坚持"时,第一条就是强调坚持党对一切工作的领导。这也指出了我国制定和贯彻经济发展战略的一项基本原则。我国每个五年发展计划或规划都是在党的领导下形成的。特别是自制定"九五"计划和十年远景规划以来,均是先召开党的中央全会提出发展原则和思路性建议,以此为依据召开全国人大会议讨论并通过和颁布正式计划或规划。可见,党的领导是正确制定中国经济发展战略的必备前提和保障。

5. 经济发展战略的实施重点

我国经济发展的不同阶段遇到的突出问题和矛盾不同,各个时期实现战略目标的重点任务就有所区别。

在20世纪80年代初刚刚提出经济发展战略时,根据制约实现发展目标的主要瓶颈确定的战略重点是解决农业、能源和交通、教育和科学方面的问题。在80年代末正式明确"三步走"战略时,需解决的重点问题又列出三个:把科学技术和教育事业放在首要位置,使经济建设转到依靠科技进步和提高劳动者素质的轨道上来;保持社会总需求和总供给基本平衡,合理调整和改造产业结构;进一步扩大对外开放的广度和深度,不断发展对外经济技术交流与合作。可见,这时的重点任务既有衔接性又从宏观方面予以了提升。

在面临跨世纪之时,党的十五大报告又专就经济发展战略提出了三项任务,即加强农业基础地位,调整和优化经济结构;实施科教兴国战略和可持续发展战略;努力提高对外开放水平;不断改善人民生活水平。在新世纪初提出全面建设小康社会目标时,党的十六大除了继续强调发展农业、科学教育,还提出了走新型工业化道路、实施可持续发展战略、加快城镇化进程、促进东中西部区域经济协调发展等。

在进入新常态阶段之后,推进供给侧结构性改革的现阶段重点任务就是去产能、去库存、去杠杆、降成本和补短板。

6. 经济发展战略的主要路径

经济发展战略的重点任务相对于一个阶段的战略目标而言也具有路径的意义,但是随着形势变化和全面建设小康社会目标要求的调整,难以用几项重点任务来概括如何实现发展战略目标,而是需要更广泛和深入地把握实现发展目标的战略性思路。这种路径可归纳为两个方面。一是引领全局的阶段性发展主线方面,如转变经济增长方式或经济发展方式、供给侧结构性改革等。二是牵动全局的战略目标实施领域方面,如区域发展战略、产业发展战略、乡村振兴战略、对外经济发展战略、科教兴国战略、可持续发展战略、创新驱动战略等。

战略目标实施领域涉及面很广,我们不应当也不可能将其相关内容全部纳入国家经济发展战略的理论体系,否则会使这一宏观理论过于庞杂,代替了中观和微观经济发展研究。正确做法是将其涉及全局性、长远性、根本性的内容纳入进来。如区域发展战略方面的西部大开发战略、特色城镇化道路、京津冀协同发展、长江经济带发展、粤港澳大湾区、全面振兴东北地区战略等,产业发展战略方面的新型工业化道路、创新驱动和建设制造业强国的"中国制造2025"等,对外经济发展战略方面的沿海开放战略、"走出去"战略、"一带一路"建设、自由贸易试验区与自由贸易港等。其中许多具体问题和举措应由具有更广泛内容的中国经济发展理论、对外经济开放理论和区域经济学、产业经济学来研究。

需要看到的是,从广义上说,我国经济发展战略的主要路径还包括经济体制改革,因为这是推动经济快速发展,实现战略目标的支撑性保证。但是在我国,体制改革理论毕竟是相对独立于经济发展理论的专门理论,因此只从经济发展战略保障的角度论及其重大战略。从这种意义上说,也可以把经济发展战略的主要途径区分为狭义与广义之说,前者更为直接,属于基本保障,后者较为间接,涉及面相当广阔。

7. 经济发展战略的基本方法

这里主要指经济发展战略制定和实施的根本性方法。从制定方法看,如党的"十三五"发展规划建议以实用管用为准则,坚持问题导向,聚集突出问题和明显短板,在"五大发展理念"的统领下提出和强调了两百多个重要举措。其中有五十多个较重大的战略、工程、行动、计划、制度等。从新提出的举措看,如网络强国战略、国家大数据战略直接服务于培育新动力,拓展新空间,实现创新发展;优进优出战略服务于适应开放新格局,提升我国产业在全球价值链中的地位;就业优先战略、食品安全战略服务于共享发展,保障基本民生,建设健康中国;脱贫攻坚工程服务于完成全面建成小康社会的最艰巨任务,实现人人享有的目标。这种从现存重大问题出发,作出具有针对性、前瞻性的重要部署的做法,使规划措施更实际、更具可操作性,提供了一种有效的制定方式,可以说丰富了我国经济发展战略的方法论。

经济发展战略的实施方法是指关系战略目标实现的具有根本性的方法。如,党的十八大以来,面对错综复杂的国际形势和艰巨繁重的国内改革发展稳定任务，党和国家强调坚持稳中求进工作总基调，认为这是治国理政的重要原则，也是做好经济工作的方法论，要求稳住经济运行，保持经济平稳健康发展，不发生系统性金融风险。贵在有进，重点是深化改革、调整结构。这既是立足我国经济发展新常态，做好经济工作的重要指导方针，也为经济发展战略的实施提供了科学方法论。

上述几个方面的内容有着内在联系，其中，发展阶段及目标是统领，发展理念是灵魂，发展路径是重点，共同构成了具有内在联系、相互依存的逻辑体系。

(二)中国特色经济发展战略理论的重要特征与贡献

中国经济发展战略理论具有明显的特征或中国特色，除了表现在建立了系统的理论体系之外，还可以从多方面看出。

1. 植根于中国客观实际，体现了国际环境的变化

世界和我国历史发展经验表明，国家经济发展战略的制定和实施必须符合国情。新中国成立初期经济建设过程中的主要问题是犯了急于求成、急躁冒进的"左"的错误，这又源于误判了国情。汲取这一教训，我国根据所处发展阶段的实情，自制定经济发展战略之始就设计了小康社会与现代化建设分步走的思路，并且依据国情变化予以不断调整、充实、提升。

以发展战略重点任务为例，我国长期高度重视农业发展，正是植根于中国国情的选择。20世纪80年代初，党和国家就明确提出要坚定不移地把发展农业放在第一位。从当时看，我国作为十亿人口的大

国,解决好人民的吃饭穿衣问题是一件头等重要的事情。粮食的消费量是世界最高水平的国家之一,但却是人均占有粮食量最低的国家之一,满足这种需求只能主要依靠自身发展农业来实现。同时,农业发展的状况还直接制约着整个工业的发展。当时我国轻工业原料的70%来自农业,农村工业消费品销售量占全国城乡总消费量的40%以上。农业是我国工农业发展所需原料的重要来源和主要的国内市场。在我国十亿人口中,八亿是农业人口,农业情况的好坏,对整个国家的经济和政治状况具有举足轻重的影响。因而只有把发展农业摆在首要位置上,才能保证工业、科技、文化及整个国民经济的顺利发展,保障人民生活和国家的稳定。而且当时我国农业又是整个国民经济中最突出的薄弱环节,生产力水平远远低于工业等其它部门,生产技术相当落后,劳动生产率和商品率都比较低,扩大再生产能力也不强,抵御自然灾害的能力很差。

新中国成立后的近三十年间,全国平均每年有四亿亩左右的耕地遭受水旱等自然灾害,占全国耕地总面积的近四分之一。农业部门内部结构很不合理。从狭义的农业即种植业内部看,粮食与经济作物比例不协调,经济作物的种植还不能适应生产和生活的多方面需要。我国的自然资源长期存在着一些不利于农业发展的因素,除了人口多、耕地少这个突出的矛盾外,水资源、森林资源都存在着很多问题。我国水力资源按人均占有年径流量计算,少于世界上的多数国家,经流地区分布很不平衡,利用也不充分合理,致使有些地区水源十分缺乏,严重影响到人民生活和工农业生产。我国森林面积本来就小,覆盖率低,又长期重采轻造,甚至滥砍乱伐,致使覆盖率长期存在着下降的趋势,再加上大搞"毁林造田"带来了严重的水土流失。这不仅严重地破坏了仅有的自然资源,加剧了农业内部结构的不合理,而且由于大大破坏了自然生态平衡,以致加重了自然灾害。因此,当时党中央和国家强调必须时时注意农业的发展问题,坚决保护农业资源,合理利用现有耕地,加强农田基本建设,改善农业生产条件,实行科学种田。同时,在绝不放松粮食生产的条件下,大力发展林业、牧业、副业和渔业,以便生产出更多的满足工业不断发展和人民生活日益提高需要的各种农产品。

需要看到的是,经过四十年的发展,我国农业有了巨大变化,现代化水平有很大提高,但是我国人口多、耕地少的国情没有变,农业现代化的任务依然很重。因此长期以来,党和国家一直高度重视农业的基础地位,多年年初党的一号文件都是农业发展和改革方面的内容,现今又将农业供给侧结构性改革作为深化全国供给侧结构性改革的重要组成部分。这些都从侧面体现了我国经济发展战略的特色——立足实际,切实可行,持续进行。

植根于国情,不等于仅依据国内情况思考问题。面对国际发展重大变化,我国经济发展战略的制定和实施非常注重融入国际发展环境。在最初制定这个战略时,我们就分析了国际环境的变化,看到世界的主题已不是战争,而是和平与发展,因此基于客观存在的战略机遇期,实行了党的中心工作的转变,确定了"三步走"的发展战略。

综观全局,21世纪头20年,对我国来说,依然是一个必须紧紧抓住并且可以大有作为的重要战略机遇期,从时代的主题、经济全球化的发展与要素流动、新科技革命迅速兴起等国际因素看,在一个相当长的时期中孕育着加快发展的难得良机,提供着加快发展的诸多重要有利条件。因此党的十六大报告作出了"准确把握战略机遇期内涵的深刻变化"的论断。以新世纪头 20 年我国处在发展的重要战略机遇期的重大判断为依据,全面建设小康社会的历史任务得以部署。随着世情国情的不断变化,尤其是自 2008 年国际金融危机爆发以后,党和国家深刻分析了发展战略机遇期内涵的相应变化,即正在由原来加快发展速度的机遇转变为加快经济发展方式转变的机遇,由原来规模快速扩张的机遇转变为提高发展质量和效益的机遇,因此又提出了以加快转变经济发展方式为主线的思路,从而开拓了新视野,为科学制定全面建成小康社会决胜阶段的发展战略奠定了前提和基础。根据世界技术革命和产业变革的发展趋势和发达国家再工业化与周边国家发展加工业的双重挤压态势,我国紧密结合自身发展阶段的需要,推出了旨在打造制造业强国的《中国制造 2025》,大力实施"一带一路"建设,进一步使经济发展战略顺应世界发展大势,及时发挥经济全球化的引领作用。

2. 创造出特色概念体系,形成了鲜明的话语体系

中国经济发展战略理论没有简单搬用国外现成的经济范畴,而是创造出一套具有中国特色的概念体系。这首先并集中体现在建设小康社会的设计之上。作为发展中国家,中国必然要改变现状,实现现代化的目标。但是作为起步时贫穷落后、发展很不平衡又人口众多的发展中大国,中国必然也只能走一条自己的发展道路,这突出地从不同时期的发展战略的目标及其实现途径上表现出来。

在这一战略提出之时,邓小平深刻分析了中国式现代化的问题,

提出了小康水平的目标及其突出标准。在我国历史上,"小康社会"是古代思想家描绘的诱人的社会理想,是次于"大同社会"的一种理想社会模式。使用这个概念来设计我国现代化的阶段性目标,有利于使广大群众明确奋斗方向,凝聚起巨大力量,同时也符合现代化建设规律。

随着奔向小康的最初界定标准较快实现,我国继续使用这个范畴表达出新的战略目标。因为小康社会首先是一个经济概念,表现了普通百姓对宽裕、殷实、比较富足的生活的追求,但同时也指法令严明、安定和谐的一种社会状态。从治理理念来说,"小康社会"并不是儒家学说的延续,而是法家治理思想的体现。法家重"法""术""势",其衡量标准和最终目的就是统一和富强。小康社会的根本价值理念同法家相一致:首先实现经济和生活的富足,这是前提和基础。继而遵守法令和纪律,法不阿贵,积极入世,奋力进取,以实现国家统一和富强为己任。因此小康社会不仅仅是要解决温饱问题,还要从政治、经济、文化等各方面满足城乡发展需要。

正因为如此,党的十六大报告又以六个"更加"描绘了全面建设小康社会的基本要求,即经济更加发展、民主更加健全、科教更加进步、文化更加繁荣、社会更加和谐、人民生活更加殷实,并从经济、政治、文化、可持续发展四个方面界定了新世纪头20年全面建设小康社会的具体目标。党的十八大又强调了进入全面建成小康社会决胜阶段的目标任务。小康社会概念容纳了符合中国特色的现代化道路的基本要求,经过内容创新与充实又可以体现不同发展阶段的特征及其不断提升的标准,从而在实现中华民族伟大复兴的第一个百年目标进程中成为经济发展战略话语体系的核心范畴。

围绕小康水平和小康社会的战略目标与步骤,我国提出了中国式现代化、翻两番、温饱任务、"三步走"战略、小三步走、新三步走、战略机遇期、总体小康、全面建设小康社会、全面建成小康社会及决胜阶段等一系列概念。在分析和阐述经济发展战略路径的进程中,我国还提出了转变经济增长方式和经济发展方式、供给侧结构性改革等独创性概念。这些都标志着经济发展战略理论已经初步形成了具有核心概念的符合经济发展规律、经济理论逻辑和中国国情的一套特色范畴体系和话语体系。

3. 坚持用科学理论指导,发展了马克思主义经济学

中国经济发展战略理论坚持以马克思主义理论与方法为指导。这一理论坚持了马克思主义经济发展理论的本质,以人的全面发展为最终目的。在战略目标最初确定之时,首先强调的是人均国民生产总值的衡量标准。因为这个指标与国民生产总值总量不同,标志着国民的富裕程度。党的十八大又提出了增加人均收入的标准,努力跨越中等收入陷阱,进一步体现了以人民为中心发展的思想。这一理论坚持了马克思主义与时俱进的理论品质。就制定的战略目标看,从党的十二大到十八大,不断根据实践发展提出、更新和扩展全面小康的标准和评价方法,从温饱到小康,从"三步走"到"新三步走",从总体小康到全面小康,从经济领域到社会领域直到"五位一体"总体布局。对战略规划的名称从"计划"到"规划",体现了宏观性质。这些都是唯物辩证法的科学运用。

中国经济发展战略理论丰富了马克思主义经济发展理论。马克思主义经典作家并没有对未来社会作出描述,只是在分析资本主义经济

的基本矛盾与发展趋势的过程中，预示了未来社会的基本经济特征，其中包括了经济发展的思想。但是他们揭示人类将有计划地分配社会劳动规律时，并没有提出经济发展战略理论。我国在实践基础上产生的经济发展战略理论已经形成了基本内容体系和话语体系，不仅构成马克思主义中国化新成果的重要组成部分，丰富了中国特色社会主义政治经济学，而且推动中国特色社会主义经济取得了世人瞩目的成绩，同时也拓展了发展中国家走向现代化的途径，提供了典型案例，因而具有重要历史意义和世界意义。

(三)中国特色经济发展战略理论的创新发展与展望

在接近实现全面建成小康社会的战略目标之际，中国特色社会主义进入了新时代。如何做到顺利全面建成小康社会，如何谋划第二个百年目标确保实现中华民族的伟大复兴，如何顺应世界经济发展趋势和中国经济发展规律使中华民族实现从富起来到强起来的历史性飞跃，需要做很多工作和努力，制定、完善经济发展战略则是其中的重要一环。为此，还需要在新的发展阶段继续创新这一理论。

需要看到的是，党在制定"十三五"规划时没有停留于建成小康社会的现实任务，而是将新目标衔接着加快现代化建设的第二个百年目标。如在"坚持创新发展"部分谋划"构建产业新体系"时，将加快建设制造强国，实施《中国制造2025》纳入规划，提出促进新一代信息通信技术、航空航天装备、先进轨道交通装备、节能与新能源汽车、新材料、生物医药等产业发展壮大。其中很多产业属于国际上的新兴产业，不仅为实现下一个目标奠定了雄厚的基础，而且已经和世界现代化同步。这也开启了对发展战略步骤理论的新思考。党的十九大更是站在中国特色社会主义新时代的高度,谋划了新的"三步走"战略,包括进入高质量发展阶段后建设现代化经济体系的经济发展战略。以此为良好开局,我们还需要加强对经济发展进入新时代后战略布局与实施的研究。如长期发展的国际环境变化、影响及其内化,建设现代化经济强国的阶段性标志与战略途径,高质量发展阶段的丰富内涵与战略选择,"一带一路"建设与构建人类命运共同体,治国理政新思想与中国特色社会主义政治经济学的关系等。深入考察这些问题不仅可以推进新形势下的经济发展战略理论的发展,而且可以丰富马克思主义社会主义政治经济学的研究。

# 第二章  经济发展新常态理论的
# 内容框架与重要地位

自习近平总书记在 2014 年到河南考察时公开提出"新常态"以来，历经逐步深化的阐释，认识、适应、引领新常态被提升到战略高度和系统程度，构成了习近平新时代中国特色社会主义经济思想的组成部分，形成了理论界研讨的热点。下文就这一重要理论的内容框架和在中国经济发展理论演进中的重大地位作出初步思考。

## 一、中国经济发展新常态理论的内容框架

习近平总书记对经济发展新常态的论述非常丰富，在最初提出后相继作出了多次深入论证与解读。归纳起来，主要内容由以下部分构成。

1. 作出了经济发展新常态的新判断

2014 年 5 月 9 日在河南考察时，习近平总书记指出："我国发展仍处于重要战略机遇期，我们要增强信心，从当前我国经济发展的阶段性特征出发，适应新常态，保持战略上的平常心态。"①这里首次公开

---

① 《深化改革发挥优势创新思路统筹兼顾  确保经济持续健康发展社会和谐稳定》，《人民日报》，2014 年 5 月 11 日，第 1 版。

提出了新常态。在 7 月 29 日召开的党外人士座谈会上，他再次用新常态来概括当前形势。在同年年中的中央政治局会议上，他对"三期叠加"阶段进一步作了分析，强调经济工作要适应经济发展新常态。同年 12 月 9 日的中央经济工作会议上，他又指明："我国经济发展进入新常态，是我国经济发展阶段性的必然反映。"[①]这是对经济发展新常态概念的全面界定，是综合分析世界经济长周期和我国发展阶段性特征及其相互作用作出的重要判断。

为了深入认识经济发展新常态，习近平总书记还多次从不同角度论证其必然性。在 2014 年底的中央经济工作会议上，他将我国经济发展进入新常态与经济发展阶段紧密联系在一起，认为是不以人们意志为转移的。在 2016 年 1 月 18 日省部级主要领导干部学习贯彻党的十八届五中全会精神专题研讨班上，他着重从历史和现实的角度作出分析，指明"从历史长过程看，我国经济发展过程中新状态、新格局、新阶段总是在不断形成，经济发展新常态是这个长过程的一个阶段。这完全符合事物发展螺旋式上升的运动规律"[②]。从时间上看，他回顾了我国长期的农耕文明、工业革命后、新中国成立后、改革开放历史新时期等由盛到衰再到盛的几个大时期，认为今天的新常态是这种大时期更替变化的结果。从空间上看，他又分析了我国出口优势和参与国际分工模式面临的新挑战，认为经济发展新常态是这种变化的体现。详细的论证表明，进入经济发展新常态的判断是有充分依据和科学的。

---

① 《经济工作要适应经济发展新常态》，载《习近平谈治国理政》（第 2 卷），外文出版社，2017 年，第 233 页。

② 《深入认识经济发展新常态》，载《习近平谈治国理政》（第 2 卷），外文出版社，2017 年，第 245~246 页。

2. 概括了经济发展新常态的新特征

在 2014 年 11 月 9 日北京亚太经合组织工商领导人峰会上,习近平总书记作了《谋求持久发展 共筑亚太梦想》的主旨演讲,概括了新常态的三大特点:一是从高速增长转为中高速增长。二是经济结构不断优化升级,第三产业、消费需求逐步成为主体,城乡区域差距逐步缩小,居民收入占比上升,发展成果惠及更广大民众。三是从要素驱动、投资驱动转向创新驱动。以此为基础,他又说明了经济发展新常态给中国带来的机遇。[①]

3. 梳理了经济发展新常态的新变化

在 2014 年 12 月 9 日的中央经济工作会议上,习近平总书记针对国内外就中国经济发展速度下降而产生的议论指出,必须历史地、辩证地认识我国经济发展的阶段性特征。在三大特点的基础上,又用对比的方法说明了九个趋势性变化。[②]主要内容为:

第一,从消费需求看,模仿型排浪式消费阶段基本结束,消费拉开档次,个性化、多样化消费渐成主流,保证产品质量安全、通过创新激活需求的重要性显著上升。

第二,从投资需求看,传统产业、房地产投资相对饱和,但基础设施互联互通和一些新技术、新产品、新业态、新商业模式的投资机会大量涌现,对创新投融资方式提出了新要求。

第三,从出口和国际收支看,全球总需求不振,我国低成本比较优

---

[①] 习近平:《谋求持久发展　共筑亚太梦想》,《人民日报》,2014 年 11 月 10 日,第 2 版。

[②] 《经济工作要适应经济发展新常态》,载《习近平谈治国理政》(第 2 卷),外文出版社,2017 年,第 229~233 页。

势也发生了转化,同时出口竞争优势依然存在。高水平引进来、大规模走出去正在同步发生,人民币国际化程度明显提高,国际收支顺差局面正在向收支平衡方向发展。

第四,从生产能力和产业组织方式看,传统产业供给能力大幅度超出需求,产业结构必须优化升级,互联网技术加快发展,创新方式层出不穷,新兴产业、服务业、小微企业作用更加凸显,生产小型化、智能化、专业化将成为产业组织新特征。

第五,从生产要素相对优势看,人口老龄化日趋发展,劳动年龄人口总量下降,在许多领域我国科技创新与国际先进水平相比还有较大差距,能够拉动经济上水平的关键技术人家不给了,这就使要素的规模驱动力减弱,经济增长将更多依靠人力资本质量和技术进步,必须让创新成为驱动发展新引擎。

第六,从市场竞争特点看,竞争正逐步转向质量型、差异化的竞争,必须把握市场潜在需求,通过供给创新满足需求。统一全国市场,提高资源配置效率是经济发展的内生性要求。

第七,从资源环境约束看,环境承载能力已经达到或接近上限,人民群众对清新空气、清澈水质、清洁环境等生态产品的需求越来越迫切,生态环境越来越珍贵。

第八,从经济风险积累和化解看,伴随着经济增速下调,各类隐性风险逐步显性化。面临的风险总体可控,但化解以高杠杆和泡沫化为主要特征的各类风险将持续一定时间。

第九,从资源配置模式和宏观调控方式看,需求方面全面刺激政策的边际效果明显递减,供给方面既要全面化解产能过剩,也要通过发挥市场机制作用探索未来产业发展方向。必须全面把握总供求关系新变化,科学进行宏观调控,适度干预但不盲目,真正形成市场和政府合理分工、推动发展新模式。

这些趋势性变化,既是新常态的外在特征,又是新常态的内在动因。显然,这些趋势性变化的分析做到了细致化、专业化、系统化、科学化,成为论证进入新发展阶段的重要依据。

4. 揭示了经济发展新常态的新内涵

习近平总书记在2014年中央经济工作会议上分析了趋势性变化之后,对进入经济发展新常态作出总结,指出了四个转向,即增长速度正从高速增长转向中高速增长,经济发展方式正从规模速度型粗放增长转向质量效率型集约增长,经济结构正从增量扩能为主转向调整存量、做优增量并存的深度调整,经济发展动力正从传统增长点转向新的增长点。习近平总书记还指出,我国经济发展进入新常态并没有改变我国发展仍处于可以大有作为的重要战略机遇期的判断,改变的是重要战略机遇期的内涵和条件;没有改变我国经济发展总体向好的基本面,改变的是经济发展方式和经济结构。这些概括有助于我们把握经济发展新常态的内涵,进一步深化对新常态下我国经济发展的主要特点的认识。

5. 提出了经济发展新常态的新思路

在2014年中央经济工作会议上,习近平总书记强调指出,认识新常态、适应新常态、引领新常态,是当前和今后一个时期我国经济发展的一个大逻辑,并提出对我国经济发展新常态,要深化理解、统一认识,坚持发展、主动作为。在2016年省部级主要领导干部学习贯彻党的十八届五中全会精神专题研讨班上，习近平总书记又根据情况变化，将总体思路表述为"把适应新常态、把握新常态、引领新常态作为贯彻发展全局和全过程的大逻辑"①。同时就认识方面，他还强调注意克服几种倾向，即新常态不是一个事件，不要用好或坏来判断；不是一个筐子，不要什么都往里面装；不是一个避风港，不要把不好做或难做好的工作都归结于新常态。

在2015年的中央经济工作会议上，习近平总书记专门分析了对新常态怎么看和怎么干的问题。在看待新常态方面，要求必须统一思想、深化认识，克服困难、闯过关口，锐意改革、大胆创新。在新常态怎么干方面，要求实现多方面工作转变：第一，推动经济发展，要更加注重提高发展质量和效益。第二，稳定经济增长，要更加注重供给侧结构性改革。第三，实施宏观调控，要更加注重引导市场行为和社会心理预期。第四，调整产业结构，要更加注重加减乘除并举。第五，推进城镇化，要更加注重以人为核心。第六，促进区域发展，要更加注重人口经济和资源环境空间均衡。第七，保护生态环境，要更加注重促进形成绿色生产方式和消费方式。第八，保障改善民生，要更加注重对待特定人群特殊困难的精准帮扶。第九，进行资源配置，要更加注重使市场在资源配置中起决定性重要。第十，扩大对外开放，要更加注重推进高水平双向开放。②这十个"更加注重"体现了问题导向，属于顶层设计，和经济发展新常态的判断同样具有统领性、系统性、针对性。

---

① 《深入认识经济发展新常态》，载《习近平谈治国理政》（第2卷），外文出版社，2017年，第245页。

② 《对新常态怎么看，新常态怎么干》，载《习近平谈治国理政》（第2卷），外文出版社，2017年，第239~244页。

习近平总书记关于经济发展新常态的分析内容非常丰富,用一个框架作出归纳是一种探索,但是仅就上述分析已经说明,这些内容已经构成了新的理论体系,对于制定我国经济发展战略,指导经济发展进入新时代的整个理论与实践具有重要意义。

## 二、经济发展新常态理论的重要地位

### (一)中国特色经济发展理论的重大创新

新中国成立后,在以马克思主义理论为指导,运用一般经济发展理论的基础上,从体现国情、富有特色、统领全局、长期作用的角度看,中国特色社会主义经济发展理论至少有以下五方面创新:

1. 指导思想论:从毛泽东《论十大关系》的统筹兼顾思想,到科学发展观及其对经济发展的指导,再到以人民为中心的发展思想

中国共产党的创新理论非常注重为经济发展确立指导思想,在这方面有着许多经典案例。如,1956 年 4 月 25 日,毛泽东在中共中央政治局作了《论十大关系》的报告。刚刚步入社会主义的中国,面临国内外复杂的关系和矛盾,鉴于苏联模式在实践中存在的失误及社会主义国家照搬这一模式给社会主义建设造成的危害,毛泽东立足于思考中国社会主义建设道路,系统论述了正确处理社会主义建设中面临的十大关系。在分析十个方面突出矛盾时,他娴熟地运用了辩证法,既指明重点所在,又强调兼顾各方,为我国正确开展社会主义建设提出了指导思想。如,针对国家、生产单位和生产者个人的关系,他要求兼顾三

个方面,调动群众建设社会主义积极性。"国家和工厂、合作社的关系,工厂、合作社和生产者个人的关系,这两种关系都要处理好。为此,就不能只顾一头,必须兼顾国家、集体和个人三个方面,也就是我们过去常说的'军民兼顾'、'公私兼顾'。"①《论十大关系》提出和运用的统筹兼顾思想为探索中国特色社会主义经济发展规律作出了率先尝试,不仅奠定了科学发展观的方法论的理论准备,而且提供了做好经济工作的长期指导思想。

还如,从我国 20 世纪 80 年代最初提出经济发展战略之时看,首先是党的十一届三中全会以来实现了思想路线的根本转变,重新确立了实事求是的思想路线,把党和国家的工作重点转到了经济建设上来,提出了全面开创社会主义现代化的历史任务。以此为前提,又针对当时实际情况要求树立积极奋斗,量力而行,长期建设的思想。

又如,21 世纪初,面对突如其来的"非典"疫病爆发以及由此引发的对影响经济社会发展的突出矛盾和问题的思考,2003 年党的十六届三中全会第一次在党的正式文件中提出了科学发展观,要求"坚持以人为本,树立全面、协调、可持续的发展观"。解决什么样的发展、怎样发展的问题,首先指导着经济发展走上正确道路。

再如,党的十八届三中全会的决议提出了以人民发展为中心的思想。党的十九大报告又将"坚持以人民为中心"作为习近平新时代中国特色社会主义思想的"十四个坚持"之一提了出来,要求必须坚持人民主体地位,坚持立党为公、执政为民,践行全心全意为人民服务的根本

---

① 《毛泽东文集》(第 7 卷),人民出版社,1999 年,第 29 页。

宗旨,把党的群众路线贯彻到治国理政全部活动之中,把人民对美好生活的向往作为奋斗目标,依靠人民创造历史伟业。这虽然是从新时代中国特色社会主义的高度阐述的, 但包括着对经济发展的指导,实践中纠正唯 GDP 的偏向就是例证。

2. 战略目标论:从改革开放后邓小平提出的"三步走"战略思路,到全面建设小康社会的阶段目标,再到新"三步走"和建设现代化经济体系

经济发展战略理论是中国经济发展理论的重要内容,其中的发展目标发挥了统领作用,因此根据实践的进展不断作出新的规定。如改革开放后,邓小平在 20 世纪 70 年代至 80 年代中期提出了"三步走"战略。进入新世纪,党针对基本实现"三步走"战略中第二步目标的实际情况,又提出了到 21 世纪前 20 年全面建设小康社会的阶段目标。

党的十九大基于国内外新的发展形势,提出了新"三步走"战略目标,明确从现在到 2020 年,是全面建成小康社会决胜期。从 2020 年到本世纪中叶可以分两个阶段来安排。第一个阶段,从 2020 年到 2035年,在全面建成小康社会的基础上,再奋斗 15 年,基本实现社会主义现代化。大会报告就经济建设方面作了"贯彻新发展理念,建设现代化经济体系"的部署,明确我国经济已由高速增长阶段转向高质量发展阶段,这是对经济发展战略设计与实施的创新。

3. 根本动力论:从邓小平提出的改革开放理论,到全面深化改革的部署

改革开放新时期中国经济发展理论的重要突破是解决了发展动力问题。邓小平提出了改革开放理论,其中就计划和市场经济都是社

会主义的手段的判断和一系列对外开放的创新认识推动了我国经济的高速发展。随后党中央又不断发展改革开放理论,设计了社会主义市场经济的改革目标,完善了改革开放的部署。

根据发展新的历史起点的需要,党的十八届三中全会作出了全面深化改革的决定。

4. 发展主线论:从改革开放初期提出的走经济建设新路子,到 20 世纪 90 年代中期提出经济增长方式转变和新世纪初关于加快转变经济发展方式的系统深入论述,再到"十三五"时期的供给侧结构性改革

中国经济发展理论的重要内容包括体现问题导向,确定发展的主线。20 世纪 80 年代初,党总结了新中国成立以来经济发展的经验教训,明确提出要把全部经济工作转到以提高经济效益为中心的轨道上来,走出一条速度比较实在、经济效益比较好、人民可以得到更多实惠的新路子。20 世纪 90 年代中期,面临跨世纪的新形势和新需要,党和国家在制定"九五"计划和 2010 年远景目标时,提出要实行两个具有全局意义的根本性转变:一是经济体制从传统计划经济体制向社会主义市场经济体制转变;二是经济增长方式从粗放型向集约型转变。2008 年党中央又在抗击国际金融危机的进程中深刻总结了经验教训,在党的十七届五中全会提出"十二五"发展规划的指导思想时作出了"以科学发展为主题,以加快转变经济发展方式为主线"的部署,这是对经济发展主线的首次明确概括。

2016 年 2 月,中共中央政治局根据经济发展的新形势和新挑战,提出"十三五"时期以供给侧结构性改革为主线,国家"十三五"规划纲要强调发展主线是"必须在适度扩大总需求的同时,着力推进供给侧

结构性改革,使供给能力满足广大人民日益增长、不断升级和个性化的物质文化和生态环境需要"。

5. 阶段转换论:经济发展新常态

经济发展新常态理论的提出成为新形势下的创新理论。因为这一判断体现了实践经济发展的规律性,反映了中国跨入经济发展新阶段的新需要。

考察世界追赶型经济体的发展历程,较成功实现目标的国家和地区,如日本、韩国和台湾地区等经济体,一般都经历了几个不同阶段,即起飞阶段、高速增长阶段、中高速或中速阶段、中低速或较低速阶段。不同阶段反映了后发优势发挥作用的情况,发展面临的形势任务和主要途径。这些经济体当经济发展到一定阶段后,经济增长速度都出现了不同程度的回落。例如,第二次世界大战后日本、韩国先后经历了二十多年和三十多年的高速增长时期,GDP 年均增速分别为 9.7% 和 8.02%,其后经济增速分别于 20 世纪 60 年代末 70 年代初和 80 年代开始约下降一半。

中国自 2012 年经济总量增速开始下降,背后是快速发展的支撑条件发生了变化,从而表明必然要进入中高速增长阶段。因此以经济发展新常态来概括和分析新的发展阶段是客观使然,就此予以高度重视是具有前瞻性的体现,所作出的理性论述是对中国经济发展理论的创新。

(二)新时代中国经济发展实践的理论支撑

近五年我国经济发展能够破解难题,得益于中国经济理论的创新,其中包括经济发展新常态的判断和部署。

进一步说,中国特色社会主义进入新时代,经济发展也进入了新时代。在这个新时代,社会主要矛盾发生了重要变化,我国经济已由高速增长阶段转向高质量发展阶段,正处在转变发展方式、优化经济结构、转换增长动力的攻关期。经济发展新常态理论仍将会成为重要的理论基础和根据。从社会主要矛盾发生重要变化的判断的形成、新时代中国特色社会主义经济战略的制定等看,经济发展新常态的分析均为前提。从决胜全面建成小康社会,全面开启社会主义现代化的实践看,由于经济发展新常态是一个长期过程,能否顺利走好这个阶段至关重要,因此同样需要这一理论提供支持和依据。正因为如此,这一理论构成了习近平新时代中国特色社会主义经济思想的重要组成部分。

(三)马克思主义发展阶段理论的继承发展

马克思和恩格斯对共产主义社会的发展阶段有着丰富论述。马克思在 1875 年撰写了《哥达纲领批判》这一名著,书中提出了过渡时期的表述:"在资本主义社会和共产主义社会之间,有着一个从前者变为后者的革命转变时期。同这个时期相适应的也有一个过渡时期,这个时期的国家只能是无产阶级专政。"[1]书中还首次明确提出了共产主义社会发展的两个阶段的思想,认为共产主义社会在其历史发展进程中,由于生产力水平不同,必须经过两个阶段:"共产主义社会第一阶段"和"共产主义社会高级阶段",[2]并分析了二者因生产力发展水平不

---

[1] 《哥达纲领批判》,载《马克思恩格斯选集》(第3卷),人民出版社,1995年,第21页。

[2] 同上,第11页。

同而带来的重要区别与经济特征。恩格斯还针对社会主义社会发展的阶段性指出："我认为,所谓社会主义不是一种一成不变的东西,而应当和任何其他社会制度一样,把他看成经常变化和改革的社会。"①马克思主义经典作家虽然论述的是新社会制度下大的发展阶段,但是明确提出了社会主义社会由于生产力发展原因必然要区分阶段的思想,从而提供了认识社会主义条件下经济社会发展阶段的基本观点和方法论。

经济发展新常态的判断符合这一思想的内在逻辑,是在新的历史条件下的运用和发展。

## 三、经济发展新常态理论的政治经济学基础

经济发展新常态理论与政治经济学有着密切关系,从基本特征、发展趋向、内涵表述、应对思路看,大量运用了政治经济学的基本概念和分析方法。应当说经济发展新常态理论正是以政治经济学为基础的,并丰富了中国特色社会主义政治经济学。下面仅从深入把握经济发展新常态的地位的角度进一步考察与中国特色社会主义政治经济学重要相关理论的关系。

(一)经济发展新常态与中国经济发展战略

中国经济发展战略理论是中国特色社会主义政治经济学的重要

---

① 《致奥托·伯尼尔》,载《马克思恩格斯全集》(第37卷),人民出版社,1971年,第443页。

内容,有着自身的理论体系。经济发展新常态揭示了中国经济发展在新形势下发生阶段转换,必然与中国经济发展战略理论的宏观背景、指导思想、目标任务、基本原则、步骤安排、重点领域、途径措施、重要保障等发生多方面的交集。

仔细分析可见,经济发展新常态理论首先和主要属于中国经济发展战略理论的宏观背景的内容。因为经济发展新常态首要解决怎么看待经济发展形势和走向的问题,就新常态的命题来说,突出说明了我国发展速度转向中高速是一种常态,要求人们不要停留在高速发展的旧常态的认识之上,以便正确判断经济态势,积极应对。只有树立了正确的认知,经济发展的目标与方式才能确立在科学可靠的基础之上。习近平总书记在分析经济发展新常态时指出:"科学认识当前形势,准确研判未来走势,是做好经济工作的基本前提。"[①]从这种意义上说,我国"十三五"时期经济发展战略的设计正是以经济发展新常态为前提,同时又系统全面提升了这种新常态的应对思路。

(二)经济发展新常态与经济发展阶段

近年来,我国就近期和今后经济发展的阶段有不同表述,除了经济发展新常态之外,还有"三期叠加"阶段、高质量发展阶段等判断。这些都是密切相关又有不同侧重的概括。

经济发展新常态与"三期叠加"有着前后衔接的关系。2013年,根据我国当时经济发展态势和应对世界金融危机后带来的影响,党中央

---

① 《经济工作要适应经济发展新常态》,载《习近平谈治国理政》(第2卷),外文出版社,2017年,第229页。

作出了经济正处于增长速度换挡期、结构调整阵痛期和前期刺激政策消化期的判断，并认为这是当前中国经济的阶段性特征。应当说这和经济发展新常态属于相同类型的概括，就功能来说，都是在说明我国发展新形势下的阶段性特征。就内容来说，都突出了增长速度变化和经济结构调整。但"三期叠加"与经济发展新常态又有不同，前者强调了前期刺激政策消化的影响，后者强调了经济发展动能的转换。"三期叠加"相对说主要反映了对形势现状的概括。经济发展新常态是在全面分析我国经济"三期叠加"的基础上，综合考虑各方因素，对我国经济发展长期趋势的科学分析，要揭示更长时期的阶段性特征和发展规律。

再从经济发展新常态与高质量发展阶段的关系看，党的十九大在建设现代化经济体系的部分明确指出，在经济发展新时代我国已由高速增长阶段转向高质量发展阶段，这与经济发展新常态有着密切关系。经济发展新常态是进入高质量发展阶段的前提性判断。在以发展速度为突出标志的旧常态，虽然我国经济发展战略的设计一直在明确质量的取向和要求，但实践中质量的标准不可能太高，还常常发生偏离，这有认识和体制的原因，更受发展阶段的制约。但是进入经济发展新常态，以往获得高速发展的条件已基本改变，在长期快速发展中也提升了经济结构，积累了新的动能，因此必须也可能转入以追求现代化的高质量为标志的发展阶段。当然，我们还需看到二者是基于不同视角的概括。相对说来，经济发展新常态较侧重于怎么看形势，高质量发展更侧重于在新形势下怎么干，有了高质量发展的根本要求，经济发展新时代的战略目标、任务和途径就可以得到高站位和高标准的总体谋划。

如果我们将视野扩大至国际经济学领域,关于发展中国家在发展阶段方面的划分,还涉及工业化与后工业化阶段,低收入、中等收入与高收入阶段等概括。经济发展新常态与这些国际通用的发展阶段划分的关系,也属于以融通国外哲学社会科学的资源为特色的中国社会主义政治经济学需要思考的问题。仔细分析经济发展新常态的阶段性特征可见,我国在整体上还处在工业化的中后期,实现现代化的目标要以完成工业化为基本任务,因此与工业化和后工业化阶段的划分并不矛盾,只是由于我国的工业化过程恰逢世界信息化的到来,而且在发展新一代信息技术方面已在某些领域跨入先进行列,服务业发展在经济整体中的地位也发生了巨大变化,因此中国实现现代化后如何划分工业化与后工业化阶段还需要根据新形势再进行探讨。

经济发展新常态下我国还处在中等收入国家行列,以低收入、中等收入与高收入阶段的划分为基础,我国提出了跨越中等收入陷阱的目标,这对于社会主义人口大国非常重要。可见,经济发展新常态与以收入为主题划分阶段的理论是一致的,体现了对现代经济学有益内容的借鉴。

(三)经济发展新常态与经济发展周期

经济发展新常态作为发展阶段的判定,离不开经济周期理论的指导。马克思在分析资本主义社会的基本矛盾的基础上,考察了经济发展的萧条—复苏—高涨—危机循环过程,创立了资本主义经济周期的理论。由于经济周期与市场经济有内在联系,抽去经济周期的资本主义形式,这一理论对社会主义经济运行与周期波动也有指导意义。需要明确的是,经济发展新常态与经济周期有着明显不同。经济周期体现的是经济发展速度和状态周而复始的循环,包括围绕发生经济危机出现的不同阶段的循环。经济发展新常态反映的是我国经济发展速度由高速增长阶段转换到中高速增长阶段,没有发生经济危机及大起大落,但是也不会返回高速发展的态势。

但是经济周期理论也是认识经济发展新常态的重要理论基础。习近平总书记在分析对新常态怎么看的时候指出:"明确我国经济发展进入新常态,是我们综合分析世界经济长周期和我国发展阶段性及其相互作用做出的重大判断。"①可见,在我国深度融入世界经济全球化的情况下,进入经济发展新常态也是世界经济长周期的必然反映,经济周期理论揭示的资本主义经济危机和世界经济周期运动的规律还将长期影响和制约我国的经济形势和发展阶段。再从国内发展看,经济发展新常态不会返回高速发展的状态,要较长时期在中高速或中速运行,也不意味着在这个区间是匀速的,必然受多种影响还会出现上下波动,甚至是周期性波动,因此运用经济周期理论所揭示的规律指导经济发展新常态下应怎么干,依然是很必要的。

关于经济发展新常态与政治经济学的关系还可以作出多方面的探讨,但是仅从上述分析已经可以看出,经济发展新常态是中国特色社会主义政治经济学的组成部分,依据了政治经济学的一些重要原理,又丰富了中国特色社会主义政治经济学。习近平总书记在分析新

---

① 《对新常态怎么看,新常态怎么办》,载《习近平谈治国理政》(第二卷),外文出版社,2017年,第239页。

常态的变化趋势时指出的"有的可能进一步强化,有的则可能发生变化"①。作为面对新发展阶段的系统性理论阐述,经济发展新常态理论的确需要根据新时代的新形势,特别是新挑战和新实践不断作出更深入的思考。这正是经济理论工作者的重要任务。

---

① 《经济工作要适应经济发展新常态》,载《习近平谈治国理政》(第二卷),外文出版社,2017年,第233页。

# 第三章　以新发展理念
# 引领经济发展新常态

我国改革开放 40 年来,在取得举世瞩目的成绩的同时,经济发展进入了新常态。面对新形势新变化,党中央提出并阐述了创新、协调、绿色、开放、共享的发展理念。这反映了我们党对我国发展规律的新认识,关系着我国发展全局的深刻变革,需要牢固树立、积极落实,结合发展实践不断加深理解。

## 一、以新发展理念引领经济发展新常态有着时代需要

自 2010 年以来, 我国经济发展经历了改革开放以来最长时间的速度下滑,由国际金融危机以来的最高点,即 2010 年的 10.4%,逐年下降为 9.3%、7.8%、7.7%、7.4%、6.9%,到 2016 年为 6.7%。党中央及时综合分析了国内外的发展状况与走势, 在 2014 年明确提出我国进入了经济发展新常态。习近平总书记对此作出全面系统阐释,指明中国经济正表现出速度变化、结构优化、动力转换三大特点,在向形态更高级、分工更复杂、结构更合理的阶段演化,这些变化是我国经济发展阶段性特征的必然要求。为了顺应认识、适应、引领新常态的大逻辑,党中央陆续作出了一系列重大部署,在 2015 年提出"十三五"发展规划

建议时强调必须坚持正确的发展理念,即创新、协调、绿色、开放、共享的理念。

从总体上说,这是顺应我国发展环境、条件、任务、要求等方面新变化的需要。在经济发展新常态下,发展速度正从高速增长转向中高速增长,经济发展方式正从规模速度型粗放增长转向质量效率型集约增长,经济结构正从增量扩能为主转向调整存量、做优增量并存的深度调整,经济发展动力正从传统增长点转向新的增长点。这些都是我国从未经历过的阶段性变化。到2020年实现全面建成小康社会的目标仍存在不少挑战,也必须有新的发展理念作指导。发展理念是发展行动的先导,是发展思路、发展方向、发展着力点的集中体现。发展理念搞对了,目标任务就好定了,政策举措也就跟着好定了,因此必须要根据新阶段新要求予以更新。

进一步说,"五大发展理念"体现了应对新矛盾新挑战的现实针对性。新阶段的发展理念需突出问题意识,坚持目标导向和问题导向相统一的原则。经济发展新常态下,我国发展仍处于可以大有作为的重要战略机遇期,但同时也面临诸多矛盾叠加、风险隐患增多的严峻挑战。我国发展不平衡、不协调、不可持续的问题仍很突出,创新能力不强、发展方式粗放、资源约束趋紧、生态环境恶化趋势尚未得到根本扭转。同时,收入差距较大、人口老龄化加快等社会问题日益凸显。为了破解发展难题,厚植发展优势,应对挑战化解风险,确保如期实现全面建成小康社会,必须牢固树立并切实贯彻创新、协调、绿色、开放、共享的发展理念。

从历史经验看,进入新发展阶段以新的理念为先导,有利于及时和切实引领发展思路、方向、方式的转变。改革开放以来,我们党不断根据形势变化推动发展理念的突破和转换。如,党的十一届三中全会确定了解放思想、实事求是、团结一切向前看的大思路,保证了改革开放的顺利展开。党的十七大系统提出了科学发展观,在新世纪初开辟了以人为本、全面协调可持续发展的新局面。党的十八大以后,我们党从提出包容性增长理念,尊重自然、顺应自然、保护自然的生态文明理念,共商共建共享的全球治理理念,到十八届五中全会提出的创新、协调、绿色、开放、共享这五大发展理念,都深化了对共产党执政规律、社会主义建设规律、人类社会发展规律的认识,必将为"十三五"及今后一个发展阶段的我国经济社会持续健康发展领航。

## 二、以新发展理念引领经济发展新常态的作用

### (一)"创新"引领经济新常态塑造发展动力

创新发展理念注重解决的是我国发展动力的问题。我国原有发展模式的动力明显不足。从外部环境看,国际经济发展复苏缓慢,我国制造业的外部需求大大减少, 过多依靠出口拉动经济的方式亟待改变。随着"刘易斯拐点"的到来,支撑我国三十多年快速发展的人口红利已逐步缩减乃至消失。长期高度依赖大规模投资的增长方式也难以为继,加之前期应对世界金融危机的总量刺激政策的作用,众多行业存在较为严重的产能过剩问题,加大了引发"系统性风险"的可能。影响更深远的是, 我国制造业总体上还处在世界产业全球价值链条的低

端,自主创新能力不足,科技对经济增长的贡献率和科技成果转化率较低。在世界正酝酿着新一轮科技革命和产业变革之际,这很不适应国际竞争日趋激烈的态势,制约着我国在进入新常态后实现经济转型。我国经济发展要突破瓶颈、解决深层次矛盾和问题,根本出路在于创新,把创新作为引领发展的第一动力和更好引领新常态的根本之策,摆在国家发展全局的核心位置,让创新贯穿国家一切工作,真正加快从要素驱动、投资规模驱动发展为主向以创新驱动为主转变。

创新包括理论创新、制度创新、科技创新、文化创新等多个方面,从培育新发展动能的直接决定因素看,首先是要依靠科技创新,在此方面取得重大突破,力争实现科技水平由跟跑并跑向并跑领跑转变。要深入推进大众创业、万众创新、互联网 +、《中国制造 2025》等行动计划,拓展区域发展空间和网络经济空间,推动新的业态、新的经济增长点蓬勃发展。必须摒弃过于重视发展速度和 GDP 总量的传统发展思路,加快由要素驱动、投资规模驱动发展为主转向以创新驱动为主,深化体制机制改革,营造创新发展的良好环境,搭建创新发展公共平台,增强创新人才支撑,瞄准国际科技前沿,形成协同创新新格局。

(二)"协调"引领经济新常态构建均衡格局

协调理念注重解决的是发展不平衡问题。我国在经济发展速度和总量发生巨大变化的同时,突出存在着一些失衡现象。如在城乡区域发展之间,二者收入差距较大,农村基础设施建设相当滞后,基本公共服务比较薄弱。在经济社会发展之间,社会发展相对较慢,存在就医难、上学难以及食品安全、环境污染等问题。尽管此方面有着长期复杂的原因,有些问题属于在经济发展起来后才被凸显出来,但是若长期不能解决或较大程度缓解将直接影响全面建成小康社会历史任务的完成,加剧社会矛盾。协调理念体现了唯物辩证法的基本原则,是把握全国一盘棋的致胜要诀。

在我国坚持协调发展,应当牢牢把握中国特色社会主义事业总体布局,正确处理发展中的重大关系,重点促进城乡区域协调发展,促进经济社会协调发展,促进新型工业化、信息化、城镇化、农业现代化同步发展,推动经济建设与国防建设融合发展,在增强国家硬实力的同时注重提升国家软实力,不断增强发展整体性。为此,必须处理好局部与全局、当前与长远、重点与非重点的关系。补齐我国的发展短板,特别是要着力缩小城乡差距,推动农业现代化、新农村建设、农民工市民化,健全城乡发展一体化体制机制,逐步实现城乡居民基本权益平等化、城乡公共服务均等化、城乡居民收入均衡化、城乡要素配置合理化、城乡产业发展融合化,以新格局推动区域和城乡协调发展。

(三)"绿色"引领经济新常态获得和谐发展

绿色理念注重解决的是人与自然和谐共生问题。长期以来,由于受到发展阶段的限制,存在以 GDP 论英雄的错误指导思想和指挥棒,我国实行着粗放经济发展方式,在资源环境方面欠账很多,人与自然之间矛盾突出,限制了经济社会的可持续性发展。绿色发展是实现永续发展的必要条件,与中国特色社会主义事业的总体布局中关于生态文明建设的要求内在一致。坚持绿色发展,就是要坚持节约资源和保护环境的基本国策,坚持可持续发展,坚定走生产发展、生活富裕、生态良好的文明发展道路,加快建设资源节约型、环境友好型社会,形成人与自然和谐发展现代化建设新格局,推进美丽中国建设,为全球生态安全做出新贡献。

为此,必须牢固树立保护生态环境就是保护生产力、改善生态环境就是发展生产力的理念,决不能再以牺牲环境为代价去换取一时的经济增长。要以人与自然和谐为价值取向,以绿色低碳循环为基本原则,以生态文明建设为主要抓手,以节能环保产业为支柱产业,深入推进美丽中国建设,加快建设资源节约型、环境友好型社会,做到绿色富国、绿色惠民,为人民提供更多优质生态产品,满足人们对更高质量美好生活的期待。同时,要着力加强资源环境国情观和生态价值观的宣传与教育,使低碳循环绿色发展成为人们的一种自觉生活方式,最终推动整个社会都养成勤俭节约的社会风尚,形成现代化建设新格局。

(四)开放引领经济新常态达到内外联动

开放理念注重解决的是发展内外联动问题。在 20 世纪末 21 世纪初的世界发展黄金期发生中断之际,当今世界出现了逆经济全球化的状况。当我国遇到经济下行较大压力,特别是出口贸易受阻时,国外也对中国能否继续实行开放国策给予了极大关注,甚至产生了怀疑。我国改革开放 40 年成功经验证明,开放是国家繁荣发展的必由之路,也是构建良好的国内外发展环境的重要内容。开放发展理念从全球视野来思考中国的发展问题,既总结了历史经验,也体现了主动顺应经济全球化的潮流。坚持开放发展,必须奉行互利共赢的开放战略,发展更高层次的开放型经济,积极参与全球经济治理和公共产品供给,提高我国在全球经济治理中的制度性话语权，构建更加广泛的利益共同体。为此，要提升把握国内国际两个大局的自觉性和能力，建设开放型经济新体制，搞好内外需结合，更好利用两个市场、两种资源。要积极推进"一带一路"建设，以此为统领扩大同沿线国家的经济合作，形成陆海内外联动、东西双向开放的新格局。同时，要主动推进和引导世界经济全球化。

（五）共享引领经济新常态实现根本目的

共享理念注重解决的是社会公平正义问题。共享发展方面存在的突出问题主要体现在，居民收入增长速度低于 GDP 增长速度，城乡之间、地区之间、居民之间的收入差距依然很大，农村贫困人口仍然很多。共享发展理念就是"坚持人民主体地位，践行以人民为中心"的发展思想，让人民群众有更多"获得感"，共同享有改革发展的成果。这不仅充分体现了中国共产党的根本宗旨和中国特色社会主义的本质要求，也具有强烈的时代性和现实性。以共享发展理念引领我国发展，就是要坚持发展为了人民、发展依靠人民、发展成果由人民共享，使全体人民朝着共同富裕方向稳步前进，做到全民共享、全面共享、共建共享、渐进共享。为此，当务之急是要打赢脱贫攻坚战，实现农村人口全部脱贫、贫困县全部摘帽。为了实现"十三五"期间共享发展的各项任务，既要举全民之力发展中国特色社会主义事业，把"蛋糕"做大，又要发挥和体现社会主义制度的优越性，把做大的"蛋糕"分好。要着重关注弱势群体，努力满足他们生存发展的基本需求、保障共享发展成果的权利。要抓紧建设对保障社会公平正义具有重大作用的制度，逐步建立社会公平保障体系,努力营造公平的社会环境,不断形成人人参与、人人尽力、人人享有的发展局面。

"五大发展理念"之间相互促进、贯通,是具有内在联系的体系,需要统一贯彻,协同发力。以"五大发展理念"引领经济发展新常态,不仅是破解"中国式难题"的战略选择与现实路径,可以为保障全面建成小康社会铺平道路,而且是中国共产党人对现代化发展理论的崭新认识和战略思维,因此还具有重要理论价值,将指导我们顺利踏上第二个百年目标的伟大征程。

(本文发表于《领导之友》,2017 年第 5 期。合作者:杨嘉懿,时为天津师范大学马克思主义学院马克思经济学史方向博士生,现为天津市社会科学院马克思主义研究所研究人员;王晖,现为天津师范大学马克思主义学院马克思主义经济学史方向博士生。)

# 第四章　全面建成小康社会决胜阶段中国经济发展战略理论的创新

　　党的十八届五中全会通过的《关于制定国民经济和社会发展第十三个五年规划的建议》（以下简称《建议》）客观分析了国外和国内形势，就我国全面建成小康社会决胜阶段的发展战略作出了部署。习近平总书记在关于《建议》的说明中指出，建议稿体现了"四个全面"战略布局和"五位一体"总体布局，反映了党的十八大以来党中央的决策部署，顺应了我国经济发展新常态的内在要求，有很强的思想性、战略性、前瞻性、指导性。建议稿提出创新、协调、绿色、开放、共享的发展理念，在理论和实践上有新的突破。[①]这些都充分显示了中国特色经济发展战略理论的创新。

## 一、以适应、把握、引领新常态作为前提依据和总的要求，丰富了经济发展战略阶段的新内涵

　　作为中长期规划，我国每次制定五年发展规划时都审时度势，就所处的发展阶段和面临的形势特点及要求作出深刻分析和准确判断。

---

　　① 习近平：《关于〈中共中央关于制定国民经济和社会发展第十三个五年规划的建议〉的说明》（2015 年 10 月 26 日），载《十八大以来重要文献选编》（中），中央文献出版社，2016 年，第 771 页。

如,在制定"九五"时期发展规划时,党和国家针对改革发展进入新阶段和即将跨入新世纪,提出了实行"两个具有全局意义的根本性转变",即经济体制从传统的计划经济向社会主义市场经济体制转变、经济增长方式从粗放型向集约型转变。在制定"十二五"时期发展规划时,正是针对国际金融危机爆发后的国际国内形势与挑战,明确了这一时期要以科学发展为主题,以加快转变经济发展方式为主线。

当前制定"十三五"规划,以"十二五"时期取得的重大成就为基础,又适逢我国经济发展进入新常态,呈现出速度变化、结构优化、动力转换三大特点,增长速度从高速转向中高速,发展方式从规模速度型转向质量效率型,经济结构调整从增量扩能为主转向调整存量、做优增量并举,发展动力从主要依靠资源和低成本劳动力等要素投入转向创新驱动。对于这一阶段性变化,党中央近年来多次予以阐发和强调,特别是在2014年底的经济工作会议上作出了系统分析和总体部署。

"十三五"规划作为我国经济进入新常态后的第一个五年规划,充分考虑了新发展阶段的趋势和地位,按照适应新常态、把握新常态、引领新常态的总要求进行战略谋划。因此《建议》既在总结"十二五"时期取得的成就时肯定了适应经济发展新常态所形成的良好态势,又将"十三五"时期概括为"全面建成小康社会决胜阶段",在阐释发展环境时进一步分析了新常态的特征;既在提出指导思想时突出重点地强调了"加快形成引领经济发展新常态的体制机制和发展方式",又在部署各项战略任务时体现了如何引领新常态。这不仅深化了经济发展新常态的认识,而且充实了经济发展战略阶段的内容。

《建议》还作出了"准确把握战略机遇期内涵的深刻变化"的新论断。新世纪头 20 年我国处在发展的重要战略机遇期是党的十六大作出的重大判断。随着世情国情的不断变化,尤其是自国际金融危机发生以来,我国发展战略机遇期的内涵也相应发生了变化,正在由原来加快发展速度的机遇转变为加快经济发展方式转变的机遇,由原来规模快速扩张的机遇转变为提高发展质量和效益的机遇。《建议》在继续肯定我国发展仍处于可以大有作为的重要战略机遇期的同时强调准确把握其内涵的深刻变化,开拓了新视野,从而为科学制定全面建成小康社会决胜阶段的发展战略奠定了前提和基础,对我国经济发展战略阶段内涵的理解更加丰富。

## 二、以创新、协调、绿色、开放、共享作为新的发展理念,开辟了经济发展战略思想的新境界

面对新的发展阶段及其新条件、新机遇、新挑战,制定"十三五"规划需要继续解决好什么是发展、怎样发展、为谁发展的重大问题。在党的十八届五中全会上,习近平总书记强调必须确立新的发展理念,并系统论述了"创新、协调、绿色、开放、共享"五大发展理念。

发展理念是发展行动的先导,是管全局、管根本、管方向、管长远的东西,是发展思路、发展方向、发展着力点的集中体现。发展理念搞对了,目标任务就好定了,政策举措也就跟着好定了。因此,《建议》以"五大发展理念"为主线进行谋篇布局,既突出理念先行和引领,又让人耳目一新,成为写下许多"第一"的发展蓝图。

首先,《建议》突破了以往规划建议的篇章结构,将发展理念作为独立部分进行设置,同时改变先后论述经济建设、社会建设、文化建设与改革开放等任务的常用叙述方式,以"五大发展理念"为统领分别阐释各项任务,这就凸显了新的发展思路、发展方向和发展着力点。

其次,《建议》赋予了"五大发展理念"新地位。党和国家以往分析和部署发展时也分别使用过创新、协调、绿色、开放、共享等概念,但《建议》将其一并提升为引领未来发展的核心发展理念,又作出这是"关系我国发展全局的一场深刻变革"的判断,体现着新形势下破解发展难题,厚植发展优势的需要,反映出我们党对我国发展规律的新认识,确立了"五大发展理念"的新高度和新位置。

再次,《建议》就发展理念作出了许多新概括。如,指出创新是引领发展的第一动力。我们较为熟悉"科技是第一生产力"的论断,这里将发展的首要动能聚焦为创新,要求必须把创新摆在国家发展全局的核心位置,让创新贯穿党和国家一切工作,并将创新拓宽为不断推进理论创新、制度创新、科技创新、文化创新等各方面创新,深化了发展动力和创新地位的认识。《建议》提出,"协调是持续健康发展的内在要求",重点要促进城乡区域之间、经济与社会之间、新型工业化信息化城镇化农业现代化之间、国家硬实力与软实力之间协调发展;"绿色是永续发展的必要条件和人民对美好生活追求的重要体现",首次将生态文明建设在五年规划中单列一章,所占篇幅也为最长;"开放是国家繁荣发展的必由之路",针对中国深度融入世界的前所未有的情况,首次将坚持开放发展单列一章,使全球视野贯穿全篇;"共享是中国特色社会主义的本质要求",必须坚持发展为了人民、发展依靠人民、发展成果由人民共享,作出更有效的制度安排,使全休人民在共建共享发展中有更多获得感。这些新观点和新思路科学回答了新形势下经济发展的性质、道路、目的等重大问题。

## 三、以全面建成小康社会已经确定的目标要求作为基础提出新的安排,确定了经济发展战略目标与步骤的新标准

战略目标和步骤是经济发展战略的重要组成部分。随着发展阶段和形势的变化,我们党对发展战略目标和步骤的认识也逐步递进与深化。在我国,作为系统和科学的经济发展战略理论提出于 20 世纪 70 年代末 80 年代初。邓小平同志指出,到 20 世纪末,国民生产总值"翻两番""走两步""达到小康社会",并强调更重要的是第三步在 21 世纪再翻两番,这就是党中央在 80 年代确认的著名的"三步走"战略构想,后又将经济发展规划扩展为经济和社会发展规划。在跨入新世纪之初,党的十六大结合 20 世纪末我国已胜利实现第二个战略目标的情况,分析国内外的条件与需求,提出了在 21 世纪头 20 年全面建设小康社会的战略目标。党的十八大总结了建设中国特色社会主义的经验,进一步描绘了全面建成小康社会、加快推进社会主义现代化的宏伟蓝图,发出了向实现"两个一百年"奋斗目标进军的伟大号召,习近平总书记提出了实现中华民族伟大复兴的中国梦。据此,《建议》指出要在已经确定的全面建成小康社会目标要求的基础上,努力实现新的目标要求。

与"十二五"规划建议相比,这主要体现在补充了新任务和提升了

原规定的高度。前者如,经济保持中高速增长,产业迈向中高端,户籍人口城镇化率加快提高;生态环境质量总体改善;各方面制度更加成熟更加定型,国家治理体系和治理能力现代化取得重大进展等。后者如,迈进创新型国家和人才强国行列,人民生活水平特别是质量普遍提高,国民素质和社会文明程度显著提高;开放型经济新体制基本形成等。这些新的标准使发展战略目标更符合形势需要、人民意愿和社会期盼,坚持了以人民为中心的发展思想。

需要看到的是,新目标没有停留于建成小康社会的本来任务,而是衔接着加快现代化建设的第二个百年目标。如在"坚持创新发展"部分谋划"构建产业新体系"时,将加快建设制造强国,实施《中国制造2025》纳入规划,提出促进新一代信息通信技术、航空航天装备、先进轨道交通装备、节能与新能源汽车、新材料、生物医药等产业发展壮大。其中很多产业属于国际上的新兴产业,不仅为实现下一个目标奠定了雄厚的基础,而且已经和世界现代化同步。这也开启了对发展战略步骤理论的新思考。

**四、以众多新的战略和工程等作为问题导向和补齐短板的重要支撑,拓展了经济发展战略路径与方法的新格局**

为了贯彻落实新阶段下的新理念和新目标,《建议》以实用管用为准则,坚持问题导向,聚集突出问题和明显短板,在"五大发展理念"的统领下提出和强调了两百多个重要举措。其中有五十多个较重大的战略、工程、行动、计划、制度等。从新提出的举措看,如网络强国战略、国家大数据战略直接服务于培育新动力,拓展新空间,实现创新发展;优进优出战略服务于适应开放新格局,提升我国产业在全球价值链中的地位;就业优先战略、食品安全战略服务于共享发展,保障基本民生,建设健康中国;脱贫攻坚工程服务于完成全面建成小康社会的最艰巨任务,实现人人享有的要求。这些具有针对性、前瞻性的部署,使规划措施更实际、更具可操作性,拓宽了经济发展战略的实现路径,而且提供了一种有效的制定和实施方式,丰富了我国经济发展战略的方法论。

党的"十三五"规划建议内容极为丰富,不仅率先创新了经济发展战略理论,而且推动发展了中国特色社会主义经济理论。这些理论创新保障了规划的科学性,必将指引实践创新,夺取全面建成小康社会决胜阶段的伟大胜利。

(本文发表于《天津日报(理论版)》,2015 年 11 月 30 日。)

# 第五章 新时代高质量发展阶段与 建设现代化经济体系

中国特色社会主义进入新时代，我国经济发展也进入了新时代，已由高速增长阶段转向高质量发展阶段，有必要就进入这一新阶段的认知意义和积极应对作出进一步分析。

## 一、经济发展进入新时代的重大判断是转向高质量发展阶段

党的十九大报告（以下简称《报告》）在"贯彻新发展理念，建设现代化经济体系"部分首先强调："我国经济已由高速增长阶段转向高质量发展阶段，正处在转变发展方式、优化经济结构、转换增长动力的攻关期。"[1]这是党对新的经济发展阶段作出的重大判断。高质量发展就是能够更好满足人民日益增长的美好生活需要的发展，是体现新发展理念的发展，可以反映在供给需求、产业结构、投入产出、成果分配、经济循环、绿色发展等多个方面。就进入这一阶段作出明确判断，意义非凡。

---

① 习近平：《决胜全面建成小康社会 夺取新时代中国特色社会主义伟大胜利》（2017 年 10 月 27 日），http://www.xinhuanet.com/2017-10/27/c_1121867529.htm，新华网，2017 年 10 月 27 日。

（一）体现了我国发生重大变化的新形势和新需要

中国特色社会主义进入新时代，我国发展处于新的历史方位，社会主要矛盾已经转化为人民日益增长的美好生活需要和不平衡不充分的发展之间的矛盾。随之就我国经济发展阶段的变化作出清醒反应和认知，符合保持经济持续健康发展的必然要求，我国社会主要矛盾变化和全面建成小康社会、全面建设社会主义现代化国家的必然要求，以及依据经济规律发展的必然要求，将构成制定新时代经济发展战略目标与路径的宏观背景和基本依据。我国经济发展的历史证明，对经济发展形势和发展阶段的变化予以及时判断，遵循客观规律，对谋划全局发展发挥着关键作用。

（二）概括了我国经济发展进入新时代的基本特征

自进入新世纪特别是发生国际金融危机以来，世界经济形势发生了重大变化，面临着新一轮科技革命和产业变革。中国的经济增长速度自 2002 年始出现下滑态势，粗放发展方式难以为继等问题凸显。习近平总书记及时综合分析了国内外变化的形势，作出了我国经济发展进入新常态的判断，概括了速度变化、结构优化、动力转换三大特点，揭示了深刻内涵，要求坚持适应、把握、引领经济发展新常态，立足大局、把握规律，为回答经济形势怎么看和经济工作怎么干提供了大逻辑。党的十九大站在中国发展新的历史方位的高度提出中国特色社会主义进入了新时代，使得如何认识新时代的我国经济发展及其特征成为需要回答的新课题。党中央明确我国经济发展也进入了新时代，并将已由高速增长阶段转向高质量发展阶段概括为经济发展新时代的基本特征，不仅丰富了中国特色社会主义进入新时代的内容，而且凝练了新阶段的突出标志，深化了对经济发展新常态内涵的认识，为当前和今后一个时期确定发展思路、指导经济政策、实施宏观调控提供了根本要求，影响极为深远。

### (三)构成了习近平新时代中国特色社会主义思想的重要内容

《报告》在阐述"新时代中国特色社会主义思想和新方略"部分概述了"14 个坚持"，其中第 4 个坚持是"坚持新发展理念"，并对如何贯彻创新、协调、绿色、开放、共享发展理念作出具体分析。我国经济已由高速增长阶段转向高质量发展阶段的重大判断是在 "贯彻新发展理念，建设现代化经济体系"部分说明的，全部内容都体现了贯彻"五大发展理念"。这个重大判断显然包括在习近平新时代中国特色社会主义思想之中。

结合习近平新时代中国特色社会主义经济思想的内容进行分析可以得到进一步证明。2017 年，中央经济工作会议提出了以新发展理念为主要内容的习近平新时代中国特色社会主义经济思想。主要内涵可以概括为"1+7"，1 即以新发展理念为主要内容，7 即"七个坚持"，包括坚持加强党对经济工作的集中统一领导；坚持以人民为中心的发展思想；坚持适应把握引领经济发展新常态；坚持使市场在资源配置中起决定性作用、更好发挥政府作用；坚持适应我国经济发展主要矛盾变化，完善宏观调控；坚持问题导向部署经济发展新战略；坚持正确工作策略和方法。我国经济已由高速增长阶段转向高质量发展阶段的重大判断直接属于其中第 7 个坚持的应有内容,正是基于我国社会主要矛盾发生转变和亟须解决的经济挑战就战略发展阶段而作出的反映。这一判断既然是习近平新时代中国特色社会主义经济思想的重要组成部分,也必然是新时代中国特色社会主义思想整体中的有机组成部分,直接成为建设社会主义强国的支撑性理论,与其他部分相互融合,同样成为新时代的指导思想。

## 二、高质量发展阶段的经济发展战略目标是建设现代化经济体系

转向高质量发展阶段需要制定新的经济发展战略目标、任务、途径。《报告》指出:"建设现代化经济体系是跨越关口的迫切要求和我国发展的战略目标。"党的十九大闭幕不久,习近平总书记于 2017 年 10 月 30 日在人民大会堂会见清华大学经济管理学院顾问委员会海外委员和中方企业家委员时指出:中国特色社会主义进入新时代,中国经济已经由高速增长阶段转向高质量发展阶段。中国经济发展的战略目标就是要在质量变革、效率变革、动力变革的基础上,建设现代化经济体系,提高全要素生产率,不断增强经济创新力和竞争力。[①]这为认识新时代我国的经济发展战略目标问题提供了科学指南。

作为新目标的建设现代化经济体系可以从多方面认识。

---

① 《习近平会见清华大学经济管理学院顾问委员会海外委员和中方企业家委员》,《人民日报》,2017 年 10 月 31 日,第 1 版。

（一）建设现代化经济体系的内涵

从内涵方面看，中国特色的现代化经济体系可以概括为两个坚持、一条主线、三大变革、增强两力等。坚持质量第一、坚持效益优先是进入追求高质量发展阶段建设现代化经济体系的核心要求，居于引领地位，改变了数量和规模优先的导向，成为当前和今后长时期发展经济的基本原则。供给侧结构性改革是建设现代化经济体系的工作主线，作为重要思路将贯穿于基本过程。质量变革、效率变革、动力变革三大变革是建设现代化经济体系的基本路径，可以有效推动提高全要素生产率。不断增强经济创新力和竞争力是建设现代化经济体系的重要指向，针对我国经济体系按照现代化标准衡量在国内和国际上存在的突出短板，提升了建设现代化经济体系的要求与水平。

（二）建设现代化经济体系的构成

《报告》指明了建设现代化经济体系在产业体系和经济体制方面的两个着力点，提出"着力加快建设实体经济、科技创新、现代金融、人力资源协同发展的产业体系，着力构建市场机制有效、微观主体有活力、宏观调控有度的经济体制"，这里突出强调要构建具有新特征的两个子体系，在建设现代化经济体系中发挥主要支撑作用。

2018 年 1 月 30 日，中共中央政治局就建设现代化经济体系进行了第三次集体学习。习近平总书记进一步阐发了现代化经济体系的组成部分，即要建设创新引领、协同发展的产业体系，实现实体经济、科技创新、现代金融、人力资源协同发展，使科技创新在实体经济发展中的贡献份额不断提高,现代金融服务实体经济的能力不断增强,人力资源支撑实体经济发展的作用不断优化。

要建设统一开放、竞争有序的市场体系,实现市场准入畅通、市场开放有序、市场竞争充分、市场秩序规范,加快形成企业自主经营公平竞争、消费者自由选择自主消费、商品和要素自由流动平等交换的现代市场体系。

要建设体现效率、促进公平的收入分配体系,实现收入分配合理、社会公平正义、全体人民共同富裕,推进基本公共服务均等化,逐步缩小收入分配差距。

要建设彰显优势、协调联动的城乡区域发展体系,实现区域良性互动、城乡融合发展、陆海统筹整体优化,培育和发挥区域比较优势,加强区域优势互补,塑造区域协调发展新格局。

要建设资源节约、环境友好的绿色发展体系,实现绿色循环低碳发展、人与自然和谐共生,牢固树立和践行"绿水青山就是金山银山"的理念,形成人与自然和谐发展现代化建设新格局。

要建设多元平衡、安全高效的全面开放体系,发展更高层次开放型经济,推动开放朝着优化结构、拓展深度、提高效益方向转变。

要建设充分发挥市场作用、更好发挥政府作用的经济体制,实现市场机制有效、微观主体有活力、宏观调控有度。①由产业体系、市场体系、分配体系、区域发展体系、绿色发展体系、全面开放体系、经济体制7个方面构成的现代化经济体系,内容更加全面,更有针对性,符合我

---

① 《深刻认识建设现代化经济体系重要性 推动我国经济发展焕发新活力迈上新台阶》,《人民日报》,2018年2月1日,第1版。

国进入新时代的实情。

(三)建设现代化经济体系的任务

《报告》部署了实现建设现代化经济体系这一战略目标的六项主要任务:深化供给侧结构性改革、加快建设创新型国家、实施乡村振兴战略、实施区域协调发展战略、加快完善社会主义市场经济体制、推动形成全面开放新格局。

2018年1月30日,中共中央政治局就建设现代化经济体系进行第三次集体学习,习近平总书记又从突出抓好几方面工作的角度作出了强调和充实。他提出,一是要大力发展实体经济,筑牢现代化经济体系的坚实基础。实体经济是一国经济的立身之本,是财富创造的根本源泉,是国家强盛的重要支柱。要深化供给侧结构性改革,加快发展先进制造业,推动互联网、大数据、人工智能同实体经济深度融合,推动资源要素向实体经济集聚、政策措施向实体经济倾斜、工作力量向实体经济加强,营造脚踏实地、勤劳创业、实业致富的发展环境和社会氛围。

二是要加快实施创新驱动发展战略,强化现代化经济体系的战略支撑,加强国家创新体系建设,强化战略科技力量,推动科技创新和经济社会发展深度融合,塑造更多依靠创新驱动、更多发挥先发优势的引领型发展。

三是要积极推动城乡区域协调发展,优化现代化经济体系的空间布局,实施好区域协调发展战略,推动京津冀协同发展和长江经济带发展,同时协调推进粤港澳大湾区发展。乡村振兴是一盘大棋,要把这盘大棋走好。

四是要着力发展开放型经济，提高现代化经济体系的国际竞争力，更好利用全球资源和市场，继续积极推进"一带一路"框架下的国际交流合作。

五是要深化经济体制改革，完善现代化经济体系的制度保障，加快完善社会主义市场经济体制，坚决破除各方面体制机制弊端，激发全社会创新创业活力。

2018年4月23日，中共中央政治局召开会议分析研究经济形势和经济工作。会议强调要加强顶层设计，抓紧出台推动高质量发展的指标体系、政策体系、标准体系、统计体系、绩效评价、政绩考核办法，使各地区各部门在推动高质量发展上有所遵循。建立这个顶层设计系统，源于高质量建设现代化经济体系的复杂性。高质量的标准具有相对性，需要随着国家发展阶段的演进不断调整。

我国建设现代化经济体系，既要遵循现代化的一般规律，又要体现中国特色社会主义发展现阶段的国情。因此，必须提前设计建设标准和调控机制，以便引导全国各地区各部门推动高质量发展，这也是提高国家治理能力的重要标志。首先，要构建具有引导作用的管理体系，解决是什么和怎么样做的问题，如符合高质量发展的指标体系、政策体系、标准体系、统计体系等。其次，要配套具有约束力的管理体系，解决干得好与差的评价问题，如投入产出分析、质量评估、绩效评价、政绩考核办法等。这些设计要综合考虑在实现"两个一百年"奋斗目标的不同阶段，建设现代化经济体系的不同需要，既具操作性，更有前瞻性，防止脱离实际的过高指标。在多个宏观管理部门已经着手制定标准的情况下,要注重形成高质量发展标准内在统一的闭环体系。为此,要加强调查研究,从理论和实践的结合上进行深入探讨,同时支持各地区结合实际,积极探索推动高质量发展的的途径,从而使现代化经济体系的各个组成部分既发挥各自的功能,又相互联系形成合力,成为一种整体化、系统化的战略工程。

### (四)建设现代化经济体系的特征

从现代化经济体系的内在性质看,这一体系是由社会经济活动各个环节、各个层面、各个领域的相互关系和内在联系构成的一个有机整体。

从现代化经济体系的工作推动看,一是要借鉴发达国家有益做法,但更要符合中国国情、具有中国特色。二是由于几个体系是统一整体,所以要一体建设、一体推进。三是需要扎实管用的政策举措和行动。

从现代化经济体系的建设地位看,一是现代化经济体系属于一篇大文章,既是一个重大理论命题,更是一个重大实践课题。可见非常重要,需认清建设现代化经济体系,是党中央从党和国家事业全局出发,着眼于实现"两个一百年"奋斗目标、顺应中国特色社会主义进入新时代的新要求作出的重大决策部署。国家强,经济体系必须强。只有形成现代化经济体系,才能更好顺应现代化发展潮流和赢得国际竞争主动权,也才能为其他领域现代化提供有力支撑。二是需要从理论和实践的结合上进行深入探讨。建设现代化经济体系在我国是首次系统部署,尽管有着很好的基础,但毕竟要引领我国长期的经济建设,必将面对许多必须破解的深层次难题,并且世界局势的发展变化又直接影响着我国的经济发展,因此与一些具体的战略理论和设计不同,需要继续在实践中不断加强研讨和丰富。

可以看出,对现代化经济体系战略目标及其任务的界定具有视野的广阔性和认识的前瞻性。这些部署突出了质量,着力转变数量型发展模式;突出了体系,着力追求现代化建设标准;突出了重点,着力体现新理念引领和问题导向,必将推动经济高质量发展,进而推进全面建设社会主义现代化强国。

## 三、建设现代化经济体系是中国经济发展战略理论的创新

我国于 20 世纪 80 年代初中期产生并形成了经济发展战略理论。从党的创新理论看,最初是邓小平提出了著名的"三步走"经济发展战略。1982 年党的十二大首次明确将"三步走"经济发展战略写进党代会报告,1987 年党的十三大报告专设"经济发展战略"问题阐述"三步走"的思路与部署。即使自 20 世纪 90 年代中期开始转变为制定经济社会发展总体战略,但长期以来党和国家对发展战略的安排依然强调经济发展部分,这体现了以经济建设为中心的基本路线的要求。

再从中国特色社会主义政治经济学的研究看,理论工作者长期重视经济发展战略问题的探讨,陆续形成了以经济发展战略的宏观背景、指导思想、目标任务、基本原则、步骤安排、重点领域、途径措施、重要保障等方面组成的系统理论和阐述,贯穿于中国经济发展理论的始终,服务于以经济建设为中心的实践,构成了中国特色社会主义政治经济学的重要组成部分。这也为从经济发展战略理论发展的视角就建

设现代化经济体系的理论与实践作出思考提供了基础和前提。建设现代化经济体系以这些理论为必备基础，又深化了这些理论认识。

(一)建设现代化经济体系理论创新的突出体现

《报告》中以"贯彻新发展理念，建设现代化经济体系"为题安排了经济建设的部署，集中反映了新时代经济发展战略构想与实施的创新。突出体现在以下3个方面。

1. 深化了对经济发展战略新背景的认识

我国经济发展战略的与时俱进适应了不同发展阶段和环境的变化，分析经济发展战略的宏观背景变化可以为制定新规划提供科学依据。党的十八大召开时突出面对着世界金融危机的巨大冲击，需主要谋划如何化解危机、抓住机遇，全面建成小康社会。党的十九大则面对着新的国际国内环境与条件，《报告》在判断中国特色社会主义进入新时代，我国发展处于新的历史方位，社会主要矛盾发生转化的基础上概括了我国经济已由高速增长阶段转向高质量发展阶段，从而为科学研判经济发展新时代的战略目标与路径提供了宏观背景和重要依据。了解这些，会对新经济发展战略所处的高质量阶段特征的认识更加全面，对建设现代化经济体系作为跨越关口迫切要求和开启新征程基本途径的意义理解更加清晰，对建设什么样的现代化经济体系的把握更加深刻，就这些所作的判定与分析首先丰富和推进了经济发展战略理论。

2. 推进了对经济发展战略新目标的认识

进入新世纪以来，历次党代会报告关于经济建设部分曾用过"经济建设和经济改革"(党的十六大)、"促进国民经济又好又快发展"(党的十七大)、"加快完善社会主义市场经济体制和加快转变经济发展方式"(党的十八大)等标题。而且自改革开放以来,以往党代会报告对经济发展战略目标的概括主要是数量指标和重点任务方面的定性概述。如第一次提出经济发展战略的党的十二大,主要强调了工农业总产值要翻两番。党的十八大提出了国内生产总值和城乡居民人均收入比2010年翻一番,同时对科技进步、产业水平、城镇化、农业农村、区域协调、对外开放等给出定性目标要求。

党的十九大首次使用了"建设现代化经济体系"的概括,并没有规定发展的具体数量指标,而是在就新"三步走"战略步骤作出说明的基础上,突出阐述了建设现代化经济体系的基本内涵。从构建体系的角度作出设计不仅体现在两个坚持、一条主线、三大变革、增强两力、七大体系等方面,还表现在对主要任务的表述之中。如在深化供给侧结构性改革方面,首先指出建设现代化经济体系必须把发展经济的着力点放在实体经济方面,把提高供给体系质量作为主攻方向,显著增强我国经济质量优势。在加快建设创新型国家部分首先说明创新是引领发展的第一动力,是建设现代化经济体系的战略支撑等,从而使现代化经济体系的特色更为明显,切实符合现代化建设需要。

3. 丰富了对经济发展战略新任务的认识

党的十八大关于经济建设提出了五项主要任务:全面深化经济体制改革、实施创新驱动发展战略、推进经济结构战略性调整、推动城乡发展一体化、全面提高开放型经济水平。比较《报告》部署建设现代化经济体系的六项主要任务可见,党的十九大新写进了供给侧结构性改革,新概括了乡村振兴战略,新单列了区域协调发展战略,适应了社会主要矛盾新变化和新发展理念的需要。

再从各个建设任务的具体内容看,《报告》也结合新时代的新形势新要求提出了许多新概括新部署。如在深化供给侧结构性改革部分,针对加快建设制造强国,提出在中高端消费、创新引领、绿色低碳、共享经济、现代供应链、人力资本服务等领域培育新增长点,形成新动能。这就为新形势下转变经济发展方式、转换增长动力指明了方向。

在实施乡村振兴战略部分,提出"建立健全城乡融合发展体制机制和政策体系",以城乡融合代替城乡发展一体化,后者突出了城乡从分离到统筹的过程,前者强调你中有我、我中有你,不分主次,成为新农村建设战略的升级版。

在加快完善社会主义市场经济体制部分,对国有经济和国有企业改革,落笔较多,还提出了推动国有资本做强做优做大的很有新意的思想,强调培育具有全球竞争力的世界一流企业,为国有资本做强做优做大确立了标志;就宏观调控体系在财政货币政策与其他政策手段协调融合方面,不再提价格政策,而是增加了区域政策,还写进了健全货币政策和宏观审慎政策双支柱调控框架,对防范金融风险具有重要作用。

《报告》在"建设现代化经济体系"各项任务中对建设现代化经济强国提出了现阶段的新着力点,具体概括了建设八个强国:制造强国、科技强国、质量强国、航天强国、网络强国、交通强国、海洋强国、贸易强国。其中,质量强国、航天强国、交通强国、海洋强国等表述在党代会报告中属于较早提出,使建设经济强国的目标和重点更明晰,举措更实在,效果更突出。这是新时代、新使命、新动力、新作为的重要体现。

（二）建设现代化经济体系理论的整体把握与创新体现

还应看到的是，全面把握新时代建设现代化经济体系对中国经济发展战略的创新不能仅就建设现代化经济体系部分作孤立理解，还要与整个《报告》的内容相统一。

要做到与习近平新时代中国特色社会主义思想一起把握，如以人民为中心的发展思想，这体现了建设现代化经济体系的指导思想。相对于长时期事实上将追求 GDP 的增速放在过于突出地位的做法，以人民为中心的发展思想体现了社会主义国家发展目的的本质，校正了经济发展战略目标、途径的偏移。

要做到与新"三步走"战略目标一起把握，这体现了经济发展战略的步骤安排，对全体人民共同富裕的追求。新"三步走"战略目标尽管是进入新时代中国特色社会主义整体发展目标与步骤的设计，但其中的基础仍是经济发展目标与步骤，建设现代化经济体系部分正是以此为前提作出的部署，并且需要伴随发展的实践不断根据新"三步走"战略而调整补充。

要做到与政治、社会、文化、生态、外交等多领域建设任务一起把握，这体现了建设现代化经济体系的高度、广度和深度。如在社会建设部分，实施健康中国战略明确要求为人民群众提供全方位、全周期健康服务，并强调了实施食品安全战略、发展健康产业、加快老龄事业与产业发展。这既是针对社会建设的突出问题提出的破解思路，又对新时代经济发展战略视域下的产业布局产生深远影响。再如在对外开放部分，要将推动形成全面开放新格局与推动构建人类命运共同体结合起来理解。不仅要看到探索建设自由贸易港的新任务,而且要高度关注构建人类命运共同体,建设持久和平、普遍安全、共同繁荣、开放包容、清洁美丽的世界的倡导与设计,要深入理解秉持共商共建共享的全球治理观,积极参与全球治理体系改革和建设的谋划与形成全面开放新格局的密切关系,以便更好地加快培育国际经济合作和竞争性优势。

上述这些大大丰富了对中国经济发展进入新时代的认识,同样属于经济发展战略的创新。总之,转向高质量发展阶段和建设现代化经济体系的理论创新体现在众多方面,还可以作出更深入的考察,并且随着实践的深化也将有更丰富的呈现。


(本文的一些观点以"打好三大坚战 推进现代化经济体系建设"为题发表在《中国社会科学报》,2018 年 5 月 16 日。合作者:吕景春,博士,现为天津师范大学经济学院院长、教授。)

# 第六章　中国特色新型"四化"道路与推动同步发展

　　党的十八大对坚持走中国特色新型工业化、信息化、城镇化、农业现代化道路,推动和促进这"四化"同步发展予以高度重视。大会报告在关于全面建成小康社会的新目标和要求部分明确指出了"工业化基本实现,信息化水平大幅度提升,城镇化质量明显提高,农业现代化和社会主义新农村建设成效显著"。在经济建设部分又突出强调:"坚持走中国特色新型工业化、信息化、城镇化、农业现代化道路,推动信息化和工业化深度融合、工业化和城镇化良性互动、城镇化和农业现代化相互协调,促进工业化、信息化、城镇化、农业现代化同步发展。"①同时,还在新修改的党章中专门增写了此方面的内容。党的十八届五中全会继续提出了"促进新型工业化、信息化、城镇化、农业现代化同步发展"的明确要求。党的十九大阐述了习近平新时代中国特色社会主义思想的"十四个坚持",在第四个"坚持新发展理念"之中,继续提出"推动新型工业化、信息化、城镇化、农业现代化同步发展"。这是党和国家在全面审视国内外经济形势新变化和牢牢把握我国经济发展战略的主题与主线的基础上作出的重要分析和部署。

---

　　①　胡锦涛:《高举中国特色社会主义伟大旗帜　为夺取全面建设小康社会新胜利而奋斗》(2007 年 10 月 15 日),载《十七大以来重要文献选编》(上),中央文献出版社,2009 年,第 17~18 页。

## 一、中国特色新型"四化"道路与推动"四化"同步发展属于客观必然

世界上的发达国家早已完成了工业化、城镇化和农业现代化,在进入新世纪前后又以此为基础迅速迈入信息化阶段。在应对世界性金融危机的过程中,以运用新一代信息技术为突出重点的战略性新兴产业风起云涌。发展中国家只有牢牢把握信息革命浪潮这一战略机遇才能实现赶超任务,否则更将处于落后境遇。从我国发展现状看,经过长期努力特别是改革开放以来的积极奋斗,工业化总体上说已处于中后期阶段,城镇化率刚刚超过50%,信息化和农业现代化的任务依然艰巨。因此,中国特色新型工业化、信息化、城镇化、农业现代化道路,就其核心要求来说,就是以实现经济社会现代化为目标,以把握新的机遇、补齐自身短板、强化有机协调为途径,以促进"四化"同步发展为特色的"四化"道路。

中国特色新型"四化"道路与促进"四化"同步发展有着重要实践意义和作用。一方面,有利于顺应世界经济发展的新趋势,抓住信息化的历史机遇,切实贯彻发展是硬道理的战略思路。在现代化历史上,我国曾经没能跟上世界工业化、自动化等发展洪流,有着沉痛教训。信息化虽发起于发达国家,但是却方兴未艾,新的科技革命与产业变革正在兴起。我国经过多年的科技创新努力,已具备融入这一浪潮的基础和能力,出现了有些新技术、新业态、新产业由"跟跑"到"并跑"再到"领跑"的良好态势,特别是信息化在整体上与发达国家差距不大,因

此以信息化与工业化融合,进而带动提升城镇化、农业现代化水平,是重要的历史抉择。

另一方面,有利于改变信息化、城镇化、农业现代化与工业化尚不协调的状况,扎实协调推进现代化建设。"四化"同步发展,可以促进城乡一体化,使更广大民众特别是农民共享发展成果,从而实现以人为本的科学发展;可以推动经济结构战略性调整和科技进步,启动内需特别是消费需求,从而加快转变经济发展方式;可以加快推进城乡、区域、收入之间的协调发展,从而改变与全面实现现代化不符的不平衡状态。

可见,在我国进入全面建成小康社会的决定性阶段之时,实现工业化、信息化、城镇化和农业现代化,不仅是我国经济社会发展的必经阶段,而且必须适应当今时代和基本国情的特殊情况,尽快实现同步发展。党的十八大报告把工业化基本实现,信息化水平大幅度提升,城镇化质量明显提高,农业现代化和社会主义新农村建设成效显著纳入了全面建成小康社会、加快推进社会主义现代化的目标,作为新要求予以部署,正是反映了新形势下的战略需要。

## 二、中国特色新型"四化"道路与推动"四化"同步发展具有理论地位

从理论创新角度看,党的十八大报告就现阶段我国工业化、信息化、城镇化和农业现代化道路的概括深化了走中国特色现代化建设道路的认识。基于工业化、信息化、城镇化和农业现代化在我国发展历程

中的重要性和长期性，党的十六大已提出了走新型工业化道路的命题，要求以信息化带动工业化，以工业化促进信息化，同时也指明要走中国特色的城镇化道路。党的十七大在进一步说明走中国特色新型工业化道路之时，强调大力推进信息化与工业化融合。不仅重申了走中国特色城镇化道路，而且又作出了走中国特色农业现代化道路的论断。

党的十八大报告就此方面的认识有了新的提升。归结起来体现在两个方面，可以概括为一条道路、三个推动。

一方面，将工业化、信息化、城镇化和农业现代化并列在一起，归纳为必须坚持的具有中国特色的发展道路。这里将以往分别列出的三个现代化特色道路集中并列起来，决不是单纯表述上的变化，而是阐明在新形势新要求下，它们应当是中国现代化建设进程中不可分割、环环相扣、需要共同探索的一条特色现代化建设之路。并且包括了走相互关联的中国特色信息化道路的新内涵，凸显了值得今后关注的新课题。

另一方面，强调了"四化"同步发展这一新的阶段性特征和发展思路，并且深入阐述了其内在联系和发展格局。报告列出三个推动：一是推动信息化和工业化深度融合。在现今条件下，我国既不能走发达国家完成工业化再搞信息化的老路，又不能脱离工业化孤立搞信息化，面临工业化和信息化双重任务的唯一选择就是在以往努力的基础上推动二者进一步深度融合。这意味着鼓励信息技术创新，在经济社会发展的各领域研制和运用先进信息技术，用最新信息技术改造传统产业，培育和发展战略性新兴产业，把发展新一代信息技术产业作为优化产业结构的重要战略基点。

二是推动工业化和城镇化良性互动。世界多国的发展历史证明，工业化与城镇化可以互相促进和支撑。工业产业发展及其带来的劳动力相对聚集，必然要产生物流商贸、餐饮住宿、教育文化等服务业与之配套，从而推动城镇化进程。城镇化意味着城镇人口在总人口中的比重逐渐升高，可以为工业化提供便利的生产要素交易市场，减少交易成本，为之提供广大的产品市场和良好的基础设施。就我国现阶段情况来说，关键是改变城镇化落后于工业化发展，二者尚有脱节的状况，以工业化引领提升城镇化水平，以城镇化支撑工业转型升级，使二者呈现良性互动的局面。

三是推动城镇化和农业现代化相互协调。经济规律表明，城镇化与农业现代化相互影响和促进。城镇化可以吸纳大量农村剩余劳动力，提升农业劳动生产力和农民素质，改变农业旧的生产方式、农村旧的生活方式、农民旧的思维方式。农业现代化在以现代科学和管理技术武装生产经营的进程中，可以节约大量劳动力以补充城市劳动力的不足，并为城市居民提供更多高质量产品，提升城市生活质量。就我国城镇化与农业现代化的进程看，需要改变城镇化过于强调其服务于经济增长的倾向，使之围绕人的多方面需求实现经济、政治、社会、文化、生态等多方面协调发展，注重防止常住外来人口、失地农民不能与城镇居民享受同等基本公共服务的"半城镇化"现象，缩小城乡差距，促进城乡统筹，建设以工促农、以城带乡、工农互惠、城乡一体的新型工农、城乡关系。从上述意义上说，就促进"四化"同步发展方面的认识深化，也是党的十八大在理论创新方面的有机组成部分，标志着我国对中国特色社会主义现代化建设规律有了更为深刻的把握，使落实以科学发展为主题、以加快转变经济发展方式为主线的战略抉择有了更为科学的路径,必将为全面建成小康社会提供重要指导和机制保障。

## 三、中国特色新型"四化"道路与推动"四化"同步发展途径探索

在现阶段,推动"四化"同步发展的途径可以从"总体"和"分别"两个角度来认识。就总体上说是要注重实现互动,这是根本途径。必须明确"四化"是一个有机整体,彼此之间有着密切的内在联系,相互支撑和制约。从这种意义上说,保持互动正是实现"四化"同步的基本支撑。因此,国家必须将推动"四化"同步发展的思路融入经济发展战略整体规划之中,并在制定各方面具体规划时普遍体现其精神实质。

从分别领域看,"四化"同步发展的途径还要落实在有直接联系的双方。在推动信息化与工业化深度融合方面,要在贯彻《中国制造2025》的过程中,加快发展新一代信息技术,建设新一代信息网络基础设施,提升现代信息技术产业的支撑力。要适应全球科技创新的新趋势,快速构建服务制造业重大共性需求的国家级制造创新体系,积极发挥"大众创业、万众创新"的作用,不断培养新增长点。要大力发展智能科技产业,推动智能家居发展,推动互联网、大数据、人工智能和实体经济的深度融合,构建智能创新性生态,加快提升制造业产品、装备及生产、管理、服务的智能化水平。要注重发挥互联网的后发优势,以实施"互联网+"等方式加速改造传统优势产业。

在推动城镇化与工业化良性互动方面,要实现发展城镇经济与培育新兴产业、改造传统产业的紧密结合,积极搭建创新转型平台,以产

业支撑城镇建设,促进产城融合;要积极发展和做强服务业,使服务业充分发挥好促进就业的作用。在这方面,必须改变将城镇化单纯作为追求 GDP 途径的错误思路,贯彻以人民发展为中心的思想,朝着实现人的城镇化和现代化的方向作出努力。

在城镇化和农业现代化相互协调方面,要努力实现农业现代化与城镇化的平衡发展,通过深化农村土地制度改革,使城乡资源配置得到优化,农民权益得到维护,城镇化成本得到降低;通过推动户籍人口城镇化进一步调节农村人口的流动,切实提高农村和城镇人口的素质和文明程度。要努力实现农业现代化与工业化的平衡发展,注重运用工业的思维促进农业发展,积极运用现代化的信息技术和新业态发展现代农业,确保粮食安全和工业原材料供给。要加强调研和规划,重塑城乡关系,破除城乡壁垒,构建中国特色的城乡融合体制机制,使"三农"工作再上新台阶,乡村得到全面振兴,城乡共享发展成果,共同实现现代化。

为了实现"四化"同步发展,还必须创造保障性条件。如制定相关配套法律法规,特别是改变"三农"领域就此方面的落后状况。健全城乡资源平等交换机制,推进农村土地流转及收益分配结构改革和户籍制定改革等。完善资金保障机制,通过健全财政转移支付、建立创业投资基金等途径增加资金来源。建立科学评估机制,加强科学评价和分类检测。

(本文部分主要观点以"走中国特色'四化'道路,促进'四化'同步发展"为题发表于《光明日报》,2012 年 12 月 12 日。)

# 第七章 构建以人为核心的城镇化路径

多年来,我国经济发展推动了城镇化的快速发展。国际经验表明,城镇化水平在 30%~60% 之间是城镇化加速发展阶段。我国的城镇化发展从 1978 年的 17.92% 开始, 到 2013 年中国城镇化率预期达到53.37%,[①]表明我国已进入城镇化快速发展时期。但是近年来,中国城镇化发展出现了虚高,土地城镇化了,可是农民却未能城镇化,规模搞大了,然而质量却不高。忽视城镇化的发展是一个长期积累、渐进发展的过程,并没有从根本上把握城镇化的本质。党的十八届三中全会通过的《中共中央关于全面深化改革若干重大问题的决定》(以下简称《决定》),明确提出坚持走中国特色新型城镇化道路,推进以人为核心的城镇化。这为我国今后城镇化发展指出了正确方向,也对深化体制改革提出了新的要求。

## 一、改革开放以来我国城镇化发展面临的困境

所谓城镇化, 简单来说就是指农村人口和劳动力不断向城镇转

---

① 国家发展和改革委员会:《关于 2012 年国民经济和社会发展计划执行情况与 2013 年国民经济和社会发展计划草案的报告》,http://news.xinhuanet.com/politics/2013-03/19/c_115083795.htm,2013 年 3 月 19 日。

移,第二、三产业不断向城镇聚集发展,与此同时,城市生产方式和生活方式不断扩散和传播的历史过程。当前,我国城镇化在快速发展的同时也出现了一系列问题。

（一）土地城镇化快于人口城镇化的"脱节城镇化"

2007年,陆大道、姚士谋等向国务院提供的发展咨询报告《关于遏制"冒进式"城镇化和空间失控的建议》中明确提出:"土地城镇化速度太快",并"大大快于人口城镇化"。[1]这份报告得到中央决策层的高度重视,由此理论界对土地城镇化问题开展了积极研讨,但研究并未对土地城镇化的概念等作出权威的解读。

从字面意义上来讲,土地城镇化是指城镇土地面积扩大,城镇数量增加。而人口城镇化,威尔逊在其主编的《人口辞典》中的解释是:"人口城市化即指居住在城市地区的人口比重上升的现象"[2]。二者是有区别的,城镇化的实现更侧重于人口城镇化,因为反映城镇化水平高低的一个重要指标为城镇化率,即一个地区常住于城镇的人口占该地区总人口的比例。而我们有一些人理解的城镇化则是字面意义上的土地城镇化,于是,盖高楼,大搞土木工程、形象工程,本应在城镇化中受益的农村居民却并没有真正受益,反而利益受损,这是构建以人为核心的城镇化路径中我国城镇化进程中存在的一大问题。1980年,我国城市建成区面积5000平方千米,城镇人口19140万人,城镇化率19.39%。

---

① 陆大道、姚士谋、李国平:《基于我国国情的城镇化过程综合分析》,《经济地理》,2007年第27卷第6期。

② 转引自刘传江:《中国城市化的制度安排与创新》,武汉大学出版社,1999年,第40页。

2010 年,城市建成区面积 4.6 万平方千米,城镇常住人口 67113 万人,城镇化率为 49.95%。30 年间,城市建成区面积扩大了 8.2 倍,但城镇常住人口仅增加了 2.5 倍。①城镇化的速度很快,却发生了严重的扭曲,偏重于土地城镇化,而不是人的城镇化。

（二）农民未及时转变为市民的"虚城镇化"

《中国城市发展报告 2012》显示,2012 年我国城镇化率已经达到 52.57%,但是城镇户籍人口占总人口的比例却只有 35.29%。大量的农民工实现了地域转移和职业转变,但还没有实现身份和地位的转变。城乡二元体制严重地束缚了农民向城市的自由迁徙,2.6 亿多生活在城镇里的人没有城镇户口,不享受城镇居民待遇。他们虽然进入城市,工作在城市,但是家在农村;自己在城市,家人在农村;即便在城市工作,工资待遇也比城市人要低,没有能力在城市安家,而且享受不到城市的公共服务。因此,当前我国的城镇化不仅数量上虚高,而且质量也较差。只要是农村居民与城镇居民在公共福利上依然差距较大,户籍改革迟滞不前,暂居城镇的人员不能真正融入城镇,那么这种城镇化就可能是一种"伪城镇化"。②

（三）产业与城镇不结合的"被城镇化"

从产业结构变化的角度来看,城镇化就是第二、三产业不断发展的过程。在近十年我国城镇化过程中,越来越多的新城出现,如各类工

①　陈锡文:《我国城镇化进程中的"三农"问题》,《国家行政学院学报》,2012 年第 6 期。
②　郭小锋:《三家机构报告称现行户籍制度造成中国"伪城镇化"》,《新京报》,2010 年 10 月 5 日。

业园区、开发区和新城区,但是缺乏产业支撑的城镇"空心化",会导致大量"空城""鬼城"现象,如鄂尔多斯康巴什新城等。由于产业与城镇的分离,有些农民虽然住进了公寓楼,但是没有相应的工作,还在务农,一些必要的农机工具只好在公寓附近搭个棚子来存放,结果使得居住小区城不像城、乡不像乡,人居环境反而退化。[1]"有城无市"是一种误区,城镇越向现代化发展,就越应让居民感到方便、舒适。当前,由于没有树立以人为核心的规划理念,因地而建,搞单一化模式,无法从根本上解决制约城镇发展的体制和机制问题,也无法提高居民的幸福指数。因此,不断更新产业链,产城结合,打造新的增长点,将成为新型城镇化的关键所在。

(四)缺乏绿色先行的"不可持续城镇化"

我国城镇化的发展主要由工业化来推动,在主要从事低端产业加工的情况下,随之而来的是工业污染越来越严重,对水环境、植被、大气等都产生了不良影响。按照 2010 年的城镇人口数据,城镇化水平每提高一个百分点,生活污水排放将新增 37980 万吨(按城镇生活污水年排放量 57.06 吨 / 人估算),城镇生活垃圾产生量将新增 293 万吨(按人均年产生量 440 公斤估算),城镇工业固体废物产生量将新增 2.41 亿吨(按人均年产生量 3.62 吨估算),并会导致生态环境质量综合指数下降约 0.0073。[2]如果自 2011 年起城镇化率年均增长 1.857%,

---

[1] 仇保兴:《实现我国有序城镇化的难点与对策选择》,《城市规划学刊》,2007 年第 5 期。

[2] Fang Chuang Lin, Lin Xueqin, The Eco-environmental Guarantee for China's Urbanization Process, *Journal of Geo-graphical Science*, Vol.19, 2009.

那么到 2020 年中国内地城镇人口将达到 8 亿,[①]十年间将累计新增污水排放量410 亿吨左右、生活垃圾 3.164 亿吨左右、工业固体废物26.03 亿吨左右。[②]除此之外,交通拥挤、用地浪费、疾病流行等"城市病"也日益严重。实践证明,这种破坏生态的城镇化只能是"不可持续的城镇化"。

## 二、新型城镇化要突出"以人为核心"

### (一)新型城镇化的提出

"城镇化"一词正式用于 2000 年的"十五"规划之中,这是中国首次在官方文件中使用"城镇化"。2012 年底,中央经济工作会议提出"走集约、智能、绿色、低碳的新型城镇化道路","新型城镇化"一词为人们所关注。2013 年,党的十八届三中全会提出"坚持走中国特色新型城镇化道路,推进以人为核心的城镇化"。由此可见,"新型城镇化"是对"城镇化"概念的进一步展开,这是一个发展中的概念,其本质内涵——农村人口转变为城镇人口。第二、三产业向城镇聚集,并没有发生根本性变化。差异主要体现在城镇化方向、侧重点、城镇化理念等方面。

所谓新型城镇化,是一切以农民的发展为核心,让广大农村居民真正成为城市人,真正享受到城镇居民的公共服务,是公正、平等、绿

---

① 国家人口和计划生育委员会流动人口服务管理司:《中国流动人口发展报告(2011)》,北京人口出版社,2011 年。

② 李佐军、盛三化:《城镇化进程中的环境保护:隐忧与应对》,《国家行政学院学报》,2012年第 4 期。

色、集约、实效的可持续的城镇化。2013 年中央 1 号文件明确提出："有序推进农业转移人口市民化，把推进人口城镇化特别是农民工在城镇落户作为城镇化的重要任务。"突出了人口的城镇化。推行新型的"以人为核心"的城镇化是针对长期以来高速城镇化带来的弊端而提出的，也是我们思想认识的进一步转变。

（二）"以人为核心"的城镇化的特征

"以人为核心"的新型城镇化，在于强调城镇的本质是"人"，而非"城"或"物"；所谓"新"，在于强调人本、公正、持续与和谐。城镇因人而诞生，因人而发展，城镇化的出发点和最终目的都是为了人，为了让居民过上幸福的生活。从我国现阶段实际情况看，"以人为核心"的城镇化应主要体现以下特征：首先，人口的城镇化。主要指农民转变为市民，不仅是农村人口生活方式的转变和生活质量的提升，能够自由流动，进入城市，在住房、受教育以及社会保障等方面有和城市人一样的待遇，而且从心理上和身份上都能够得到肯定和承认。

其次，产业与城镇相结合的城镇化。即构建"以人为核心"的城镇化产业体系，实现城镇产业结构的优化组合。在自由流动式人口迁移的前提下，应当解决留在新建城镇的农村人口的就业问题，为此必须保证城镇有产业支撑。同时，产业和城镇的协同发展也有利于高质量的城镇化，吸引人才。产业发展要考虑产业的规模、布局类型、产业就业吸纳能力，最终达到"人的城镇化"而非"城的城镇化"。

再次，公共服务均等化的城镇化。即拥有最基本的基础设施、社会管理、社会保障体系，满足新型城镇化过程中进城人员需求，实现公共服务的均等化。

最后,多元生态的城镇化。即建设多元生态的新型城镇。城市建设规划的首要目的是为了人的健康,为了人的可持续发展。为此,新型城镇化功能应与其发展形式相适应,与人口、经济、资源和环境相协调,倡导集约、智能、绿色、低碳的发展方式,实现中华民族永续发展的城镇化。①总而言之,城镇化的核心是人,实质是农民转变为市民。未来的城镇化是整体的、协调的、系统的城镇化,公平正义的城镇化,人民幸福的城镇化。

## 三、"以人为核心"城镇化的路径思考

基于城镇化发展中出现的问题以及"以人为核心"新型城镇化提出的要求,旧的城镇化模式已经难以为继,把握其症结所在,根本出路应是加快相关体制机制变革,发挥改革的红利,走出一条中国特色城镇化之路。

### (一)土地制度改革要适合城镇化的发展

土地是农民最基本的生产资料和维持生计的最基本保障,也是农业转移人口市民化的最大资本。必须以土地物权化为重点,以保护农民的土地财产权利为核心,深化农村土地管理制度改革,最大限度满足农民变市民的愿望。

---

① 方辉振、黄科:《新型城镇化的核心要求是实现人的城镇化》,《中共天津市委党校学报》,2013年第4期。

首先，建立起真正的土地市场，通过市场化手段，将农民在农村占有和支配的各种资源转变为资产，并使这种资产变为可交易、能抵押的资本，让农民有进入城市的基础。

其次，建立农村产权流转交易市场，推动农村产权流转交易公开、公正、规范运行。规范公用地征用程序，保障农民在土地使用权流转中的谈判权，规范土地转让价格的形成机制，真正按照土地的市场价值对被征地的农民进行补偿，保障失地农民利益，逐步提高土地征用补偿费标准。[①]

再次，转变土地利用和管理方式，走节约集约用地之路。在坚持农民自愿进城的原则下，鼓励一部分转化为城市人口的农民工自愿把闲置的土地进行交易，获得一定收益。与此同时，提高土地最终利用整体效益，抑制土地粗放开发和浪费，推进农业现代化建设。

（二）户籍制度的改革要为破除城乡二元结构而努力

《决定》指出，加快户籍制度改革，全面放开建制镇和小城市落户限制，有序放开中等城市落户限制，合理确定大城市落户条件，严格控制特大城市人口规模。深化户籍制度改革，首先，要弄清不是取消城乡二元户籍，至少在短期内这是不可能的。基于城乡二元结构一直存在、甚至长期存在的客观事实，我国城乡一体化将是一个相当长的过程。目前，消除城乡二元结构不仅与中国的国情不符，也是无法实际操作的乌托邦幻想。

---

① 方辉振、黄科：《新型城镇化的核心要求是实现人的城镇化》，《中共天津市委党校学报》，2013 年第 4 期。

其次,户籍制度改革要力争尽快打破农业、非农业户口管理二元结构,彻底解决城乡居民两种身份和两种就业待遇的不平等问题。

再次,"提高城镇人口素质和居民生活质量,把促进有能力在城镇稳定就业和生活的常住人口有序实现市民化作为首要任务"[1]。常年在城市工作并有稳定的生活来源的农民工,只要他们愿意均应设计好相关制度为其办理城市常住户口。这一群体目前有两亿多人,如果能顺利地解决这一群体的迁徙问题,再逐步推进,根据经济、社会发展的客观需要和社会的综合承受能力,那么最终能实现户口的自由迁徙。逐步消除城乡不同户籍的权利差异,弱化门槛限制,给予进城农民平等的生存发展权利,最大限度地推进城乡居民平等化。加快户籍制度改革的进程要与全面建成小康社会相适应,与推进新型城镇化进程相一致。具体到户籍制度本身,到 2020 年,要基本形成以合法稳定住所和合法稳定职业为户口迁移基本条件、以经常居住地登记户口为基本形式,城乡统一、以人为本、科学高效、规范有序的新型户籍制度。[2]

(三)财税制度的改革要为城镇化建设提供保障

《决定》指出,必须完善立法、明确事权、改革税制、稳定税负、透明预算、提高效率,建立现代财政制度,发挥中央和地方两个积极性。"明确事权""发挥中央和地方两个积极性""建立事权和支出责任相适应的制度",这些表述的背后蕴含了"钱由谁来出更合适""钱由谁来花

---

[1] 中央城镇化工作会议在北京举行,http://news.xinhuanet.com/video/2013-12/14/c_125859839.htm,2014 年 6 月 17 日。

[2] 《公安部:到 2020 年形成新型户籍制度》,《北京日报》,2013 年 12 月 18 日。

更合理"的问题。毫无疑问,城镇化的发展需要资金的保障。而税收政策具有引导和调控作用。新型城镇化建设的产业支撑、城镇建设中基础设施和公共服务设施建设、城镇化过程中可能出现的"城市病"的防治等,无不需要强大的资金支持。所以新型城镇化的发展必然要求财税改革的跟进。牵一发而动全身,如果能推动财税制度改革,对于户籍制度改革、社会保障改革都将有很大的促进作用。

首先,城镇化建设中,中央和地方按照事权划分相应承担和分担支出责任。中央与地方由原来的模糊的事权共担转变为承担更加清晰的不同层次、不同类别公共服务的分类分层责权关系。①当然,政府支出仍然占据主要部分,经济学规律显示,即使在民营经济最发达的国家,城镇化也必须以政府的大额支出为基础。政府的钱主要源自税收,所以未来税费将会增加,要将高耗能、高污染产品纳入税收征收范围,加快房地产税立法并适时推进改革,加快资源税改革,推动环境保护费改革等。

其次,加大地方投资。新型城镇化强调的是"政府引导、市场主导",未来的改革将包括投资的多元化,带动国家投资、企业投资和民间投资,由市场化需求判定谁来投资,这样有利于调动地方政府推动"以人为本"的城镇化的积极性。

(四)社会保障制度的改革要为城镇化建设提供基础制度保证

让广大农民平等参与现代化进程、共同分享现代化成果。正如习

---

① 宣晓伟:《推进健康城镇化与中央地方关系的调整》,《中国经济时报》,2013 年 5 月 15 日。

近平总书记在阐述中国梦时所说的:"生活在我们伟大祖国和伟大时代的中国人民,共同享有人生出彩的机会。"[①]这里提到的中国人民当然包括广大农民。新型城镇化改革的实质是农民转变为市民,让农民享有和市民一样的公共服务,只有做好社会保障才能让农民共同享受经济发展和社会发展的成果。而且,从目前的状况来看,我国的社会保障制度尚不完善。要健全城乡发展一体化体制机制,使农民平等参与现代化进程,就不能将其排除在社会保障制度之外。因此,必须为农民进入城镇提供基础的制度保证,促进社会和谐公平。

按照"广覆盖、保基本、多层次、可持续"原则,实现人人享有基本生活保障。如,建立农村贫困人口的最低生活保障制度,保护生活困难的居民,满足其最低生活需要;配套进行户籍制度、土地制度改革,建立相应的农民工的社会保障制度,针对农民工进城后流动性大的特点,探索社会保障基金和待遇承接转移的办法,建立起覆盖城乡的统一的可流通的社会保障体系,让农民工方便地带着社保流动,使进城农民工享有与城市居民平等的社会保障;在建立农民工社会保障等制度的基础上,实现城乡居民在劳动就业、基础教育、公共卫生、社会养老、住房保障等方面的公平对接,最终实现城乡居民在社会保障和公共服务方面的均等化和一体化。

---

① 习近平总书记在第十二届全国人民大表大会第一次会议上的讲话,htp://news.xinhuanet.con/2013lh/2013-03/17/c_15055434.htm,2013 年 3 月 17 日。

## 四、结论

城镇化是一项错综复杂的社会工程,要从整体上把握,各种要素只有形成合力攻坚,才可能取得成效。同时,城镇经济的发展具有多层次的特点,各个层次城市在发展规模、发展重心、发展水平和发展速度方面不尽相同,不能跟风,不能照搬,要根据自己的情况,系统规划,形成可持续发展模式。

这一过程需要特别注意两点:第一,坚持城乡统筹,促进城镇化和新农村建设协调发展,理顺二者之间的关系。新农村建设和城镇化是中国农村发展的两大主题,二者是相互促进的,从根本上讲,二者是统一的。新农村建设是城镇化建设的现实基础,没有农业和农村的发展,城镇的繁荣与发展就没有保障。城镇化的发展也会推动新农村的建设,为解决"三农"问题提供重要途径。我们决不能以牺牲农村的发展来加快城镇化的进程,而是要通过城乡统筹发展实现高质量的城镇化。

第二,要树立生态城镇的建设理念。党的十八大报告中明确指出:"面对资源约束趋紧、环境污染严重、生态系统退化的严峻形势,必须树立尊重自然、顺应自然、保护自然的生态文明理念,把生态文明建设放在突出地位,融入经济建设、政治建设、文化建设、社会建设各方面和全过程。"①这里充分说明了建设生态城镇的重要性。从历史上各国

---

① 胡锦涛:《坚定不移沿着中国特色社会主义道路前进为全面建成小康社会而奋斗》,人民出版社,2012 年,第 31 页。

城市化进程的经验看,在第一次城市化浪潮时,人类尚未认识到生态环境对城市化的制约,于是后来出现了诸如人口拥挤、空气污染、疾病流行、人情冷淡等"城市病"问题。在第二次城市化浪潮时,提高了环保的要求。

今天,我国推进城镇化不能再走以前的老路,必须吸取深刻教训。要把生态文明的理念融入城镇化的全过程,如城镇建设前的科学合理规划,准确实施。在城市发展中将历史文化保护、商业开发、产业发展、生态文明建设结合起来,使城市生态系统及子系统间达到高度有序化,实现经济效益、社会效益和环境效益的最佳契合。不注重物质环境、生态环境的建设,人类的福利就要受损,人类的活动就会受限。城市的生态文明建设,已经是一个十分现实又迫切需要解决的问题。只有在既考虑经济效益,又考虑生态效益的前提下,才能保持社会效益最优化,有效地建设生态文明的城镇。在未来城镇化进程中,必须善于处理城乡关系、经济发展和社会发展的关系、人与自然的关系等,做到统筹兼顾、趋利避害,这样才能稳步有序地推进城镇化,促进城镇化健康发展。

(本文发表于《理论与现代化》,2014 年第 6 期。合作者:陈燕妮,时为天津师范大学马克思主义学院马克思主义经济学史方向博士研究生,现为山西师范大学马克思主义学院讲师;张楠,时为天津师范大学学院马克思主义经济学史方向博士研究生,现就职于碧桂园集团内蒙古分公司。)

# 第八章　我国经济发展观的演变与科学发展观

进入新世纪,针对我国发展需要和实际,树立和落实科学发展观,对推动经济及社会更加全面、协调和可持续发展具有重大意义。党的十九大在阐述习近平新时代中国特色社会主义思想的"十四个坚持"时,第四个"坚持新发展理念"继续指出,发展必须是科学发展。由于科学发展观的主题是发展,并且旨在更好地坚持以经济建设为中心,回顾我国经济学界关于就经济发展观的主要演变历程,将有利于更好地理解和掌握科学发展观,促进我国经济持续健康发展。

## 一、我国经济学界经济发展观的演变

从经济理论的视角看,经济发展观是指对经济发展的目的、内涵和总要求方面的根本认识。其特点,一是具有指导性。属于经济发展的思想和方针层面,涉及经济发展为了什么、发展的内容及其特征、发展道路的选择等,并非指对经济发展具体途径和方法的认识。二是具有理论性。属于人们认识发展阶段中的理性层次。正确的经济发展观要经过实践—认识—再实践—再认识的不断反复之后,上升为较系统、深刻的理念,发挥着引导一国经济顺利发展的作用。从上述意义上说,自新中国成立以来至 20 世纪初，我国经济学界经济发展观的演变大体经历了三个阶段。

（一）早期思考阶段

时间大体为 20 世纪 50 年代末至 60 年代初。20 世纪 50 年代后期，受急于求成的"左"倾思想的影响，我国兴起了"大跃进"运动。这一运动把速度放到了不适当的位置，导致了国民经济的严重失衡。60 年代初，党的八届九中全会提出了对国民经济实行"调整、巩固、充实、提高"八字方针，以克服"大跃进"以来国民经济的严重困难局面。实事求是作风重新恢复。以此为背景，经济学界兴起了关于经济发展中的速度和比例关系的讨论热潮。学界争论的问题主要有：高速度是不是社会主义特有经济规律，高速度与国民经济按比例之间是怎样的关系，高速度与综合平衡的关系等。[①]

在新中国成立初期，我国有着改变落后面貌的强烈愿望，而这种愿望又同时带有浓厚的主观主义和急于求成的"左"的色彩。这必然影响到学术领域，致使关于速度与比例关系问题的探讨宣传了不少错误观点。如普遍认为高速度是社会主义特有经济规律。从高速度与按比例之间关系看，高速度是主要的，要在高速度中求平衡等。这些认识客观上为"大跃进"提供了理论依据。但是也应看到，这场讨论实际上是国内第一次就经济发展内涵与要求的集中探讨，论及了如何看待速度与协调平衡发展这一我国经济发展观中长期讨论的问题。而且，少数

---

① 参见《经济研究》编辑部编：《建国以来社会主义经济理论问题争鸣（一九四九——一九八四）》（上），中国财政经济出版社，1985 年。

头脑冷静、有远见卓识的专家又明确提出了应在经济平衡中求得高速度的观点,朝着将速度问题摆在适当位置的方面作出了努力。因此,这次研讨尽管是早期的初次思考,但却为以后正确分析发展速度问题作出了铺垫。

(二)广泛探讨阶段

时间大体为 20 世纪 80 年代初至 90 年代。改革开放后,经济建设被摆到了我国工作的中心位置,经济发展得到举国上下空前重视,于是发展的目的是什么,如何进行发展就成为实践中需要认真探讨的重要问题。在这一阶段,党和国家就经济建设方针认识的不断深化与经济学界的几次集中研讨具有重要意义。

1. 70 年代末、80 年代初关于社会主义生产目的的讨论

党的十一届三中全会召开后,解放思想、实事求是的思想路线指导着决策机构和学术界认真总结国家经济建设的历史经验和教训。人们发现,之所以新中国成立后长期以来国家投入不少、速度很快,但效果却很差,原因之一在于指导思想上实际存在着为生产而生产的偏向。这涉及社会主义经济理论中的生产目的问题。因此在 1979 年 10 月《人民日报》发表以"要真正弄清社会主义生产目的"为题的特约评论员文章之后,经济学界掀起了一场规模较大的关于社会主义生产目的的研讨。①社会主义生产目的的内涵是这场讨论中的突出问题。尽管人们对如何看待内涵有许多不同见解,但多数人均赞成社会主义生产

---

① 参见《论社会主义生产目的——全国社会主义生产目的讨论会论文集》,吉林人民出版社,1981 年。

目的应当是最大限度地满足整个社会日益增长的物质文化需要,批评了长期存在的为了追求高速度而忽视处理好经济建设与人民生活需要之间关系的错误观念与做法。虽然这场讨论反映了当时的认识水平并受到计划经济体制的严重束缚,但却体现了以人为本的发展理念,为深化经济发展目的的认识发挥了有益作用。

2. 80年代初关于走出新的发展路子的认识与讨论

20世纪70年代末,针对当时国民经济存在严重比例失调的问题,党中央提出了对国民经济实行"调整、改革、整顿、提高"的方针。在总结新中国成立后经济建设经验时,陈云认为,过去一说要增加产量,就要新建多少工厂,这个办法不一定好,在现有企业引进先进技术,进行技术改造,多数情况下比建新厂效益高。因此进行现有企业的技术改造,"应该是我们今后发展工业的一条新路子"[①]。众多理论研究工作者通过深入考察经济发展过程得出了相当接近的结论,即新中国成立后我国的经济发展采取了一种依靠铺新摊子、上新项目,以高投入支撑高速度的方法。这种做法虽然增长率比较高,但却缺乏实效,消耗过大,人民生活水平很低。为此,在1981年召开的第五届人大第四次会议提出要走出一条速度比较实在、经济效益比较好、人民可以得到更多实惠的新路子。

党的十二大报告在阐述20世纪80年代初至世纪末的经济建设战略目标、重点、步骤之后进一步强调要"把全部工作转移到以提高经济效益为中心的轨道上来"。在这一思路的指引和促进下,80年代初

---

① 《陈云文选》(1956—1985),人民出版社,1986年,第286页。

经济学界不仅继续探讨了经济发展速度与比例之间的关系问题,而且集中研究了经济效益、经济结构、经济发展战略与途径等多方面问题。一些研究经济发展战略的专著专门指出我国经济发展战略在经历着一系列历史性转变,如从过去常常片面追求经济增长转变为更加注意在经济增长的基础上逐步满足人民日益增长的物质和文化需要,从过去片面追求高速度转变为把提高经济效益作为中心任务等。[①]虽然在改革开放初始阶段这些认识还是很初步和尚待深化的,但是基本观点却很有远见,从发展新路径的角度推进了对经济发展内涵与要求的认识。

3. 20 世纪 80 年代末至 90 年代初关于经济持续、稳定、协调、快速发展的认识与研讨

20 世纪 80 年代中期以后,伴随市场取向改革的推进和我国经济的快速发展,宏观经济失衡问题凸显,经济发展速度出现较大起伏,通货膨胀严重,收入差距明显拉大,由此带来了严重的经济乃至政治问题。面对新的矛盾,经济学界就如何认识和怎样解决我国经济失衡问题展开了多角度、深层次的研讨,具体内容涉及了社会主义宏观经济及其管理、中国经济的均衡与非均衡发展、社会主义经济周期波动、通货膨胀的成因与治理、地区经济结构、收入分配不公的成因与对策、经济稳定与治理整顿经济秩序等。尽管出现了许多不同见解,但学术界普遍认识到我国经济发展要坚决防止大起大落,只有这样才能真正做到持续快速发展。为此,要防止某一时期经济过热,要注重经济稳定,

---

① 参见刘国光:《中国经济发展战略问题研究》,上海人民出版社,1984 年。

处理好改革、发展、稳定之间的关系。[①]20世纪80年代末,党和国家提出了实行经济持续、稳定、协调发展的方针。由于求取稳定与协调是为了保证更好发展,90年代初,邓小平在著名的南方谈话中强调了"发展是硬道理"的著名观点,认为要抓住时机,加快发展,隔几年上一个台阶。这不是鼓励不切实际的高速度,而是要扎扎实实,讲求实效,稳步协调发展。[②]

4.90年代中期关于经济增长方式转变的认识与研讨

90年代初,我国推行了建立社会主义市场经济体制的改革,促进了经济进一步迅速和协调发展。但仍沿用了以往高投入、多消耗、低产出、低质量的粗放型增长方式,不仅资源受到严重约束,而且容易滋生经济不稳定因素。为此,1995年《中共中央关于制定国民经济和社会发展"九五"规划和2010年远景目标的建议》中明确强调积极推进经济增长方式转变,由此,经济学界又兴起了关于经济增长方式转变方面问题的集中探讨。[③]这场讨论不仅研究了有关经济增长方式类型及其关系等基本理论,而且讨论了转变经济增长方式的途径和实施可持续发展战略的必要性与方法,强调了从技术进步、结构优化、规模经济、加强管理等方面要效益,进一步明确要实现速度和结构、质量、效益的统一。这些又从内容上进一步推进了对经济发展观认识的深化。

---

① 参见《经济研究》编辑部编:《中国经济理论问题争鸣(一九八五——一九八九)》,中国财政经济出版社,1991年;张卓元主编:《论争与发展:中国经济理论50年》,云南人民出版社,1999年;李家祥主编:《经济发展中的经济稳定研究》,天津人民出版社,1993年。

② 参见《邓小平文选》(第3卷),人民出版社,1993年。

③ 参见《经济研究》编辑部编:《中国经济理论问题争鸣(1990—1999)》,中国财政经济出版社,2002年;陈德华等编:《论经济增长方式的转变》,西南财经大学出版社,1997年;李家祥主编:《经济增长方式转型比较研究》,陕西师范大学出版社,2000年。

以上仅列举了对经济发展观演变影响较大的认识变化情况，没能全面介绍和反映全貌。但仅就这些就可以看出，通过20世纪八九十年代的广泛讨论，经济发展的目标、内涵与要求得到了更清楚和正确的展现。

（三）趋向成熟阶段

时间为21世纪初。新世纪初，党和国家确立了头20年全面建设小康社会的宏伟任务。基于顺利实现这一目标的需要，并认真思考了面对的新形势和新要求，党的十六届三中全会又提出了树立和落实"以人为本、全面、协调、可持续发展"的科学发展观，还针对国民经济发展的现状和矛盾，提出了"五个统筹"，即统筹城乡发展、区域发展、经济社会发展、人与自然和谐发展、国内发展与对外开放。这一重要指针进一步明确了进入新世纪后长时期内我国经济发展的根本思路，也指导着经济发展观的完善。以此为重要依据和基础，理论界深入研究了科学发展观指导下的经济发展观问题，如科学发展观的含义及其意义，科学发展观指导下的经济增长方式转变、区域经济协调发展、综合配套改革等。

## 二、科学发展观对经济发展观的指引

从一般意义上说，之所以科学发展观对经济发展观发挥着指引作用，是因为科学发展观所解决的是为什么要发展、什么叫发展和怎么发展的根本性问题，每一项要求都直接或间接地与经济发展相连，反映了新形势下对经济发展观的本质规定,使之更加高层化、科学化。以人为本,要求经济发展不能盲目追求速度和片面追求 GDP 的增长,而应以实现人的全面发展为目标,从人民群众的根本利益出发谋发展、促发展,不断满足人民群众日益增长的物质文化需要。全面发展,是要以经济建设为中心,实现经济发展和社会全面进步,重视经济发展也被赋予了更全面的要求。协调发展,是要做到"五个统筹",特别是防止在经济发展中因片面追求速度而导致大起大落,真正实现经济持续快速发展。可持续发展,是要促进人和自然的和谐,实现经济发展和人口、资源、环境相协调,坚持走生产发展、生活富裕、生态良好的文明发展道路。如果说 20 世纪 80 年代至 90 年代的广泛研讨使我国经济发展观实现了由只关心高速度到关注经济持续、稳定、协调发展的第一次提升,那么科学发展观又使经济发展观实现了在更广阔视野、更高要求和更深层次上的第二次提升。

科学发展观之所以对我国正确经济发展观具有指导意义和提升作用,根本点在于二者都坚持了马克思主义指导和把马克思主义与中国实践相结合。从马克思主义经典作家看,马克思非常关注人的全面发展问题。从一定意义上说,《资本论》就是一部追求人的解放和全面发展、经济协调发展的巨著。毛泽东在新中国成立初期发表的著名的《论十大关系》着眼于把马克思主义基本原理和中国实践相结合,正确看待苏联经济建设的经验与教训,提出了统筹兼顾,调动一切积极因素的思想。科学发展观及其指导下的正确经济发展观继承了前人关于发展的正确思想和品格,又实现了新形势下马克思主义发展观的与时俱进。

正确经济发展观作为科学发展观的子系统,也具有自己独特的内容和特殊要求。在不同国度下,由于国情不同,经济发展观也会有不同的关注点和特征。如我国经济发展观的演变历程没有就经济发展重要性出现重大争论。罗马俱乐部关于经济增长的悲观论调在中国没有市场。即使在"文革"中,经济发展在表层理论上也是得到认可的。另外,始终把如何看待速度及其与比例、结构、效益的关系当作了讨论的重中之重,又深深打上了我国实现赶超需要的历史印记。这些也表明,经济发展观将随着我国经济建设及现代化建设的实践推进而不断发展。

需要看到的是,我国经济发展进入新常态,针对新的形势和需要,党中央在制定"十三五"规划时提出了创新、协调、绿色、开放、共享的新发展理念。"五大发展理念"总结了以往经济发展的经验,体现了问题导向,指导着新时代的经济发展,成为习近平新时代中国特色社会主义经济思想的重要组成部分。党的十九大报告指出:发展是解决我国一切问题的基础和关健,发展必须是科学发展,必须坚定不移贯彻创新、协调、绿色、开放、共享的发展理念。因此新时代科学发展的核心内容就是五大理念,经济发展观的认识必须围绕新发展理念予以新的提升。我国经济学界的重要使命正在于紧密结合贯彻五大理念新的实践,从学理上进行深入分析,总结运行规律,推进新时代的科学发展。

(本文主要部分选入全国高校社会主义经济理论与实践研讨会第十八次会议文集《当代中国经济问题探索》,四川大学出版社,2005年。)

# 第九章 构建和谐社会与我国经济理论的内在联系及其创新

构建社会主义和谐社会是党中央根据进入新世纪以来中国经济社会深刻变化而部署的一项战略任务。从 2004 年党的十六届四中全会提出"构建社会主义和谐社会"时看,和谐社会的内涵包括:民主法制,公平正义,诚信友爱,充满活力,安定有序,人与自然和谐相处。随着我国进入经济发展新常态,党中央提出了创新、协调、绿色、开放、共享的发展理念。党的十九大在部署"新三步走"战略时,指明到 21 世纪中叶,把我国建成富强民主文明和谐美丽的社会主义现代化强国。因此实现和谐发展是非常重要的长期任务,实现这一目标不仅要有中国特色社会主义社会建设理论的说明和论证,而且需要中国特色社会主义经济理论的加强与创新。

## 一、经济理论本身是追求和谐的

古往今来,人们一直在追求社会的平等、安定、和谐。无数中外思想家,包括经济学家都对此有过许多论述、构想和追求。从总体和本质上说,经济理论就是追求和谐的理论。

（一）中国古代经济思想中的和谐理念

中国古代经济思想中包含各种和谐社会理想，其中在对后世影响最为深远的道家、儒家思想中都有表述。道家思想中最具代表性的是老子的"小国寡民"与庄子的"至德之世"构建的社会理想。他们一是反对财产私人占有，反对压迫，反对战争。二是提倡"损有余而补不足"的平均主义，认为"货恶其弃于地也，不必藏于己"，财富及劳动成果应为全体社会成员所有，劳动不仅带有高度的自觉性，而且要成为人们生活上的一种需要。三是主张"男有分，女有归"，按性别、年龄和社会需要进行自然分工，每个社会成员都有用武之地。四是追求完善的福利社会，"使老有所终""幼有所长，鳏寡孤独废疾者皆有所养"。

儒家最具代表性的思想就是从古至今已经延续了两千五百多年的"小康社会"和"大同社会"。据儒家经典记载，小康社会是指一种生活宽裕、上下有序、家庭和睦、讲究礼仪的社会，比之更高级的是一种公有共享、其乐融融的"大同社会"。孔子的"天下归仁"、《礼记·礼运》中的"大同"都是这种思想的反映。此外，陶渊明的"世外桃源"、洪秀全的"太平天国"、康有为的《大同书》，都从不同侧面反映了这种理想社会的影响。

寻根溯源，中华民族自古以来的传统思想与文化促成了和谐理念的产生。这种观念突出反映了以"不患贫而患不均，不患寡而患不公"为价值导向的朴素的小农社会理想状态，向往一种安贫乐道的平均主义和谐社会。

（二）西方经济思想中的和谐学说

西方的和谐思想同样源远流长。从苏格拉底开始，"和谐"被引入政治和社会领域。柏拉图阐述了"公正即和谐"的观点，提出统治者、军人和劳动者这三个等级各司其职、互不干扰，这就是"理想国"。亚里士多德认为，一个国家的政权应该由中等阶层来掌握，这样就能很好地协调贫富两个阶层的利益，避免矛盾和冲突，从而实现社会的稳定与和谐。十九世纪的法国经济学家巴师夏撰写了《和谐经济论》，认为"一切正当的利益彼此和谐"。在古典政治经济学之父亚当·斯密的视野中，和谐来自于市场这只"看不见的手"。他认为前途一片光明，分工得以扩大，财富得以积累，整个社会福利得以增进。后来的新古典经济学家进一步说明，充分的市场竞争会达到社会全体成员的最佳理想状态，即"帕累托最优"。奥地利学派的重要代表人物路德维希·冯·米塞斯甚至相信和谐社会只能在市场经济中达到——"要么是市场经济，要么是混乱"。

但是1929年至1933年的资本主义大危机却给迷信市场即和谐的古典经济学家们以沉重的打击，被誉为"资本主义的救世主""战后繁荣之父"的凯恩斯创立了宏观经济学，政府干预的政策被西方国家采纳，增进社会福利，以维护社会和谐稳定。20世纪70年代，西方国家普遍出现的"滞胀"现象，又使得凯恩斯主义丧失了统治地位，货币主义、理性预期学派、供给学派等学说风起云涌。

从西方经济思想发展历史总体上看，在西方世界居于主流地位的学说都是带有综合性的学说，任何偏激的学派都不能成为主流。面对不同时期的经济与社会矛盾，西方经济学家一直在资本主义框架内，在相信或不否认市场的基础地位和作用的条件下，努力探寻维护经济和谐的理论与政策，试图找到克服经济周期，熨平经济波动的良方，从而使西方经济理论与社会经济和谐有了一致性。

（三）空想社会主义的和谐构想

与市场浪漫主义者不同，空想社会主义者着力论证建立和谐社会的必要性，有的精心设计了建立和谐社会的方案，乃至进行相关的实验。法国空想社会主义者傅立叶把自己设计的理想社会制度称为"和谐制度"。他在1803年写的《全世界和谐》一书中指出，现存资本主义制度是不合理不公正的，将被新的"和谐制度"所代替。英国空想社会主义者欧文对"优良制度"进行了长期的实验，试图建立一种按劳分配、人人平等、人与自然、工作与生活真正和谐的社会。他把自己在美洲的共产主义实验称作"新和谐社会"。空想社会主义者魏特林在1842年写了《和谐与自由的保证》一书，曾受到马克思的称赞。魏特林把资本主义称为"病态的社会"，预言社会主义是"和谐与自由"的社会。

空想社会主义者的思想是随着资本主义生产方式的产生和发展，在社会矛盾凸显，弊端逐步暴露的情况下，逐渐形成的。表现了他们对资本主义制度的质疑与反对，对和谐的空想社会主义的向往。但是这种脱胎于正义的伦理道德和理性原则的和谐社会是脱离现实的，没有基础的。空想毕竟不是科学，即使设计得再周密，也难免归于失败。

（四）马克思经济思想中的和谐理论

"和谐社会"在马克思、恩格斯等经典著作中是包括社会主义社会发展阶段在内的共产主义社会本质的一种表征。这一思想是在批判地吸收了空想社会主义者的合理思想后形成的。马克思、恩格斯在《共产党宣言》等著作中对空想社会主义者提倡社会和谐的主张作了充分肯定，并指出了其中具有的空想性质。他们所创立的科学社会主义更加彻底地主张，未来社会不仅在人与人、人与社会之间，而且在人与自然之间，都应该形成和谐的关系。在《1844 年经济学哲学手稿》中，马克思把共产主义定义为"人和自然之间、人和人之间的矛盾的真正解决"。他们始终把这两个"解决"作为最终目标。

马克思和恩格斯的经济思想集中体现在《资本论》一书中。《资本论》把革命性和科学性结合在一起，揭示了资本主义社会经济运动的规律和人类社会发展的普遍规律，成为一部追求经济与社会和谐的经济学经典著作。《资本论》一卷分析了剩余价值的生产过程，通过揭示剩余价值的来源和资本积累与贫困积累的矛盾，论证了资本主义生产方式灭亡的必然性。《资本论》二卷分析剩余价值的流通过程，通过揭示资本主义再生产实现条件包含的矛盾，说明了资本主义经济危机的不可避免性。按照马克思的设计，资本主义的这些弊病必须要解决，否则社会就会不断处在动荡状态，目标是建设一个消除资本运动所带来的矛盾，经济运行和谐的新社会。

综观经济思想发展历史可见，经济理论本质上是追求和谐的。从一定意义上说，经济理论不断发展的动力与目标在于追求经济社会和谐。

## 二、中国构建和谐社会与经济理论密切相关

（一）构建社会主义和谐社会的经济基础与经济理论紧密相联

构建社会主义和谐社会的基础是经济发展，是生产力水平的不断提高和社会物质财富的日益丰富。只有不断解放和发展生产力，才能为社会全面进步和人的全面发展奠定坚实的物质基础。一方面，构建社会主义和谐社会是在经济发展到一定阶段提出的，也要通过经济发展来提升；另一方面，目前存在的多种社会不和谐因素既是经济发展不充分带来的，也要通过经济发展来解决。贫困是产生社会不和谐的重要原因，而经济发展则是消除贫困的根本途径。

当然，富裕不一定和谐，但贫困肯定会导致不和谐。从我国目前情况看，尽管经济长期保持了快速增长，可是由基本国情所决定，我们与发达国家人均 GDP 和收入水平还有很大差距。现有的经济发展能力和水平，与人民群众日益增长的物质文化需要还不相适应，经济社会中现存的很多不和谐因素，在很大程度上都是与发展还不充分有密切联系。因此，在社会主义和谐社会发展进程中，要始终坚持把经济发展放在中心地位。构建社会主义和谐社会的经济基础的重要性，又决定了我国经济理论的状况与构建和谐社会密不可分。只有在加强社会建设理论研究的同时，继续深化经济理论，才能使构建和谐社会理论与实践真正统一起来。

(二)构建社会主义和谐社会任务的艰巨性与经济理论创新紧密相联

经过多年高速度、跨越式、非均衡的经济快速增长之后,我们在享受经济成果的同时,越来越受到就业、"三农"、贫富和地区差距等诸多问题的困扰。经济高速增长与经济领域诸多矛盾并行,经济内部的一些结构性失衡,进而引发了社会发展某些环节失衡,成为中国长期发展进程中常常面临的重要情况。可以说,我们构建社会主义和谐社会的任务是相当艰巨的,这一重任及其复杂性又在很多方面来自于经济领域。社会主义和谐社会是建立在社会主义市场经济基础上的,由于社会主义市场经济体制史无前例,尚不完善,其自身发展还存在一些薄弱环节和相互之间不协调等因素,这在一定程度上制约和影响了和谐社会的构建。

此外,我国仍处在社会主义初级阶段,国际环境非常复杂,科技水平在总体上仍较落后,国防实力仍不够强,因而必须保持一个应有的速度才能逐步解决这些问题。但是实践表明,长期维持高速度发展又会加剧改革、发展与稳定之间的矛盾,引起社会不和谐。前进的道路上布满荆棘,如何解决其间的难题,需要做多方努力。发展经济理论,推动理论创新,是其中的必然选择。因为国外对经济与社会和谐的理论与实践虽然丰富并值得认真借鉴,但因国情不同和所处环境不同而不能照搬,因此必须以马克思主义为指导,以科学发展为引领,以国情为依据,开展经济理论的创新。

(三)中国特色社会主义经济理论长期发展与经济和谐紧密相联

新中国成立后，中国特色社会主义经济理论在产生与发展过程中，注重把探索经济和谐摆在重要的位置。早在20世纪50年代中期，针对当时苏联经济发展模式的弊端，毛泽东在《论十大关系》中阐发了统筹兼顾我国社会主义建设十个方面关系的重要思想，成为了当时思考经济和谐理论的代表作。陈云就市场稳定、探求建设规模等方面的阐述丰富了这一探索。改革开放以来，面对改革开放和建设发展过程中伴随和时有突出的经济失衡问题，邓小平提出了正确处理改革、发展和稳定关系的理论。

经济学界于20世纪80年代末，研讨我国经济持续稳定协调发展问题，于90年代初研讨宏观调控问题，于90年代中后期研究东南亚金融危机及其对我国影响问题，于新世纪初研究科学发展观在经济领域的实现问题，这些都属于针对中国实际情况，较为集中地探讨经济和谐理论。这种研究思路也常常贯穿于其他有关经济改革、开放与发展的重大问题讨论之中。这些都表明，构建和谐社会所需要的经济和谐理论是中国特色社会主义经济理论的有机组成部分。中国特色社会主义经济理论不仅与构建和谐社会理论具有本质上的一致性，而且应当在继续创新中为构建和谐社会不断做出更多贡献。

## 三、我国构建和谐社会需要多方面推进经济理论创新

从我国国情和目前状况看，构建社会主义和谐社会需要经济学界

做出多方面努力。下面列举经济理论方面的几个突出问题。

(一)效率与公平关系的协调需要理论创新

改革开放以来,"效率优先,兼顾公平"原则在分配领域长期实行。但是在实际工作中,往往存在着过于注重效率,而忽视公平的状况。我国经济社会生活中逐步出现了一些比较突出的社会公平问题,主要表现在社会成员收入分配差别、城乡差别、区域差别在相当长时间内呈现拉大趋势。这些问题若得不到很好地解决,不利于经济持续发展和社会的和谐与稳定。

尽管东西方许多学者在仔细审视东西方发展成就及制度变迁的事实之后,产生了公平与效率不可兼得的政策意识,但是我国的经济发展应当寻求效率与公平不能偏废的模式。在多年改革开放过程中存在的不公平现象,虽然不能说明"效率必然牺牲公平",可是也证明改革的成功与否,不仅取决于有没有效率,也取决于群众对改革目的和意义的认同与理解,以及在改革过程中各个步骤的获得感和是否公平合理的切身体会。收入分配中的不公平会给中国经济持续健康发展带来一种潜在的不稳定的政治和社会环境影响,长期看会使消费需求对经济增长的拉动作用不足。

因此,我国必须探索既能保证市场效率又能促进社会公平的社会收入分配理论体系。从国内外经济理论看,在公平与效率的问题上,需要探索完善的空间很大。虽然西方的基本经验及理论可资借鉴,但是中国的民族心理、人口状况、经济发展水平和社会制度与前者有着根本的差别,因而不存在可以照抄照搬的社会公平理论和实践模式。这就需要我们努力推进经济理论的创新,从而实现既定的发展目标和价值追求,即中国的社会公平程度应高于西方资本主义国家,这也是我国构建社会主义和谐社会命题的应有之义。

(二)收入差距问题的缓解需要理论创新

提到收入差距问题,我们不能不论及影响深远的库兹涅茨"倒 U 曲线"。该曲线最先是由美国著名经济学家、诺贝尔经济学奖得主西蒙·库兹涅茨在 1955 年的美国经济协会的演讲中提出来的。他经过对18 个国家经济增长与收入差距实证资料的分析,得出了收入分配的长期变动轨迹是"先恶化,后改进",或用他自己的话说是"收入分配不平等的长期趋势可以假设为:在前工业文明向工业文明过渡的经济增长早期阶段迅速扩大,尔后是短暂的稳定,然后在增长的后期阶段逐渐缩小"。并且他通过比较一些国家的横截面资料,得出的结论是处于发展早期阶段的发展中国家比处于发展后期阶段的发达国家收入更加不平等。表现在图形上是一条先向上弯曲后向下弯曲的曲线,形似颠倒过来的 U,故人们将其称之为"倒 U 曲线"。

改革开放以来,特别是 1984 年以后,中国的收入差距一直在不断扩大。学界主流的长期看法是,这种收入差距的扩大是打破"大锅饭"平均主义分配体制、强调效率优先政策的自然结果。多数人相信库兹涅茨的"倒 U 曲线",认为在人均 GDP 从 500 美元到 1000 美元的经济起飞阶段,收入差距会快速扩大,但随着经济的进一步增长,收入差距会自然缩小。然而多年的事实不断使得学界多数人在改变看法。因为我国的人均 GDP 在超过 1000 美元后,受各种因素影响,收入差距不但没有开始缩小,而且还在快速扩大。可见,"倒 U 曲线"至今还不能解释我国经济发展与收入差距的演变趋势。

其实,自 20 世纪 50 年代库兹涅茨提出"倒 U 曲线"以来,相关的争论就一直没有停息。从世界各地发展的实际来看,有的地方出现了与"倒 U 曲线"相一致的情况,有的地方出现了不一致的情况,这就使争论更为激化。现在看来,出现这些争论的一个重要原因,就是库兹涅茨把影响收入差距变动的因素仅仅归结为经济增长,这显然过于简单。从经济发展的实际情况来看,显著影响收入差距变动的因素不是单一的,而是多方面的。从我国居民收入差距的演变看,受体制变革、科技进步、结构调整、分配政策、扩大开放等方面因素的影响,收入差距变动的受影响程度和作用方向的"组合"是不同的,而且会不断演变。因此,多因素决定的假设比单一因素决定的假设更符合我国实际。现阶段收入差距的扩大趋势虽然已有扭转,但仍是我们面临的一个重要而又尚待深入研究的课题。

(三)加快经济发展方式的转变需要理论创新

长期以来,我国的经济发展方式为粗放型,存在着高投入、高消耗、高污染、高成本、低产出、低效率的问题,使得人口、资源、环境压力不断加大,在某些方面已经严重超出我们的实际承受能力。只有加快经济发展方式的转变,才能全面提高国民经济的整体素质和竞争力,缓解经济发展中能源、资源约束的矛盾,推动整个社会真正走上生产发展、生活富裕、生态良好的文明发展道路,真正实现经济与社会的和谐发展。

正因为如此,自 1995 年制定"九五"发展计划开始,我国正式提出了转变经济增长方式的理论。学界多次研讨了经济增长方式的含义、类型划分、实现经济增长方式转变的必要性、途径等问题。在制定"十二五"发展规划时,党中央又明确了以加快转变经济发展方式为主线的认识和部署。我国经济发展进入新常态,主要特征和基本内涵仍都包括经济发展方式正从规模速度型粗放增长转向质量效率型集约增长。可见许多年过去了,我国经济发展方式转变的任务依然艰巨。其中,有尚需全面深化改革以建立完善的社会主义市场经济体制的原因,有我国从总体上说科技自主创新能力较低的原因,有经济结构必须进一步优化调整的原因,有需下大力量治理生态环境的原因,有管理水平需要提升和劳动力整体素质尚待提高等原因,然而加快经济发展方式转变理论需要与时俱进则是不争的事实。这一理论需要以"五大发展理念"为指导,与社会主义和谐发展相衔接,就加快转变经济发展方式的机理与途径等方面作出更有针对性和创新性的深入研究。

总之,构建社会主义和谐社会与和谐发展任务的提出为中国经济理论的发展提供了新的动力与机遇。中国特色社会主义经济理论,既要服务于这一目标,又应当并能够以此为契机与动力,在实践中发展自身,以积极创新达到大有作为。

参考文献

[1]虞云耀:《构建社会主义和谐社会的若干理论问题——在中央党校举办的省部级主要领导干部提高构建社会主义和谐社会能力专题研讨班上的报告》,《中共中央党校报告选》,2005 年增刊。

[2]王伟光:《妥善协调各方面的利益关系正确处理人民内部矛盾——在中央党校举办的省部级主要领导干部提高构建社会主义和谐社会能力专题研讨班上的报告》,《中共中央党校报告选》,2005年增刊。

[3]《"构建社会主义和谐社会问题研究"课题组》,《以科学发展观为指导促进社会主义和谐社会发展》,《经济研究参考》,2005年。

[4][美]西蒙·库兹涅茨:《现代经济增长》,北京经济学院出版社,1991年。

[5]陈宗胜:《关于收入差别倒U曲线及两极分化研究中几个方法问题的建议》,《中国社会科学》,2002年第5期。

[6]李家祥:《经济增长方式转型比较研究》,陕西师范大学出版社,2000年。

（本文主要部分选入全国高校社会主义经济理论与实践研讨会第十九次会议论文集《用科学发展观统领中国经济发展》,经济科学出版社,2007年。合作者:权超,又名权琪人,时为天津师范大学经济学院政治经济学专业硕士研究生,现为国家邮政局新闻办公室网络部主任。）

# 第十章　全面建成小康社会时期
# 《论十大关系》的地位与价值

党的十八大提出了全面建成小康社会的目标,为我国今后发展绘制了美好蓝图。按照党的十八大的规划,全面建成小康社会时期指从十八大召开到 2020 年小康社会建成的这段时间。其间,我国面临着前所未有的复杂国际国内形势,机遇与挑战并存。如何处理好这些复杂关系和化解各种矛盾, 决定着宏伟目标能否顺利实现。在这一时期,重温毛泽东的《论十大关系》,仍感其中包含的战略思想不仅有着不可磨灭的历史地位,而且对我国全面建成小康社会也具有重要的指导意义。

## 一、《论十大关系》的提出是化解各种矛盾和发展社会主义事业的需要

毛泽东在 1956 年 4 月 25 日中共中央政治局所作的《论十大关系》的报告,不是偶然的产物,而是深刻体现了时代的呼唤。当时,刚刚步入社会主义的中国面临着国内国际复杂的关系和矛盾。在国内,社会主义制度的确立,使得经济制度和阶级关系发生了深刻变化,党的重心工作开始向社会主义建设转移。同时,由于没有建设经验,在"一

五"计划实施的过程中,许多方面出现了照搬苏联建设的做法,结果是取得成就与暴露问题并存,经济、政治、社会等多方面均出现了明显与隐藏的矛盾,限制了各方积极性的发挥。在国际上,毛泽东敏锐地洞察到以美苏两极为代表的冷战势力由尖锐对立开始走向缓和,和平与发展的迹象开始显现。而赫鲁晓夫关于斯大林错误的"秘密报告",在给国际共运带来分裂的同时,也让人们看到了苏联模式在社会主义建设过程中出现的失误和存在的弊病,开始引起人们广泛的思考。面对国内外局势和发展动态,毛泽东深刻体察到中国社会主义建设中存在的矛盾和隐患,为了化解这些矛盾和隐患,更好地发展中国的社会主义,他开始思考什么是社会主义,怎样建设社会主义的大课题。历经大量调研,反复思考和总结,《论十大关系》应运而生。

在《论十大关系》中,毛泽东高屋建瓴地运用辩证法特别是统筹兼顾方法,立足于思考中国社会主义建设道路,系统论述了正确处理社会主义建设中面临的十大关系。这些关系涉及面较广,从唯物史观的角度看,基本分为三个方面:一是在生产力方面,对生产力配置与布局调整以推动新时期社会主义生产力的发展,主要涉及重工业与农业、轻工业,沿海与内地,经济建设与国防建设等关系。二是在生产关系方面,改进经济体制以促进新时期生产力的发展,主要涉及国家、生产单位和生产者个人,中央和地方等关系。三是在上层建筑方面,转变过去的思想观念以适应新时期生产力和生产关系的发展,主要涉及汉族和少数民族、党与非党、革命与反革命、是与非,中国与外国等关系。

在《论十大关系》开头,毛泽东明确指出:"提出这十个问题,都是围绕一个基本方针,就是要把国内外一切积极因素调动起来,为社会主义事业服务。①在最后,他又总结到:"这十种关系,都是矛盾。""我们的任务,是要正确处理这些矛盾。"②《论十大关系》是毛泽东对如何更好地建设中国社会主义所作的战略性思考,也是对如何突破苏联模式,找到一条符合中国实际国情,反映中国经济建设客观规律的社会主义路线、方针、政策作出的一次有益探索。

历史表明,《论十大关系》的分析是正确的,为以后举行中共八大制定正确思路和统一思想认识奠定了基础。长时间实践也证明,在中国建设特色社会主义,必将遇到复杂的矛盾。如何破解这些复杂矛盾,坚持推进这一前无古人的伟大事业,应当注意从《论十大关系》中汲取给养。

## 二、《论十大关系》的观点为探索中国特色社会主义道路提供了重要理论准备

《论十大关系》是毛泽东探索中国特色社会主义道路的开篇之作,也是毛泽东经济思想的重要代表作,它回答了中国社会主义经济建设为什么要进行变革以及如何进行变革的重大问题。在当时社会主义阵营将苏联模式认为绝对权威和唯一样板的情况下,整个报告充满解放思想、实事求是的态度和独立探索的精神,为新中国成立后开创中国特色社会主义提出了至今看来仍闪耀光辉的独创性理论成果。

---

① 《毛泽东文集》(第7卷),人民出版社,1999年,第23页。

② 同上,第44页。

（一）突破苏联模式，找出发展新路

国情不同，发展道路也有区别。毛泽东根据中国国情，吸取了苏联发展经验与教训，特别重视农业的发展。他说："最近苏联方面暴露了他们在建设社会主义过程中的一些缺点和错误，他们走过的弯路，你还想走？"①针对处理农轻重关系提出："重工业是我国建设的重点。"②"发展重工业可以有两种办法，一种是少发展一些农业、轻工业，一种是多发展农业、轻工业。从长远观点来看，前一种办法会使重工业发展的少些和慢些，至少基础不那么稳固，几十年后算总账是划不来的。后一种办法会使重工业发展得多些和快些，而且由于保障了人民生活的需要，会使它发展的基础更加稳固。"③这里已经提出了中国工业化道路和合理产业结构的问题。

在看待沿海工业和内地工业的关系上，提出"沿海工业基地必须充分利用，但是为了平衡工业发展的布局，内地工业必须大力发展"④，这里初步阐述了我国区域产业布局的正确路径。

在处理经济建设和国防建设的关系上，提出："可靠的办法就是把军政费用降到一个适当的比例，增加经济建设费用。只有经济建设发展的更快了，国防建设才能够有更大的进步。"⑤"我们一定要加强国防建设，因此，一定要首先加强经济建设。"⑥这就理顺了经济建设和国

---

① 《毛泽东文集》(第7卷)，人民出版社，1999年，第23页。

② 同上，第24页。

③④ 同上，第25页。

⑤ 同上，第27页。

⑥ 同上，第28页。

防建设的关系,把国防建设建立在经济发展基础之上。

在积累资金方面,不赞成苏联靠压榨农民的办法进行资金积累模式。提出"你要母鸡下蛋,又不给米吃,又要马儿跑,又不给马儿吃草。世界上哪有这样的道理! 我们对农民的政策不是苏联的那种政策,而是兼顾国家和农民的利益"①。通过以上分析,我们可以看出,毛泽东提出的这些新观点新思路有别于苏联发展的模式,实际上就是走中国特色社会主义道路的思想萌芽,为我国建设中国特色的社会主义道路奠定了理论基础。

(二)调整管理体制,学习国外经验

毛泽东注重借鉴苏联发展实践中的失误,针对中央权力过分集中的弊端,在处理中央和地方关系上指出:"在巩固中央统一领导的前提下,扩大一点地方的权利,给地方更多的独立性,让地方办更多的事情……我们不能像苏联那样,把什么都集中到中央,把地方卡得死死的,一点机动权也没有"②,"正当的独立性,正当的权利,省、市、地、县、区、乡都应当有,都应当争。这种从全国整体利益出发的争权,不是从本位利益出发的争权,不能叫地方主义,不能叫独立性"③。就处理政府和企业关系上提倡企业有一定的独立自主性,他提出:"从原则上说,统一性和独立性是对立的统一,要有统一性,也要有独立性……各个生

① 《毛泽东文集》(第7卷),人民出版社,1999年,第30页。
② 同上,第31页。
③ 同上,第33页。

产单位都要有一个与统一性相联系的独立性,才会发展得更加活泼。"①在党与非党的关系上提倡共产党和民主党派要和谐相处,调动民主党派建设社会主义的积极性,他提出:"无产阶级专政不能没有很大的强制性,但是,必须反对官僚主义,反对机构的庞大。"②"话又反过来说,党政机构要精简,不是说不要民主党派。希望你们抓一下统战工作,使他们和我们的关系得到改善,尽可能把他们的积极性调动起来为社会主义服务。"③在处理中国和外国关系上倡导学习外国的长处,他提出:"我们的方针是,一切民族、一切国家的长处都要学,政治、经济、科学、技术、文学、艺术的一切真正好的东西都要学,但是必须有分析有批判地学,不能盲目地学,不能一切照抄,机械搬用。他们的短处、缺点,当然不要学。"④这些论述虽然受到当时客观条件和认识水平的一些限制,但在当时却极为难能可贵,成为探索改革和开放的先声,对我国后来实施大规模改革开放发挥了积极影响,至今闪耀着历史的光辉。

(三)辩证分析矛盾,做到统筹兼顾

《论十大关系》在分析十个方面的突出矛盾时,娴熟地运用了辩证法,既指明重点所在,又强调兼顾各方,为我国新时期提出科学发展的指导思想奠定了理论前提。在处理农业、轻工业和重工业的矛盾时,毛泽东针对苏联重视重工业,轻视农业的做法指出:"你对发展重工业是真想还是假想,想的厉害一点,还是差一点? 你如果假想,或者想的差

---

① 《毛泽东文集》(第7卷),人民出版社,1999年,第29页。

②③ 同上,第36页。

④ 同上,第41页。

一点,那就打击农业、轻工业,对它们少投点资。如果你是真想,或者想得厉害,那就要注重农业、轻工业,是粮食和轻工业原料更多些,积累更多些,投到重工业方面的资金将来也会更多些。"①针对国家、生产单位和生产者个人的关系,要求兼顾三个方面,调动群众建设社会主义积极性。"国家和工厂、合作社的关系,工厂、合作社和生产者个人的关系,这两种关系都要处理好。为此,就不能只顾一头,必须兼顾国家、集体和个人三个方面,也就是我们过去常说的'军民兼顾'、'公私兼顾'。"②在处理汉族同少数民族的关系上,他提出:"一切物质因素只有通过人的因素,才能加以开发利用。我们必须搞好汉族和少数民族的关系,巩固各民族的团结,来共同努力建设伟大的社会主义祖国。"③在党与非党的关系上,他倡导"长期共存,互相监督"④。在是非关系上,他认为:"对于犯错误的同志,采取'惩前毖后,治病救人'的方针,帮助他们改正错误,允许他们继续革命。"⑤《论十大关系》辩证分析矛盾、统筹兼顾的思路为我们正确处理社会主义建设过程中所出现的各种矛盾提供了导向。特别是在阐述群众利益方面,强调通过统筹兼顾的方法保护群众利益,走群众路线以调动群众建设社会主义积极性,这在全面建成小康社会时期尤其需要注意践行。

---

①② 《毛泽东文集》(第7卷),人民出版社,1999年,第25页。

③④ 同上,第34页。

⑤ 同上,第39页。

## 三、《论十大关系》的思想对全面建成小康社会有着重要启示

当前,中国正处于全面建成小康社会时期,与《论十大关系》报告所处背景的相似之处,体现为各种新矛盾和新问题层出不穷。《论十大关系》的当代价值在于,其有益思想可以指导我国更好地实现第一个百年目标。

(一)坚定信念,不懈奋斗,坚持和发展中国特色社会主义

中国特色社会主义是一项前无古人的伟大事业,是中国共产党领导全国人民经过长期的革命斗争和实践的结果。党的十八大报告指出:"中国特色社会主义是当代中国发展进步的根本方向,只有中国特色社会主义才能发展中国。"[①]道路关乎党的命脉,关乎国家前途、民族命运、人民幸福。中国特色社会主义是党领导人民团结、奋斗和取得胜利的一面旗帜。因此,我们要坚定信念,坚定不移走中国特色社会主义道路,发展中国特色社会主义。

全面建成小康社会时期,面对人民群众对社会发展的多方面的需求,面对社会思潮的多元化,面对社会出现的各种矛盾,需要坚持用中国特色社会主义的发展来解决问题。发展是解决中国所有问题的关键,在经济不断发展的基础上,努力推进政治建设、文化建设、社会建设、生态文明建设以及其他方面的建设,努力把我国建设成为宜居、和

---

① 胡锦涛:《坚定不移沿着中国特色社会主义道路前进 为全面建成小康社会而奋斗》(2012年11月8日),载《十八大以来重要文献选编》,中央文献出版社,2014年,第10~11页。

谐、发展的具有中国特色的社会主义国家。我们要继承《论十大关系》报告具有的面对新事业和新矛盾勇于和坚持走自己的路的精神，坚持中国特色社会主义的道路自信、理论自信、制度自信和文化自信，绝不走封闭僵化老路和改旗易帜邪路，高举中国特色社会主义旗帜，破解难题，全面夺取建成小康社会的新胜利。

（二）积极调研，扎实探索，创新适合国情的理论

"没有调查就没有发言权"，毛泽东写作《论十大关系》正是以大兴调查之风为前提的，新形势下这句名言仍光芒四射。面对我国全面建成小康社会与深化改革的艰巨任务，我们必须对我国的基本国情再深化认识。经过40年的改革开放，我国在获得新的发展机遇的同时也面临着严峻的挑战，迫切需要新的理论来指导新的实践。而新的理论必须来自于对基本国情的了解和掌握。我们必须像毛泽东当年那样大兴调研之风，深入实地进行实际的摸排调研，积极探索，寻找出适合新时期中国发展的新理论，以指导中国全面建成小康社会。

习近平总书记在主持十八届中央政治局第二次集体学习时指出："摸着石头过河，就是摸规律，从实践中获得真知。摸着石头过河和加强顶层设计是辩证统一的，推进局部的阶段性改革开放要在加强顶层设计的前提下进行，加强顶层设计要在推进局部的阶段性改革开放的基础上来谋划。要加强宏观思考和顶层设计，更加注重改革的系统性、整体性、协同性，同时也要继续鼓励大胆试验、大胆突破，不断把改革

开放引向深入。"①这段话深刻地阐述了顶层设计和基层实践的辩证关系。要把顶层设计做好,离不开基层实践,而基层实践就要熟知国情、民情。正如毛泽东在《中国革命与中国共产党》一文中多次提出:"认清中国社会的性质,就是说,认清中国的国情,乃是认清一切革命问题的基本的根据。"②我们要在坚持中国正处于社会主义初级阶段这个最大的基本国情基础上对出现的新问题、新矛盾进行大量扎实调研、分析,把马克思主义普遍原理与中国具体实际相结合,探索新理论、新思路,为顶层设计做好准备,从而指导中国发展,突破发展瓶颈。

(三)改革开放,攻坚克难,努力破除体制机制障碍

党的十八大报告指出:"全面建成小康社会,必须以更大的政治勇气和智慧,不失时机深化重要领域改革,坚决破除一切妨碍科学发展的思想观念和体制机制弊端,构建系统完备、科学规范、运行有效的制度体系,使各方面的制度更加成熟更加定型。"③这段话鲜明地指出,深化改革开放是实现全面建成小康社会的关键,改革开放是实现中国梦的必由之路。正是因为 40 年的改革开放,解放了人们的思想观念,调动了各类经济活动主体的积极性,极大地释放和发展了生产力,使中国的发展取得了前所未有的成就。但历史是过去的现实,现实是未来的历史,我们要深刻把握好历史与现实的辩证关系,既要让历史中的

---

① 《改革开放只有进行时没有完成时》(2012 年 12 月 31 日),载《习近平谈治国理政》,外文出版社,2014 年,第 68 页。

② 《毛泽东选集》(第 2 卷),人民出版社,1991 年,第 633 页。

③ 胡锦涛:《坚定不移沿着中国特色社会主义道路前进 为全面建成小康社会而奋斗》(2012 年 11 月 8 日),载《十八大以来重要文献选编》,中央文献出版社,2014 年,第 14 页。

积极因素为现实的发展发挥必要的积极作用，又不应让历史中消极、不合时宜的因素成为现实和未来发展中的羁绊，因而在现实和未来发展中，对历史的东西既要继承，又要革新。

在全面建成小康社会时期，历史、现实、未来互相交织。现行的经济体制、政治体制还带有过去计划经济的痕迹，未知领域、传统思想和既得利益集团格局相互交错和叠加，这给改革开放和未来的发展带来阻力。我们要有计划、有步骤地对发展中存在的消极因素进行革除。目前，改革开放已步入深水区、攻坚期，已经触及到社会的深层次矛盾和重大利益调整。因而，要学习《论十大关系》敢于突破陈规的大无畏精神和重视变革与开放的视野，以更大的智慧和勇气去破除阻碍加快转变经济发展方式的体制机制，解放思想，大胆突破，把改革开放引向深入。做到改革不停顿，开放不止步。

(四)统筹兼顾，把握重点，积极营造社会和谐氛围

恩格斯说："世界不是既成事物的集合体，而是过程的集合体。"①这句话鲜明地指出，世界发展具有历史性，在这个历史发展过程中，构成世界的各种要素内部和要素之间相互联系，对立统一共同促进世界的发展。社会作为一个矛盾的集合体在发展的每一个时期及其不同阶段，都充满了各种各样的矛盾，如何正确处理这些矛盾，把消极因素化为积极因素，关系到社会的稳定。《论十大关系》的统筹兼顾思想则为我们正确处理这种关系和矛盾提供了很好的导向。在全面建成小康社

---

① 《马克思恩格斯文集》(第4卷)，人民出版社，2009年，第298页。

会时期,面对的形势和矛盾比二十世纪更为复杂,且不断变化,呈现出新特点。因而在发展过程中要继承《论十大关系》中强调的统筹兼顾方针,兼及各方,处理好各方面的利益和矛盾。同时,要加强重点,重点就是人民群众,要以人民群众为中心。

党的十八大报告指出:"加强社会建设,必须以保障和改善民生为重点。提高人民群众的文化生活水平,是社会主义改革开放和社会主义现代化建设的根本目的。"[①]越是在经济发展的关键期,社会转型的深水区,越需要人民群众的支持和共行。因而,要在加强经济、政治、文化、社会、生态文明建设的过程中给人民谋取最大的利益和实惠,调动人民群众建设社会主义的积极性,维护社会安定,从而强力营造和谐社会氛围,保证建成小康社会。


(合作者:李陈,时为天津师范大学马克思主义学院马克思主义经济学史方向博士研究生,现为四川理工大学马克思主义学院马克思主义原理教研室主任,副教授。)

---

① 胡锦涛:《坚定不移沿着中国特色社会主义道路前进 为全面建成小康社会而奋斗》(2012年11月8日),载《十八大以来重要文献选编》,中央文献出版社,2014年,第27页。

经济发展主线篇

# 第十一章 转变经济发展方式在我国 "十二五"时期的主线地位与 社会科学界的重要任务

党的十七届五中全会总结了我国"十一五"时期取得的成就与经验,基于对国内外形势新变化、新特点的深刻认识和准确把握,审议通过了《中共中央关于制定国民经济和社会发展第十二个五年规划的建议》(以下简称《建议》)。《建议》站在历史的新高度、从战略全局出发,明确提出了"十二五"规划的指导思想、基本要求、奋斗目标、主要任务和重大举措。其中,对我国加快转变经济发展方式予以了高度重视,明确作出规划要以加快转变经济发展方式为主线的新概括。就此方面加以深入学习与理解,有着重要的现实意义。

## 一、"主线"的概括是对我国转变经济发展方式理论认识与实践部署的新发展

深入理解"主线"的概括及安排的重要意义,需要回顾一下我国关于经济发展方式转变的认识与实践的演变进程。如果撇开理论界的学术研讨和工作具体内容,党和国家就转变经济发展方式的战略性思考与部署经历了三个阶段:

(一)初步认识与开始推进阶段

时间大体上为 20 世纪 80 年代初至 90 年代中期。20 世纪 70 年代末、80 年代初,伴随着思想解放和改革开放的推进,针对当时国民经济严重的比例失调和实现现代化的需要,党和国家总结了我国长期以来存在重速度、轻效益的问题教训,吸收了经济学界以往研讨的成果,明确提出要把全部经济工作转到以提高经济效益为中心的轨道上来,走出一条速度比较实在、经济效益比较好、人民可以得到更多实惠的新路子。20 世纪 80 年代中后期,在规划我国经济发展战略的第二奋斗目标时,党的十三大明确提出必须从粗放经营为主逐步转上集约经营为主的轨道。可以说对此方面的思考与改革开放的开始基本同步。

由于这一时期党和国家的着眼点更多放在探索和推进改革开放上,对新形势下经济发展的经验积累较少,对经济发展方式转型的认识还限于借鉴国外相关理论作出初步思考阶段,仅仅针对重速度、轻效益的传统发展路子提出要转轨,没有形成独立系统、对实践有显著影响的理论。而且形势要求强调发展是硬道理,资源消耗等矛盾也不突出,这一战略性安排在经济发展实践中的体现并不明显。

(二)明确提出与重视推动阶段

时间大体为 20 世纪 90 年代中期至 21 世纪初期。20 世纪 90 年代中期,面临跨世纪的新形势和新需要,加之自改革开放后我国经济发展也积累了十几年的经验,党和国家在制定“九五”计划和 2010 年远景目标时,提出要实行两个具有全局意义的根本性转变:一是经济体制从传统计划经济体制向社会主义市场经济体制转变;二是经济增长方式从粗放型向集约型转变。经济增长方式及其转型这一命题的明确概括,标志着作为转变经济发展方式理论的突出部分已被独立地正式提出, 其被视为跨越新世纪的两个具有全局意义的关键性转变之一,又赋予了新发展思路历史所没有的地位。与此同时,党和国家还针对我国当时的情况,就此方面的实践强调了四个方面的路径,即形成企业经营机制与经济运行机制,向结构优化要效益、向规模经济要效益、向科技进步要效益、向科学管理要效益。显然,四个要效益仅仅是从资源配置,实现经济发展更快更省的方面来讲的,而且主要是立足国内发展的角度来讲的。

这一时期,虽然明确使用了经济增长方式转型这一带有中国特色的经济发展理论范畴,为开展广泛深入的理论探讨和具体推动转型实践留下了广阔空间,然而我国经济发展所处的阶段决定了要迅速实现既定目标,资源与环境从整体上说依然变化不大;经济体制和行政管理体制及思想认识存在着局限;爆发东南亚金融危机需要着力应对,多方面因素的影响导致我国经济增长方式转型没能如期取得重大突破。

(三)全面提升与加快实施阶段

时间大体上为 21 世纪初至头十余年。进入 21 世纪后,我国发展的环境发生了重大变化。首先是改革开放取得了重大成果,社会主义市场经济体制的基本框架得以确立,加入世界贸易组织标志着对外开放进入新的阶段。世界经济全球化趋势深入发展,我国跨入全面建设小康社会的阶段,既面临新的机遇,又迎接着前所未有的挑战,存在着城乡区域发展不平衡、经济结构不够合理、自主创新能力不够强、经济社会发展与资源环境的矛盾日益突出等矛盾与问题。因此,党和国家更为重视发展道路的探索,21世纪初提出了"新兴工业化道路"的命题,尤其是提出并逐步深化了"科学发展观",回答我国为什么发展和怎样实现发展的重大课题。2005年,党中央在我国即将完成"十五"计划、制定21世纪第二个五年计划之时,深刻分析面临的新形势和进入新阶段的新特征,要求以科学发展观统领经济社会发展的全局。2008年,党的十七大则明确提出,实现未来经济发展目标,关键要在加快转变经济发展方式方面取得重大进展,并就实现这种转变作出了许多新的规定。这里发生了概念上的重要变化,以发展方式代替了增长方式,成为认识深化的重要标志。

随后的一段时间内,党中央又在抗击国际金融危机的进程中作出了新的系列部署,予以了越来越多的强调,赋予了越来越丰富的内容,提出了越来越高的要求。

一是在2008年年底中央经济工作会议上,针对我国经济回升的基础还不牢固、内在动力仍然不足、结构性矛盾仍很突出、就业形势依然严峻等问题,胡锦涛强调要更加注重加快经济发展方式转变,认为这场国际金融危机表面上是对我国经济增长速度的冲击,实质上是对不合理的经济发展方式的冲击,因此转变经济发展方式已刻不容缓。必须把加快经济发展方式转变作为深入贯彻落实科学发展观的重要目标和战略举措,不断取得实质性进展。这大大提升了转变发展方式在贯彻科学发展观方面的地位。

二是在2009年2月初中央召开的省部级主要领导干部专题研讨

班上，会议安排的主题就是"深入贯彻落实科学发展观加快经济发展方式转变"。胡锦涛的讲话以五个"必然要求"深刻阐述了我国加快经济发展方式转变的重要性和紧迫性，同时说明了其战略意义，即"我国经济领域的一场深刻变革，关系改革开放和社会主义现代化全局"。从而非常明确和相当全面地论述了必要性。讲话还提出了加快经济发展方式转变的重点工作，即"八个加快"，并专门说明要通过深化改革形成有利于加快转变的制度安排，特别强调关键要在"加快"上下功夫，见实效。

三是在 2010 年 3 月闭幕的全国"两会"上，加快经济发展方式转变成为热议的问题，构成了核心和突出亮点或关键词。《政府工作报告》不仅明确提出了加快转变经济发展方式的六项任务，而且有许多新认识、新提法，如"大力推动经济进入创新驱动、内生增长的发展轨道"。又如在大力培育战略性新兴产业方面，就新兴产业的构成作出了新表述。再如提出努力建设以低碳排放为特征的产业体系和消费模式等。

四是党的十七届五中全会的《建议》的概括。为了便于把握，可以把重要观点简化为"2115"。"2"是指全会对"十二五"时期的定位用了两句话："'十二五'时期是全面建设小康社会的关键时期，是深化改革开放、加快转变经济发展方式的攻坚时期"，把转变经济发展方式作为五年规划时期的特征之一予以强调，以往没有这样做过。"十一五"规划中只是将该时期概括为"是承前启后的重要时期"，转变经济增长方式仅作为贯彻科学发展观的"六个必须"之一提到（其他为保持经济平稳较快发展、提高自主创新能力、促进城乡区域协调发展、加强和谐社会建设、不断深化改革开放），可见"十二五"时期其地位的明显提升。

"1"是指一条主线。全会在"十二五"发展规划的指导思想部分作出了"以科学发展为主题,以加快转变经济发展方式为主线"的概括。主题是这一时期发展要解决的总的任务,即实现科学发展。主线则是实现主题的主要路线和贯彻全过程的基本线索。实现主题的要求需要做方方面面工作,从这个阶段看,能够解决主要和突出问题并牵动全局的是这个主线,即加快转变经济发展方式。抓住了这条主线,就可以在"十二五"时期开创科学发展新局面。可见其在贯彻落实科学发展观全局中的地位。

又一个"1"是一个"贯穿"。全会公报讲,"加快转变经济发展方式是我国经济社会领域的一场变革,必须贯穿经济社会发展全过程和各领域"。这是对"主线"概括的一个说明,不单纯是经济问题,而是要贯彻在经济社会各方面,关系到全局。从这里的认识可见,其自身内容已更加广泛和重要。

"5"是指五个"坚持",即坚持把经济结构战略性调整作为加快经济发展方式的主攻方向,坚持把科技进步和创新作为加快经济发展方式的重要支撑,坚持把保障和改善民生作为加快经济发展方式的根本出发点和落脚点,坚持把建设资源节约型、环境友好型社会作为加快转变经济发展方式的重要着力点,坚持把改革开放作为加快转变经济发展方式的强大动力。这五个方面都是当时多年一直强调和在做着的大事,属于落实科学发展观的突出任务,这里以加快转变发展方式串在一起,是第一次体现了理论认识的新提升、新概括。如果说前一段时间,党和国家对加快转变经济发展方式的认识提升更多体现在其重要性和工作内容上,这里则更侧重其地位和功能上。上述几个新概括的核心是"主线",说明了主线的背景和如何体现,于是将加快经济方式转变放在了前所未有的高度。这是我国经济发展方式转型理论与实践在进入加快阶段后又一新的丰富发展与突出标志。

由此可见,我国就经济发展方式的转变认识很早,与改革开放并行,且理论认知不断深化,但长时间的实效还不如改革开放这样显著,尚需取得实质性进展。"十二五"时期,我们对加快转变的必要性、地位、内容与途径有了更加深刻、全面和系统的把握。从一定意义上说,我国的转变经济发展方式理论已经成为丰富和发展中国特色社会主义理论包括科学发展观理论和实践的新内容和新成果。

## 二、"主线"确立的原因与依据

为什么将转变经济发展方式提升到这么高的层面上,《建议》中有个重要观点:"以加快转变经济发展方式为主线,是推动科学发展的必由之路,符合我国基本国情和发展阶段新特征。"这是一个涉及面很广的问题,仅从两个侧面说明。

(一)国内外发展环境与条件决定了加快转变经济发展方式已刻不容缓

强调"刻不容缓"可以从多方面理解,这里只突出说明两点:

1. 从外部也是最直接的原因看,是抵御国际金融危机冲击和适应后金融危机时期更趋复杂的外部环境的需要

在 2008 年后抗击国际金融危机之时强调加快转变经济发展方式

这一命题,道理并不复杂,可以用几个数字来说明。

例一,我国外贸依存率在"十二五"时期之前的若干年一直约为60%,普遍高于发达国家,它们一般在30%左右。在发展中的大国中我国是唯一的。一方面,这说明我国国际竞争力不断提高,在国际分工中处于越来越重要的地位。2009年,全年出口规模总量为世界第一。另一方面,也反映出经济发展过度依赖低层次加工产品的出口,不仅效益很低,而且严重受制于世界市场。

例二,2009年,世界大约35%的反倾销调查和71%反补贴调查都是针对中国出口产品的,且由来已久。1995—2007年,连续13年成为全球遭受反倾销调查最多国家,7起中国就占有1起。现在占1/3强,而且集中在轻工、纺织、机电等具有竞争优势的劳动密集型产业。与发展中国家的摩擦也在加大,值得思考。这反映出世界贸易中存在的严重的保护主义,说明全球需求结构在发生明显变化,国际金融危机更加剧了这一点,而且后金融危机时代将继续受到其影响,全球化问题更加复杂,我国今后再继续走过于依赖出口带动发展的路子显然行不通了。国外迫使人民币升值也是同样的道理。国际汇率战争山雨欲来,我们需要准备应对可能爆发的经济战,包括汇率战和贸易战。当然,这里要正确看待扩大开放问题,并不是说要改变对外开放的国策,而是证明迫切需要加快转变经济发展方式,包括转变外贸发展方式。

2. 从长期存在的内在原因看,是国内发展条件已严重约束着传统发展方式

如果说上述情况更多涉及外部,这里则是从内部看,有两方面条件不容忽视和无法回避:一是要素成本的上升,如劳动力成本上升。"民

工荒"从 个侧面反映了问题。二是资源环境的硬约束。我国许多重要资源严重短缺,人均土地只有世界人均水平的35.9%,人均水资源只有世界人均水平的25%;石油、铁矿石等进口量已占国内需求量的50%以上,但每百万美元GDP消耗的数量是美国的3倍、德国的5倍、日本近6倍,经济增长的成本却高于世界平均水平25%以上。此外污染严重,面对气候变暖,我国在碳排放方面的允诺等都形成了新的倒逼机制。要可持续发展,就得尽快积极转变发展方式。

总的来说,构成中国经济高速增长模式的诸多要素条件、内外环境、增长动力等机制发生了一系列重要变化,原有经济发展方式的不适应性日益凸显。在国际金融危机形成的倒逼机制作用下,必须把加快经济发展方式转变提到极其突出的位置,否则就无法可持续发展。从一定意义上说,这是决定中国现代化的关键因素,其重要地位会越来越明显。境外媒体称"中国正酝酿第三次华丽转身",认为"是继上世纪四五十年代社会制度转型和改革开放以来经济体制转型之后,中国内地的第三次历史性大转型,是一次包括经济、政治、社会、文化、生态在内的全方位发展模式的转型"①。

(二)被赋予的新内容和新重点表明了加快转变经济发展方式具备"主线"地位

自党的十七大以经济发展方式转变代替经济增长方式转变的概念表述,加快经济发展方式就适应了新形势的需要,立意更深远,内容更广泛。从现在看,新内容更现实,要求也更高。这突出体现在:

---

① 香港《明报》、《参考消息》,2010年10月15日。

1. 突出强调促进经济增长由主要依靠投资、出口拉动向依靠消费、投资、出口协调拉动转变

党的十七大报告对转变经济发展方式的突出内容概括了三个方面，即促进经济增长由主要依靠投资、出口拉动向依靠第一、第二、第三产业协调拉动转变，由主要依靠第二产业带动向依靠第一、第二、第三产业协同带动转变，由主要依靠增加物质资源消耗向主要依靠科技进步、劳动者素质提高、管理创新转变。其中的第一个转变是以前没有概括的。因为在 20 世纪 90 年代中期，我国还没有达到今天融入世界经济全球化的程度。

长期以来，我国的经济增长主要依靠投资与出口。现在出口受到了严重约束，于是就考虑主要靠投资拉动，而且政府投资占据了重要地位，使得投资率上升到改革以来的最高水平，消费率下降到最低水平。这在面对国际金融危机来临及时抗击方面发挥了非常重要作用，但却不能长久使用。投资历来是双刃剑，是经济波动的关键因素。政府的借贷量过大，加之货币流通量很大，容易带来通货膨胀。过度投资还会造成一些行业产品供过于求、产能过剩和过度竞争，带来一些企业效益下降甚至倒闭及大量银行坏账。因此"三驾马车"需要协调起来，突出国内需求被摆上了重要日程，而且主要是突出最终的消费需求。《建议》再次强调了这一转变，并提出了坚持扩大内需特别是消费需求战略。党的十七大强调走上内生增长的轨道就是这个道理。从内生增长的条件看，我国完全具备，因为总体上看现在还处在工业化中期偏后阶段，城镇化更是任务艰巨，2009 年城镇人口占总人口比率达46.6%，发达国家近80%，且大大低于一些人均收入与我国相近的发

展中国家。国内有许多投资需求,同时也有很多潜在消费需求,为此国家已出台了家电、汽车、摩托车下乡等刺激政策。今后要大力发展服务业、中小企业,调整国民收入分配格局,扩大社会保障制度覆盖面等。

2. 明确把保障改善民生和加快发展文化产业纳入转变经济发展方式的重点工作

这是以往所不涉及的。胡锦涛提出了"八个加快"明确了这一思路。教育、卫生、就业、住房、社会保障需解决的问题很多,被称之为转变经济发展方式、扩大国内需求的着力点。《建议》将此确定为加快转变经济发展方式的根本出发点和落脚点,贯穿了社会建设领域。此外推动文化发展繁荣,发展文化产业大有作为。胡锦涛在中央政治局第22次学习讲话中指出,推进文化事业繁荣和文化产业快速发展,关系全面建设小康社会奋斗目标的实现,关系中国特色社会主义事业总体布局,关系中华民族伟大复兴。

当今世界文化产业日益成为经济发展新增长点,国民经济支柱产业。文化产业在西方发达国家的 GDP 中占的比重都超过 10%,美国达到 25%,仅这方面的总量就使其排在世界经济第五位。根据国际经验,人均 GDP 超过了 3000 美元时,居民消费将由生存型、温饱型向小康型、享受型转变。按此标准,我国文化消费支出总量应达 4 万亿元以上,而目前尚不足 1 万亿元。《建议》第一次在发展规划中专论了文化大发展大繁荣部分,提出推动文化产业成为国民经济支柱性产业。可见,加快转变经济发展方式已不仅仅是经济领域的事,而是牵动和贯穿整个社会全局的重大部署。这种拓展没有脱离经济发展方式,因为关系到扩大内需,有很大发展潜力。从深层次看,又关系到真正落实科学发展观的以人为本,与实现社会和谐,标志着转变经济发展方式的另一个思路转换,即财富向更为重视民生投入的方向转变。

3.高度重视生态文明建设,发展循环经济、绿色经济、低碳经济

以往也重视减少消耗以提高投资效率,但建设节约型社会的要求远没有如今这样迫切。长期低层次的增长,使现有资源难以支撑今后的发展及实现更高的目标。因此,发展循环经济成了新的突出目标。更为凸显的是严重的环境污染,可以说均受其害。舟曲过去森林茂密,近50年被掠夺性破坏,植被受到破坏,与发生灾害有很大关系。尤其是气候变暖问题被世界愈来愈重视,近年的哥本哈根会议和中国对碳减排的承诺(我国政府承诺在2005年基础上到2020年自主减排40%至45%),更迫切地要求转变高消耗、高污染的发展方式。

对气候变暖及我国的作用需要正确的认识,我国现能源消费总量不是第一,人均消耗更少,美国是我国的4.5倍,因此我们强调区别的责任。但是既然肩负了重要责任,节能减排就成了突出要求,绿色经济、低碳发展自然成为近年来,特别是"两会"的热点问题,建设资源节约型、环境友好型社会成为加快转变发展方式的着力点。中国在新能源发展方面已经拥有全球四个第一,即风电装机、太阳能热水器利用规模、核电在建规模、风电装机增速,这是很好的发展趋势。

进一步值得说明的是,转变经济发展方式的原有内容被赋予了新重点。在20世纪90年代,转变经济增长方式的内容已包括了结构调整与科技进步,新阶段又就此方面有了许多新的要求。

1. 在经济结构调整方面，适应新形势继续强调优化产业结构，同时突出了加快调整国民收入分配结构、区域结构、企业结构

调整经济结构一直是加快转变经济发展方式的战略重点。只有加快调整，才能从根本上改变主要靠投入、规模，过于依赖出口来推动增长的老路子。《建议》将此作为加快转变方式的主攻方向，贯穿多个部分。在产业结构方面，一直要求重视加强一、二、三次产业协调发展。但过去强调的是调整结构也可以促进增长，要改变单纯靠投资去实现增长的路子。而现在针对的突出问题是第二产业即制造业发展相对偏快，在我国已成为制造业大国，还不是制造业强国的情况下，如何改变服务业相对滞后的境况。发达国家的服务业早已成为增长的主体，标志着进入了后工业化社会。现在强调要大力发展服务业特别是生产性服务业。生产性服务业指信息、研发、金融、物流、商务等，属于"微笑曲线"的前端与后端，成为制造业技术知识密集的心脏和起飞的翅膀。发展生产性服务业可以促进制造业转型升级，因为我国制造业附加值低，缺少国际品牌和核心竞争力，正由于这种"软性"的要素投入严重不足、发展不够。同时也要正确看待制造业发展道路，"雁阵模式"有历史意义，今后我国还会坚持发展制造业，但是要努力走向高端，做到优势产业升级。对于我国来说，三次产业协调发展还包括农业现代化的重要内容，《建议》作为第三大部分予以部署任务。

产业结构的调整不仅体现在要推动传统优势产业升级，更体现在开始强调大力培育战略性新兴产业。这是近一年来越来越受到高度关注的问题。

世界发展历史表明，每一次大的危机都衍生新兴产业：1857年的

危机促发了电气化;1929 年的危机引发了电子、航空航天、核能技术的突破;1979 年的危机促进了计算机的发展;1998 年的危机加速了互联网的普及。现阶段,为尽快走出危机和培育新增长点,发达国家纷纷加大科技投入,试图在新能源、新材料、新一代信息技术、生态环保、生命科学等方面抢占潮头,以此为实现转变经济发展方式的根本途径。我国在这方面已具备了基础,一些方面技术已居于先进行列,这也是我国化危机为机遇,把握先机的载体,因为在世界产业结构调整过程中我国第一次处在主动和前沿的位置。

党中央、国务院非常重视。温家宝在 2009 年 11 月 3 日北京召开的中科院建院 60 周年庆祝会议上作了《让科技引领中国可持续发展》的讲话,提出要使新兴战略产业成为经济发展的主要力量,后在两会上又称为支柱产业和先导产业。战略性新兴产业的特征主要指掌握关键核心技术,具有市场需求前景,资源能耗低、带动系数大、就业机会多、综合效益好等。从我国看应发展哪些产业呢?国家一直在分析论证,提法也时有调整。这次全会同时出台的《国务院关于培育和发展战略性新兴产业的决定》正式确定了 7 个领域,即"节能环保、新一代信息技术、生物、高端装备制造、新能源、新材料、新能源汽车"。被称为"新七领域",含 23 个重点方向。这个决定提出了 20 年内的发展目标,确定前 4 个为支柱产业,后 3 个为先导产业,并提出了政策措施与体制机制保障。

如电动汽车,对减少石油等传统能源使用及排放方面有重要意义,成为全球汽车工业方向,有大发展空间,被称为产业。美国要求 2015 年有 100 万辆上路,日本计划 2030 年全面普及。我国目前已确定为先导产业，并且已有近10年的自主研发和示范运行，与世界先进水平的差距大大缩小。现在我国电池生产已处于先进行列，天津在动力电池——锂电方面已做到全国规模最大、品种最全，但在材料的自主创新方面还有距离。我国正在加快解决电动汽车的使用环境，如充电等问题。

发展战略性新兴产业在转变经济发展方式，调整产业结构方面极具前瞻性、重要性，潜力很大，将大有作为。当然也要防一哄而起。现在还不十分清楚将来是个什么样子，正如美国当年提出"信息高速公路"那样，并不知道后来成为互联网，而且还有安全等问题要解决。

国民收入分配结构现存不合理之处在于收入差距拉大。劳动性收入在国民分配中占比过小，垄断行业与普通行业的收入差距过大。近期一项调查显示：有75.2%的职工认为当前社会收入分配不公平，61%的职工认为普通劳动者收入偏低是最大的不公平。有一种说法是，必须改变"强资本、弱劳动""利润侵蚀工资"的收入分配格局，从而有利于实现公平、社会稳定和拉动消费需求。

地区结构与城乡结构的不合理是非常明显的，影响了社会公平，制约经济社会协调发展和小康社会的全面建成。大学生就业困难的重要原因也在于此。我国一直推动解决这方面问题，《建议》提出了实施区域发展总战略和主体功能区战略。从当前与今后的发展看：一是通过确立区域发展规划来引导各地均衡发展，为此近年国家批准了11个区域规划和区域性文件。二是重点发展中小城市与小城镇，城镇化战略是一个需要高度重视的问题。三是加快推进农业发展方式的转变。

在调整企业结构方面，当前要注意发展中小企业，发展民营经济。

这有利于就业,也有利于发展高科技产业。

2. 在技术进步方面,突出了加快推进自主创新和走上创新驱动的发展轨道

我国自 20 世纪 90 年代就强调了技术进步的重要性。党的十七大开始强调自主创新,称这是国家发展战略的核心,提高综合国力的关键。当时人们还有些疑惑,疑惑是否真到了这个阶段。现在形成了高度共识,就是要把增强自主创新能力作为推动产业结构优化升级的内在动力,要注重提高原始创新能力和关键核心技术创新能力,逐步改变以低端加工制造业为主的制造业大国的情况,成为制造业强国,实现可持续发展。《建议》将此作为加快转方式的重要支撑。

创新是历次世界性经济危机后抓住机遇率先发展的国家的根本途径。危机的积极作用在于淘汰落后、发展先进,先进靠的就是创新。危机后往往涌现出新兴产业,基础是创新。历史上有不少这样的成功经验,例如在 20 世纪 70 年代因石油危机引发的世界经济危机中,日本靠技术创新使汽车产业打进了美国市场。我国也不乏创新成功的案例,中国高速铁路的快速发展就提供了例证。我国物联网发展正处在与发达国家同一起跑线上,如无锡发展物联网起到了率先作用。我国非常需要也有条件加快走上创新驱动的轨道。

综上所述,从现阶段加快转变经济发展方式被赋予的新内容和新重点看,其涵盖面和涉及面相当宽广、影响深远,既抓住了现阶段经济发展的突出矛盾,又包含了文化、政治、社会各领域及今后一个时期需解决的突出问题,是现阶段贯彻落实科学发展观的一个牵动全局的抓手。其要转变或培养的传统发展方式,包括了重速度轻效益、重国

际市场轻国内需求、重财富增长轻民生投入等多重内容,非常丰富,反映我国现阶段发展的新特征与新需要。因此可以将其确立为我国"十二五"规划的主线,今后也应当紧紧抓住这条主线来推进理论和实践的发展。

## 三、"主线"的部署与实施为社会科学界提出的重要任务

上述分析自然涉及了社会科学界的重要任务。社会科学界不是直接推动经济建设和实施社会管理的部门,但承担着认识世界、传承文明、创新理论、咨政育人的功能。面对我国"十二五"时期发展重任和以加快转变经济发展方式为主线的部署, 社科界既责任重大又责无旁贷。现在需研究的课题很多,既有基础理论方面,又有应用对策方面;既有推动发展方面,又有改革开放方面;既有经济方面,又有文化、社会、政治方面;既有未来战略方面,又有当前应急方面;既有狭义的社会科学方面,又有广义的交叉科学方面。几乎所有社会科学学科都有用武之地,都会大有作为。可以说,以科学发展为主题,以加快转变经济发展方式为主线, 为我国社会科学研究进入新境界开辟了广阔空间,亟须提供理论支撑与对策建议。

(一)理论完善方面的任务

转变经济发展方式理论虽然产生的时间很长,但由于是具有中国特色的新兴理论,还需要有一个系统完善的过程。随着我国经济社会发展面对内外形势的变化和实践探索的演进,其需要回答的课题不断

扩充与复杂,从而需要从理论上进一步理清和深化转变经济发展方式问题。从目前看,这突出体现在以下方面。

1. 关于转变经济发展方式的涵义与内容

从最初提出问题时看,我国理论界早在20世纪60年代就针对当时经济发展的矛盾,以马克思的《资本论》为指导,并受苏联经济学界讨论的影响提出要处理外延扩大再生产与内涵扩大再生产的关系。改革开放后的20世纪八九十年代,针对新的形势和发展遇到的挑战并参照国际经济学的概括,党和国家开始突出强调发展由粗放型为主转向集约型的轨道。如果说这时的认识还是限于国内经济增长方式的转变,进入21世纪后随着我国对外贸易渐居主导地位和国际贸易摩擦的加剧,我国又把对外关系因素纳入进来,将出口、投资、消费的协调拉动视为经济转型的首要努力目标。

随着经济发展方式转变的命题被提出并扩展内容,特别是被赋予"十二五"时期发展主线地位之后,我国经济发展转型已超出了资源配置的范围,其要转变的传统发展方式,包括了重速度轻效益、重粗放轻集约、重增加投入轻调整结构、重增长轻环境、重国际市场与投资轻国内需求、重财富增长轻民生投入等多重内容。与此相适应,转变经济发展方式定义的表述也趋向宏观概括和覆盖多元。然而究竟如何把握我国转变经济发展的内涵,需要从哪些角度与时俱进地反映其本质内容,尚需做进一步厘清与论证,以便更好地构筑整个理论体系。

2. 关于转变经济发展方式的规律性和国别性

从世界多个代表性国家实现工业化和现代化的实践看,往往经历了普遍的技术进步和产业结构升级过程,从此种意义上说,如果以推进技术创新和结构调整为转变经济发展方式的突出标志,那么与工业化和现代化紧密联系的转方式是具有世界意义的共有规律,尽管多国是在不同背景、不同推力和不同时间条件下,实现了这种转变。然而各国都没有专门独立概括出转变经济发展方式的理论乃至术语,而且中国在提出并突出全面运用这一认识的情况下,对其又赋予了明显的国情与历史印迹。

随着经济全球化的日益深化,作为一个继续实现超越任务的发展中大国的指导性理论,转变经济发展方式理论又具有了明显的中国特色。那么转方式的哪些方面是人类经济发展史上的共有规律,哪些是我国一个历史时期由国情决定的特殊规律,从理论上弄清这些问题是具有重要意义的。而且欧美一些国家在应对国际金融危机过程中反思其发展路径,检讨其"去制造业化"模式并倡导"再工业化",又为我们提出了一个值得思考的问题:以大规模调整经济结构为标志的转变经济发展方式是否仅仅为处于工业化和现代化阶段的国家的任务?显然在世界经济全球化日趋深化及各国加强宏观调控的条件下,由多国政府推动的转变发展方式的规律性尚需继续探讨,由此又必须加强现阶段世界领域内转变发展方式的比较研究。

3.关于我国转变经济发展方式的长期性与阶段性

我国现阶段转变经济发展方式的一个突出特点是加快推进,这是由我国面临的国内外形势、任务及可持续发展的需要所决定的,非常有必要。但与此同时必须清醒地认识到,真正和高质量完成其历史任务,绝非是在短时间内可以做到的。因为我国虽然很早就认识到要转发展方式,但效果一直不理想,既有主观原因,更与许多客观因素紧密相连。例如：我国长时期要受到发展阶段与水平的制约，正处于实现工业化和现代化进程中，已反映了发展水平与技术水平的差距，作为人力资源大国而不是强国，决定了由中国制造走向中国创造尚需相当长时间的奋斗；我国长期存在保持应有速度的压力的制约，作为发展中的人口大国，GDP 的人均水平很低，没有一定的速度就难以持续增长和解决就业压力巨大、提升生活水平等问题。这些因素并不意味着我国现今不能加快转变经济发展方式并取得实质性的进步，而是会导致加快转变面临着紧迫性与长期性、复杂性并存的状况。但是怎样深刻认识和正确处理这一对矛盾，将是摆在理论界和实践工作面前的一个难题。此外，我国加快转变经济发展方式既要顺应历史潮流，也应把握阶段特点。

在全球化和低碳发展的背景下，我国转方式无法画地为牢，已不具备历史上很多发达国家曾具备的好条件，只能加快步伐。可是又必须考虑作为发展中大国的特点，在现阶段抓住重点和迫切问题加快推进，不应当也不可能承担过多的义务，不能忽视基本客观条件，超越历史阶段全面推进。我国应走出工业化和碳减排兼得的新路就是这个方面的一个重点，这又是构建我国特色转变经济发展方式理论需要完善的重大课题。

作为一个与我国实践紧密联系的理论问题，转变经济发展方式理论从诞生之时就肩负着服务指导经济社会发展的使命。在这方面需要继续深入研究的问题非常多，也需要理论界紧密结合实际开展对策研究。

（二）实现科研方式的转变

为了履行研究转变经济发展方式这项光荣而又艰巨的任务，社科界理论工作者需注意一些问题，处理好一些关系，或者说注意科研方式的转变。

1. 更为注重开展服务现实的课题研究，处理好把握学科与融入实际的关系

一些专家认为只有在自己的学科上搞研究、出成果才是学问，而忽视甚至看不起研究现实问题，尤其是直接服务现实的调研。这是片面的认识。搞好学科发展中重要问题的研究是必要的，但应该是搞精品，力争多出留得下来的成果，避免囿于自我欣赏、自我循环，自娱自乐。只有注重把学科与现实紧密结合起来，学术视野才会更开阔，研究前景才会更广阔。一般说来，社会科学中发展快、影响广的部分，往往是与现实的重大课题紧密相连的，重大现实需求才是社会科学繁荣发展的强大动力。转变经济发展方式正是重大的理论与现实问题，理论工作者要善于发现加快转变经济发展方式所覆盖的重点问题与自己学科的联系。

2. 更为注重以科学态度研究社会科学，处理好遵从考核与崇尚治学的关系

在现今的高校中，教师的工作量要求往往较高，中青年教师尤感压力较大，不少人搞课题研究和取得成果仅服务于通过考核、评定职称、岗位聘任等。我们不否认这种现实存在的合理性，岗位考核不能没有，目前还找不到更科学、全面的方法，教师不遵从就会被边缘化。但

是需要看到,这些是浅层次的目标。真正成为对社会科学发展及社会进步有贡献的人,乃至成为学术大家,一定要遵从治学的规律,崇尚献身学术、刻苦治学的精神,真诚扎实地以知识服务社会发展需要。我国社会科学界不乏这样的榜样。研究转变经济发展方式这样的重要理论是需要弘扬这种精神的,只有这样才能远离浮躁与弄虚作假,多出精品成果,才能多出优秀人才。

3.更为注重开展高水平的服务本地区发展的研究,处理好服务全国与关注区情的关系

现在我国学界不少科研成果也是来自于现实,研究国家整体方面的问题,有一定层次。但由于多种原因,事实上只有一部分能服务于实践。有一些仍属于理论研讨的范畴,缺少解决现实突出矛盾的针对性,更有相当一部分属于一般水平的重复劳动,实际部门感到不好用也漠不关心。与此同时,对本地区加快转变经济发展方式急需解决问题下功夫研究的人还不够多,能为实际工作破解难题的人更加匮乏。一些科研人员并不了解区域实际情况,没有长期积累,发表见解只能停留在理论层次和工作表层。因此,本地区的科学发展与转变发展方式需要有更多专家长期潜心开展深入研究。

4.更为注重以多条途径发挥社会科学工作者的作用,处理好开展科研与宣传普及的关系

加快转变经济发展方式理论是中国特色社会主义经济发展理论的有机组成部分,这需要社科界把党中央的理论创新加以深入阐释,以便被大家所深入理解和接受;加快转变经济发展方式又是一场涉及面很广的深刻变革,首先需要转变观念、统一思想,这又需要开展好社

科普及工作。这些也是社科工作者的任务与职责，这既是宣传的需要，又是科学知识的推广与普及。不少研究人员不重视甚至看不起这方面的工作，认为承担课题和发表论文才是自己的科研事业，这是一种非常片面的认识。中国社会科学的职能就包括科学普及，其中也包含宣传阐释中国特色社会主义理论。事实证明，开展理论研究与宣传普及并不矛盾，而且互相补充。将较为深奥的科学知识与道理变成通俗化、大众化且依然具有科学性的东西，为群众所掌握，是很了不起的事情和艰巨的任务，需要长期研究积累。宣传普及需要接触广大群众，正是社科工作者检验自己是否真正深入掌握理论和发现新的研究问题的很好机会。宣传普及转变经济发展方式理论正可以提供这样的良机。

参考文献：

[1]张平：《牢牢把握主题主线开创科学发展新局面》，《人民日报》，2011年7月4日。

[2]黄泰岩：《中国经济热点前沿》（第5—7辑），经济科学出版社，2008~2010年。

[3]何树平：《揭示"转变经济发展方式"的形成历程》，新华网，2010年8月12日。

[4]胡坚等：《经济发展方式转变的国际趋势与启示》，天津网，2010年5月11日。

[5]傅自应：《实现扩大内需与稳定外需的有机结合》，《求是》杂志，2009年第12期。

[6]任理轩：《科学认识和解决收入分配问题》，《人民日报》，2011

年7月22日。

[7] 李家祥:《经济增长方式转型比较研究》,陕西师范大学出版社,2000年。

[8]李家祥、彭金荣:《关于我国经济增长方式转变比较研究的思考》,《经济学动态》,2000年第8期。

[9]李家祥:《中国经济改革与发展思想研究》,天津社会科学院出版社,2003年。

(本文的主要部分为提交2011年全国高校社会主义经济理论与实践学术研讨会论文,作大会发言。)

# 第十二章 供给侧结构性改革在我国 "十三五"时期的主线地位与 转变经济发展方式

　　党的十八届五中全会前后,在面对经济发展新常态制定"十三五"时期发展规划时,党中央提出了一系列新理念、新思想、新战略。其中,多次强调了供给侧结构性改革的问题。2015 年 11 月,习近平总书记在中央经济领导小组会议上首次提出了"供给侧结构性改革",随后在 12 月的中央经济工作会议上,又再次强调"推进供给侧结构性改革,是适应和引领经济发展新常态的重大创新,是适应我国经济发展新常态的必然要求"①。更需要注意的是,2016 年 2 月,中共中央政治局进一步提出"十三五"时期以供给侧结构性改革为主线,扩大有效供给、满足有效需求,加快形成引领经济发展新常态的体制机制和发展方式。同年 3 月发布的《"十三五"规划纲要》中,再次强调了发展主线是"必须在适度扩大总需求的同时,着力推进供给侧结构性改革,使供给能力满足广大人民日益增长、不断升级和个性化的物质文化和生态环境需要"②。党的十九大报告中明确提出,以供给侧结构性改革为主线,

---

　　① 《中央经济工作会议提出 2016 年五大任务》,新华网,http://news.xinhuanet.com/fortune /2015-12/22 / c_ 128554414.htm。

　　② 《"十三五"规划读懂这三句话》,《光明日报》,2016 年 3 月 24 日。

推动经济发展质量变革、效率变革、动力变革,提高全要素生产率。如何理解以供给侧结构性改革为发展主线这一新定位?为何将发展主线由"十二五"时期的转变经济发展方式调整为供给侧结构性改革?怎样做到以供给侧结构性改革为主线?这些都是当前需要深入思考和探讨的重要课题。

## 一、对以供给侧结构性改革为发展主线的基本认识

所谓"主线",是能够对其他各个方面发挥决定性带动作用的主要线索、关键所在,一个时期的发展主线,构成了该时期引领走向、牵动全局、贯彻始终的核心要素。"十三五"时期是全面建成小康社会的决胜阶段,我国经济发展进入了新常态,经济长期向好的基本面没有改变,但仍要面临着诸多的发展问题和社会矛盾,经济下行压力较大、产业结构调整速度缓慢、资源环境承载力不强等。要实现经济稳定和保持中高速的可持续增长,就需要充分认识我国经济问题所面临的复杂性,科学把握供给侧结构性改革这条主线。

(一)以供给侧结构性改革为发展主线的科学内涵

在一个经济体系内部,消费需求和投资需求之间必然存在一个结构平衡的关系,并应在中长期保持稳定。此时,政府采用需求侧短期刺激政策,加大对生产部门的投资来弥补消费需求的不足,促使经济能够在短期内恢复到原来的均衡水平,但会出现投资大于原有的均衡水平、消费则小于均衡水平的情况。投资周期完成之后,会创造出新的生

产能力,产能会大于原有的均衡水平。而消费品生产部门对投资需求仍低于原有水平,投资品部门必然要自己来购买多出的产品,否则会出现产能过剩。吸纳新增加的产能,就需要新一轮的刺激政策来制造新需求,以此平衡投资品供给的增长,这又会造成下一个生产周期形成更大的产能。最终结果必然是生产部门的产能不断扩大,迫使政策刺激的规模也越来越大,直至难以控制供求平衡。基于以上分析,投资小于原有均衡水平时,需求侧的短期刺激政策是有效的。但如果消费水平在均衡线以下,刺激政策只在短期有效,中长期采用则会不断重复新的供求失衡,这一过程会导致经济陷入流动性陷阱,致使刺激失效。可见,保持经济稳定起决定性作用的力量正在由需求侧转向供给侧。如果传统产能市场需求还有空缺可以扩大投资需求来维持原有均衡水平,但随着消费结构升级、传统产能过剩,再沿用这套办法难以达到预期效果,甚至会加速经济下滑。因此,必须将发展主线从需求侧转向供给侧,即从生产环节入手,以供给端的改革来引导需求的结构调整与升级,利用有效的宏观调控手段促使生产要素合理的流通。

相比于此前的经济发展阶段,经济发展新常态下,市场供求关系由总体上供不应求转变为供过于求。过去我国生产力水平不高,经济发展处于总体上供不应求的短缺阶段,我们把工作重点放在过扩大投资、提高生产能力上,通过增加投资、扩大出口、刺激消费这"三驾马车"的驱动,实现了经济快速增长。但现今情况发生了变化,经济发展的许多领域出现了大面积产能过剩的现象,同时需求结构也呈现多元化、复杂化的特性。可见,供需矛盾的主要方面正在由需求侧转向供给侧。面对新情况、新问题,如果思维方式还停留在过去,继续沿用这套办法则难以达到预期效果,甚至会加速经济下滑。因此,必须将发展主线从需求侧转向供给侧,即从生产环节入手,以供给端的改革来引导需求的结构调整与升级,利用有效的宏观调控手段促使生产要素合理的流通。以供给侧结构性改革为发展主线,是指要把供给侧结构性改革贯穿于经济社会发展的各领域各环节,为经济社会发展指好道、领好航。只有进行结构调整、实现结构升级,才能实现发展方式的实质性转变,才能为经济的持续增长奠定坚实基础,才能为增进人民福祉开辟更广阔空间,才能为生态文明建设提供有效保障,使供给能力满足广大人民日益增长、不断升级和个性化的物质文化和生态环境需要。

《"十三五"规划纲要》提出了"以供给侧结构性改革为主线,扩大有效供给,满足有效需求,加快形成引领经济发展新常态的体制机制和发展方式"①。因此,要把供给侧结构性改革贯穿于经济社会发展的全过程和各个领域,发挥其导向作用,确保以后五年经济社会发展的主要目标顺利完成。一是要保持经济中高速增长,到2020年国内生产总值和城乡居民收入翻一番。过去一段时间,我国经济增长过度依赖需求、投资和出口拉动,导致大面积产能过剩,经济下行压力较大,为避免经济速度下滑过快,要突出供给侧结构性改革的主线作用,以供给端的改革来引导经济结构调整,实现更高水平的供需平衡,增强我国经济持续健康发展的内生动力,为全面建成小康社会注入强大的物质动力。二是要创新驱动发展取得显著效果,科技与经济深度融合,全要素生产率明显提高。要发挥供给侧结构性改革导向作用,优化创新

---

① 《中华人民共和国国民经济和社会发展第十三个五年规划纲要》,新华网,http://news.xinhuanet.com/politics/2016lh/2016–03/17/c_ 1118366322.htm。

政策供给,引导创新要素聚集流动,营造激励创新的市场竞争环境,破除束缚创新和成果转化的制度障碍,形成创新活力竞相迸发、创新成果高效转化、创新价值充分体现的体制机制。三是要人民生活水平和质量普遍提高,公共服务体系更为健全。通过供给侧管理有效满足人民的公共供给需求,保证我国人民共享发展成果;通过加强供给侧管理努力推动居民收入增长和经济增长同步、劳动报酬提高和劳动生产率提高同步,不断健全体制机制和具体政策,持续增加城乡居民收入,不断缩小收入差距。

（二）以供给侧结构性改革为发展主线的内在原因

为什么要以供给侧结构性改革为发展主线?进入 21 世纪以来,国际形势动荡多变,中国发展战略机遇的内涵发生了深刻的变化。同时,国内经济社会发展呈现了新的阶段性特征,经济体制深化改革、社会结构不断变动、利益格局深刻调整、思想观念不断革新,就在这样的大背景下,我们的改革方向和思路要调整和完善。

1. 适应国际经济环境变化的迫切需求

从国际角度来看,中国仍处于发展的重要机遇期,但机遇期的内涵发生了变化。近几年,世界经济发展速度逐渐缓慢,而中国经济体量不断变大,世界经济发展的带动力作用不再明显。世界金融危机之后,发达国家纷纷去债务化,导致世界市场缩小,国内部分产能变为过剩产能,出口对经济增长的拉动作用明显减弱。因此,以扩大出口来带动经济发展的机遇内涵发生了变化。另外,中国曾以廉价劳动力的优势,成就了中国制造。但新一轮科技革命和工业革命的来临、发达国家推行再工业化以及其他发展中国家的发展，同时中国人口红利的弱化、创新能力不足，导致过去的比较优势和引起外资带动经济增长的战略发生了变化。

2. 应对国内经济发展新常态的客观要求

从国内角度来看，中国经济发展趋势是长期向好的，但也隐藏着诸多矛盾和问题，风险隐患增多。"十二五"期间，中国提出了扩大内需战略并取得了一定成效，经济总体上保持中高速增长。这五年来一直实行扩大内需的政策，但经济却出现了速度下行、工业品价格不断下跌等现象，难以用需求不足予以说明。虽然有需求总量和需求结构两方面的原因，其主要原因已不在需求侧了，结构性矛盾问题日益凸显，已存在供给约束与供给抑制。生产成本不断上升，导致了产品形成了"滞销"的不良局面，产能过剩、效益下滑；需求刺激效果不佳和产品品质不高导致了"供需错配"，进而影响了经济发展的速度，这些迫切需要通过供给侧改革来调整结构的适应性和灵活性。

3. 坚持新时期新发展理念的必然选择

当前中国经济下行压力大，不乏总量性、全球性及周期性的影响，但主要还是结构性问题。贯彻落实创新、协调、绿色、开放、共享的新发展理念，就要加快推动供给侧结构性改革，增强发展的内生动力，用改革的办法来推进结构调整，以结构调整来带动经济增长。通过供给侧结构性改革来调整结构为创新发展提供新的动能，借助供给侧结构性改革来优化资源配置促进协调发展，推进供给侧结构性改革来处理好经济发展与生态环境的关系实现绿色发展，凭借供给侧结构性改革来协调内外需、平衡进出口促进开放发展，依托供给侧结构性改革优化劳动成本、缩小收入差距和完善公共服务使得人民共享改革成果。因此,要运用新发展理念来引导"十三五"期间改革发展的全局,就要紧紧抓住供给侧结构性改革这条主线,必须要用改革办法来推进结构调整,优化要素配置,扩大有效和中高端供给,增强供给结构的适应性及灵活性,提高全要素生产率,才能使得中国经济的"体魄"更为强健,才能如期实现全面建成小康社会。

## 二、供给侧结构性改革与转变经济发展方式的逻辑关系与主线转换

我国"十二五"规划中明确提出了"以加快转变经济发展方式为主线,深化改革开放,保障和改善民生,巩固和扩大应对国际金融危机冲击成果,促进经济长期平稳较快发展和社会和谐稳定"①。而在《"十三五"规划纲要》中提出要以供给侧结构性改革为发展主线。那么,转变经济发展方式与供给侧结构性改革究竟是什么关系,主线为何由转变经济发展方式转换为供给侧结构性改革?

(一)供给侧结构性改革与转变经济发展方式的关系

转变经济发展方式与供给侧结构性改革是既一脉相承、又与时俱进的关系。结构性改革不是对经济发展方式的替代,而是针对经济新常态下所出现的新问题,在视野和内容上对经济发展方式的深化和拓

---

① 《中华人民共和国国民经济和社会发展第十二个五年规划纲要》,新华网,http://news.xinhuanet.com/politics/2011–03/16/c_121193916.htm。

展。它除了回答了经济发展方式所强调的结构调整,更为突出了在经济发展过程中用什么样的方法来调整结构,更有利于破解经济发展的深层次矛盾。

经济发展方式为供给侧结构性改革奠定了良好的基础,加快转变经济发展方式能够促使改革更为顺利。《"十二五"规划纲要》中指出,以加快转变经济发展方式为主线,把经济结构战略性调整作为主攻方向,把科技进步和创新作为重要支撑。可见,"十二五"时期,我们已经认识到了结构性失衡是影响经济增长和发展的主要因素,也是制约转变经济发展方式的主要矛盾,要优化生产要素投入结构,带动需求结构和产业结构的转型升级。"十二五"时期,经济结构调整取得重大进展,农业稳定增长,第三产业增加值占国内生产总值比重超过第二产业,居民消费率不断提高,城乡区域差距趋于缩小,努力实现了经济增长方式的转变、产业结构的转型和发展动力的转换,为从"三驾马车"拉动切换到供给、需求协调发力提供了有力的物质支撑;"十二五"时期,依靠科技进步来转变发展方式,推进自主创新、建设创新型国家,高技术产业、战略性新兴产业加快发展,一批重大科技成果达到世界先进水平,为供给侧结构性改革提供了有力的技术支持;"十二五"时期,全面深化改革有力推进,经济体制继续完善,公共服务体系基本建立、覆盖面持续扩大,教育水平明显提升,全民健康状况明显改善,新增就业持续增加,贫困人口大幅减少,人民生活水平和质量进一步提高,为供给侧结构性改革提供有力的制度保障。

供给侧结构性改革是对经济发展方式的丰富和深化,只有实现有效的改革才能加快转变经济发展方式。"十二五"时期加快转变经济发展方式主要包括三个方面的转变,即"促进经济增长由主要依靠投资、出口拉动向依靠消费、投资、出口协调拉动转变,由主要依靠第二产业带动向依靠第一、第二、第三产业协同带动转变,由主要依靠增加物质资源消耗向主要依靠科技进步、劳动者素质提高、管理创新转变"[①]。供给侧结构性改革涵盖了转变经济发展方式的内容,用改革的办法推进结构调整,优化要素配置,推动产业结构升级,提高供给体系的质量和效益,改造提升传统比较优势,加快培育新的发展动能。同时,供给侧结构性改革又以结构调整为主题,把转变经济发展方式的视野由关注从单一需求结构调整变化拓展到"需求侧"和"供给侧"两侧共同发力,有利于从根本上推动经济发展方式的转变。供给侧结构性改革重心还在于保持经济中长期增长。但并不是就增长问题来解决增长问题,而是基于"经济发展＝结构调整＋经济增长"的视角,把关注重点由"经济增长"转向"经济发展",进而从更广阔的视野来调整结构,在结构优化升级的内含上下功夫,使之成为推动经济发展的抓手。

在一个经济体内部,消费需求和投资需求要保持中长期的结构平衡关系,政府持续使用行政手段来扩大需求,则会导致过剩产能规模增大,内需不足突出显现,难以实现的真正转变。"十三五"时期,我们认识到了有效需求乏力和有效供给不足并存,结构性矛盾问题更为凸显,而传统比较优势弱化,创新能力尚不足以创造出新供给,以此提出了"以提高发展质量和效益为中心,以供给侧结构性改革为主线,扩大

---

① 韩永文:《促进经济增长由主要依靠投资、出口拉动向依靠消费、投资、出口协调拉动转变》,《红旗文稿》,2008年第2期。

有效供给,满足有效需求"①。供给侧结构性改革能够破除生产要素优化配置的体制机制障碍,使得中国经济在优化结构中实现良性的转变,增强发展的可持续性。

(二)"十三五"时期发展主线转换的缘由分析

"十二五"时期之所以提出要以转变经济发展方式为主线,原因主要在于危机时代国际经济环境和中国发展阶段变化的两个方面。国际金融危机带来了产业结构的变化,使欧美市场的贸易结构也深受影响。中国为应对金融危机的影响,启动了四万亿元的投资计划,弥补了出口大幅度下降对经济增长的影响。但经济增长过度依赖于投资和出口的拉动,导致了产能过剩、贸易摩擦,已达到难以为继的程度。这就要把调整需求结构放在首位,提升居民的消费水平,适当控制投资,维持国际收支平衡。另一方面,经过三十多年的发展,中国由生存型阶段转向发展型阶段,需求结构也有明显的改变,使中国面临着新的矛盾和问题,诸如经济快速增长同资源环境约束发展的不平衡、全社会基本公共需求快速增长同基本公共产品供给和服务不到位的矛盾等。由此看来,经济社会发展的矛盾集中体现在内需不足上,这就需要转变经济发展方式来打破制约内需扩大的障碍。

改革开放四十年来,基于中国经济的持续不断增长,解放和发展生产力的内涵已发生了重大变化,以前侧重于生产力在量上的扩大,而现在不仅要推动生产力在量上的适度扩大,更要促进生产力在质上

① 《中华人民共和国国民经济和社会发展第十三个五年规划纲要》,新华网,http://news.xinhuanet.com/politics/2016lh/2016-03/17/c_1118366322.htm。

的提高,也就是加快转变经济发展方式。但要促使生产力以更高的质量发展更为困难、更为复杂,这个转变就需要通过改革来扫除原有体制机制的束缚。当前,中国经济发展进入了新常态,呈现出的新特征表明,仅仅要求转变经济发展方式,还不足以解决新形势下的经济结构问题、"中等收入陷阱"问题、发展动力转换问题。"十二五"时期虽明确提出了"把改革开放作为加快转变经济发展方式的强大动力,坚定推进经济、政治、文化、社会等领域改革"①。但是经济体制、社会体制和行政管理体制改革不到位,使得资源要素价格不能体现市场供需关系,环境成本难以转化为生产成本。

同时,近几年社会问题突出,收入分配失衡加剧,城乡差距、区域差距、贫富差距均呈拉大趋势。显然,需求管理政策已无助于结构优化与转型,并不能从根本上解除结构性失衡、矫正经济发展方式的扭曲,而同时这一政策的长期使用,其效率已然递减,并存在潜在的风险。在阶段转换的大背景下,借助基于扩大内需的政策主要是防止经济短期内经济下滑过快,而未来几年能否在转变发展方式上取得实质性的进展,关键在于能否扭转改革的不利局面,着眼于解决深层次结构性矛盾。由此,"十三五"规划确定以供给侧结构性改革为发展主线,这是新常态下解放和发展生产力的内在要求,是市场经济本身成熟度升级的内在要求,是满足广大人民群众有效需求的内在要求,是全面建成小康社会的内在要求。

---

① 《中华人民共和国国民经济和社会发展第十二个五年规划纲要》,新华网,http://news.xinhuanet.com/politics/2011-03/16/c_121193916.htm。

## 三、以供给侧结构性改革为发展主线的实现途径

1978 年召开的中国共产党十一届三中全会拉开了改革的序幕，指出了"采取一系列新的重大的经济措施，对经济管理体制和经营管理方法着手认真的改革"①。党的十二大明确提出了"要有系统地进行经济体制改革的任务，在第七个五年计划时期，逐步开展经济管理体制的改革，同时继续完成企业组织结构和各方面经济的合理化"②。党的十三大指出要"保持社会总需求和总供给基本平衡，合理调整和改革产业结构"③。党的十四大提出了"调整和优化产业结构，高度重视农业，加快发展基础工业、基础设施和第三产业"④。党的十六大明确了推动经济结构战略性调整，推进产业结构优化升级，推进农业和农村经济结构调整，继续调整国有经济的布局和结构等。党的十八大则提出了推进经济结构战略性调整是转变经济发展方式的主攻方向，以改善需求结构、优化产业结构为重点，着力解决制约经济持续健康发展的重大结构性问题。综观三十多年的改革历程，中国的结构性改革实际上从改革开放初期就已开始，并发生了重大变化，但是至今还需要继续深化改革。要想根本转变经济发展方式、优化经济结构，实现真正没

---

① 《新时期经济体制改革重要文献选编》(上)，中央文献出版社，1998 年，第 161 页。

② 《中共中央关于制定国民经济和社会发展第七个五年计划的建议》(节选)，《经济体制改革》，1985 年第 6 期。

③ 靳东升:《试论我国社会主义初级阶段社会总供给和社会总需求基本平衡》，《求是学刊》，1988 年第 1 期。

④ 《九十年代改革和建设的十大任务》，《中国物价》，1992 年第 1 期。

有水分的经济增长,不能只靠市场来调控,否则会在短时期内出现经济快速下滑。只靠需求管理也难以解决问题,其适用于经济的短期托底、稳增长,而中国经济已进入了一个新的阶段,需考虑经济能不能中长期持续的增长。因此,不仅要充分发挥市场的基础性作用、政府需求管理职能,还要着力加强供给管理职能,提升驾驭市场经济的能力,要以创新、协调、绿色、开放、共享的发展理念引领供给侧结构性改革这条主线,促使"两侧"同步发力。

(一)切实转变发展观念,贯彻和落实新的发展理念

发展观念对经济社会改革及结构性调整具有较深的影响。经济社会发展初期,自然资源相对丰富、生产力水平较低、物质产品极端匮乏,人们需要加大投入资本来增加产品数量以满足基本的温饱需求,并采用了粗放方式来扩大规模和发展生产,与此形成了仅仅追求GDP 的高速增长、过于注重传统产业的发展、忽视节约资源和保护环境的传统发展观念。这些陈旧的发展观念必然要维护传统的发展方式,其一旦形成则会产生惯性,短期内难以彻底消除,极不利于结构性改革。同时,因人们受市场经济的影响,价值观有所扭曲、法治意识较为淡薄、这在某种程度上也阻碍了结构性改革。

"创新、协调、绿色、开放、共享"的发展理念成了供给侧结构性改革的行动指南,促使人们改变传统旧观念,把发展理念实践于结构性改革的全过程。坚持创新发展,创造新的有效供给和有效需求。结构性改革的三个关键点,无论是制度改革、结构优化和要素升级,其核心在于创新。可以说,创新是供给侧结构性改革的灵魂。通过制度创新来有

效发挥市场配置资源的决定性作用,借助科技创新来优化升级产业结构及提高要素效率。

坚持协调发展,构建有效的供需协同机制,提高经济发展的平衡性和持续性。要让稳增长与调结构协调推进,让适度需求管理与侧重结构性改革协调推进,协调好扩大总需求与去产能、去库存、去杠杆、降成本的关系。同时,还要协调好财税改革、国企改革、金融改革、户籍改革等各项改革的关系,为供给侧结构性改革更好的服务。

坚持绿色发展,转变经济发展方式,实现可持续性的增长。鉴于粗放式的发展方式导致资源环境约束加大,限制经济发展的速度。这也成了"供给侧"结构和"需求侧"结构共同面临的障碍,其扫除根本之法在于采取有效措施推动绿色发展。要通过严格的环境保护制度来约束低端供给侧的发展,建立绿色环保信息披露体系,运用市场手段推动绿色生产,形成绿色、低碳、环保的发展方式和生活方式,寻求资源环境供给可持续性与满足人们需求无限性的最佳结合点。

坚持开放理念,有效利用两个市场,保持国内供需平衡。要积极参与全球经济治理,加快形成中国经济与世界经济深度融合的供给制度体系,构筑辐射"一带一路"的自由贸易网络,提高利用国内、国际两个市场的供给能力。还要以外推内,通过开放来促进深化改革,把开放区域、开放领域的新制度及新经验,推广至其他区域和行业,把供给侧结构性改革推向深入。

坚持共享发展,提升公共服务供给水平,实现经济福祉的共享。共享理念利于调动各方面的积极性,形成供给侧和需求侧的良性循环和动态平衡,释放潜在消费能力,增强经济活力。要更为注重制度供给公平,强化改革的公平共享价值导向,让民众能够共享经济社会发展的物质成果、文化成果和社会服务成果。要提升公共服务供给水平,实现公共服务一体化和均等化。

(二)正确处理经济增长、结构调整、供给侧与需求侧的关系

经济发展条件是决定结构性改革结果的关键因素。供给侧结构性改革不是无条件的。不同的经济发展阶段,所具备的发展条件有所不同,产业结构呈现不同的特点,这些阶段性的特征则会导致结构性调整侧重点的不同。从发展条件来看,如果资源分配不合理、技术水平不高、劳动力素质较低、管理体制不科学等,采用的结构调整也必然会从条件出发,以调整供给能力来带动发展。否则,这种改革不可能实现。

经济增长与结构调整是目的与手段的关系,似乎应是经济增长决定结构调整,结构调整应服从经济增长。如果手段不正确很难有效的达到目的。由此看来,一定条件下手段又起到决定性作用,否则,即使经济高速增长,也不可能是持续的。正确处理经济增长与结构调整的关系,要克服长期存在片面追求 GDP 增长的倾向,经济增长速度要服从结构调整,为了更好地推进结构性改革,应在特定的时期和条件下甚至需要牺牲一定的经济增长速度。当前中国正处于这一时期,经济结构调整是首要的。经济发展过程中存在的深层次问题都与经济结构有关,其解决需要结构的调整和优化。因此,正确处理经济增长与结构调整的关系,必须用改革的办法推进结构调整,以提高供给体系的质量和效率为前提来促进经济持续的增长。

当前,中国经济的突出问题在于经济增长的下行压力,这一压力

直接源于结构不合理,而结构不合理根源于生产产品与市场需求之间存在矛盾。供需之间的矛盾既来源于供给侧,也来源于需求侧,可见,保持总供给和总需求的动态平衡是经济增长的重要条件。因此,推进供给侧结构性改革,要充分发挥需求侧的"稳定器"作用。需求侧注重对经济的短期调控和引导市场需求,做好需求管理能够改善市场预期,避免经济增长速度的短期快速下滑,进而激化各种矛盾和潜在风险,增加改革的难度和成本。要把握好供给侧改革的推进节奏、拿捏好需求管理的配合尺度,为改革有序推进创造良好的条件。另一方面,供给侧结构性改革要做好"加减乘除",重塑中长期经济增长的动力。做加法,是要促使产业结构优化升级,形成新模式、新组织、新业态,凝聚新增长点成为强大的增长动力;做减法,就要去产能、去库存、去杠杆、降成本,逐步化解生产领域的过剩产能,减少资金无效占用,降低债务违约风险,引导资金更好地支持实体经济发展;做乘法,就要向创新驱动转型,积极深化科技体制改革,引导各类创新主体加大研发投入,多元化支持科技成果产业化,提高技术创新对经济增长的贡献率;做除法,就要提高单位要素投入的产出率,加大人力资本投入,提高劳动者素质水平,还要让价格机制更有效地发挥作用,打破行政垄断、消除制度壁垒,确保要素价格和资金价格依照市场规律形成并发挥作用,提高资源能源利用效率。

(三)全面深化改革,消除推进改革的制度障碍

制度是推进经济结构调整的主要因素。结构性改革属于人们的行为,制度则会直接影响人们的行为或决定人们的利益,进而影响人们

的经济行为，以此制约结构性改革的力度。制度的滞后是经济结构不合理和改革难以推进的深层次根源。改革开放以来，市场取向的改革和对外开放的实行，社会主义市场经济体制的建立，使得中国的经济结构发生了重大变化。但是社会主义市场经济体制仍不健全，相关的行政管理手段滞后，这种制度缺陷导致了结构性调整的困难。

"十三五"期间，以供给侧结构性改革为发展主线，要发挥经济体制改革的牵引作用，正确处理好政府和市场的关系，构建发展的新体制。一是要健全现代市场体系，促使劳动力、资本、土地等要素市场合理化。加快建立城乡统一的建设用地市场，完善工业用地市场化配置制度。加强户籍制度改革，确保人口红利的有效释放。同时，推进价格形成机制改革。要减少政府对价格形成的干预，逐步开放竞争性领域商品和服务价格，打破地域分割和行业垄断，加快形成统一开放、竞争有效的市场体系。

二是要深化行政管理体制改革。行政管理体制是开展其他改革的基础。要深入推进简政放权，划定政府与市场的权责边界，为市场伸展打开足够的空间。优化政府的职能配置、机构设置、工作流程等，提高政府的监管效能，运用市场、信用和法治手段协同管理，降低制度成本，从而提升制度供给水平。

三是要加快财税体制改革。要确立合理有序的财力格局，完善资金分配办法，提高财政转移支付透明度。建立全面规范、公共透明的预算制度，让政府财力运行于阳光之下；改革和完善税费制度，建立税种科学、结构优化、征管高效的现代税收制度，逐步提高直接税比重。

四是要加快金融体制改革。推进金融要素的供给侧改革，建设满足实体经济投融资需要的多层次、多元化、互补性金融市场,提高直接融资的比重,降低杠杆率。还要完善利率市场化、创新金融调控机制,强化信贷政策定向结构性调整。五是创新和完善宏观调控。健全宏观调控体系,创新宏观调控方式,把保持经济运行在合理区间、提高质量效益作为政策取向,更加注重扩大就业、稳定物价、调整结构和提高效益的同步性,为结构性改革营造稳定的宏观经济环境。

(本文发表于《经济体制改革》,2016 年第 6 期。合作者:杨嘉懿,时为天津师范大学马克思主义学院马克思主义经济学史方向博士研究生,现为天津社会科学院马克思主义研究所研究人员。)

# 第十三章　进入经济发展新时代的
供给侧结构性改革

继国家"十三五"规划纲要将供给侧结构性改革确定为我国"十三五"时期发展的主线后,党的十九大报告在宣告中国特色社会主义进入新时代和作出新"三步走"战略部署基础上,继续提出,要以供给侧结构性改革为主线,推动经济发展质量变革、效率变革、动力变革,提高全要素生产率。2017年底举行的中央经济工作会议又在明确中国经济发展进入了新时代及其最突出特征是转向高质量发展后,专门提出了供给侧结构性改革的任务。这就说明,供给侧结构性改革不仅是我国"十三五"时期发展的主线,而且在中国经济发展新时代及建设现代化强国的征程中将具有更为重要的地位。对此,应当从不同侧面进行深入分析。

## 一、供给侧结构性改革的时代内涵

提到供给侧结构性改革,人们容易和近年推行的"三去一降一补"紧密联系在一起。这无疑体现了现阶段贯彻党中央部署的基本要求。从近年来和今后一个时期经济领域存在的突出问题看,伴随经济增速下降的同时产能过剩、产品特别是房产的库存增加、实体企业盈利下降、财政收入下降、经济风险发生概率上升等矛盾凸显,这些显示了供给侧结构错配的状况,影响了经济安全可持续发展,因此必须去产能、去库存、去杠杆、降成本、补短板。尽管存在问题的原因是多方面的而且具有复杂性,完成这些任务不可能一朝一夕,但是毕竟随着中央部署的落实,"三去一降一补"会不断取得成效,加之世界经济复苏也在加快并改变着国际贸易环境,我国面对的这些问题和突出矛盾将会有所解决与变化。因此在经济发展新时代的较长时期中,供给侧结构性改革将居于何种地位会为人们继续思考的问题。

如果我们不把供给侧结构性改革与"三去一降一补"在当前的具体工作简单等同,而是从理论认知看,其一般性内涵则有着相当丰富的内容。

(一)供给侧结构性改革的核心要义为新形势下的结构性调整

改变与调整落后和不合理的经济结构,一直伴随着新中国成立以来的发展历程,特别是改革开放以来的各个时期。新中国成立之初面对落后农业国的状况,党和国家及时探索了工业化道路,提出了"四个现代化"的目标。改革开放初期在制定首个国家经济发展战略之时,我们开始认识到经济结构问题的重要性,根据当时情况将发展重点确定为农业、交通等产业上面。20世纪末提出转变经济增长方式时,党和国家已经从理论层面强调了经济结构调整是转方式的重要内容和途径。

进入新世纪后针对发展新情况特别是面对全球性金融危机的挑战,党的十七大提出了加快转变经济发展方式的任务,强调要促进经济增长由主要依靠投资、出口拉动向依靠消费、投资、出口协调拉动转变,由主要依靠第二产业带动向依靠第一、第二、第三产业协同带动转变,由主要依靠增加物质资源消耗向主要依靠科技进步、劳动者素质提高、管理创新转变。这时的经济结构调整,主要体现在消费、投资、出口之间和第一产业、第二产业、第三产业之间。经过长期努力特别是"十二五"时期的发展,这方面又发生了深刻变化。至2017年底,全国国内生产总值827122亿元,其中,第一产业增加值65468亿元,增长3.9%;第二产业增加值334623亿元,增长6.1%;第三产业增加值427032亿元,增长8.0%,增加值分别占国内生产总值的7.9%、40.5%、51.6%。全年最终消费支出对国内生产总值增长的贡献率为58.8%,资本形成总额贡献率为32.1%,货物和服务净出口贡献率为9.1%。[①]可见,消费贡献率提高和服务业比重上升,成为了经济增长主动力。

出现以第三产业发展加快并占据优势的协调拉动和消费贡献率增大并占据优势的协同带动的总体格局,显示出我国经济结构发生了重大转变。现阶段,在解决了总量基本协调问题的基础上,经济结构的薄弱环节又凸显为自主创新必须加快、先进制造业亟待发展、产品和服务质量尚需提升、经济效益有待提高等方面。解决这些问题是转变经济发展方式,推动经济持续发展的新需要,经济结构调整重点对象的转变催生了供给侧结构性改革,赋予了其主体任务。

(二)供给侧结构性改革的主攻方向为供给侧

从国家进行宏观调控的侧重点看,包括供给侧和需求侧两个方

---

① 《中华人民共和国2017年国民经济和社会发展统计公报》,《人民日报》,2018年3月1日,第10版。

面,前者重在解决总量性问题,注重运用财政和货币政策实行短期调控,推动经济增长。后者重在解决结构性问题,注重通过优化资源配置与调整生产结构以提升供给体系的质量和效率,激发经济增长动力。基于世界经济发展经验,经济政策以使用哪种手段为重点,要根据一个国家在一个时期的宏观形势来作抉择。从我国情况看,当世界金融危机带来巨大消极影响,需要经济增长保持一定速度时,国家运用财政货币政策加大投资力度发挥了稳定经济增长的作用,但是也带来了前期刺激政策消化期的难题。我国现存结构失衡在供给测和需求侧均有存在,"但是矛盾的主要方面在供给侧","我国不是需求不足,或没有需求,而是需求变了,供给的产品却没有变,质量、服务跟不上"。[①]因此现阶段和一个时期内的结构调整必须从生产端入手,以改善供给结构为宏观调控重点。这不等于没有需求管理,而是与需求侧手段相辅相成,以供给侧做切入点可以抓住主要矛盾,实现低水平的供需平衡迈向高水平的供需平衡。

(三)供给侧结构性改革的实施基点为深化改革

与我国"十二五"时期作为主线的加快转变经济发展方式相比,供给侧结构性改革的理论与实践更加强调改革。因为化解巨大的过剩产能,促进产业优化重组,降低企业成本需要运用政治、经济、行政等多种方式,但是真正解决问题并避免其继续衍生,必须深化体制机制改革,从而获得切实保证。当然,这种改革与党中央提出和推进的全面深

---

① 《推动供给测结构性改革》,载《习近平谈治国理政》(第二卷),外文出版社,2017年,第253页。

化改革有密切关系，又有区别。供给侧结构性改革是全面深化改革整体任务的有机组成部分，在深化经济改革任务中举足轻重，但并非全面深化改革的全部，也需要多方改革为之配套。

从供给侧结构性改革的基本含义已经可以明确，其功能具有超越当前的长远意义，与经济发展新时代有着内在联系，因此具有更广泛的时代性。

## 二、供给侧结构性改革的时代价值

深入认清供给侧结构性改革在经济发展新时代的地位，还要结合新时代经济发展的特征进行分析。

（一）高质量发展与供给侧结构性改革

中国特色社会主义进入新时代决定着中国经济发展也进入了新时代，其最突出特征是由高速度增长阶段转向高质量发展阶段。高质量发展就是能够充分满足人民日益增长的美好生活需要的发展，是体现新发展理念的发展，可以反映在供给需求、产业结构、投入产出、经济循环、绿色发展等多个方面。相对于高速度发展阶段而言，高质量阶段可以说更需要供给侧结构性改革。在我国高速度增长阶段，为了迅速改变落后状况，应当保证发展规模与增速，国家宏观调控的目标与途径主要从需求侧进行设计和推动。但是我国进入经济发展新常态后，模仿型排浪式消费阶段基本结束，消费拉开档次，个性化、多样化消费渐成主流，保证产品质量安全、通过创新激活需求的重要性显著上升,这就要求从供给侧入手下大力气调整产业结构。在生产能力和条件方面,传统产业供给能力大幅度超出需求,实体企业盈利下降,这需要优化投入产出,做到去产能和降成本,将更多资源配置到新兴产业,使企业具备更优化的营商环境。为了改变依靠拼资源和带来严重污染的旧生产方式,发展循环经济和绿色产业成为我国提升发展质量的必然选择,实行供给侧结构性改革,推动产业结构升级正是建设美丽中国的根本之策。可见,实现更好满足人民日益增长的美好生活需要的新目标,贯彻新发展理念非常需要不断深化供给侧结构性改革,这个发展和改革思路更适应经济的高质量发展阶段。

（二）建设现代化经济体系与供给侧结构性改革

为了适应中国进入经济发展新时代及求取高质量发展的需要,党的十九大报告专门提出了建设现代化经济体系的思路。其间明确提出要以供给侧结构性改革为主线,推动经济发展质量变革、效率变革、动力变革,并将深化供给侧结构性改革作为建设现代化经济体系的第一个任务。显然,在经济发展新时代落实这一建设目标,前者具有极为重要的地位。具体说来,我国建设现代化经济体系需要筑牢坚实基础,由于实体经济是财富创造的根本源泉,国家强盛的重要支柱,因此必须大力发展实体经济。通过深化供给侧结构性改革可以加快发展先进制造业,促使资源要素向实体经济集聚,政策措施向实体经济倾斜,加快形成新动能,营造脚踏实地、勤劳创业、实业致富的发展环境、社会风尚和精益求精的敬业风气。通过推进农业供给侧结构性改革,可以促进实施乡村振兴战略,实现农业农村优先发展,加快推进农业农村现代化。深化供给侧结构性改革将在"十三五"时期及其之后持续成为建设现代化经济体系的基本途径,并影响着其他途径的水平。

(三)建设现代化强国与供给侧结构性改革

中国进入经济发展新时代后,中长期发展目标将分为两个阶段,即基本实现社会主义现代化和建成富强民主文明和谐美丽的社会主义现代化强国。应当看到,从长时期看,国家实现宏观调控的主攻方向是供给侧还是需求侧会随着形势变化而调整,而且实行供给侧结构性改革并不排斥加强需求管理。不过,建设现代化强国的过程却要从现阶段开始,经历一个渐进过程。党的十九大具体概括了要建设 8 个领域的强国任务,即制造强国、科技强国、质量强国、航天强国、网络强国、交通强国、海洋强国、贸易强国,成为现阶段建设社会主义现代化强国的着力点,仔细分析可见,每一项任务都标志着国家发展质量的提高,都要从供给侧加力推进经济结构优化升级,而且全都需要较长时间来攻关。因此供给侧结构性改革又成为建设现代化强国的必经之路。

无论从理论逻辑还是从实践需要看,供给侧结构性改革将在跨越"十三五"时期之后继续成为发展主线,必然在经济发展新时代的较长时期中发挥作用,具有重要的时代价值。

## 三、供给侧结构性改革的时代任务

既然供给侧结构性改革长期具有重要地位,因此需要明确在现阶段特别是较长时期内的突出任务。

（一）实践任务

从"十三五"时期的发展主线看,必须继续坚持和深入推进"三去一降一补"。在实践中,"三去一降一补"已得到扎实推进。近五年来,在淘汰水泥、平板玻璃等落后产能基础上,以钢铁、煤炭等行业为重点加大去产能力度,中央财政安排 1000 亿元专项奖补资金予以支持,用于分流职工安置。退出钢铁产能 1.7 亿吨以上、煤炭产能 8 亿吨,安置分流职工 110 多万人。因城施策分类指导,三四线城市商品住宅去库存取得明显成效,热点城市房价涨势得到控制。积极稳妥去杠杆,控制债务规模,增加股权融资,工业企业资产负债率连续下降,宏观杠杆率涨幅明显收窄、总体趋于稳定。多措并举降成本,压减政府性基金项目30%,削减中央政府层面设立的涉企收费项目 60%以上,阶段性降低"五险一金"缴费比例,推动降低用能、物流、电信等成本。[1] 从下一步抓好"三去一降一补"的任务看,要继续减少无效供给,坚持用市场化、法治化手段,严格执行环保、质量、安全等法规标准,化解过剩产能、淘汰落后产能。要深化"放管服"改革,全面实施市场准入负面清单制度,深入推进"互联网+政务服务",力争做到"只进一扇门""最多跑一次"。大力推进综合执法机构机制改革,着力解决多头多层重复执法问题。加快政府信息系统互联互通,打通信息孤岛。优化营商环境,为市场主体添活力,为人民群众增便利。要进一步减轻企业税负,特别是大幅降低企业非税负担等。面对外部环境发生明显变化的新挑战,在现阶段,

---

① 《李克强作的政府工作报告(摘登)》,《人民日报》,2018 年 3 月 6 日,第 2~3 版。

深入推进供给侧结构性改革，要和保持经济社会大局稳定、打好"三大攻坚战"进一步结合起来。当前要注意把补短板作为重点任务，加大力度，增强创新力。

与此同时，必须谋划好长远。习近平总书记在2016年全国人大会议参加湖南代表团审议时指出："推进供给侧结构性改革，是一场硬仗。要把握好'加法'和'减法'、当前和长远、力度和节奏、主要矛盾和次要矛盾、政府和市场的关系。"①从把握当前和长远的方面看，要把着力点放在实体经济上面，做大做强新兴产业集群，实施大数据发展行动，加强新一代人工智能研发应用，在医疗、养老、教育、文化、体育等多领域推进"互联网+"。发展智能产业，拓展智能生活。运用新技术、新业态、新模式，创建《中国制造2025》示范区，大力改造提升传统产业加快建设制造强国。要全面开展质量提升行动，推进与国际先进水平对标达标，弘扬工匠精神，来一场中国制造的品质革命。要注重在文化环境方面下功夫，激发和保护企业家精神，建设高素质劳动者大军，弘扬劳模精神和工匠精神等。

(二)理论任务

供给侧结构性改革及其实践提出了理论建设的任务。作为中国理论创新的概念，供给侧结构性改革已经具有了重要理论地位。

1.丰富了新时代中国特色社会主义理论

习近平总书记关于供给侧结构性改革的论述非常丰富，包括了含

---

① 《习近平代表说》，《人民日报》，2018年3月3日，第5版。

义及其与西方供给学派的区别、国内外背景与推行必要性、途径与"三去一降一补"、实施方法等思想,成为习近平新时代中国特色社会主义经济理论的突出部分,从而也充实了新时代中国特色社会主义理论。

2. 推进了中国特色社会主义经济发展理论

供给侧结构性改革运用了政治经济学的基本原理,紧密结合新时代中国国情,总结实际经验,就宏观调控的方式作出了创新性思考,发展了中国特色社会主义经济发展理论中的宏观经济调控的理论,从而也为发展中国特色社会主义政治经济学做出了贡献。

作为新时代中国特色社会主义理论的组成部分,供给侧结构性改革必然要在不断总结实践经验的基础上丰富认识,现实也提出了许多需要继续深入研究的课题。如供给侧结构性改革理论的丰富内容及其与全面深化改革理论的关系、供给侧结构性改革理论与转变经济发展方式理论的关系、供给侧结构性改革实践在建设社会主义强国的不同时期的阶段性特征等。这些还有待于理论界作出进一步深入思考。

# 第十四章　马克思经济发展方式思想的
# 丰富内容、历史地位与指导意义

加快转变经济发展方式是我国"十二五"时期发展的主线,在经济发展进入新常态后居于更加重要位置。为了更好地指导实践,理论界近些年来就经济发展方式及其转型进行了大量富有意义和影响的研讨,但对我国这一特色理论与马克思主义经典作家的相关思想有何关系却少有研究。本文拟就马克思的有关思想及其意义作出考察。

## 一、马克思经济发展方式思想的直接阐明

从促进经济发展的路径看,经济发展方式是指一个国家或地区在一定时期内,经济发展所依靠的不同要素投入及其组合方式。如果主要是依靠增加劳动力、资本、原材料等要素来推进经济发展,可以概括为外延的经济发展方式或粗放的经济发展方式;如果是在要素投入一定的情况下主要依靠科技进步等推进经济发展,可以概括为内涵经济发展方式或集约经济发展方式。从这个意义上说,我们认为,虽然马克思没有明确概括出经济发展方式的概念,但是仅在《资本论》中就有21处,大体从4个方面对此作出了直接阐述,基本体现在对资本扩大再生产方式的分析之中。

（一）增加劳动量方面的外延量与内涵量

在《资本论》第一卷中，共有 7 处作出了说明。第十三章有 2 处，马克思在分析绝对剩余价值向相对剩余价值转变时指出："首先涉及的是劳动的外延量，而劳动的强度则是假定不变的。现在我们要考察外延量怎样转变为内涵量或强度。"①他认为，在生产力发展相对较低的资本主义初期，资本家一般靠增加工人的外延劳动量榨取工人创造的绝对剩余价值，但这一残酷的剥削方式遭到强烈反对，受到法律约束。随着科学技术和生产力的发展，大机器的采用提高了劳动生产率，基于价值规律和竞争机制的作用，资本家一般靠采用剥削工人劳动内涵量创造的相对剩余价值。第 3、4、5、6 处在第十五章、第十八章和第二十章。他指明，在劳动价格不变的情况下，"如果不是增加劳动的外延量而是增加劳动的内涵量，那也会得到同样的结果"②。即在竞争的作用下，资本家依靠科学技术，榨取工人劳动内涵量创造的相对剩余价值，也会和通过剥削工人劳动外延量创造的绝对剩余价值相等。第 7 处在第二十二章。他提出，"如果从外延方面或内涵方面都不能增加对已经就业的工人的剥削，那就必须雇用追加的劳动力。"③在他看来，当资本家无法依靠工人劳动的外延量和内涵量榨取更多的剩余价值时，就通过增加资本，购买更多的劳动力和生产资料来扩大对工人外延和内涵的剥削。尽管他在此论述的是资本主义剩余价值生产方式，但其

---

① 《马克思恩格斯文集》(第 5 卷)，人民出版社，2009 年，第 471 页。
② 同上，第 625 页。
③ 同上，第 670 页。

中讲到的劳动外延量和内涵量的变化,已经论及了资本扩大再生产方式的两种形式,二者的演变,根源于社会生产力发展背景,特别是当时的科学技术发展与应用。

(二)扩大再生产方面的外延式与内涵式

在《资本论》第二卷中,共有 3 处论述。第 1 处是在第八章考察固定资本更新时,马克思指出:"如果生产场所扩大了,就是在外延上扩大;如果生产资料效率提高了,就是在内涵上扩大。"①在他看来,利用固定资本折旧基金扩大生产有两种途径:一是购买生产资料和劳动力以扩大场所;二是改良或者购买新机器来提高劳动生产率。第 2 处在第十七章,他在考察资本积累时强调:"积累,剩余价值转化为资本,按其实际内容来说,就是规模扩大的再生产过程,而不论这种扩大是外延方面表现为在旧的工厂之外添设新工厂,还是从内涵方面表现为扩充原有的生产规模。"②在这里,他明确把资本扩大再生产方式分为外延扩大再生产和内涵扩大再生产,肯定了两种扩大再生产方式的历史作用。他认为,外延的扩大再生产,是指单纯依靠增加投资购买生产资料、劳动力从而扩大生产场所。内涵的扩大再生产主要是依靠技术进步,提高劳动生产率等方法扩大已有的生产规模。这反映了马克思就经济发展方式或经济增长方式的经典概括。第 3 处在第十八章,在分析货币资本的作用时提到:"只要提高同样数量劳动力的紧张程度,不增加预付货币资本,就可以从外延方面或内涵方面,加强对这种自然

---

① 《马克思恩格斯文集》(第 6 卷),人民出版社,2009 年,第 192 页。

② 同上,第 355 页。

物质的利用。"①在他看来,资本转化为生产要素时,包含着生产潜力,在一定的活动范围内,这些潜力在内涵和外延方面都可发挥作用。

(三)土地经营方面的粗放耕作与集约耕作

体现在《资本论》第三卷中,共8处。前4处在第三十九章,马克思主要是分析级差地租Ⅰ中包含的粗放经营方式。他指出,农业资本家"无须施用肥料,甚至只需粗放耕作,也能长期获得收成"②。在他看来,在资本主义初期,由于资本积累有限,可耕荒地又多,所以农业资本家可以不断扩大耕地面积,只靠粗放经营就获得剩余产品。后4处在四十章,主要分析级差地租Ⅱ包含的集约经营。他说明:"在经济学上,所谓集约化耕作,无非是指资本集中在同一块土地上,而不是分散在若干毗连的土地上。"③这里反映了随着经济发展,农产品供应紧张,可耕荒地已经减少,农业资本家开始采取集约化耕作经营方式的情况。在以上论述中,马克思运用经济学意义上的粗放和集约概念分析了资本主义农业经营方式,与阐释资本扩大再生产方式区分为两种形式的思路基本等同。

(四)转换扩大再生产方式方面的劳动生产率提高与非积累因素影响

体现在《资本论》第一卷和第二卷中,共3处。马克思在阐述资本扩大再生产两种形式时,客观分析了二者的地位与发展趋势。他既揭

---

① 《马克思恩格斯文集》(第6卷),人民出版社,2009年,第394页。

② 《马克思恩格斯文集》(第7卷),人民出版社,2009年,第756页。

③ 同上,第760页。

示了外延式生产是扩大再生产的基础和出发点，又看到了从外延扩大再生产向内涵扩大再生产转换的必然性。在《资本论》第一卷第十三章中，他分析增加劳动量获取剩余价值时就关注考察外延量怎样转变为内涵量。他指出，随着机器的进步，生产相对剩余价值的方法是，"提高劳动生产力，使工人能够在同样的时间内以同样的劳动消耗生产出更多的东西"[1]。在他看来，外延扩大再生产转变为内涵扩大再生产，正是在资本投入一定的情况下，通过采用机器提高劳动生产率的结果。他在第二十三章中还明确指出，劳动生产率的增长，表现为劳动的量比它所推动的生产资料的量相对减少，取决于资本有机构成的提高。同时，他也关注非积累因素对劳动生产率提高的影响。《资本论》第二卷第十八章在阐述货币资本的作用时提到，扩大再生产中各种生产要素效能的发挥，取决于"不花费资本家分文的各种方法和科学进步"与"劳动力在生产过程中的社会结合和各个单个工人积累起来的熟练程度"。[2]他认为，这些非积累因素，如社会劳动组织、工人个人的劳动技能、生产资料的状况和自然条件等对内涵扩大再生产也产生极为重要的影响。

从上述内容中，我们可以看出马克思对经济发展方式有过很多直接的阐述。首先，他把扩大再生产方式概括为两种形式，即外延扩大再生产（或粗放型经营）和内涵扩大再生产（或集约型经营），并对这两种经济发展方式的含义、地位、作用进行了明确和具体的阐述。其次，他关注到了外延扩大再生产向内涵扩大再生产的转换，揭示了这种转型

---

① 《马克思恩格斯文集》(第5卷)，人民出版社，2009年，第471页。
② 《马克思恩格斯文集》(第6卷)，人民出版社，2009年，第394页。

是扩大再生产的必然发展趋势,并重点强调了提高劳动生产率等因素对实现内涵扩大再生产的意义。

## 二、马克思经济发展方式的广义论述

站在今天我国经济发展方式及其转型丰富实践的角度来看,中国特色的经济发展方式理论显然不仅体现为外延扩大再生产和内涵扩大再生产的划分及其转换,还涉及了科学技术、结构调整、企业管理、自然环境、体制机制、统筹对外经济关系等诸多方面转换方向与途径。我们认为,虽然我国经济学界在 20 世纪 60 年代和 80 年代曾集中考察了马克思关于扩大再生产两种方式的思想,但不能停留于此。如果可以把马克思的上述直接阐述看作为狭义的经济发展方式思想,那么还应从广义的角度更全面深入地挖掘马克思的有关思想,而这些思想又相当充实、丰富了经济发展方式转型途径的理论。

(一)科学技术对经济发展和转型的巨大作用

马克思结合资本主义社会的发展进程说明,科学技术的每次重大进步及其在生产中的运用,都能推动资本以内涵的方式扩大再生产。他在《资本论》第一卷中分析机器生产对生产力发展的作用时指出:"大工业把巨大的自然力和自然科学并入生产过程,必然大大提高劳动生产率。"[1]他认为,正是由于科学技术的不断进步和应用,推动资本

---

[1] 《马克思恩格斯文集》(第 5 卷),人民出版社,2009 年,第 444 页。

家不断地改良机器和增加新设备,提高资本的有机构成,在更高的程度上实现内涵扩大再生产。这既是科学技术介入生产过程的结果,也是资本更有效率吸取活劳动创造更多剩余价值的要求。他还十分关注科学技术的发展及其应用引起劳动组织与社会经济结构的变革。恩格斯在《反杜林论》中引用了马克思的下述论述:"现代工业通过机器、化学过程和其他方法,使工人的职能和劳动过程的社会结合不断地随着生产的技术基础发生变革。这样,它也同样不断地使社会内部的分工发生革命,不断地把大量资本和大批工人从一个生产部门投到另一个生产部门。"①在此,他把科学技术应用视为了调整产业结构,转换经济发展方式的决定性因素。

(二)社会资本不同部类需要按比例协调发展

马克思认为,社会资本可以区分为生活资料生产和生产资料生产两大部类,二者的比例协调是顺利实现扩大再生产的前提。他在《资本论》第二卷中考察社会资本再生产时说明:"既然把积累作为前提,$I$($v+m$)就大于$IIc$,而不像简单再生产那样,和$IIc$相等。"②在他看来,作为扩大再生产两大部类必须追加的生产资料,由第 I 部类的剩余产品提供。在这一基本前提下,社会资本必须对两大部类的生产要素进行重新组合和调整。这就要求在扩大再生产过程中,两大部类在完成各自内部所需追加的生产资料和生活资料重组外,第 I 部类要为第 II 部类提供追加不变资本,第 II 部类要为第 I 部类追加可变资本,使两大

---

① 《马克思恩格斯文集》(第5卷),人民出版社,2009年,第560页。
② 《马克思恩格斯文集》(第6卷),人民出版社,2009年,第580页。

部类之间以及各自内部比例协调,才能促进扩大再生产健康进行。而不同的组合、不同的比例关系就会产生不同的扩大再生产方式。在资本主义制度下,这种经济结构调整是在市场经济规律和竞争的基础上自发进行的。这里已经包含了社会生产的不同产业通过协调配置,结构优化可以促进和保障经济发展的思想。

(三)加强企业管理提高经营效益

马克思在考察资本主义经济发展规律时,说明了企业所生产的商品,在市场竞争中,既要受社会必要劳动时间限制,又要受到社会需求约束,因而,加强企业管理对资本利润最大化成为一种必要。资本论》第一卷中提出:"随着许多雇佣工人的协作,资本的指挥发展成为劳动过程本身的进行所必要的条件,成为实际的生产条件。"[①]在他看来,管理在资本企业发展过程中,起到了凝聚力量和协调行动的功能。这种管理能使生产过程中的生产要素和劳动力有效结合,不仅能够保证资本扩大再生产过程有条不紊地进行,而且也有利于企业扩大再生产由外延式向内涵式转换,提高经济效益。他还明确提到未来社会需加强簿记和核算管理,认为"簿记对资本主义生产,比对手工业和农民的分散生产更为必要,对公有生产,比对资本主义生产更为必要"[②]。他预计人类进入共产主义社会,对于劳动时间的节约和生产资料在各部门之间的分配,推动企业内涵式发展,簿记比在资本主义企业中更能促进经济效益的提高。

---

① 《马克思恩格斯文集》(第5卷),人民出版社,2009年,第384页。
② 《马克思恩格斯文集》(第6卷),人民出版社,2009年,第152页。

（四）自然环境是经济发展的物质基础

马克思在考察资本主义经济发展时,特别强调自然环境是人类经济发展的客观基础。《资本论》第一卷中指出:"劳动消费它自己的物质要素,即劳动对象和劳动资料,把它们吞食掉,因而是消费过程。"①。他认为,自然环境的优劣影响着经济发展的效果。良好的自然环境始终具备提供剩余劳动的可能性,这些生产资料一旦与外延的劳动量或内涵的劳动量相结合,就会使剩余价值变成现实,并且始终影响着剩余劳动量和剩余价值量。但机器大工业生产,让本来看似无限的资源显得捉襟见肘,使得人、社会和自然之间的物质变换过程出现了裂缝,威胁着人类的生存。为此,《资本论》第三卷中又指出:"原料的日益昂贵,自然成为废物利用的刺激。"②可见他已看到,通过废物利用,既可以节约资源、保护环境,又可以用节省下来的资金实现扩大再生产。这里已有了发展保护生态环境和循环经济,以促进经济良性发展的思想。

（五）制度促进或制约经济发展

《资本论》是专门研究资本主义生产方式的,可见马克思对经济制度作用的高度重视。他认为,资本主义制度的发展及其结构的变迁对资本主义经济发展具有双重作用。一方面,资本主义制度的建立促进了资本主义经济迅速发展。《资本论》第一卷在研究资本原始积累时提到,资本家掠夺农民土地,使"资本关系以劳动者和劳动实现条件的所

---

① 《马克思恩格斯文集》(第5卷),人民出版社,2009年,第214页。
② 《马克思恩格斯文集》(第7卷),人民出版社,2009年,第115页。

有权之间的分离为前提"①。在马克思看来,这种分离打破了封建的人身依附关系,为资本主义经济外延式发展提供充足劳动力。而资本主义市场经济体制的确立,使生产要素在市场经济规律和竞争作用中达到优化配置,既促进了大规模经济体的出现和发展,也促进经济发展向内涵式迈进。另一方面,《资本论》第三卷在分析以分配关系为代表的生产关系和生产力之间的矛盾时说明:"分配关系,从而与之相适应的生产关系的一定的历史形式,同生产力,即生产能力及其要素的发展这两个方面之间的矛盾和对立一旦有了广度和深度,就表明这样的危机时刻已经到来。"②马克思认为,随着生产社会化的发展,资本主义生产关系与社会化大生产之间的矛盾越来越深刻,资本主义制度转而成为经济发展的阻碍。显然,生产关系要适应生产力发展的原理也是经济发展方式转变的基本依据。

(六)发展国内市场与开拓世界市场

马克思高度重视国内市场的地位,《资本论》正是专门以国内市场为范围研究了资本主义生产方式的运动规律。他认为,资本主义经济作为商品经济,其发展不但依靠市场提供必需的实物补偿,而且更依赖市场销售商品提供必需的价值补偿。这种商品经济"一旦与大工业相适应的一般生产条件形成起来,这种生产方式就获得一种弹性,一

---

① 《马克思恩格斯文集》(第5卷),人民出版社,2009年,第821页。
② 《马克思恩格斯文集》(第7卷),人民出版社,2009年,第1000页。

种突然地跳跃式地扩展的能力,只有原料和销售市场才是它的限制"①。他还把视角集中于消费对国内市场的约束,将周期性经济危机的产生归纳为资本主义基本矛盾,矛盾的一个表现形式就是生产无限扩大的趋势同劳动人民有支付能力的需求相对狭小的矛盾。与此同时,他也看到发展世界市场具有历史必然性,指出:"大工业造成的新的世界市场关系……不仅有更多的外国消费品同本国的产品相交换,而且还有更多的外国原料、材料、半成品等作为生产资料进入本国工业。"②世界市场的形成有利于资本主义经济发展获得原材料和商品销售场所,提高经济发展的效率,促进内涵式发展。从马克思分析问题的逻辑来看,他对国内市场和国外市场对经济发展的作用都很关注,这为我们在转变经济发展方式方面统筹国内外两个市场的关系奠定了认识基础。

从以上内容我们可以看出,如果从整体上把握马克思的思想,他的著作还较多地非直接又确实论及了经济发展方式转变的相关问题,我们将此概括为广义的马克思经济发展方式思想,尝试作出归纳,可以理解为:在把经济发展方式区分为外延式和内涵式的前提下,充分认识生产要素对经济发展的基础作用,主张积极利用先进科学技术、国内外市场和加强组织管理、制度配置等提高资源要素的生产率,通过协调各产业部门发展的比例关系、发展循环经济,提升经济发展的质量和效益。这些思想同样是一笔宝贵的财富。

---

① 《马克思恩格斯全集》(第44卷),人民出版社,2001年,第519页。
② 《马克思恩格斯文集》(第5卷),人民出版社,2009年,第512页。

## 三、马克思经济发展方式思想的历史地位

从历史发展进程看,马克思的经济发展方式思想在理论上有着重要地位,不仅构成了马克思经济发展理论的重要组成部分,而且也是社会主义国家经济学界最初思考经济发展方式的认识来源,指导和推动了经济理论的发展。

我国学术界公认,虽然马克思用毕生经历主要研究的是资本主义经济运动的矛盾与发展趋势,但是也在这一过程中贡献了自己的经济发展理论。其内容非常丰富,主要包括两个方面:一是抽象掉对资本主义经济分析的形式后揭示的经济发展一般规律,二是对未来社会经济发展重要原则的预测。马克思的经济发展方式思想成为其经济发展理论的有机组成部分,丰富了经济发展路径和目标的思考。在经济发展一般规律方面,马克思的论述包括生产力与分工、企业管理、资金积累、两大部类协调发展、劳动时间节约、科学技术应用、自然环境等诸多方面。他关于狭义和广义经济发展方式的思想贯穿其中,为许多原理提供了论证,乃至融为一体。在对未来社会经济发展预测方面,马克思将经济发展方式区分为以规模扩大为特征的外延式和以效率提高为特征的内涵式,揭示了外延式发展是再生产的基础和起点,内涵式发展是再生产的必然趋势的原理,这就深化了社会实行计划按比例发展经济的理论。他认为,未来理想社会要实现"以每个人的全面而自由

的发展为基本原则的社会形式"①，靠最小的消耗力量合理地实现人与自然之间的合理物质变换，这只有依靠内涵经济发展方式，在大大提高科学技术应用和劳动效率的前提下才能实现。

在经济学发展历程中，马克思的经济发展方式思想还对社会主义国家经济学界初步思考经济发展方式问题提供了重要的理论依据。其中，具有代表性的国家是苏联和中国。从苏联来看，社会主义制度确立后，受当时国情与体制的影响，在经济发展中长期采取了主要依靠不断投入新的人力、物力和财力的粗放型方式。尤其是在 20 世纪 70 年代以后，伴随劳动力和财力不足、燃料和原料成本日益上升的情况，这种方式给苏联经济发展带来日益明显的弊端，经济增速下降、劳动生产率递减，物质资源浪费严重，人民生活质量急剧下降。针对上述问题，苏联学者注重在马克思的经典著作中考察扩大再生产方式的思想，提出并研讨了集约化经济发展方式理论。如，有学者研究了集约化的内容，根据马克思关于"用同样多的劳动生产出更多的产品，就是用更少的劳动生产出同样多或者更多的产品"②的论述，把集约化看作是扩大再生产的一种形式，认为"向社会生产集约化过渡是一个多方面的问题。它包括生产的集中，生产周期的缩短、单位生产基金生产的产品数量的增加，产品技术水平和可靠程度的提高，产品劳动占用量和成本的降低以及国民经济中各种资源和其他因素更充分和综合的利用"③。有些学者探讨了经济集约化的实质。一般认为，"集约化的实质

---

① 《马克思恩格斯文集》(第 5 卷)，人民出版社，2009 年，第 683 页。

② 《马克思恩格斯文集》(第 1 卷)，人民出版社，2009 年，第 648 页。

③ ［苏］多尔基赫：《苏共二十六大一级党在工业和建设方面的政策》，载陆南泉、高中毅编：《苏联经济建设和经济体制改革理论的发展》，中国社会科学出版社，1988 年，第 262 页。

就是提高效率和节省资源消耗,即节约和合理地利用原料资源,降低产品的劳动占用量、材料占用量和基金占用量"①。有学者思考了集约化扩大再生产的类型。他们依据马克思的内涵扩大再生产思想,结合实践,就集约化提出了基金密集型、基金节约型和中间型等分类,还争论了现实中如何实现经济集约化的发展道路。大多数经济学家认为,苏联由粗放型扩大再生产向集约型扩大再生产转变需经历两个阶段,即局部集约化阶段和全面集约化阶段。在这里,马克思的经济发展方式思想已经为人们解决现实突出问题提供了启发和依据,学术界针对发展实践的具体思考也丰富了对马克思关于外延、内涵和粗放、集约扩大再生产方式思想的认识,产生了积极影响。

从中国来看,中华人民共和国成立后经济建设同样走上了粗放型经济发展道路。这种发展方式适应了经济落后的国情,顺应了迅速改变面貌的需要,但在实践中也开始暴露出自身存在的忽视生产率的缺点。20世纪50年代末的"大跃进"运动,又把经济发展速度特别是钢产量放在了不适当的位置,导致了资源极大浪费,国民经济发展严重失衡。为了总结这一教训,经济学界于20世纪50年代末60年代初,初步研讨了马克思关于扩大再生产区分为外延式和内涵式的阐述,讨论了社会主义经济建设中是否也存在着这两种扩大再生产方式,以及如何予以划分。尽管讨论者对社会主义扩大再生产如何划分两种方式存在着争论,但一般都肯定在社会主义条件下区分外延扩大再生产和内涵扩大再生产,并且探讨了这两种方式的内涵,认为投入生产过程

① [苏]A.巴拉诺夫:《集约化的社会主义生产》,载陆南泉、高中毅编:《苏联经济建设和经济体制改革理论的发展》,中国社会科学出版社,1988年,第263页。

的生产资料和生产产品的数量,因劳动量的增加而扩大是外延扩大再生产;由于生产技术的进步和劳动生产率的提高而引起的扩大是内涵扩大再生产。在此基础上,专家们开始思考两种扩大再生产方式在社会主义经济建设中的地位问题。有的学者明确指出,社会主义不能忽视利用外延的因素扩大再生产,但是受一定时期投入生产的资源要素的限制,"内涵的因素,居于头等重要的地位"[1]。

改革开放初期,针对长期以来重速度轻效益、重投入轻挖潜的发展做法及带来的问题,经济学界又展开了对马克思的扩大再生产方式的探讨,许多学者基于提高经济效益的需要,在探讨扩大再生产方式两种类型之间的关系时,主张并论证了我国经济发展途径应从外延式发展为主转向内涵式发展为主。他们认为,在社会主义经济发展过程中,利用外延扩大再生产方式发展经济是必要的,特别是我国经济技术落后,而又是劳动力资源相对丰富的国家,在中华人民共和国成立初期可以采取以外延式为主的经济发展方式。但是,"从整个社会主义经济的发展进程来看,随着技术的进步和社会生产力的发展,应当逐步把以提高经济效率为特征的内涵扩大再生产作为经济发展的主要方式。"[2]针对我国在发展经济过程中出现的速度与效益失衡、经济发展速度大起大落等问题,学术界提出并论证了经济发展要变"数量型"为"质量型"、变"速度型"为"结构型"、变"消耗性"为"效率型"的可能性与途径。以此为基础,党和国家开始提出把经济工作转到以提高经济效益为中心的轨道上来,走出一条新的发展路子。在20世纪90年

[1] 刘国光:《略论外延的扩大再生产和内涵的扩大再生产的关系》,《光明日报》,1962年7月2日。
[2] 刘国光:《中国经济发展战略问题研究》,上海人民出版社,1984年,第114页。

代党中央就"九五"发展计划明确提出转变经济增长方式的命题时,经济学界再次就马克思的经济增长方式思想作出了详细考察,提供充分的理论根据。尽管当时没有使用经济发展方式的概念,但事实已经表明,马克思关于扩大再生产两种方式的丰富思想是中国认清经济发展方式及其转型问题的思想源泉,当这一思想和我国社会主义经济发展实践密切结合时,就推动了人们的深入思考,为中国特色经济发展方式理论的诞生与推进发挥了重要作用。

## 四、马克思经济发展方式思想的指导意义

虽然现阶段中国加快转变经济发展方式的实践已经发生了巨大变化,但是马克思的经济发展方式思想所运用的方法和"揭示现代社会的经济运动规律"①,仍对我国加快转变经济发展方式有着方法论指导。

(一)方法论的指导意义

以运用辩证法为基础的马克思经济发展方式思想,贯穿着用发展的观点分析问题,这对我国加快转变经济发展方式有着方法论指导。

1. 清醒把握经济转型规律,高度重视加快发展方式转变

如前所述,马克思在分析资本主义经济发展过程时,高瞻远瞩地分析了外延扩大再生产方式转向内涵扩大再生产方式的趋势。他指出,随着大工业的发展,现实财富的创造"较多地取决于在劳动时间内

---

① 《马克思恩格斯文集》(第5卷),人民出版社,2009年,第9页。

所运用的作用物的力量,而这种作用物自身—它们的巨大效率—又和生产它们所花费的直接劳动时间不成比例,而是取决于科学的一般水平和技术进步,或者说取决于这种科学在生产上的应用"[①]。他认为,资本扩大再生产方式的两种形式之间不仅在产生时间上有先后的区分,而且在推动经济发展方面存在着技术与效益的差别,有着由量到质的提升,从而说明了由外延的扩大再生产转向内涵的扩大再生产是经济发展的内在规律。

当前,在我国进入经济发展新常态下,转变经济发展方式就是从以高投入、高消耗、高污染而又低效益为特征的规模速度型粗放增长,转向以提高经济发展质量和效益为中心,更多依靠人力资本质量和技术进步的低消耗、低污染、高效益的质量效率型集约增长上来。这种加快经济发展方式转换的理论与实践,是对马克思经济发展方式思想的继承和发展,只有如此才能适应我国经济正在向形态更高级、分工更复杂、结构更合理的阶段演化的新形势,推动和保证经济平稳健康发展。因此,我们必须对经济发展方式由量到质的转变规律从理论上有深刻认识,从思想上持高度重视,切实把加快经济发展转变放到更加重要位置。

2. 历史看待粗放发展方式,认清转型的长期性和复杂性

根据对马克思就扩大再生产两种方式各自历史地位的考察可以看出,外延扩大再生产作为主要发展方式会存在于一定历史时期并发挥着应有的历史作用,只有随着科技进步和生产力的快速发展,内涵

---

① 《马克思恩格斯文集》(第8卷),人民出版社,2009年,第195页。

扩大再生产才逐渐占据主导位置。可见,不同生产方式的出现和存在都有其内在的历史和经济社会条件,我们在积极加快经济发展方式转变的同时,也要历史地看待粗放型经济发展方式。目前,我国科技和生产力虽有了长足的进展,但是还存在着区域和产业结构方面的较大差距。当客观条件尚不具备时,在一些欠发达地区和行业转变经济发展方式的步伐就会较慢,路径就有所不同。我们也要分析其中的规律,注意认清经济发展方式转变的长期性,否则就难以正确认识我国转变经济发展方式提出很长时间而效果不明显的历程,忽视其复杂性和艰巨性。

3. 明确经济转型战略重点,着眼新发展方式的生成

马克思在论述扩大再生产方式的过程时,将提高生产率作为内涵式发展的标志,在分析演进趋势时,对科技进步及其带来产业结构的调整非常关注,这也给我们启发。在转方式遇到矛盾和需要时日的情况下,我国应着眼于紧紧抓住战略重点,促进新的发展方式的生成。这个战略重点就是大力推进创新型国家建设和经济结构深度调整,以此带动全面转变,使转变经济发展方式成为一个分清主次、统筹全局的系统工程。

(二)对实践的指导意义

由于中国现阶段仍然处在新旧两种发展方式并存时期,马克思的经济发展方式思想对我国加快转变经济发展方式的实践也有指导意义。

1. 加快推进科技创新,提高要素投入贡献率

马克思认为,只有在科技进步与固定资本更新的基础上,提高投

入生产要素的生产率,资本扩大再生产才能实现内涵式发展。加快转变经济发展方式由粗放型向集约型转变,同样需要提高投入生产要素的生产率。在我国现有的技术水平条件下,生产要素边际增长率已接近极限,再主要依靠大量投入生产要素,不仅产出效益下降,而且相对有限的资源和环境空间已很难承受粗放方式所带来的对资源需求和环境污染。这就需要努力推进科技进步,突出创新驱动,提高投入生产要素的贡献率。

为此,需要国家在大力实施科教兴国、人才强国战略,重视对人力资本、技术创新和技术开发投资,加快培养和聚集创新人才;积极发现培育新增长点,营造有利于大众创业、市场主体创新的环境,充分激发全社会的创新活力和创新精神;加快转变农业发展方式,转向数量质量效益并重的集约型发展轨道;优化科技结构布局,把技术研究、开发与应用相结合,科研院校与企业相结合,实现产学研一体化,加快科技成果向现实生产力转化,实现内涵式发展,切实提高投入生产要素的利用率。

2. 深化经济体制改革,提升企业管理水平

马克思认为,市场经济提供了自由劳动力和生产要素的自由流动,创造了竞争的优胜劣汰体制,给企业以动力和压力,促使资本家加强企业管理,自觉地把扩大再生产方式由外延式转向内涵式,提高企业生产率。长期以来,我国经济发展方式难以取得实质转变,除了科技发展水平和经济发展不适应外,关键在于导致粗放型经济发展方式存在的不合理体制和机制没有得到根本性转变,从而缺乏转变经济发展方式的内在动力。因此,要深化经济体制改革,实现市场对资源要素优

化配置的决定作用，促使资源要素依据市场经济规律实现优化配置。同时在市场竞争机制作用下，改变国有企业的软约束行为，强化企业科学管理，降低物耗和能耗，自觉转变经济发展方式。

3. 统筹经济发展与环境保护，建设生态效益型经济

马克思认为，资源与环境是经济发展的物质基础。他看到资本为了追逐利润，不顾社会整体利益，大肆掠夺资源造成的恶果，主张发展循环经济，实行内涵扩大再生产，这也是我国转变经济发展方式的内容与要求。我们必须统筹经济发展和自然环境保护的关系，促使经济发展和生态环境相协调，致力于发展生态良性循环的生态效益型经济。为此，要科学认识和正确运用自然规律，按照自然规律发展经济；要加快生态文明制度建设，实行严格的源头保护制度和自然资源产权制度建设，以制度约束各种掠夺自然资源和破坏自然环境的肆意行为；引导全社会树立节约资源和保护环境意识；运用科学技术和提高有机构成，发展集约型经济，以优化资源利用、提高资源要素的产出率和降低环境污染为重点，大力发展循环经济；把经济发展与生态环境保护、城镇化建设协同进行，通过制定明确的发展战略引导，发展城镇生态效益型经济。

参考文献：

[1]李家祥：《中国经济改革与发展思想研究》，天津社会科学院出版社，2003年。

[2]李子猷、李家祥：《社会主义政治经济学奠基史》，河南人民出版社，1989年。

[3]洪银兴:《发展经济学与中国发展》,高等教育出版社,2005年。

[4]王敏:《中国经济转型战略研究》,中国言实出版社,2013年。

[5]陆南泉、高中毅:《苏联经济建设和经济体制改革理论的发展》,中国社会科学出版社,1988年。

[6]复旦大学政治经济学系苏联经济研究组:《二十年来的苏联经济1954—1973》,上海人民出版社,1975年。

[7]王元璋:《马克思恩格斯经济发展思想导论》,新疆人民出版社,1998年。

[8]经济研究编辑部:《建国以来社会主义经济理论问题争鸣》(上),中国财经出版社,1985年。

(本文被收入《马克思主义经济思想的历史与现实》,全国马克思列宁主义学说史学会,经济科学出版社,2017年。部分主要内容以《马克思经济发展方式的时代价值》一文发表于《学术月刊》2014年第4期。合作者:李陈,时为天津师范大学马克思主义学院马克思主义经济学史方向博士研究生,现为四川理工大学马克思主义学院马克思主义原理教研室主任,副教授。)

经济改革战略篇

# 第十五章　全面深化改革阶段
## 新的历史起点与顶层设计

2013 年召开的党的十八届三中全会，在清醒认识我国改革发展稳定的新形势新任务基础上，深刻剖析了面临的重大理论和实践问题，作出了必须在新的历史起点上全面深化改革的论断和部署。全会报告是我们党在新的历史起点上全面深化改革的科学指南和行动纲领，需要深刻领会、准确把握。当前，认清我国体制改革新阶段在启程基点和整体构思方面的基本特征与内在机理，有利于在认识上解放思想、凝心聚力，在行动上积极探索、贯彻落实。

**一、全面深化改革以迎接挑战，实现全面建成小康社会进而建成社会主义现代化国家的宏伟任务为新的起点，同时面对着我国现阶段体制改革进入攻坚期、深水区的难题**

党的十八届三中全会通过的《关于全面深化改革若干重大问题的决定》（以下简称《决定》）指出："面对新形势新任务，全面建成小康社会，进而建成富强民主文明和谐的社会主义现代化国家、实现中华民族伟大复兴的中国梦,必须在新的历史起点上全面深化改革。"①这里既说明了我国推行全面深化改革的原因,也揭示了进入这一历史阶段的新起点。以党的十八大召开为标志,我国跨入了全面建成小康社会的历史时期。至2020年,完成经济、政治、文化、社会和生态文明五位一体的建设任务包括实现国内生产总值和城乡居民人均收入翻一番的目标,体现了坚持以经济建设为中心和坚持发展是硬道理的战略思想,构思了维护社会公平正义、改善民生的美好远景,奠定了实现中华民族伟大复兴中国梦的坚实基础。然而更应看到的是,我国的发展又面临着前所未有的制约条件和环境挑战。突出表现在:

一是以往推进快速增长的动力明显弱化。受国际金融危机爆发影响,不少发达国家经济复苏艰难曲折,我国制造业的外需拉动已难回归以往;我国老龄人口剧增,以较廉价劳动力为支撑的"人口红利"又大大削弱,且劳动密集型产业尤其是低端制造环节已在加速向低收入国家迁移;长期以来依靠政府扩大投资引领经济发展的做法容易带来效益降低、产能过剩、通货膨胀等弊病,不仅妨碍调整经济结构和加快转变经济发展方式,而且无法持续。受诸多因素制约,我国经济增速已趋于回落,由快速增长期步入中高速增长期,急需寻求新的发展动力。

二是社会矛盾趋向增多。城乡区域发展差距及居民收入差距持续较大,教育、卫生、居住、安全等方面关系群众切身利益的问题较多,侵犯群众利益的做法引发了较多的矛盾与事件。一些领域腐败现象易发多发,更在挑战国家治理体系和党的执政能力。

---

① 《中共中央关于全面深化改革若干重大问题的决定》,《十八大以来重要文献选编》(上),中央文献出版社,2014年,第511~512页。

　　三是生态环境形势严峻。长期沿用传统的发展方式，不仅受到资源约束，而且导致环境污染严重、生态系统退化。雾霾天气多现已影响到当代人的健康，从反面教训证明，我国必须以新的力量推进加快转变经济发展方式。上述分析表明：一方面，尽管改革开放35年来，我国经济增速已创世界奇迹，但仍需要持续稳定增长，否则难以肩负历史重任。另一方面，以往的发展动力和路径问题较多，已难以延续。破解两难问题凸现出一个途径，以深化改革为发展增动力、添活力。而且此种深化改革必须是全面的改革，单独推进经济改革已无法适应新的形势，迫切需要从大局出发考虑问题，做到着眼长远、提前谋局、大力实施。这既是我国全面深化改革面对的新形势，也构成进入全面深化改革新阶段的历史新起点。

　　再从我国现阶段改革自身运行状态看，已进入了攻坚期和深水区。由于以往的发展与改革已形成了既定格局，进一步推出的改革举措必将触动既得利益，调整未来利益，难免在实行改革者和推动发展者自身上着力切割，因此全面深化改革迎来许多难题，不攻坚克难就会在重大问题方面寸步难行。由于单项、易推的改革项目基本已经进行，进一步需推动的改革往往牵一发动全身，因此全面深化改革无法像在浅水区那样可以走走看看，而是面对着看不清水深的未知境遇，包含诸多风险。如果说现阶段深化改革承接的历史任务和矛盾说明了全面深化改革的重要性和综合性，那么现阶段体制改革自身的严峻挑战则表明全面深化改革必须持有坚定的决心和无畏的勇气，善于采用正确的方法，发挥高超的智慧，走出开拓创新之路。这也成为全面深化改革阶段的历史新起点的重要体现。

**二、全面深化改革面对新形势新任务做出新的顶层设计，既继承以往的重要经验，更勇于在重大理论与实践方面提出新思想、新论断、新举措**

在党的十八届三中全会之前，35 年来，党中央在不同时期推出过四个具有顶层设计性质的重大改革决定，分别是 1978 年党的十一届三中全会决定、1984 年党的十二届三中全会决定、1993 年党的十四届三中全会决定和 2003 年党的十六届三中全会决定。这四个决定依次对启动经济体制改革、以城市为重点的经济体制改革、以建立社会主义市场经济为目标的经济体制改革、以完善社会主义市场经济为指向的经济体制改革作出了整体部署，既适应了不同历史时期引领改革开放的需要，推动了我国经济社会发展，又丰富了中国特色社会主义理论、道路和制度。

与前几次改革的总体设计相衔接，党的十八届三中全会高度重视借鉴以往改革成功实践提供的重要经验。《决定》就此概括为四个"坚持"，分别从把握正确方向、勇于推进创新、明确出发与落脚点、运用正确方法等方面总结经验并上升为理性认识，强调必须长期坚持。与此同时，《决定》作出了更为系统深刻和富有时代性、针对性的顶层设计，就我国全面深化改革阐明了重大意义和未来走向，提出了指导思想、目标任务、重大原则，描绘了新蓝图、新远景、新目标，合理布局了战略重点、优先顺序、主攻方向、工作机制、推进方式和时间表、路线图。特别是在深刻剖析改革发展稳定面临的重大理论与实践问题方面提出了许多新的认识与部署。突出体现为：

一是规划了最为广阔全面又突出重点的改革内容。《决定》以 6 个"紧密围绕"设计了经济、政治、文化、社会、生态文明和党建领域的改革思路，每个部分均丰富翔实。以经济体制改革为例，《报告》从基本经济制度、市场体系、政府职能、财税体制、城乡一体化等 5 个方面作出全面谋划，改革举措的覆盖之广和力度之大均超出了以往主要涉及经济体制改革的党中央决定。其中每个方面也都既有指向性，更具系统性。而且这种全面改革并非不分主次、平行用力、四面出击。《决定》强调指出"经济体制改革是全面深化改革的重点"。5 个部分的经济体制改革共提出了 22 条重要举措，占全文 60 条的 1/3 强，同时文化体制和社会体制改革中还涉及了多方面与经济领域交叉的改革。明确这一改革重点贯彻了以经济建设为中心，发展是解决我国所有问题的关键的重大战略判断，体现了经济体制改革对其他方面改革所具有的内在牵引作用。与此相适应，《决定》就加快转变政府职能，特别是深化行政审批制度改革做了颇具力度的安排。此外，《决定》还以推进法治中国建设、推进社会事业改革创新、创新社会治理体制 3 个方面的部署回应了在保障和改善民生、促进社会公平正义方面存在的突出矛盾和普遍需求，作出了以体制变革确保社会既充满活力又和谐有序的设计。这些改革内容的统筹规划符合客观实际，具有前瞻性和可操作性。

二是提出了指导破解难题的创新性改革理论。我们党的重要优势在于重视总结实践经验，不断推动理论的与时俱进。为了应对改革进入攻坚期和深水区的难题，《决定》紧密结合实际，就处理政府与市场、社会关系，坚持和完善基本经济制度，推进国家治理体系和治理能力现代化,建立现代财政制度,健全自然资源资产产权制度等方面推进了理论创新。例如,我国 35 年来不断深化改革的实践证明,经济体制改革的核心问题是处理好政府与市场的关系。目前存在的市场秩序不规范、要素市场发展滞后、部门和地方保护主义大量存在、经济结构调整缓慢、产能过剩、地方债风险、生态环境破坏等问题,很大程度上可以从市场发挥作用不够、政府干预过多和监管不到位方面找到原因。为此,《决定》抓住了经济体制改革的牛鼻子,针对市场在资源配置中的定位问题,将以往多次党的报告中使用的"基础性作用"修改为"决定性作用"。明确市场在资源配置中起决定性作用和更好发挥政府作用这种定位,有利于加快转变经济发展方式、转变政府职能和抑制消极腐败现象。以此为基础设计现代市场体系、土地市场、金融市场、宏观调控体系、财税体制、城乡发展一体化体制、开放型体制等方面改革举措,视野更为广阔,解除制约束缚,将会促使发展动力更加强大,活力充分释放。又如在完善基本经济制度方面,《决定》作出了公有制经济和非公有制经济都是社会主义市场经济的重要组成部分,都是我国经济社会发展的重要基础的论断。两个"都是"的新认识和积极发展混合所有制经济的新阐述,为新形势下探索我国基本经济制度的有效实现形式奠定了理论依据,开辟了广阔空间。

三是运用了增强关联性、系统性、协同性的改革方法。我国 35 年来改革开放史表明,在推进改革中运用综合性、配套性方法,曾多次成为讨论对象和殷切期盼,然而由于客观条件不具备,对体制改革规律的认识和驾驭能力还不高,因此以往改革没能从总体上运用理想的方法,而更多采用了某个领域某个方面单项推进的方式,不得不摸着石头过河。新一轮改革在遇到各种难题的同时,已可以继承很多历史经验, 改革开放35年来取得的非同寻常成就也增强了全面深化改革的物质基础与回旋余地。更重要的是,如果现阶段各领域的改革不加强关联性、可行性研究,不相互配套,会导致彼此牵扯,致使全面深化改革很难进行。勉强推进,效果也必将大打折扣。因此《决定》通过整体设计、统筹考虑、多方论证,推出了六大领域相互交融、紧密联系的改革举措,强调要处理好改革发展稳定的关系,胆子要大,步子要稳,加强顶层设计和摸着石头过河相结合、整体推进和重点突破相结合,从而提升了改革的科学性,形成了改革的聚合力。科学改革方法的运用与探索,已经成为全面深化改革阶段的重要特征。

### 三、全面深化改革高度重视加强领导和地方、基层与群众的大胆探索,强调狠抓落实和让人民群众有更多获得感,并在新阶段不断深化

基于改革进入了攻坚期和深水区,全面深化改革是一个复杂的系统工程,党中央成立了全面深化改革领导小组,负责改革总体设计、统筹协调、整体推进、督促落实,从而更好发挥党统领全局、协调各方的领导核心作用。

现阶段推进全面深化改革不能脱离中国国情,正如《决定》所指出,必须立足于长期处于社会主义初级阶段这个最大实际。我国人口众多、发展还处在中等收入阶段,又很不平衡,且已深度融入世界格局。这些复杂的情况决定了全面深化改革又不能仅由少数人从事顶层

设计,必须得到各地区、基层和广大群众的理解支持,汇集多方正能量,使改革具备广泛的动力和试错的条件。为此,《决定》在最后设立了加强和改善党对全面深化改革领导的部分,指出各级党委要切实履行对改革的领导责任,鼓励地方、基层和群众在维护中央大政方针的统一性严肃性基础上进行大胆探索,加强重大改革试点工作,及时总结经验,宽容改革失误。党中央将基层创新作为顶层设计的有机组成部分,还强调摸着石头过河就是摸规律,这种部署高瞻远瞩并符合实际,为各个地区推进改革指明了努力方向。

顶层设计出台之后,全面深化改革"做好下一步工作,关键是狠抓落实"①。实施方案要抓住突出问题和关键环节,找出体制机制症结,拿出解决办法。实施行动要掌握节奏和步骤,使相关改革协同配套、整体推进。督促检查、改革成果、宣传引导都要抓到位,做到分兵把手、守土有责,评价体系健全,思想引导有效,把改革任务坐实。

落实全面深化改革的重要标志是给人民群众带来更多获得感。这是以人民为中心的发展思想在深化改革领域的体现,是使改革得到群众认可,从而调动群众积极性,获取改革持久动力的需要。为此,要学习和掌握人民群众是历史创造者的观点,坚持从人民利益出发谋划改革思路,人民群众期盼什么改革就抓什么,紧紧依靠人民推动改革,使改革更加精准地对接发展所需、基层所盼、民心所向,做到真接地气、落地生根。

全面深化改革已在扎实推进、稳步前行。党的十八届三中全会召

---

① 《真刀真枪推进改革》,载《习近平谈治国理政》(第二卷),外文出版社,2017年,第97页。

升后至 2017 年 9 月，中央全面深化改革领导小组召开了 38 次会议，内容涵盖经济、政治、文化、社会、生态文明建设和党的建设各个领域。推出了 1500 多项改革举措，重点领域和关键环节改革取得突破性进展。面对经济发展新常态，党中央及时提出和推进了供给侧结构性改革。党的十九大还结合经济发展进入新时代及建设现代化经济体系的需要，明确部署了经济体制改革的新任务。新时代的新改革必将为实现新目标提供不竭动力。

（本文的第一、二部分以相同题目发表于《天津日报（理论版）》，2013 年 12 月 9 日。）

# 第十六章 我国综合配套改革试验区的理论价值与阶段特征

自改革开放以来,我国以建立和完善社会主义市场经济为中心的经济体制改革理论取得了丰硕成果,推动我国经济实现了举世瞩目的发展。21世纪初期进行探索的综合配套改革试验区的理论与实践为此提供了新的视角。

## 一、综合配套改革试验区理论的形成特点

我国综合配套改革试验区理论的提出有着明显的实践背景。2005年6月,在浦东新区成立15周年之际,国务院批准上海浦东新区为综合配套改革试点,给予在制度创新方面的先行先试优先权。随后,浦东新区陆续在跨国公司外汇资金管理、成立货币经纪公司、建设高效的公共服务性政府、建立国家知识产权试点园区等方面推出了多项改革试点项目。2006年5月下发的《国务院关于推进天津滨海新区开发开放有关问题的意见》批准天津滨海新区为全国综合配套改革试验区,要求坚持重点突破与整体创新相结合、经济体制改革与其他方面改革相结合、解决当地实际问题与攻克面上共性难题相结合,不断拓宽改革的领域,通过先行试验一些重大的改革开放措施推进天津滨海新区

开发开放。随后，天津滨海新区在金融改革与创新、设立东疆保税港区、加大土地管理改革等方面积极展开了改革论证及其实践，并设计了内容广泛的改革试验总体方案。与此同时，深圳经济特区也根据国家部署在为全国重大体制改革取得实质性进展方面探索经验，特别是推出了以行政管理体制改革为重点的新一轮综合改革。国内其他一些地区也自行提出了建设综合配套改革试验区的设想。

伴随这一颇具特色和影响的改革实践的进行，特别是全国综合配套改革试验区概念的正式提出，理论界开始了对这一课题的理论探讨。最初作出较为系统的理论探讨的论文为《试析国家综合配套改革试验区》，[①]随后陆续有一批论文公开发表。上海、天津、深圳还就此召开了专门研讨会。[②]综合分析看，这些研究成果具有一些特点。一是研究方向的针对性。多篇论文较早地专门就国家综合配套改革试验区做出了明确系统的探讨。二是研究路径的实践性。由于区域性的改革试点涉及众多专门性和运作性问题，综合配套改革试验区理论在研究中必然要分析和回答众多实践课题。众多论文从我国体制改革实践的需要出发，论证了综合配套改革思路的必要性。有些论文还专门研究了某个领域或地区的改革思路。三是研究内容的高层性。许多专家学者站在较高层次思考了国家综合配套改革试验区的提出背景、内涵、特征、功能、建设目标、推进战略、与区域发展的关系等理论问题，有的还

---

① 郝寿义、高进田：《试析国家综合配套改革试验区》，《开放导报》，2006 年第 2 期。

② 研讨会主要为 2006 年分别在深圳和天津召开的两届"三城论坛"。第二届论坛的题目为"综合配套改革的理论依据与实践进程"。

建立了理论模型并作出分析。①这标志着国家综合配套改革试验区问题已经上升到了专题理论的层面。四是研究成果的阵地性。有些理论刊物单独开辟了针对性较强的专栏，②为研究综合配套改革试验区问题提供了特色载体,已有成果也往往集中发表于这些专栏之中。上述特点从一定意义上表明，综合配套改革试验区研究成为了 21 世纪初我国体制改革理论发展中一个值得特别关注的新课题。

## 二、综合配套改革试验区的理论价值

就国家综合配套改革试验区的实践作出理论探讨,并对这种理论发展的作用进行评价是很有必要的。我觉得,其理论价值在于,既对推进深圳、浦东、滨海新区等地区发展及其深化改革开放具有直接指导意义,更对推动我国改革与建设理论向纵深发展有着重大意义。

(一)使我国经济体制改革的方法论得到升华

对于我国经济体制改革应采取什么方法或步骤问题,一直存在理论上的不同见解。早在 20 世纪 80 年代中后期,经济学界就发生过"一揽子改革"与"渐进式改革"的争论。"一揽子改革"论认为,经济体制是

---

① 参见郝寿义:《天津滨海新区与国家综合配套改革试验区》,《城市》,2006 年第 3 期;陈文玲:《对综合配套改革的几点思考》,《开放导报》,2006 年第 5 期;李罗力:《对我国综合配套改革试验区的若干思考》,《开放导报》,2006 年第 5 期；王立国:《城市综合配套改革试验区的目标设定和关系协调》,《开放导报》,2006 年第 5 期等。

② 如《天津师范大学学报》自 2006 年第 4 期开始已连续设立以"滨海新区开发开放与综合改革"为名称的专栏。《开放导报》在 2006 年第 5 期上设立了"综合配套改革试验区"栏目。

一个系统,零敲碎打的改革无法打破原有旧体制机构,一旦新体制在执行中发生问题,旧体制会随时取而代之。另外,"渐进式改革"会带来"双重交通规则问题"。这种新旧双重体制的长期并存及产生的摩擦,会使新体制的运行原则难以长存,使改革付出巨大的代价。这种认识很大程度上反映了当时东欧经济学一些代表者的见解。我国许多经济学家从中国国情出发论证了实行"渐进式改革"的原因。实践证明,中国经济体制改革由于面临着十分复杂的情况,无法求得理想的环境与条件,从而走上了渐进式道路。这种方式使改革的力度与社会承受程度相吻合,减轻了改革的阻力,推动我国用20多年的实践建立了社会主义市场经济体制的基本框架。但是正如"一揽子改革"论所提出的,渐进式改革的确有不少局限性。改革的渐进性意味着推行单项改革占突出位置。这种缺乏统筹安排的改革措施往往存在不少风险和后遗症。我国2005年发生的关于经济体制改革的争论,从一定程度上也反映了这一点。"一揽子改革"论尽管也有局限性,但其精神实质是要求重大改革措施出台应同步配套,当然,做到这一点离不开环境与条件。

从贯彻科学发展观与构建社会主义和谐社会的重任与要求看,我国进入更深层次的经济与社会全面变革时期,涉及面之广、部署力度之大是空前的。特别是我国结束加入世界贸易组织的过渡期,改革不仅要面对自身国情,也要有利于与国际接轨,有利于深入广泛参与经济全球化并从中获益,从而提升国家竞争力。因此,实施综合配套改革将成为我国的必然选择。综合配套改革试验区的核心是实施综合配套改革,这种改革理念不仅顺应了我国深化经济体制改革的大势,而且是在新形势下对经济体制改革方法论的提升和完善。就此方面所进行的理论研讨,无疑会极大地推进我国经济体制改革理论。

(二)使我国综合体制改革理论得到深化

综合配套改革试验区的任务决定了会全面迅速推进我国体制改革理论。首先,新世纪初我国体制改革的历史任务已经不再是仅仅通过转变经济体制来推动经济快速健康发展,更重要的是通过变革经济、政治、文化和社会管理体制,保证落实科学发展观和构建社会主义和谐社会。就这种领域更为宽广、目标更为远大的实践作出深层次理论探讨,会推动经济体制、政治体制、文化体制和社会体制改革的实践与理论的全面创新。特别是改革由单项分进转为整体设计与推进时,更会为理论前进提供更大的需求与动力。其次,即使是单方面的改革,由单项实施转变为综合配套进行,也将推动各领域的改革实践及其理论取得新进展。如作为综合配套改革试验区的天津滨海新区将在金融体制、土地管理体制、保税港区及海关特殊监管区域管理体制等方面进行具有深远意义的改革探索,这必将促使我国经济体制改革理论更加深入与全面。再次,综合改革配套试验区的重大优势在于改革的先试先行,局部试验的某种简便性有利于较快总结出经验,通过解剖麻雀而提炼出的理性认识可再用于指导全局实践,这必然对我国整体体制改革理论的推进起到先导和加速作用。

(三)使我国社会主义和谐社会建设理论得到丰富

在构建社会主义和谐社会的整体理论框架中,体制改革是一个不可或缺的组成部分。因为只有通过深化体制改革,才能有利于做到民主法制更加完善,城乡、区域发展差距扩大趋势逐步扭转,合理有序的收入分配格局基本形成, 覆盖城乡居民的社会保障体系基本建立,创新型国家加速建设,资源利用效率显著提高。可以说,解决建设和谐社会的现实问题无不与加快改革、提高改革决策的科学性和改革措施的协调性息息相关。因此,以促进构建和谐社会为重任的综合配套改革试验区,通过自身的实践,会积淀出独特的理论,支撑和谐社会建设,充实和谐社会建设理论。

## 三、综合配套改革试验区的阶段特征

对于综合配套改革试验区这一新生事物,首先使用这一概念的国家职能部门没有给出明确的定义。经济学界结合各地实践对其内涵、特征等进行了探讨,各抒己见。我认为,给出概念并统一认识尚非当务之急,从实际出发弄清特征却是理论研讨的突出任务。这将有利于深刻把握国家综合配套改革试验区的含义和主要任务,为各个区域确定建设目标奠定不可缺少的基础。

认识综合配套改革试验区的特征首先要解决方法论问题。现有研究成果往往从与我国以前改革相比较的角度作出扼要概括。有的指出,特征在于改革在广度、深度、路径方面不同。[1]有的认为,特征在于关注社会发展、注重经济增长质量和协调性。[2]这些见解看问题角度不同,分析结论各不相同,却都是很有道理的,使人深受启发。但是我认

---

① 郝寿义、高进田:《试析国家综合配套改革试验区》,《开放导报》,2006 年第 2 期。

② 袁易明:《综合配套改革:制度需求、改革重点与推进战略》,《开放导报》,2006 年第 5 期。

为,全面把握综合配套改革试验区的基本特征,既要与以往的改革比较,也要看到未来、着眼阶段性。就我国完善社会主义市场经济体制和构建社会主义和谐社会的需要而言,改革的任务是长期的、艰巨的;推出重大改革,特别是具有综合配套性改革要进行区域性先期试验也是有依据和需要持续坚持的;现有国家级综合配套改革试验区的实践还处在起步阶段。考虑到上述因素,我国的综合配套改革及其试验区具有延续性。我们没必要也不可能概括综合配套改革试验区的长期特征,可以立足于现阶段我国体制改革的突出任务,明确一定时期内综合配套改革试验区的阶段性特征。就此应注意把握如下几点:

(一)从改革的阶段背景看,综合配套改革试验区应顺应一些特定历史时期的需要

一是完善社会主义市场经济的攻坚时期。我国社会主义市场经济体制改革虽然取得了巨大成绩,但完善和深化改革的任务依然沉重,特别是在加入世贸组织过渡期结束之后,要在大力发展和积极引导非公有制经济、建立健全现代产权制度,加快推进金融行业改革、创新土地管理方式、深化金融改革、完善宏观调控体系、全面提高对外开放水平等众多方面继续迈出有力步伐。二是转变经济发展方式的突破时期。以往的经济改革措施主要是和推动粗放型经济增长相伴随的。科学发展观要求我国要在转变经济增长方式迈出大步,体制改革必须服务于推动向集约型增长转型、建设创新型国家方面取得实质性进展,率先探索出新的区域发展模式。三是构建社会主义和谐社会的关键时期。我国建设和谐社会是一个长期历史任务,但是根据国际经验,在人

均 GDP1000 美元全 3000 美元之时为矛盾凸显期,我国已就此规定了至 2020 年的构建目标与主要任务,改革要特别体现这一重任的要求。

(二)从改革的综合性看,顺应现阶段要求,综合配套改革试验区实行的改革必须具有扩展性和全面性

改革的举措不能再局限于单个领域或单一方案。一方面,将改革由经济领域逐步扩展到上层建筑领域。当前要注重推进政府管理体制改革,转变政府职能,改革政府行政体制;推进收入分配制度、社会保障制度改革;促进并保障实现社会公平正义;推进文化体制改革,形成富有活力的文化管理体制和文化产品生产经营体制;推进社会管理体制改革,建设法制社会,建立和完善社会管理体系及其机制。另一方面,某一领域的内部改革也要体现全面性。如经济体制改革在现阶段就要根据经济发展需要和解决突出经济社会矛盾的需要,注重推进金融体制、土地管理体制与耕地保护制度、保税港区的海关特殊监管管理体制、劳动就业制度等方面的改革。

(三)从改革的配套性看,顺应现阶段要求,综合配套改革试验区实行的改革更为注重协调性

改革的方案不能仅考虑单项改革的需要,而是必须作通盘安排,统筹各个领域改革的相互作用与影响,衔接好各个领域改革的思路和措施之间、当前方案与长远规划之间的关系,实现广大人民的根本利益、现阶段群众的共同利益和不同群体的特殊利益的相结合。在此,我们要特别注意防止简单化理解改革的配套性,仅仅把各项单项配套改

革堆积起来充当综合配套改革。这在目前实践中是可以见到的,虽然在综合配套改革的初期受各种条件限制有一定存在原因,但长期这样做却有悖于客观要求和改革初衷。

(四)从改革的试验性看,顺应现阶段要求,综合配套改革试验区实行的改革更加具有创新性、渐进性和侧重性

综合配套改革试验区改革的特殊安排是先行先试,从而决定了改革举措必须也只能在创新上下功夫。改革开放的 40 年间特别是在 21 世纪初,我国注重吸收世界市场经济国家的经验进行体制重塑。然而在新阶段,无论是先进的市场经济国家或是新兴的发展经济体,都难以提供适合中国国情的成套改革经验。我国已实行的众多单项改革已形成了某种路径依赖和既定利益格局,综合配套改革的动力机制也面临新的挑战。因此,只有强调制度的自主创新,才能探索出新经验,发挥指导全局的作用。作为改革试验,我国现阶段的改革措施仍然具有"试错"属性。综合配套改革尚缺少实践的积累,因此从全局看,综合配套改革试验区的改革举措必将经历先期试点——总结完善——示范推广的渐进过程。这决定了试验区要在改革中发扬敢闯敢干的精神,同时也要进行精心设计。因为综合配套改革的某些方面是无法在一个地区完全成功并形成全国通用模式的,从这种意义上说,综合配套改革与实验区之间也有某种矛盾性。因而试验区的改革必须做到解决当地实际问题与攻克面上共性难题相结合,在我国整体上处于综合配套改革起始阶段更要注意处理好这一问题。

参考文献：

1.郝寿义、张换兆、赵军:《国家综合改革试验区的理论模型》,《天津师范大学学报》,2006 年第 6 期；王家庭:《国家综合配套改革试验区与区域经济发展研究》,《天津师范大学学报》,2006 年第 4 期;王淑莉:浅析国家综合配套改革试验区的政府管理职能定位》,《天津师范大学学报》,2006 年第 5 期。

2.戴学来:《试论加快天津滨海新区开发开放》,《天津师范大学学报》,2006 年第 4 期。

3.张坤、肖琦芳:《滨海新区建设国家综合配套改革试验区的战略意义》,《城市》,2006 年第 4 期。

4.王振波、王丽艳:《国家综合配套改革实验区政府管理体制改革创新探讨》,《城市》,2006 年第 4 期。

5. 姜良瑜:《从改革的发展演变看综合配套改革试验区的提出》,《城市》,2006 年第 4 期。

6.李家祥:《为加快推进滨海新区开发开放提供理论支撑》,《天津师范大学学报》,2006 年第 4 期。

7. 天津师范大学课题组:《天津滨海新区发展报告》,(2001—2006 年)。

(本文发表于《经济学动态》,2007 年第 7 期。于 2008 年获天津市第 11 届社会科学优秀成果一等奖,2009 年获国家教育部中国高等学校科学研究优秀成果三等奖。)

# 第十七章　建设自由贸易港区与国家综合配套改革试验区

在上海浦东新区、深圳特区和天津滨海新区的综合配套改革实践中，建设自由贸易港区均被列为一项重要内容，并且取得了一些进展。分析建设自由贸易港区与国家综合配套改革试验区的关系及其对改革提出的新要求，有利于深化对国家综合配套改革试验区的研究。

## 一、建设自由贸易港区赋予综合配套改革试验区新特征

国家综合配套改革试验区是以科学发展观为指导，以全方位综合配套的系统性改革为内容，以"制度创新"为核心，以"先试先行"为特征，具有全国意义的改革试验区。考虑到我国区域空间的巨大差异，可以根据不同类型地区发展的不同阶段和改革的不同重点，设立不同侧重点的综合配套改革试验区，取得分类指导区域发展的经验和模式。我国在实践中共建立了三种类型的综合配套改革实验区：一是上海浦东新区、深圳特区和天津滨海新区实施的综合配套改革，属于开发开放类型，主要是探索改革发展的前沿问题；二是重庆和成都实施的综合配套改革，属于城乡统筹类型，主要是探索统筹城乡发展问题；三是

武汉城市圈和长株潭城市群实施的综合配套改革,属于资源环境建设类型,主要是探索资源节约型和环境友好型社会建设问题。与其他类型的综合配套改革试验区相比,上海浦东新区、深圳特区和天津滨海新区以建设自由贸易港区为主要标志的制度创新活动,深化了我国开发开放的广度和深度,使其综合配套改革在改革阶段、改革任务、解决问题等方面具有一些引人注目的新特征:

(一)在相对较高层次上探索发展模式的综合配套改革

我国综合配套改革实验区的确定,既考虑了促进东中西部平衡协调发展的需要,也兼顾了处于不同发展阶段的不同地区的改革需求,在改革内容和重点上基本涵盖了我国现阶段改革发展需要解决的体制性重点难点问题,将对全国的改革发展起到示范和带动作用。三地的改革开放相比其他地区而言时间较早,经济发展水平在全国处于领先地位,其综合配套改革不仅着眼于全方位的体制和机制创新,而且还承担着带动区域经济发展的重任。建设自由贸易港区与国家综合配套改革试验区贸易港区作为对外开放和贸易自由化的最高形式,自然就成为三地开发开放和制度创新的关键环节。建设自由贸易港区,将提升我国开发开放的水平,标志着改革进入了一个新的时期。

(二)以解决开发开放前沿问题为主要内容的综合配套改革

在经济全球化的背景下,中国经济逐步与世界经济融为一体,如何在外汇、口岸、海关等管理领域进行制度创新,建立与国际惯例接轨的涉外经济体制成为开发开放的前沿问题。上海浦东新区、深圳特区和天津滨海新区都处于我国对外开放的前沿,经济基础较好,区位优势明显,其综合配套改革的重点主要体现在如何深化改革、扩大对外开放、率先建立市场经济体制上。在这些区域内建立自由贸易港区,将扩大我国对外开放度和市场准入度,提升我国经济的国际化水平,加快与国际惯例接轨,解决我国开发开放面临的前沿问题,是我国融入世界经济体系的一项重要举措。

(三)涉及面更为广泛、实施情况更为复杂的综合配套改革

自由贸易港区处于对外开放的最前沿,运行过程容易带来复杂的经济、政治和社会问题,必须提供必备的体制条件并进行先期试验。建设自由贸易港区,既要涉及国内经济、政治、社会等诸多方面的体制创新,又要尝试体制方面的与世界经济接轨,既要体现国内科学发展、和谐发展的需要,又要反映推动世界和平发展的要求,因而具有更为复杂的特点,这要求我们加强对国际经验的分析,妥善安排各项改革措施之间的相互协调和综合配套,精心进行改革设计。

## 二、国家综合配套改革试验区为建设自由贸易港区提供了条件

自1990年5月国务院批准建立全国第一个保税区以来,我国已建设了上海外高桥保税区、天津港保税区等十五个保税区。我国保税区是继各类经济技术开发区、经济特区之后对外开放度最高的特殊经济区域,经过十多年的发展取得了巨大的成绩,已经成为我国对外开

放的重要形式和发展外向型经济的新的增长点。我国保税区在建设初期，其目标和功能定位就是自由贸易港区。但是在当时，建设与国际惯例接轨的自由贸易港区的条件还不具备，时机还不成熟，保税区在海关监管、金融外汇管理、企业准入等方面还无法做到与国际通行规则对接。在全球化日益深化和加入世界贸易组织等外部环境发生变化的新形势下，保税区的管理政策越来越不适应国际贸易便利化、自由化的趋势与要求，原有的优势正在弱化，向国际通行的自由贸易港区接轨，并依照国际惯例进行运作，是中国保税区发展的必然选择。我国的保税区正在沿着从保税区—区港联动—保税港区—自由贸易港区的路径发展。在区港联动试点成功的基础上，我国于2005年设立了首家保税港区——上海洋山保税港区，保税港区政策正式出台。此后，天津东疆保税港区也获准设立。保税港区的建立，标志着我国保税区已经发展到了向着自由贸易港区过渡的关键时期。建设自由贸易港区涉及方方面面的问题，必须通过各项改革措施之间的协调和配套才能够完成。

综合配套改革这一全新改革思路和理念的提出，使自由贸易港区建设亟待解决的海关、税收、金融、外汇等一系列涉外经济体制问题可以在先行先试的政策条件下得以创新突破，为自由贸易港区建设提供了制度安排和体制保障。作为国内开放层次最高、优惠政策最多、运行规则基本与国际接轨、形式上最接近自由贸易港区的一种特殊经济功能区，上海洋山保税港区和天津东疆保税港区利用先行先试的政策优势，在税收、监管等方面都作了政策调整和制度创新，并高度重视法律制度建设的重要性。以天津东疆保税港区为例，在税收管理方面已经做到了"境内关外"，并享受国家和天津市给予的诸多税收优惠政策，如实行国外货物入区保税、国内货物入区退税、区内加工产品不征收增值税、区内货物自由流通并不征收增值税和消费税等政策;在监管方面,保税港区内货物可以自由流转,对保税港区与境外之间进出的货物不实行进出口许可证件管理,对境外进入保税港区的货物,检验检疫部门只检疫不检验等;在法制建设方面,《天津东疆保税港区管理规定》已经于 2007 年 11 月 1 日起施行,该规定构筑了东疆保税港区体制改革的框架,将体制机制的创新法定化,为东疆保税港区先行先试创造了宽松的体制空间和法制环境,将极大地推动和保障东疆保税港区的改革和发展。

## 三、为建设符合国际通行规则的自由贸易港区提供法制和体制保障

我国的保税港区虽然在许多方面和国际通行的自由贸易港区比较接近,但是还不是真正意义上的自由贸易港区。根据有关国际公约和其他国家及地区的运行实践,国际通行的自由贸易港区具有如下特点:

第一,境内关外。这是自由贸易港区的最大特征。主要体现在海关监管方面,把自由贸易港区视为关境之外。国外货物可以自由进出自由贸易港区,国内货物进入自由贸易港区视同出口。

第二,与港口紧密相连的单独封闭区。在海港或空港、河港的所在区域,实行“一线放开、二线管住、区内自由”的管理模式,有的设置物理隔离设施与国内其他区域分隔开,有的只在货物监管上实行无形的

隔离。对运入区内的货物施以保税并免予常规的海关监管。

第三,经济自由化。一是自由进出的航运运输。港口实施自由进出管理,无须申报海关手续,免除强制引航,航员可自由登陆等。二是自由交易的贸易体制。自由港区内实施交易自由、免除进出口关税;区内货物流动不缴纳相关的增值税和流转费等。三是自由化的货币金融制度。自由港区内货币自由兑换,资本自由流动,实行银行利率自定、外汇管理放开等政策。四是自由投资经营。一些自由港区内企业自由经营,没有行业限制。五是人员出入境自由。

第四,功能多样。区内具有过境贸易、转口贸易、易货贸易、经销代销、展卖、物流分拨及金融服务等多种灵活多样的功能。与国际通行的自由贸易港区相比较,我国的保税港区在海关监管、贸易政策、港区功能等方面还存在着较大的不足,需要进行调整和创新。虽然在短时间内建成真正意义上的自由贸易港区的宏观条件还不完全具备(如金融开放涉及国家经济安全,需要精心设计和统筹安排),但是作为国家综合配套改革试验区,上海浦东新区、深圳特区和天津滨海新区应该用足用好综合配套改革的政策优势,大胆借鉴其他国家和地区建设自由贸易港区的成功经验,消除现有的体制、机制障碍,在保证国家安全和监管有效的前提下,进行必要的制度创新和政策调整,在税收、外汇、货物及人员等方面实行更为开放的"境内关外"管理模式和政策,积极稳妥地推进自由贸易港区建设。

(一)构建完备的自由贸易港区法律保障体系

建设自由贸易港区,首先必须构建完备的法律保障体系,通过立法保障政策的连续性和稳定性。从世界各国自由贸易区建设的通行做法来看,都高度重视法律保障体系建设,都是"先立法,后建区"。如:美国 1934 年通过了《对外贸易区法》,1937 年它的第一个对外贸易区开始运行;加纳 1995 年公布了《自由贸易区法案》,1996 年建立第一个自由贸易区;我国台湾地区 2003 年通过了《自由贸易港区设置管理条例》,此后高雄、基隆等自由贸易港区才建立;韩国 2000 年 3 月 29 日起施行《关于为发展国际物流基地,指定及运营关税自由区的法律》,此后建立了光阳、釜山等自由贸易区。因此,构建完善的自由贸易港区法律保障体系,是在国家综合配套改革试验区建立自由贸易港区的前提条件,也是确保自由贸易港区建设能够取得成功的关键因素。

经过多年建设,我国已经积累了丰富的保税区建设立法经验,国务院及国家外汇管理局等国家部委,以及各地方政府都先后制定了大量的关于保税区建设的法规、规章和规范性文件。在保税区建设方面的立法经验将为今后自由贸易港区的立法提供直接的参考和借鉴,能够保障自由贸易港区立法具有较强的针对性和可操作性。自由贸易港区建设的法律保障体系可分为三个层面:首先,是全国人大或全国人大常委会的专门法律。由全国人大或全国人大常委会制定自由贸易港区管理的特别法律,对有关自由贸易港区的金融、海关、税收等事项进行法律规制;其次,是国务院的行政法规和部门规章。在全国人大或全国人大常委会制定自由贸易港区特别法之后,国务院及国务院各部门根据该法的原则和精神,制定某一领域的单行法规和规章,对法律进行细化,增强其可操作性;再次,是自由贸易港区所在地的地方法规和规章。深圳、上海和天津三地都具有地方立法权,应当结合本地的实际情况和现实需要，充分发挥地方立法的创制功能，制定规范木地自由贸易港区建设的地方法规和规章。这三个层面的法律将共同构建起一个以基本法律为龙头，以法规、规章为支撑的完善的自由贸易区法律制度体系，保障自由贸易港区建设的顺利实施。在立法过程中，应当充分借鉴国际通行规则和国际惯例，遵循世界贸易组织原则和相关规则，并结合我国的入世承诺，同时还要汲取世界自由贸易区管理的成功经验，制定出既符合我国国情又与国际通行规则相接轨的法律规范。通过立法，要明确自由贸易港区的管理体制、管理部门、性质、地位、功能、方向、目标以及税收政策、外汇政策、海关监管方式、企业准入制度和产业导向等，尤其要突出其"境内关外"的性质，落实"一线放开、二线管好、区内宽松"的管理方式，以完备的法律法规来保证自由贸易港区健康有序发展。

## （二）建立科学高效的自由贸易港区管理体制

建设自由贸易港区，必须构建科学高效的管理体制，既实现国家对自由贸易港区宏观管理的统一和权威，同时又能够保证自由贸易港区运行的高效。世界上自由贸易区建设比较好的国家，其自由贸易区的管理体制都是按照科学高效的原则建立的。在宏观方面，通常都设有专门的管理机构，负责对全国各地的自由贸易区进行设区审批、监督、检查和协调管理。如，美国的外贸区委员会就是联邦政府领导的直接管理全国所有外贸区的最高机构；韩国政府于 1973 年设立了工业区管理局，在工商部领导下，负责管理全国所有自由出口区的全面开发工作。在微观方面，一般有两种基本模式：一种是政府管理模式，由所在国家或地方政府的派出机构或特设机构对自由贸易区实行综合性管理,如新加坡、泰国、菲律宾、意大利、巴西、墨西哥等国。在这种模式下,自由贸易区的管理机构往往注册一个或几个开发经营公司,负责自由贸易区的具体开发经营事务;另一种是公司管理模式,由政府授权一家专业管理公司或新设置一家管理公司,专门从事自由贸易区的开发建设和经营工作,同时代行部分行政管理职能,其他的专业管理事务由相应的政府主管部门予以管理。实行这种管理体制的国家一般是发达国家或自由开放程度较高的国家,如美国、巴拿马、爱尔兰、印度尼西亚和马来西亚等。

建立符合我国国情的科学高效的自由贸易港区管理体制,需要从宏观和微观两个方面入手。在宏观上,成立一个专门的管理机构,其成员由商务部、海关总署、税务总局、外汇管理局和其他相关部委的领导组成,其职权主要是制定政策和指导协调;在微观上,应该采取政府监管下的公司管理模式,设立一个统一、精简、高效的开发管理机构,全面负责自由贸易港区的开发、建设和管理,实行企业化管理,提高建设效率。

(三)完善自由贸易港区建设所需的政策条件

1. 开展离岸金融业务

开展离岸金融业务进而形成离岸金融市场,是建设自由贸易港区必不可少的一个环节。世界上大多数自由贸易港区均开展离岸金融业务,使港区的发展与发达的国际离岸金融市场紧密相关。

2. 给予竞争性的税收政策

在关税、流转税、所得税等方面实施豁免或较低的税率,为区内的企业创造赢得成本优势的条件。

3. 建立高效便捷的海关监管体制

按照《关于简化和协调海关业务制度的国际公约》的基本精神简化海关监管手续,推行"管住卡口、区内自由、管出不管进"的统一监管方式。

4. 建立支付自由的外汇管理体制

自由贸易港区实行货币自由兑付的外汇政策,除经常项下外汇自由兑换和支付外,放开区内及与境外之间投资项下的外汇管制,外汇管理重点放在二线上。

5. 实行更加开放的贸易投资政策

除国家禁止投资的以外,对各类投资者不设定资本金数量、来源地、股权比例、行业限制等方面的差别性政策,所有投资者享有同等待遇,给予各类企业充分竞争的机会。


(本文发表于《开放导报》,2008 年第 5 期。合作者:郭春明,博士,时为天津师范大学法学院副教授,现为天津津瑞律师事务所主任。)

# 第十八章　综合配套改革各试验区的
## 研究热点与启示

　　国家综合配套改革试验区自正式批准设立后取得了很多发展,其数量不断增加,改革试验的广度和深度更是不断加大。随着各试验区的设立和实践探索的不断深入,其理论研究逐渐增多。已有研究大体在宏观和微观两个层面进行。在宏观层面上,主要是研究国家综合配套改革试验区的内涵、基本特征、建设目标与思路等基础理论;在微观层面上,主要是针对某个综合配套改革试验区的改革条件、功能定位、改革模式和路径举措等进行具体研究,一些论著还就试验区的某个领域的综合配套改革进行了专题研讨。本文所指的分区研究主要集中在后一层面之上, 拟对当前国家综合配套改革各个试验区所做的研讨,特别是热点问题进行分析。

## 一、上海浦东新区综合配套改革试验区的研究热点

　　理论界对浦东新区的研究主要集中在对综合配套改革的理论诠释,浦东综合配套改革试验区与以往经济特区的区别,浦东新区综合配套改革的目标、任务和为其献计献策等方面。在对综合配套改革理论诠释方面,有些学者认为综合配套改革试验区的含义是"顺应经济

全球化与区域经济一体化趋势和完善社会主义市场经济体系内在要求，在科学发展观指导下，国家所建立的以制度创新为主要动力，以全方位改革试点为主要特征，对全国社会经济发展带来深远影响的试验区"。其最大优势是具有先行先试的政策制定权，试验区可以较好地凭借这种优势寻求经济社会的全面发展。①这种观点具有相当的代表性。还有学者就综合配套改革试验区的具体作用进行深入探讨，指出其发展还需要有自生能力，以便使试验区全面突破和获得持续发展，而且需要对其他地区的发展起到示范作用。认为综合配套改革试验区的特征应包括以下方面：一是以科学发展观为指导思想，在综合配套改革实践过程中，持续、和谐和规范将是衡量综合配套改革成效的关键性标准；二是改革重心转向政府管理体制，通过规范政府行为，使市场化改革、法制化进程、国际化环境和和谐化社会有机制，通过规范政府行为，使市场化改革、法制化进程、国际化环境和和谐化社会有机结合在一起，切实地保证改革试验适合发展阶段的内在要求，适应发展环境变化，顺应发展战略的转变，试验成果体现出发展阶段、发展环境和发展战略的动态统一。②

在浦东新区综合配套改革的基本目标方面，结合国家对浦东新区的改革要求，现有研究一般认为浦东新区应当建立制度完备、运行高效的市场经济体制，基本形成充分激发自主创新活力的有效机制，形成有利于实现统筹、协调发展和构建和谐社会的制度环境，形成与经济全球化趋势和开放经济相适应的经济运行规则体系。针对基本目

---

① 郝寿义、高进田：《试析国家综合配套改革试验区》，《开放导报》，2006年第2期。
② 杨建文、胡晓鹏：《综合配套改革：基于津沪深的比较研究》，《上海经济研究》，2007年第3期。

标,浦东新区改革的主要任务是转变政府职能,构建从事经济调节、市场监管、社会管理和公共服务的责任型政府;推动要素市场发展和金融创新,完善现代市场体系;探索混合所有制的实现形式,增强微观经济主体活力;大力培育和发展中介组织,提高经济运行的组织化程度;加快推进公共部门改革,促进经济社会协调发展;加快科技体制创新,增强自主创新能力;探索建立人力资源优先积累机制,全面有效地推进人力资源开发;加快破除城乡二元结构的制度障碍,推进城乡统筹发展;建立科学的调节机制,完善与经济社会发展水平相适应的收入分配与社会保障体系;扩大对外开放,形成适应国际通行做法的市场运行环境等。[①]

在对浦东新区综合配套改革实践进行研究的基础上,一些学者还提出了自己对浦东改革举措的建议,如重塑理念,消除原有的"唯地区经济发展"和"长官意识"等理念,扭转长期存在的优先发展导向下的路径依赖和惯性理念,培育起从全国大局出发,把改革试验的主动性、积极性和前瞻性作为基本的理念,把地区利益与国家利益、当前利益与长远利益有机地贯彻在改革思路之中;关注利益协调问题,既要关注经济利益方面,减少中央与地方和各试验区之间的利益摩擦,又要关注权力利益方面,处理好放权和用权的关系;[②]加强与其他试验区的综合配套改革合作,加强统筹区域的发展,借鉴世界经济特区和我国经济特区的运行经验进行制度创新;[③]把深化政府管理体制、金融体

---

① 蒋应时:《全力开展上海浦东新区综合配套改革试点,率先推进改革开放》,《宏观经济研究》,2007 年第 3 期。

② 杨建文、胡晓鹏:《综合配套改革:基于津沪深的比较研究》,《上海经济研究》,2007 年第 3 期。

③ 徐全勇:《浦东综合配套改革与制度创新的战略思考》,《浦东开发》,2007 年第 7 期。

制、涉外经济体制、科技管理体制和区域联动机制的改革作为进一步推进浦东综合配套改革的着力点等。①转变政府职能和推进行政管理体制改革是浦东新区综合配套改革的重点之一,就此方面的研究成为试验区研究的一个特色。有的研究指出,浦东新区按照强化公共服务和社会管理职能,创新管理方式,提高政府效能,加强行政监管的要求,重点进行四个方面的改革:一是加强制度建设,提高政府行政效能;二是围绕加强依法行政,探索执法管理新机制;三是加强社会管理和公共服务职能,构建便民利民的服务体系;四是改革企业登记制度,鼓励公众创业。②

## 二、天津滨海新区综合配套改革试验区的研究热点

天津滨海新区综合配套改革研究的热点主要集中在滨海新区建设国家综合配套改革试验区的基础和战略意义,与浦东新区及以往经济特区的比较,进行综合配套改革的路径和目标,东疆保税港区的建设,综合配套改革所面临的障碍,以及对改革试验提出的政策建议六个方面。

现有研究认为,滨海新区成为国家综合配套改革试验区的基础条件在于其经济增长速度快,以现代制造业为主体的产业结构特征显著,经济的外向型格局已经形成,港口、土地、区位等自然条件优越以

---

① 张仁开、罗良中:《进一步推进浦东新区综合配套改革的思路和建议》,《城市》,2008 年第 6 期。

② 徐全勇:《浦东综合配套改革与制度创新的战略思考》,《浦东开发》,2007 年第 7 期。

及天津在过去的改革中积累了丰富的经验等。①基于以上条件设立的滨海新区综合配套改革试验区,兼具了国家、区域和本地三个层面的战略意义。在国家层面,它是新形势下对深化我国经济改革有效途径和突破体制障碍有效方式的探索;在区域层面,它有利于全面提升京津冀和环渤海地区经济的整体竞争力;②在本地层面,它有利于推进滨海新区的开发开放,实现成为北方经济中心的功能定位。③

另一个较多关注的研究角度是将滨海新区与浦东新区和深圳特区相比较,由于深圳和上海浦东新区的开发比较早,已经基本完成了以工业拉动经济增长的过程,在对外开放、体制改革和科技创新等方面积累了丰富的经验。而滨海新区还处于制造业的扩张发展阶段,第三产业还比较滞后,生产型的现代服务业在 GDP 中所占比重较低,区域整体的经济能级比较低,所以滨海新区的改革将围绕创建全国规模最大、水平最高的现代制造和研发转化基地进行。由于滨海新区还处于制造业扩张的产业发展阶段,所以有的学者认为与浦东新区突出改革的综合配套性和深圳特区完善改革的工作机制不同,滨海新区的综合配套改革还处在消除基本制度障碍的基础性改革阶段。④在制度环境和行政管理体制方面滨海新区与浦东新区和深圳特区也有显著差异。还有学者在对天津、上海和深圳三地综合配套改革进行研究后认为,三地的改革试验面临一些相同的障碍。一是体制障碍,由于三地受到部门分割、城乡分割和区域分割的限制,对综合配套改革的实践会

---

① 赵修春:《综合配套改革试验是落实科学发展观的重要步骤》,《中国改革》,2007 年第 4 期。

② 张坤、肖绮芳:《滨海新区建设国家综合配套改革试验区的战略意义》,《城市》,2006 年第 4 期。

③ 戴学来:《试论加快天津滨海新区开发开放》,《天津师范大学学报》,2006 年第 4 期。

④ 杨建文、胡晓鹏:《综合配套改革:基于津沪深的比较研究》,《上海经济研究》,2007 年第 3 期。

有一些体制上的制约；二是功能障碍，三地在服务功能的形成，政策功能的协调，制度功能和区域整合功能的形成方面还比较差；三是政策障碍，三地的先行先试比较宽泛，在具体实践过程中还需要突破一定的政策障碍；四是思路障碍，即三地在综合配套改革阶段需要摆脱过去发展思路的束缚。①

关于滨海新区综合配套改革试验的基本特征，有学者认为主要有三个方面：一是改革措施的综合配套性。滨海新区的改革试验是以经济改革为主，涉及社会领域、政府体制、涉外经济、生态环境等在内的全方位、多领域的改革；二是改革的试验与示范性。滨海新区通过先行试验一些对全国具有重大意义的改革开放措施，既可以解决制约滨海新区加快发展和开发开放的体制机制性障碍，加快实现滨海新区的功能定位，也能够为全国的改革提供经验和示范；三是改革内容的层次性。滨海新区的综合配套改革包括面上的共性改革和先行先试的改革两个层次。②

在滨海新区综合配套改革的路径选择方面，现有研究认为既不能延续以往那种政府强制性的改革路径，也不能完全放弃政府的引导而依赖经济主体的自发制度变迁，而要将政府主导的强制性改革转变为政府引导的诱致性改革，从而发挥各方面的改革积极性。③还有学者提出滨海新区开发开放的经济运行机制架构应该以理论界的研究成果为依据，以国务院《关于推进天津滨海新区开发开放有关问题的意见》

① 陈文玲：《津沪深综合配套改革的背景与障碍——兼论三地的自由港建设》，《开放导报》，2007年第4期。

② 赵修春：《综合配套改革试验是落实科学发展观的重要步骤》，《中国改革》，2007年第4期。

③ 郝寿义：《论综合配套改革的特征、路径与目标》，《开放导报》，2007年第12期。

为指导,以决策机制、信息传递机制和激励机制为主体,从而确保滨海新区经济运行机制的高效运行。①

对于滨海新区综合配套改革所面临的障碍,现有研究认为既有加速工业化和经济发展间的问题,也有行政管理体制和区内协调发展机制的问题,②同时由于新区结构复杂,其本身由不同的行政和功能区组合而成,如果不能解决区域内整体的一体化问题,区域整合功能的形成将会受到限制。③针对这些障碍,学者们建议滨海新区将以下工作作为推进综合配套改革的战略举措:创建全国一流的科技研发转化基地、建立土地整理储备制度、探索建立功能区带动行政区发展的联动机制、建设开放程度最高的东疆保税港区、充分发挥产业发展基金的作用、加快相关配套法律体系的建设、解决行政管理体制不顺的问题等。④未来,滨海新区的经济发展既要依托现有比较优势的支持,更要构筑一些新优势,如发挥区域优势,增强现代制造和研发转化、国际航运与物流、海滨休闲旅游、改革开放示范化先行和生态宜居这五大功能;优化产业结构,提升滨海新区的产业竞争力;完善区域服务功能,提高滨海新区的服务效率等。⑤

此外,还有的论文将综合配套改革试验区置于建设中国北方对外开放门户的角度进行探讨,认为要高度重视深化涉外体制改革,着力

---

① 黄松玲、郭小广:《滨海新区开发开放经济运行机制架构》,《天津师范大学学报》,2007年第1期。

② 赵修春:《综合配套改革试验是落实科学发展观的重要步骤》,《中国改革》,2007年第4期。

③ 陈文玲:《津沪深综合配套改革的背景与障碍——兼论三地的自由港建设》,《开放导报》,2007年第4期。

④ 国家发改委体改所经济改革实践追踪课题组:《天津滨海新区综合配套改革进展情况调研报告》,《中国经贸导刊》,2007年第19期。

⑤ 戴学来:《试论加快天津滨海新区开发开放》,《天津师范大学学报》,2006年第4期。

推进自由贸易港区和国际航运中心建设；积极推进科技体制改革，努力建设国际化研发转化基地和良好服务环境；注重发挥制度迁移机制作用，提供有利于发挥门户作用的体制保障。①东疆保税港区建设是滨海新区改革的重要举措之一，现有研究认为东疆保税港区的建设已经具备了成熟的条件，包括滨海新区的开发开放为东疆保税港区提供了政策支持；天津港的改革发展为建设东疆保税港区奠定了扎实基础；海关特殊监管区域的创新实践，为建设东疆保税港区进行了有益探索；东疆港区大规模吹填造岛，为建设保税港区构筑了有利的地理优势。②东疆保税港区建设和发展的总体战略目标是，实现国际集装箱港与自由贸易区二者融为一体，将特定的港口作业区与仓储、物流、加工区等赋予自由贸易港区的发展政策。建成适应国际枢纽港要求的具有国际中转、国际配送、国际采购、国际转口贸易、出口加工和现代金融服务等基本功能的保税港区。③在未来东疆保税港区的建设方面，有的学者建议应该从以下几方面着手：以高起点、宽视野搞好规划建设，在开发建设经营体制、口岸管理体制、综合经济管理体制、行政管理体制等体制方面实现创新突破，建立和完善法规保障体系，积极主动地做好资本运作，把人才培养放在重要位置，调动各方面积极性参与建设。④

　　除了对东疆保税港区的研究以外，有关金融改革的研究也是滨海新区研究的显著特色，包括对滨海新区成立产业投资基金、创业风险引导基金的探讨，设立全国保险改革试验区和场外交易市场的研究等。

---

① 李家祥等:《滨海新区建设我国北方对外开放门户的对策研究报告》,《滨海新区开发开放与涉外经济》,天津人民出版社,2012年,第38~39页。

②④ 孟广文:《建设东疆保税港区的战略构想与对策》,《天津大学学报》,2007年第4期。

③ 李文增:《建设东疆保税港区的战略构想与对策》,《港口经济》,2006年第6期。

## 三、成渝综合配套改革试验区的研究热点

成渝"统筹城乡"综合配套改革试验区是我国设立的首个以统筹城乡发展为明确目标的综合配套改革试验区,也是首个在不同行政区域同时进行的综合配套改革试点。对这一试验区的研究,多是以成都或重庆单独作为研究对象,对各自综合配套改革试验中的问题进行探讨。研究的热点主要集中在成渝综合配套改革试验区设立的条件和意义,与深圳特区和上海、天津试验区的比较,成渝试验区所进行的具体改革实践的介绍和经验总结等。

由于城乡二元经济结构特点突出和所辖农村地区的自然条件和经济发展方面在全国比较具有代表性,有的学者认为这些因素决定了国家选择在成都和重庆设立统筹城乡综合配套改革试验区。[1]成渝统筹城乡综合配套改革试验区的设立,是我国新时期经济发展过程中破除城乡二元经济结构的迫切需要,是由经济体制改革转向经济社会全面变革的关键承接点,也是国家明确西部经济发展战略的启动点和推动区域经济协调发展的必然选择。[2]众多成果从比较的角度对成渝试验区进行研究,其中既有将成渝试验区与深圳特区和上海、天津综合配套改革试验区进行比较研究,也有将成都和重庆进行比较研究。学者们认为,与深圳等老经济特区相比,成渝试验区的综合配套改革是在社会主义市场经济体制走向完善的背景下进行的,改革的主要任务是

---

[1] 廖元和:《重庆市统筹城乡综合配套改革的背景与战略思路》,《开放导报》,2007 年第 8 期。

[2] 阎星、高洁:《统筹城乡:从探索到试验》,《开放导报》,2007 年第 8 期。

针对国内长期存在的城乡二元结构,为科学发展、和谐发展探索有效途径,改革的动力来源主要是制度创新和体制创新;[①]与上海和天津综合配套改革试验区相比,成渝试验区的改革目标是基本建立破除城乡二元结构、统筹城乡的体制机制,形成促进社会和谐发展的社会体制。

改革的重点是探索城乡统筹协调发展问题,通过内生式发展和城乡统筹协调发展,找到西部经济发展的新模式;[②]将同是统筹城乡综合配套改革试验区的成都和重庆相比较,两地除了在经济发展水平、行政体制环境和自然条件方面存在差别,两地建设综合配套改革试验区的重点和难点也不同。成都要解决和探索的是城区与郊区(县区)、大城市与周边卫星城市的城乡统筹发展。而重庆需要解决和探索的则是主城区、郊区、县域的城乡统筹发展,即一个省域范围内(中心)城市与农村,市域经济与县域经济的统筹发展,特别是要解决和探索库区经济社会的统筹发展问题。正是在这一背景下,成都市提出了"全域成都"、重庆市提出了"一圈两翼"的发展模式。[③]

由于成都和重庆在设立国家综合配套改革试验区之前对统筹城乡发展的方法已经有过一定的探索和实践,所以对该试验区研究的一个特色是对其前期统筹城乡改革举措经验的总结。有的研究提出,成都市对统筹城乡发展所做的探索,主要是以工业向集中发展区集中,

---

① 廖元和:《重庆市统筹城乡综合配套改革的背景与战略思路》,《开放导报》,2007 年第 8 期。

② 张克俊、何飞:《关于建设统筹城乡综合配套改革试验区的思考》,《成都行政学院学报》,2007 年第 8 期。

③ 刘世庆:《成渝"试验区"建设比较研究——兼论四川推进全省统筹城乡发展的机遇》,《开放导报》,2007 年第 12 期;刘昌用:《重庆市"一圈两翼"战略与统筹城乡的一致性》,《重庆工商大学学报》,2008 年第 5 期。

土地向规模经营集中和农民向城镇集中的"三个集中"为核心,以完善市场化为动力,以规范化服务型政府建设和基层民主政治建设为保障进行推进的。通过这些实践,成都市在化解经济增长与资源环境承载能力之间的矛盾、解决"三农"问题、推动和谐社会建设等方面已经作出了有益探索。成都市探索城乡统筹发展的路径主要是通过"三个集中"构建统筹城乡的空间格局,通过完善经济基础发挥统筹城乡的内生动力,通过完善上层建筑为统筹城乡提供保障。①

　　针对重庆市的研究认为,重庆市在九龙坡区进行了城乡统筹、城乡就业、城乡交通建设、农民变市民、市政设施的管理以及中小企业创业基地的管理办法等方面的探索。其主要精神是加速农村剩余劳动力向城市转移。具体做法是农民用宅基地交换城市住房,用农村土地承包经营权交换社会保障福利。在九龙坡区范围内,有稳定非农收入来源的农户和重庆市三峡库区云阳县境内的移民农户,如果自愿退出宅基地使用权和土地承包经营权,经申请审核,可登记变更农村户口为九龙坡区城市居民户口,同时获得宅基地和承包地方面的一次性补偿,并在城市安置方面获得一定优惠。农民转为市民后的宅基地指标纳入区集体建设用地储备库,退出的承包地由各镇土地流转中心统一登记造册,由各村土地流转服务站统一管理和经营。虽然重庆市已经在九龙坡区进行了一定的改革探索,但这只是一种区域型的改革,不能完全代表重庆试验区的全部。重庆试验区肩负着为全国统筹城乡改革探索道路的任务,因此在未来的改革中还面临两个难题:一是在农

---

① 阎星、高洁:《统筹城乡:从探索到试验》,《开放导报》,2007 年第 8 期。

村剩余劳动力向城市转移过程中,如何建立统一、规范的土地流转制度;二是在市场经济条件下,如何引导资本和技术与土地相结合,发展现代农业。①

通过这些探索和实践,学者们认为成都和重庆为全国统筹城乡综合配套改革积累了比较丰富的经验,包括综合配套改革中要注重理论与实践相结合、立足全面系统科学规划、重视民生权利、以体制机制创新为关键、发动农民和企业参与等。②在以后的改革探索过程中,成渝试验区还应该从自然条件和经济基础的实际出发,确立自身统筹城乡发展的重点;进一步抓好川渝合作示范区建设,推进扩权强县试点工作;深化重大项目和资源开发体制改革;坚持积极推进工业化和城镇化与加快社会主义新农村建设并重的改革路径;打破城乡分割的行政管理体制,消除城乡分割的户籍制度、就业制度、教育制度和社会保障制度;积极探索金融创新等。③

## 四、武汉城市圈和长株潭城市群"两型社会"综合配套改革试验区的研究热点

武汉城市圈和长株潭城市群"两型社会"综合配套改革试验区,是我国设立的首个以"资源节约型和环境友好型"社会建设为目标的

---

① 廖元和:《重庆市统筹城乡综合配套改革的背景与战略思路》,《开放导报》,2007年第8期。

② 龙玉平:《成都实验:统筹城乡综合配套改革之方法、经验与难题》,《珠江经济》,2007年第11期。

③ 刘世庆:《成渝统筹城乡综合配套改革试验区的几点思考》,《社科论坛》,2007年第3期;刘从政:《"成都试验区"建设与发展的思考》,《理论与改革》,2007年第6期。

改革试验区。现有对这一试验区的研究也多是对武汉和长株潭分别进行,研究的关注点与前几个综合配套改革试验区相比有些分散,但讨论最多的是对"两型社会"内涵的认识,设立"两型社会"综合配套改革试验区的意义,关于两地"两型社会"建设试验区未来发展路径的设想和建议等。

在对"两型社会"内涵的认识方面,现有研究从"资源节约"和"环境友好"的基本含义入手,认为"资源节约"型社会是指整个社会经济建立在节约资源的基础上,在生产、流通、消费等领域,通过采取法律、经济、行政等综合措施,提高对资源的利用效率,以最少的资源消耗,获得最大的经济效益和社会效益,保障经济和社会的可持续发展。而"环境友好"型社会是一种人与自然和谐共生的社会形态,其核心内涵是人类的生产和消费活动要与自然生态系统协调、可持续发展。建设"环境友好"型社会,就是要以环境承载力为基础,以遵循自然规律为准则,以绿色科技为动力,倡导环境文明和生态文明,构建经济社会环境协调发展的社会体系。①有的学者认为,"两型社会"的理论依据是生态文明建设, 其提出的目的旨在探索新型工业化和新型城市化的发展道路,以此破解当前我国经济社会发展与资源环境的矛盾日益尖锐等诸多深层次的体制机制障碍,通过综合配套改革,实现体制机制的整体创新。②所以"两型社会"建设既是一个战略目标,也是一项系统工程。③

对武汉和长株潭地区设立"两型社会"综合配套改革试验区意义

---

①③　来亚红:《长株潭城市群"两型社会"综合配套改革试验区刍议》,《湖南行政学院学报》,2008 年第 2 期。

②　荆继绵:《关于建设"两型社会"问题的研究》,《湖南经济报》,2008 年 7 月 17 日。

的研究主要在两个层面进行。一是国家层面,有的研究认为"两型社会"综合配套改革试验区的设立,是国家促进东中西部区域协调发展和中部崛起的战略举措,是推进新型工业化和新型城市化道路的重要探索,也是实现科学发展和构建和谐社会的根本要求。①二是地区层面,有的研究认为"两型社会"试验区的设立,对武汉和长株潭地区经济社会的科学发展具有加速器的作用。②

现有研究中对武汉和长株潭试验区各自未来发展路径的关注比较多,提出了一些政策建议。对于武汉城市圈的改革途径,有的学者认为,武汉城市圈应该走区域创新发展之路,在改革探索过程中分三步进行:第一阶段以项目合作和政策协调为起步,在城市圈内部寻求和拓展互利合作的新途径和新方法,实现合作机制的制度化和规范化;第二阶段的改革重点从一般的项目合作向复合型网络建设转移,工作重点由政府主导向市场主导转移;第三阶段进行高度融合的经济密集区建设。③有的学者认为,武汉城市圈在建设"两型社会"的探索过程中,应该建立促进资源节约和环境保护的体制机制,大力发展循环经济,努力提高企业的研发能力,积极倡导绿色消费方式。④还有的学者认为,应该以差异化的发展战略推进武汉城市圈的综合配套改革,具体举措是:成立发展改革研究院,为试验区建设提供理论支持和政策

---

① 李春洋:《中部地区建设国家综合配套改革试验区的战略意义》,《开放导报》,2007 年第 4 期。

② 龙正才:《以科学发展观指导武汉城市圈综合配套改革》,《中国改革》,2007 年第 12 期;荆继绵:《关于建设"两型社会"问题的研究》,《湖南经济报》,2008 年 7 月 17 日。

③ 杨云彦:《武汉城市圈发展战略与中部综合配套改革试验区建设》,《学习与实践》,2007 年第 10 期。

④ 张纪录:《如何推进武汉城市圈"两型社会"的建设》,《科技经济市场》,2008 年第 5 期。

咨询；进行金融创新，提高内生型经济发展能力；进一步争取商务贸易、民航、交通、海关大通关试点，强化区域交通与流通优势；加大科技创新力度，为综合配套改革试验提供动力源泉；建立城乡统一的社会福利制度，构建"两型社会"的社会保障创新机制；探索主体功能区的管理模式，科学合理地利用国土资源；发挥比较优势，开辟经济发展的新空间。①

针对长株潭城市群"两型社会"建设试验的思路，学者们提出应该在明确改革目标的基础上，着力解决城市群内区域协调机制的形成问题，进行政策创新试验和循环经济发展模式的试验。②同时，还应该增强全民建设"两型社会"的意识，建立"两型社会"产业结构和服务体系，发挥好省市政府的行政管理和服务职能。③按照"两型社会"的发展要求，长株潭城市群在未来发展中要着重培养"两型产业"的发展，其基本路径有：一是传统产业通过技术创新、发展循环经济，探索降低能耗、减少污染的路子；二是发展本身资源消耗少、环境好的高新技术产业；三是发展文化产业、创意产业、旅游业等第三产业。有的研究还提出要以"两型产业化"解决"产业两型化"的困难，进而实现"消费两型化"和"行为两型化"。④此外，现有研究还认为，长株潭城市群未来应该在城市群的资源节约模式、城市群的环境治理模式、城市群的

---

① 曾翔：《实施差异化发展战略推进武汉城市圈综合配套改革》，《江汉大学学报》（社会科学版），2008 年第 6 期。

② 来亚红：《长株潭城市群"两型社会"综合配套改革试验区刍议》，《湖南行政学院学报》，2008年第 2 期。

③ 荆继绵：《关于建设"两型社会"问题的研究》，《湖南经济报》，2008 年 7 月 17 日。

④ 王强：《关于"两型社会"的理论思考》，《湖南日报》，2008 年 4 月 10 日。

产业发展模式、城市群的基础设施建管模式和城市群的公共管理模式
等方面进行探索。①

## 五、国家综合配套改革试验区分区研究的启示

### (一)国家综合配套改革试验区的分区研究呈现出值得注意的特点

关于各个综合配套改革试验区的研究是伴随试验区的设立而开
始的,至今已经积累了相当多的研究成果,涵盖了综合配套改革试验
的众多方面。通过对现有这些分试验区研究成果的总结和分析,我们
认为现有研究所呈现出的一些突出特点值得关注。

1. 研究角度的实践性

综合配套改革试验区的设立虽然只有三年多时间,但是有的试验
区在国家正式批准设立之前就已经进行了相关的改革实践,这些改革
实践为学者们研究综合配套改革提供了丰富的素材。现有这些研究普
遍从实践的角度出发,而并非是纯理论探讨。在对以往实践进行研究
的基础上,研究人员总结改革经验,为综合配套改革的深入发展和全
面推进提供政策建议。

2. 研究内容的针对性

现有关于各综合配套改革试验区的研究,主要是针对各个试验区
的具体需要进行的,在具体改革目标的指引下,思考试验区的特点与

---

① 来亚红:《长株潭城市群"两型社会"综合配套改革试验区刍议》,《湖南行政学院学报》,2008
年第 2 期。

改革路径等。例如,浦东新区改革的重点之一是行政管理体制改革,所以现有成果的很大部分就针对行政管理体制改革进行了探讨;滨海新区改革中的东疆保税港区建设是近期的重头戏之一,因此很多学者集中就东疆保税港区的体制建设等展开了研究。

3. 研究方法的比较性

在现有研究中,学者们较多地运用了比较的方法来分析综合配套改革试验区的特征。通过综合配套改革试验区与以往经济特区和综合配套改革试验区之间在改革环境、改革目标和改革任务等方面的比较,研究适合当前综合配套改革试验推进的路径和方法。

(二)国家综合配套改革试验区的分区研究已取得有重要意义的成果

现有各综合配套改革试验区的研究,深入分析了改革的必要性、特点、途径与对策,提出了许多创新性见解,对推进综合配套改革的试验及其理论发展起到了积极作用。

1. 现有研究开拓了各试验区改革探索的思路

为综合配套改革试验的推进提供了指导。专家们在以往改革实践的基础上,通过相关理论的应用和分析,对综合配套改革试验的机理和探索路径等提出了各种解释和设计。这些研究从不同角度、各地不同的改革条件和背景出发,研究综合配套改革的推进方法,为各地改革的决策者提供了丰富的参考和指导。

2. 现有研究深化了综合配套改革的理论,使其逐渐成熟

关于各地区改革的原因与特点的分析,直接充实了我国整体上开展综合配套改革试验必要性的认识;关于各地区改革路径与方法的探

讨,更是深化了整体综合配套改革途径的理论。随着各试验区改革探索的不断深入,专家们对综合配套改革的研究领域不断拓宽,研究对象不断丰富,研究层次不断深入。这些研究成果积淀在一起,既深化了综合配套改革的理论层次,同时也为未来相关研究的进行提供了理论支持。

(三)国家综合配套改革试验区的分区研究仍需深化探索

国家综合配套改革试验区成立的时间毕竟不长,各试验区所进行的真正意义的综合配套改革实践仍处在起步阶段,因此现有对各试验区的分区研究还主要集中在改革意义、改革目标、改革面临的障碍和发展路径等一些基础层面上。这些研讨在综合配套改革试验区探索的最初阶段具有较强的指导意义,但是随着各试验区改革的不断深入,相关的理论研究也需要紧跟改革实践的发展,甚至超越改革实践的发展,为综合配套改革实践提供理论支持和技术指导。因此,针对综合配套改革试验区的研究还可以从多方面进一步深化。

1.加强试验区改革举措的配套性和协调性研究

我国的改革开放历经了 30 年,已发展到强化综合配套改革的阶段。以往那种单方面与单项推进的改革方式已经不能解决当前大部分体制上的问题,需要通过配套改革举措来攻克体制上的障碍,实现改革的目标。然而配套性改革并不是几项改革举措的简单加总,而是需要使各领域的改革紧密相连,不仅不同领域的改革互相协调、互为条件,在同一改革领域内部也需要不同改革举措之间协同配合、互相促进。通过提高试验区改革举措的配套性和协调性,可以避免出现因某一方面改革滞后而形成的体制瓶颈,或因某一方面的改革举措过于超前而导致混乱。从现有分区研究看,这方面的研究还尚显薄弱。

2. 加强经济理论对试验区改革实践的指导

我国的综合配套改革试验区是一个新生事物,综合配套的改革方式也是第一次使用,真正意义上的综合配套改革的具体举措还缺乏可借鉴的成功经验。所以从某种意义上说,现在的综合配套改革也是在"摸着石头过河"。在这种情况下,对各综合配套改革试验区的研究应该进一步关注经济理论对改革实践的指导,注重将一些理论运用到改革实践的分析中,如运用区域经济学理论指导试验区内部统筹发展和试验区对周边区域发展的带动,运用新制度经济学理论指导改革过程中的体制机制创新等。这样做有利于提高分区研究的高度和水平,从全局和长远意义上指导地区改革实践。

3. 加强试验区改革经验的总结和推广的研究

国家综合配套改革试验区的重要特征是先行先试,要形成解决普遍层面问题的成功经验,并将这些经验推广到全国其他地区。从全国的角度看,综合配套改革经验的推广是与试验区改革实践成功同等重要的事情。但目前的研究似乎还很少涉及改革经验的总结及推广的方法、措施和机制等问题。随着各试验区改革实践和成效的显现,就此方面的研究必将不断涌现。

(本文发表于《开放导报》,2008 年第 6 期。复印报刊资料:《区域与城市经济》,2009 年第 3 期全文选载。合作者:戴超,时为天津师范大学经济学院政治经济学专业硕士研究生,现就职于渤海银行。)

# 第十九章 综合配套改革试验区的
# 土地制度创新

　　自 2007 年 6 月国家设立成渝统筹城乡综合配套改革试验区以后,理论界就统筹城乡方面所涉及的问题形成了新的研究热潮。其中,农民土地的流转及协调城乡之间利益和维护农民土地权益等问题受到越来越多学者的关注。党的十七届三中全会作出《关于推进农村改革发展若干重大问题的决定》后,这一问题更成为社会关注的焦点,有关农地制度创新的研究大量出现。本文专就综合配套改革试验区确立以来的此方面文献作出分析,有利于深化对统筹城乡综合配套改革的认识。

## 一、试验区土地制度创新研究的热点问题

### (一)统筹城乡发展与土地制度创新的关系

　　根据国家批准成渝统筹城乡综合配套改革试验区的要求,两年来试验区在行政体制、社会保障制度、户籍制度、土地制度等各个领域不断进行体制改革的探索,学界一致认为以土地制度改革为重要内容的统筹城乡发展是破解"三农"难题的治本之策,是试验区改革的重点领

域和关键环节。就重庆而言,重庆统筹城乡发展的主要矛盾是如何促进农民工在工业化进程中有序转移的问题。从深处层次看,促进、影响和制约农民工市民化"转移"的核心,就在于农村土地问题和由土地的所有制关系产生的制度安排及机制设置问题。[①]就成都方面看,成都统筹城乡采取"六个一体化"策略,即城乡规划、产业发展、基础设施、公共服务、市场体制和管理机制改革,其中最为基础的是推进城乡市场体制的一体化,而土地作为城市和乡村都极为重要的生产要素,其如何实现自由流动、如何实现市场化配置是重点要解决的问题。另外,土地制度的改革也与成都统筹城乡其他环节的改革密切相关。如,土地产权制度的建立能够为统筹城乡发展解决资金来源,为农村金融体制改革奠定基础;对于产业发展,成都方面强调的建立三次产业互动的发展机制要以"三个集中"为基础,即工业向集中发展区集中、农业用地向适度规模经营集中、农民向集中居住区集中。"三个集中"在现实中的体现都要落实在土地上。[②]

我国土地流转主要涉及两个方面:一是农业用地的流转,即农民土地承包经营权的概念化、资产化、规模化地流转,解决加快农业用地流转,推进农地适度规模经营问题。二是集体建设用地的流转,解决建设土地流转市场进行规范问题。这些都需要土地制度的创新。因此,一些专家认为,搞活农村土地的流转和强化耕地保护,已成为当前农业

① 戚攻:《我国工业化进程中的农村土地流转——以重庆统筹城乡发展中的农民工土地流转为例》,《试验区建设》,2008 年第 7 期。

② 《统筹城乡发展与土地管理制度改革——由成都统筹城乡土地管理制度改革现场研讨会引发的思考》,深圳国土房产网,2009 年 7 月 31 日。

和农村发展的必然趋势,也是统筹城乡发展的关键环节。①

(二)土地制度创新的基础理论

在我国,土地制度创新的研究已有多年历史。近年来基于综合配套改革试验区的实践,学者们又从下述方面进行了突出分析与升华:

1.土地流转的必要性

大部分学者从农用地流转的角度作出考察,认为土地流转有利于实现农业结构调整和农业区域化、专业化、规模化经营;促进了农村劳动力向非农产业转移,向城镇集中,推动了农村现代化和城市化的进程;促进了土地资源的有效配置,实现了耕地的可持续利用;有益于提高农产品质量,节约生产成本和增加农民收入。再从建设用地的流转方面看,大部分学者认为土地流转的意义在于推动小城镇的建设和城乡一体化的发展;盘活集体土地存量,增强农村集体经济实力,增加农民现金收入。

2.土地产权创新

从产权理论看,土地资源配置情况取决于产权制度的安排,土地产权制度明晰能够诱导产权主体产生合理预期,实现土地资源的合理配置,能更有效地使土地财产投入社会再生产过程,土地产权制度的合理安排是农地有效流转的基础。②搞好农村土地确权、登记、颁证制度是土地产权制度安排的一种创新。因为农民拥有的土地承包权已经

---

① 郭晓鸣:《以还权赋能为主线的市场化改革进程》,《中国房地产》,2009年第5期。

② 董国礼、李里、任纪萍:《产权代理分析下的土地流转模式及经济绩效》,《社会学研究》,2009年第1期。

不再是一种债权,而是一种具有物权属性的财产权利。①

### 3. 土地流转路径创新

大多数学者认为根据我国国情和目前的基本经济情况,土地制度要在稳定家庭联产承包责任制的基础上进行市场化流转路径的创新。在此基础上,学者认为要适度深化土地产权制度改革,建立健全农用地使用权流转市场,同时完善《农村土地承包法》,增强土地承包经营权的商品性。②有学者通过农地流转制度的交易费用分析,通过与代耕、互换、转包合营等农户自发型流转相比较,提出集体推动型流转的反租倒包、两田制、股田制、股份合作制和土地信托等将是一种有效的流转路径。③在对流转路径的选择上,要更多的尊重农民的意愿,以保证流转的顺利进行。

### (三)土地制度创新实践模式的评价

国家给予了成渝试验区土地改革的试制权利,在保证土地总面积、耕地性质不变、粮食产量不变的"三个不变"前提下,突破现有土地管理和使用问题的瓶颈,使土地流动起来。试验区的实践模式大体在坚守耕地红线不被突破,推动土地流转,农民变市民的思路开展。学界介绍、评价了几种典型的模式。

---

① 黄祖辉、王朋:《农村土地流转现状、问题及对策——兼论土地流转对现代农业发展的影响》,《浙江大学学报》(人文社会科学版),2008 年第 3 期。

② 朱文:《新农村建设中农村集体土地流转制度改革与创新》,《农村经济》,2007 年第 9 期。

③ 韩立达、张芳:《我国农村土地流转的制度经济学分析》,《西南科技大学学报》(哲学社会科学版),2007 年第 12 期。

1. 土地入股,合作经营

从实践来看,学者们认为这种模式的特征是:农民以土地承包经营权作价入(社)股;集体经济组织以集体建设用地或林地、荒山等非耕地的使用权入(社)股;引入政府(或社会)资金,组成农业合作社(或农业有限责任公司)。①其中,农业合作社以成都龙泉驿区大面街龙华村组建的龙华农民合作社为代表;农业股份有限公司以重庆长寿麒麟村村民在资金共筹、财产共有、决策共定、风险共担、盈利共分、充分自愿的前提下组织的重庆宗胜果品有限公司为代表。此外,在农地入股的基础上,还尝试了引入外部资金组建有限责任公司的农业产业化经营,以成都邛崃固驿镇仁寿村引入社会资本组建固驿国田生态农业公司为代表。这种流转方式使农户可以选择在合作社(公司)工作或自谋职业,农民的收入由过去的单纯种植收入变为"土地租金(股金)+ 红利 + 工资(或个体经营)",增加了农民的收入。有学者认为这种模式克服了分散种植、管理的传统"小农经济"的弊端,实现了土地的规模化经营,同时最大限度地降低和分散了市场和自然风险,降低了生产和交易成本。也有学者认为土地入股还存在一定的不利之处,如农民存在土地承包经营权失去的风险。如果公司经营不善或倒闭,农民作为股东,可能用作为公司财产的入股土地清偿公司债务。②

2. "双交换"模式

学者们将这种模式的特征概括为:村民凡拥有稳定的非农收入来

① 严冰:《城镇化的"土改"路径——以成都统筹城乡改革实践为例》,《城市发展研究》,2009年第1期。

② 董刚、丁薪正:《论农村集体土地流转及利益协调问题——以成渝全国统筹城乡综合配套改革试验区为实证》,《探索》,2009年第1期。

源,并自愿退出宅基地使用权和土地承包经营权的,可以申报为城镇居民户口,并在子女入学、养老保险等方面与城镇居民享有同等待遇,同时获得宅基地和承包地方面的一次性补偿,宅基地指标纳入区集体建设用地储备库,退出的承包地由各镇土地流转中心统一登记造册,由各村土地流转服务站统一管理和经营。其中,比较有代表性的就是重庆九龙坡地区的"住房换宅基地、社会保障换集体承包地"。有学者认为住房换宅基地使农民拥有了非农建设用地—宅基地的交易权(退出权),最大限度地实现了土地财产权,并改善了农民的居住条件。城乡建设用地增减挂钩,实现了土地资源的最佳配置,但计划复垦为耕地的农村建设用地的土地性质可能发生变化,尤其是在接近城市边缘的地区,农业用地可能最终变成建设用地。以土地换保障模式存在后置性风险,表现为:土地置换的社保是以被保人活着的时间为限,但土地是永久性的权益,两者之间,无论相对价格还是约期都可能出现利益缺口。另外,政府的任期与农民权益保障存在缺口,可能出现本届政府用了土地权益,但留给了下届政府社保补偿义务,如果没有法制和持续稳健的财力作保障,就等于把实施成本和风险留给了未来。①一些专家认为此种模式适用的对象有限,仅适用于城市化水平较高、且位于主城区、经济实力相对雄厚的地区,但对于大面积边远农村,并没有太大复制意义。②

---

① 祝志勇:《统筹城乡发展中农村土地流转的多边利益平衡问题思考》,《探索》,2008 年第 1 期。

② 董刚、丁薪正:《论农村集体土地流转及利益协调问题——以成渝全国统筹城乡综合配套改革试验区为实证》,《探索》,2009 年第 1 期。

### 3.拆院并院,集中居住

学者认为这种模式在实践中表现为：将农民的原有房屋进行拆除,使农民集中居住,将整理出的农村建设用地等量用于城镇建设,实现城镇建设用地增加与农村建设用地减少相平衡。比较有代表性的是成都郫县的城乡建设用地增减挂钩。这种模式有利于统筹城乡建设用地,优化城乡建设用地空间结构,提高土地集约利用水平,改善村民生产生活条件,促进农村劳动力的转移。[1]但集中居住的农民在生产方面离自己的承包地远了,生活方面自留菜地少了,社保医保制度仍然不健全。同时,由集体统一规划的宅基地建房成了"小产权"房,存在是否可以合法转让变更的问题。另外,"小产权"房还涉及农村土地增值后利益归属的问题,学者认为增值后的利益应一部分归农村集体土地所有人,另一部分采取土地收益税的办法解决。[2]

### (四)农地使用权流转市场的分析

土地使用权是可以交易的,因为在土地的自用与他用之间,存在着利用效率和实现价值的差异。[3]这样试办土地交易所就有了交易基础,通过交易机构一方面从高涨的城市化需求中为新农村建设筹措资本,另一方面经由农村建设用地的节约,在严格保护耕地的前提下,增

---

[1] 国家土地督察成都局课题组:《"连城诀":成渝统筹城乡改革试验区土地制度创新的分析与建议》,《中国土地》,2008年第9期。

[2] 江平:《对重庆试验的几点看法》,《中国土地》,2007年第8期。

[3] 张海琼:《成渝试验区城乡土地交易问题研究》,《农村经济》,2007年第12期。

加城化供地规模。这是一石二鸟的改革试验。[1]重庆、成都是我国西部的中心城市,在实现国家西部大开发战略中具有重要地位。从两地率先各自成立农村产权交易所和农村土地交易所的实践作用看,保证了城市建设用地增加与农村建设用地减少挂钩,促进了城市反哺农村、发达地区支持落后地区,促进农村土地管理制度的巩固完善,依法保障农民的占有、使用和收益等权利,促进城乡要素市场活跃,完善城乡现代市场体系。

有些学者指出由于我国土地集体产权制度不明晰,土地产权交易存在风险,土地交易后的利益分配也是值得思考的问题。[2]为此,应明确土地所有权、使用权、处置权的归属,降低农村人口向城市迁移的经济损失、心理成本和交易成本,从而增加迁移的预期收益,解决主体缺位问题;对交易主体的执行情况仍然需要监管机构进行全程监管,以打击土地投机及不法交易,保证土地交易各主体的合法利益;与交易机制需配套的措施也要及时到位。[3]

(五)土地流转攸关方的利益协调

农地流转利益攸关方包括政府、中介机构、农民,其中农民是土地流转的主体。自统筹城乡综合配套改革试验区进行土地流转制度探索以来,其中的各方利益协调问题越来越受到重视,如何维护和满足农

① 周其仁:《试办"土地交易所"的构想——对成都重庆城乡综合配套改革实验区的建议》,《中国科技投资》,2008 年第 8 期。

② 董刚、丁薪正:《论农村集体土地流转及利益协调问题——以成渝全国统筹城乡综合配套改革试验区为实证》,《探索》,2009 年第 1 期。

③ 张海琼:《成渝试验区城乡土地交易问题研究》,《农村经济》,2007 年第 12 期。

民农地流转中的利益成为研究基点。学者认为创新农村土地流转制度的根本目标和价值取向是使农民利用自己的财产实现更大的价值,让农民以土地的权益参与工业化和城镇化并从中获得更大的实惠。①有专家认为土地承包经营权流转的主体应是农民,只有农民才能依法自愿和有偿进行土地流转这一基本原则。②

另外,有学者从民意调查中发现,农民在对政府的信任层级递减,对中央政策有较高评价和信任,对市区政府次之,对村委会和村设公司信任和评价要低很多,这不利于流转政策的顺利推进。③事实上,各级地方政府根据层级的不同,在土地流转过程中担任着政策制定者、探索者、实践者或者服务者的重要角色,它们在利益协调中发挥着尤为重要的作用。有学者指出,在追求地方经济发展和缓解本级财政困难的双重动力之下,一些地方政府试图争取更多的农村土地流转利益,在土地管理过程中,存在利益部门化和权力寻租等问题。因此,严格界定各级地方政府在农村土地流转中的财政收益比例和用途管制是紧要解决的问题。农村土地权属流转制度的改革在制度设计上,要从农民、农村基层组织(村委会、农民集体经济组织)、各级政府三个主体层面上构建"利益攸关方"的共同利益和共同责任,农村土地权属流转的收益,要更多地向农民及农业专业化经营倾斜。在农村土地制度改革上,政府让权、让利于民才能保证土地顺利流转,如果政府"与民

---

① 祝志勇:《统筹城乡发展中农村土地流转的多边利益平衡问题思考》,《探索》,2008 年第 1 期。

② 于建嵘:《土地承包经营权流转的主体是农民》,《中国经贸导刊》,2008 年第 23 期。

③ 刘昌用、卢颖:《农民对"农民转市"和"土地流转"的评价——重庆市双溪村统筹城乡改革试验的成效与问题调查》,《重庆工商大学学报》,2008 年第 9 期。

争利"必然会损害农民积极性。①

(六)现有改革的矛盾与经验借鉴

成渝综合配套改革试验区的设立,使统筹城乡发展发展由理论设想、政策设计转向操作试验,②而作为统筹城乡的重点领域和关键环节的土地制度创新同样也由理论转向操作层面,这就为农村土地改革开创了新的局面。但农村土地制度改革过程中的利益关系极为复杂,因此学者们认为改革还存一些值得思考之处:①行政主导过度可能会损害农民利益或存在不确定性。一方面,如果政府主要从满足用地需求出发,土地流转过程可能会变成对农民土地权利的一种新的剥夺方式。③另一方面,目前的改革采取了依靠政府的较高利益激励方式,此种方式需要较高的财政投入和组织力量投入,能否继续维持试验的推广则存在疑问。④②农地非农化带来的风险。改革要以保证土地总面积、耕地性质不变、粮食产量不变为前提,但地方政府为了短期和局部利益可能冲破城市建设规划和农田基本建设规划的限制,随意扩大建设用地规模,从而加剧耕地短缺矛盾。⑤③农地流转的后续社会保障缺位。作为农民最基本保障的土地进行流转后,农民最为关心的养老

① 吴越:《地方政府在农村土地流转中的角色、问题及法律规制——成都、重庆统筹城乡综合配套改革试验区实证研究》,《法学》,2009年第2期。

② 国家土地督察成都局课题组:《"连城诀":成渝统筹城乡改革试验区土地制度创新的分析与建议》,《中国土地》,2008年第9期。

③⑤ 郭晓鸣:《以还权赋能为主线的市场化改革进程》,《中国房地产》,2009年第5期。

④ 刘昌用、卢颖:《农民对"农民转市"和"土地流转"的评价——重庆市双溪村统筹城乡改革试验的成效与问题调查》,《重庆工商大学学报》,2008年第9期。

问题如何完善,迫切需要农村基本养老制度的推行。

学界认为更重要的是成渝试验为全国的土地制度改革提供了可值得借鉴的经验。

1. 制定科学的统筹城乡发展规划是土地流转的前提

试验区本着科学发展的原则,从全局的战略高度统筹规划了未来若干年城乡土地利用总体规划,这一超前的战略性举措,为试验区目前以及若干年后能够顺利开展城乡统筹改革试验提供了战略保障。科学的城乡统筹发展规划为土地管理制度的改革试验奠定了坚实的基础。

2. "确权"是土地流转的基础

试验区在土地改革中明确界定土地的集体所有权、所有农村耕地、山林、建设用地与宅基地的农户使用权或经营权,以及住宅的农户所有权。实践说明,确权加流转消除了土地制度改革的系统性风险,表明了要保护农民利益,首先要让他们的资产具有清楚的权属界定,并且得到普遍的合法表达。

3. 土地交易服务机构是土地流转的中心环节

试验区成立了农村集体土地交易的服务机构,建立了较为规范的管理规则与流转程序,初步建立了公开有形的集体土地市场。从试验区实践看,交易服务机构的建立为土地流转提供了集中交易的场所,不仅促进了农民土地的有效、合理流转,而且也为解决城镇土地供需缺口提供了路径。

4. 改革要因地制宜

成渝试验区地处西部地区,属于全国欠发达地区,土地制度改革模式对于欠发达地区的发展更具有借鉴意义。而且试验区内各个地区又存在环境与条件的差异,改革做法也因地制宜,各不相同。因此,其他地区绝不能照搬试验模式,应结合试验区的改革经验,探索一条适合本地区发展的改革方式。

## 二、试验区土地制度创新研究的特点及启示

(一)试验区土地制度创新研究的主要特点

1. 研究方法的实证性

在统筹城乡综合配套改革制度的研究中,学者们大都到实地进行调查,较多地运用了实证的方法分析试验区土地制度创新的模式,探索试验区土地制度改革的路径,为土地制度的创新研究提供了较为科学的依据。

2. 研究重点的扩展性

统筹城乡综合配套改革试验区的土地制度改革研究更为注重农民意愿的分析,这突破了以往土地制度改革研究仅限于农地产权改革、流转路径选择等方面的做法,丰富了统筹城乡大格局下农地制度创新的内涵。

3. 研究内容的深层性

统筹城乡综合配套改革试验区土地制度改革的研究突破了传统的单纯土地改革的理论研究,更多的是针对试验区的实践进行理论剖析。实践的多样性为理论研究提供了新的对象,攻克实践难题提升了

理论研究的应用性,从而推动了土地制度创新研究的继续深化,并且增强了研究成果的可信度。

4.研究视角的多维性

农地制度的复杂性决定了改革的系统性,以统筹城乡的综合配套改革为大背景,学界的研究呈现了空前未有的开阔视野并进行了多层次多角度剖析,初步体现了我国土地制度改革研究已具有综合配套分析的特点。

(二)统筹城乡综合配套改革试验区土地制度创新研究的意义

现有统筹城乡综合配套改革试验区土地创新的研究,对试验区的改革实践进行了客观评价,探索试验区土地制度创新对全国的指导意义,这些推进土地制度创新特别是使用权流转的试验及其理论发展起到了积极作用。

1.现有研究立足于试验区的实践,对土地制度创新进行了有针对性和较具体的剖析

特别是有关试验区土地制度综合配套改革及已有模式的实践研究,为今后试验区深化统筹城乡综合配套改革提供了理论指导,为全国继续探索土地制度创新奠定了新的理论依据。

2.现有研究推进了农地制度改革理论创新

由于以统筹城乡综合配套改革为大背景,又有试验区的新实践为案例,土地制度创新理论在有关土地产权、土地流转路径、农地使用权流转市场、土地流转攸关方利益协调、现有改革模式的经验借鉴等方面作出了新的思考。土地制度创新的研究视角不断拓宽,研究内容不

断丰富,研究层次不断提高,我国土地制度创新研究已逐步迈入以综合配套改革为特征的新阶段。

(三)土地制度创新的研究尚需以综合配套改革的要求为指导作深化探索

统筹城乡综合配套改革试验区的成立时间不长,试验区有关土地制度创新的实践还处在探索阶段,随着试验区实践的不断发展,现有的研究还需要从多方面进一步深化。

第一,制度创新研究所涉及的方面很广,但将其置于统筹城乡综合配套改革的大格局下作深入研究还不够,对试验区土地制度与相关配套制度改革的研究也不多。作为综合配套改革理论的有机组成部分,土地制度创新研究还需要进一步深化。

第二,现有土地制度创新研究大多从试验区土地改革的模式评价、产权创新、路径选择等角度进行分析,还缺少对试验区土地制度改革绩效的评价与分析。当前,全国在推进农村集体建设用地制度改革,建设统一规范城乡建设用地市场;开展农村土地承包经营权登记试点,建立健全从土地承包经营权流转市场等方面推动改革的任务还很重,也亟须提供更有针对性的理论指导。

第三,现有的土地制度创新研究对统筹城乡综合配套改革试验区与其它地区之间的土地制度改革实践的比较研究很少,会制约改革试验内在规律的提炼总结,影响综合配套改革试验具有可复制性要求的落实,因此还需要继续予以扩展。

（本文发表于《开放导报》,2009 年第 5 期。合作者:崔丽娟,时为天津师范大学经济学院政治经济学专业硕士研究生,现为赤峰工业职业技术学院讲师。）

# 第二十章　综合配套改革试验区
## 在新一轮改革中的重要地位与有益经验

在我国发展进入全面建成小康社会之际,深化经济体制改革的任务非常艰巨。怎样认识综合配套改革及其试验区,是其中的一个重要理论与实践问题。

## 一、综合配套改革试验区是我国新一轮改革中实现加强顶层设计与"摸着石头过河"相结合的重要途径

综合配套改革作为一个正式用语,来源于我国设立综合配套改革试验区。自 2005 年上海浦东新区获批始,国家已陆续批准成立了滨海新区、深圳、成都、重庆、武汉、长株潭、沈阳、山西、厦门、义乌、黑龙江等地的 12 个综合配套改革试验区。从推进改革的基本设计看,综合配套改革以科学发展观统领全过程,以完善社会主义市场经济体制为总体目标,以带动区域发展和探索科学发展重大课题的解决路径为主要任务,以注重改革的全面性、系统性和配套性为内容标准,以改革举措的先行先试为核心特征,以地方政府与基层群众发挥能动作用为实施主体,因此成为了新世纪我国进入全面建设小康社会时期深化体制改革的一个特色与亮点。因先行先试具有政策导向作用,所以各地予以

密切关注并积极争取成为综合配套改单试验区。

近些年来，获批的各个综合配套改革试验区认真贯彻中央和国家部署，紧紧围绕国家赋予的区域发展定位和试验区突出任务，紧密结合地区实际情况和发展需要，就金融、土地管理、现代服务业、政府行政管理、社会事业等领域的体制改革进行了积极探索，分别在加强区域辐射带动作用、推进统筹城乡、建设"两型"社会、推动新型工业化、加快资源型经济转型、深化两岸合作交流、创新国际贸易等方面发挥了积极作用。创新了改革思路、积累了改革经验。以党的十八大召开和党中央新的领导集体作出深化改革开放的新部署为标志，我国新一轮的改革正在来临，由于各方就加强改革顶层设计的呼声更为高涨，带有局部性和探索性，因此综合配套改革试验区的地位也成为需要认清的问题。

新一轮改革推进的方式决定于改革面临的形势和要求。一方面，经过 40 年的探索实践，我国已经积累了相当丰富的改革经验，但改革也进入了攻坚期与深水区，许多重点领域的改革都会在相当程度上触动乃至打破现存利益格局，调整预期利益。因此，必须改变仅由某些系统或区域单独构思和推进改革的做法，强化国家整体层面的顶层设计，突破部门和地区局限，推进立足全局、系统配套的举措。另一方面，我国是在拥有 13 亿人口的大国推进全面建成小康社会，并且已高度融入世界经济，受到各个国际金融危机时期的各种影响与制约，各地区发展又很不平衡，国情的复杂性决定了体制改革又不可能仅仅依靠上层的顶层设计，必须尊重基层和群众的首创精神，因此"摸着石头过河"的方法不仅没有过时，还应根据新的需要继续使用。

综合配套改革试验区正是将这两种方法有机结合起来的有效载体。按照要求,试验区的侧重任务属于全国需解决的重大课题,推出的改革举措具有全局性、系统性和配套性,先行先试的设计需要置于全国的宏观层次进行协调和审批,拿出的改革成果应具有可复制性和普惠性,能够推广,这些决定了综合配套改革正是全局的有机组成部分,能够突破区域局限与全国改革的顶层设计紧密衔接。同时,这种综合配套改革又会在一个区域进行具体设计和试验,建筑在由基层单位和群众紧密结合实际开展实践探索的基础之上,提供了试错的余地与时间,这又为更好落实改革顶层设计方案和进行新的顶层设计奠定了不可或缺的基础性条件。由此可见,在试验区内进行综合配套改革在新一轮改革中会具有更为重要的地位,只有坚持这一改革方式与路径,才能正确又顺利地深化改革,同时必将推动试验区的经济社会发展。

## 二、综合配套改革的天津实践积累了深化改革推动发展的有益经验

2006 年 5 月 26 日,《国务院关于推进天津滨海新区开发开放有关问题的意见》明确提出,批准天津滨海新区为全国综合配套改革试验区。天津市根据党中央和国务院部署,拟定了《滨海新区综合配套改革试验总体方案》并于 2008 年 3 月获国务院批准,此后又制定了综合配套改革 3 年实施规划,于 2010 年基本完成。其间,滨海新区制定并完成了综合配套改革实验第一个三年实施计划(2008—2010 年),还以此为基础,进一步制定了《天津滨海新区综合配套改革试验第二个

三年实施计划(2011—2013年)》。在实践中,滨海新区先选择重点领域和关键环节推出了"五大改革",实现了率先突破,后又提出了"十二五"时期10个领域的改革创新任务,涉及了行政管理体制、行政审批制度、土地管理制度、保障性住房制度、医疗卫生体制、金融改革创新、涉外经济体制、城乡一体化、国企改革和非公有制经济发展、社会管理创新和公共服务等领域,设置了26个重点项目。

十大改革贯彻落实科学发展观要求,围绕加快转变经济发展方式的主线,紧密结合实际,服务于实现中央对天津市和滨海新区的发展定位,因此发挥了积极作用。如,在金融改革方面,设立了作为全国第一支产业投资基金的渤海产业投资基金,股权投资基金快速发展;连续举办了七届中国企业国际融资洽谈会,被喻为"资本的盛宴",创先了"快速约会、资本交易、中介服务"的融资新模式,为中小企业搭建了直接融资对接平台;制定配套政策措施,从融资租赁公司设立、业务创新、物权保护、市场培育、税收优惠、风险防范等方面支持融资租赁业发展,行业领域已由航空拓展到工程机械、固定资产投资、市政建设等多个方面,业务总量一直约占全国的四分之一,单一项目融资租赁企业占到八成,居全国领先。

这些探索及显著成果激发了金融创新活动。在涉外经济体制改革方面,天津以建设北方国际航运中心与国际物流中心为目标,以东疆保税港区为重点,既加强了基础设施建设,又在全国率先实施了国际船舶签认制度,内陆"无水港"建设也成效显著。在行政管理体制改革方面,建立了滨海新区统一行政体制框架,取得了突破性进展。在城乡一体化方面结合"大城市、小农村"实际,开展了农村宅基地换房,形成了"三区"联动格局,推进了"三改一化"试点,使农民获得了"四金"收入,由农民转为市民,在小城镇建设方面走出了行之有效的天津特色之路。

这些实践探索借助并依靠了"先行先试"的平台,既取得了实绩,证明国家在完善社会主义市场经济体制阶段作出设立综合配套改革实验区的决策是必要的,有着长远意义,又积累了不仅符合天津实际而且应用广泛的经验。如,注重坚持从实际出发,做到重点突破与整体创新相结合、经济体制改革与其他方面改革相结合、解决实际问题与攻克面上共性难题相结合;坚持金融改革服务实体经济,实现二者良好互动;坚持创新驱动内在增长,深化科技体制和职业教育改革,努力增强经济素质和产业竞争力;坚持互利共赢,提升外向型经济水平;坚持城乡统筹,实现城乡一体化发展;坚持绿色发展,建立循环利用机制,破解资源环境制约难题;坚持依法行政,创新政府管理体制,努力建设服务型政府等,这些在改革实践的基础上形成的理性认识,同样是一笔财富,表明滨海新区应当而且能够在新一轮改革中更好地深化综合配套改革,推进先行先试,为进一步加快滨海新区开发开放和实现天津发展定位服务。

### 三、综合配套改革的继续深化将提供滨海新区实现新发展的新动力

从全国发展看,为在新的起点上全面建成小康社会,改革是最大的"红利",此方面已形成的共识也适用于滨海新区。滨海新区从起步

发展之时起,就走上了外向型经济之路,长期的改革与发展尤其受益于扩大开放。然而受国际金融危机的长期创伤和欧美债务危机短期冲击的双重影响,全球经济形势复杂,仍处在艰难复杂阶段,将维持低速增长走势,这使得继续发挥"开放红利"作用受到很大挑战与约束。我国老龄人口已居世界第一,劳动力成本提高,以较为廉价劳动力为支撑的"人口红利"已趋于消失,这也对滨海新区发展产生了重要制约作用。

从国内宏观形势看,以扩大投资刺激经济发展为主的发展路子因弊病较多而不会成为常态,扩大地方债务、依靠土地财政的方式也已不再具备条件,因此滨海新区在继续抓好大项目的同时,必须把深入推进改革开放作为主要发展动力。只有继续深化综合配套改革,进一步释放改革红利,才能形成新的体制优势,使率先建成小康社会的目标获得不竭动力源泉,才能破解实现科学发展、加快转变经济发展方式的难题,保证新区实现发展目标。

为此,要继续解放思想和统一思想。必须充分认识深化综合配套改革的重大意义,把思想和行动切实统一到中央和市委的部署上来,善于强化全局观念和责任意识,坚持开拓创新,以更大的政治勇气和智慧推进改革。要围绕完成综合配套改革第二个三年计划,继续深化经济领域改革,推动金融、涉外经济、土地、国有企业和非公有经济等方面的改革取得新突破,实行更加积极主动的开放战略,加快东疆保税港区向自由贸易港区转型。同时,继续深化行政、社会、文化领域的改革,使之不断完善。

要搞好全国实施新一轮改革背景下的综合配套改革规划。善于学习借鉴其他综合配套改革试验区的经验,结合天津实际情况,进一步强化改革举措的全面设计、全局谋划、相互衔接、总体配套,勇于并善于以开放促改革,选择好突破口,抓住重点领域和环节,举全市之力以更大力度推动综合配套改革取得新成效,滨海新区发展实现新跨越。

（本文主要部分以"深化综合配套改革　推进滨海新区发展"为题发表于《天津日报(理论版)》,2013 年 7 月 15 日。）

# 第二十一章　滨海新区综合配套改革实践特点与思路深化

国家综合配套改革试验区是顺应经济全球化与区域经济一体化趋势和完善社会主义市场经济体系的内在要求，在科学发展观指导下，国家所建立的以制度创新为主要动力，以全方位改革试点为主要特征，对全国社会经济发展带来深远影响的实验区。[①]天津滨海新区自2006年被国务院批准为综合配套改革试点，特别是2008年《国务院关于天津滨海新区综合配套改革试验总体方案的批复》获国务院正式批复后，新区先后启动实施了两个三年实施计划。新区在第一个三年计划"五大改革"取得重大突破的基础上提出了"十大改革"的具体目标和任务，综合配套改革进入全面深化阶段。

## 一、滨海新区综合配套改革实践成就与经验

2013年底，滨海新区完成了综合配套改革第二个三年计划任务。在这六年里，滨海新区以改革总揽全局，在金融服务、土地管理、涉外经济和管理体制等十大领域先行先试，取得了积极进展，提升了新区

---

① 郝寿义、高进田：《试析国家综合配套改革试验区》，《开放导报》，2006年第2期。

示范带动作用,成为推动中国新一轮发展的新领军者。

(一)滨海新区综合配套改革实践成就

1. 五大改革,率先突破

"十一五"时期,滨海新区全力推动落实总体方案和第一个三年计划,在行政管理体制、行政审批制度、土地管理体制、保障性住房制度、医疗卫生体制"五大改革"领域取得了重要突破。

一是实现了行政部门的统一,形成了"三位一体"开放建设模式。2009年,滨海新区行政区成立,成为全国同级区域中部门最少、人员最精简的工作机构,同时创新推行"指挥部+管委会+平台公司"三位一体的"十大战役"开发建设模式。

二是行政审批职能归并,效率大幅度提升。2009年,新区构建了新区、城区(功能区)、街镇分类服务的三级审批体系,行政审批服务中心和公共资源交易中心相继成立,大幅度提升了行政审批服务效率。

三是土地规划先行,制度保障优先。滨海新区成立了新区土地管理委员会,实行土地利用总体规划的动态管理和土地统一整备及集中交易制度,提升了土地供应调控能力和土地资源配置效率。

四是实施住房多层保障,多方对接。新区探索形成了经济适用房、公共租赁房、定制商品房、蓝白领公寓等各类住房保障模式,鼓励以"订单生产""阳光交易"方式与企业和群众直接对接。

五是推进医疗重组分离,医药脱钩。新区进行了社区医疗服务中心和社区公共卫生服务中心分离试点试验,并在社区医疗服务中心对目录内的药品实行零差率销售,减轻了患者就医负担。在五大方面改革取得率先突破的同时,滨海新区在金融、涉外经济体制、科技体制、城乡一体化和社会管理等方面的改革创新也取得了显著进展。

2.十大改革,全面推进

2011年,综合配套改革第一个三年计划基本完成,"五大改革"积累的宝贵经验和取得的积极成果使改革创新站在了新的更高起点上,新区由此确定了第二批十大领域的二十个重点改革项目和五十个具体事项。"十大改革"既是"五大改革"的深化,也是新的改革领域的拓展。"十二五"时期,新区综合配套改革试验第二个三年实施计划,取得了全力推进经济社会全面协调可持续发展的新作为。

一是全面推进行政分类服务,实施强街强镇战略。新区"一级政府、分类服务"的行政框架基本形成,区政府、管委会、街镇之间的权责关系进一步理顺,街道财力集中管理,街镇发展基础不断夯实,提升了街镇经济自主权。

二是审批权限不断下放,效率显著提升。新区"一站式"和"保姆式"服务,现场审批率达到96.5%,审批效率提高80%。

三是土地管理体系基本形成,利用结构不断优化。新区"两规合一"的城乡一体化规划体系和格局基本形成,"增减挂钩""打包出让"等土地利用结构不断优化,为新区开发开放进一步拓展了可持续的建设空间。

四是保障性住房多层次供应体系基本形成,配套机制相对完善。新区形成了低端有保障、中端有供给、高端有市场的多层次住房供应体系,而且申请、退出、交易、定价、运营机制相对完善,满足了外来务工人员和新就业大学生住房需求。

　　五是实现了医改全面推进和医疗保障全面覆盖。新区新型社区医疗卫生服务体系基本形成,社区医疗服务中心和社区公共卫生服务中心权责明晰,大医院社区门诊、家庭责任医生范围不断拓展和延伸,基本药物零差率销售实现城乡全覆盖,药品价格平均下降25%以上。

　　六是金融改革以创新为动力不断深化。新区股权投资企业及其管理机构达1988家,注册资本超4280亿元,同时已获批成为商业保理全国试点。以天津股权交易所、碳排放权交易所、天津金融资产交易所为主的创新性交易平台初具规模;股权投资基金、融资租赁、离岸金融、意愿结汇等金融新品种新业态格局基本形成;资本金意愿结汇试点范围不断拓宽,跨境人民币业务试点稳定增加,创新型金融市场体系框架初步形成。

　　七是新区不断深化涉外经济体制改革,对外开放门户作用显著增强。新区以东疆保税港区为龙头,不断深化国际船舶登记、国际航运税收、航运金融、租赁业务等方面改革创新,同时以内陆无水港为节点的保税物流网络初步形成,"大通关"体系日益完善,中新天津生态城的国际样板形象不断提升。

　　八是城乡统筹发展创新格局基本形成。"耕地换社保"妥善解决了被征地农民转为城市居民后的社会保障和就业保障,"宅基地换房"顺利推进了示范小城镇建设,农村居住社区、示范工业园区、农业产业园区的"三区"联动壮大了街镇经济实力,保障了小城镇居民安居乐业。

　　九是新区不断推进和深化国有企业改革,支持和引导民营经济发展,实现了国改民促、和谐共生。新区先后整合组建了新区水务、公交、燃气等行业集团,优化了公用事业资源配置,提高了国有资源配置效率,同时配套出台支持民营经济发展的 38 项政策措施,民营企业达到 36779 家,注册资金超 6000 亿元。

十是新区深化社会领域改革创新,全面提升社会管理和公共服务的质量和水平。新区、功能区、街镇综治信访中心和村居综治信访服务站体系基本形成,公、检、法、司、信访互动的综合调解格局日益完善,政府、工会、企业、职工四方联动的劳动关系协调机制趋于成熟,全域覆盖的流动人口服务管理模式初步形成,城乡一体化的社会救助体系日益健全。

### (二)滨海新区综合配套改革实践经验

在新区综合配套改革第二个三年实施计划完成之年,面对复杂困难的发展环境,既有挑战也充满机遇,新区政府坚定不移地贯彻中央和市委的决策部署,落实责任,加快重点领域和关键环节的改革创新,取得一些重点领域和关键环节改革的较大突破,为圆满完成"十二五"规划目标提供制度保障和动力源泉,为全国区域改革创新提供了经验借鉴,具有重要的先导示范作用。

#### 1. 顺势而为

现今,经济全球化对中国社会经济的影响日益突出,一方面增大了我国经济运行的风险性,另一方面对中国综合竞争力提出了更高要求。与此同时,我国经济社会正处于全面转型期,设立国家综合配套改革试验区,是在探索改革新思路,为推动下一步经济社会发展提供新的示范。随着 2006 年国家明确了滨海新区的功能定位,后又获批综合配套改革试点,2008 年新区先后启动实施了两个三年实施计划。在国家推进滨海新区综合配套改革试验区开发开放的政策体系中,包括了"先行试验一些重大的改革开发措施"的优先权,这极大激发了滨海新区的创新主动性和积极性,进而产生了很强的示范效应。

2. 渐全改革

改革是一种制度创新,即建立适应社会发展和进步的新制度。国家综合配套改革试验区的任务就是进行攻坚式、引领式、探索性改革,但存在制度创新是否能与社会经济状况相适应的风险性。滨海新区将综合配套改革分解成若干三年计划,从"五大改革"到"十大改革",从渐进式改革进入全面深入改革,不断扩大和深化改革的内容与领域,这样有利于降低风险,及时纠正错误,推广经验,把改革引起的负效应控制在最小范围,符合寻求最佳发展模式的曲折性与探索性的内在要求。

3. 政府主导

政府是制度创新的主要推动者。在滨海新区综合配套改革过程中,制度创新主要还是通过政府对一些旧的规则和制度进行改革,并建立新的规则和制度。如滨海新区一级政府的成立,审批权的不断下放,服务型政府的创建,都大大提高了政府行政效率。特别是"新区事新区办"的机制激发出滨海新区更大的活力,为滨海新区所担负的体制创新、制度创新任务的达成提供了必要的制度保障。

4. 民生为纲

民生是和谐之本。面对收入差距不断扩大,社会矛盾不断出现等问题,新区政府改革创新以改善保障民生为导向,改善了政府为民服务的形象和效率,创新了土地补偿机制和激励制度,健全了医疗服务与救治的范围,建设了大批满足不同需求的保障性住房,实现了基本社会保障体制全覆盖,提升了社会事业发展水平。特别是新区以众多民生工程为载体,使人民群众享受的公共服务越来越周到,幸福指数越来越高,处处体现着民生为纲的情怀。

5. 创新为本

综合配套改革是党中央赋予滨海新区制度创新与探索的权利,目的是为建立完善、高效的社会主义市场经济体制起到创新示范作用。滨海新区从"五大改革"到"十大改革",在政府管理体制、行政审批、土地管理、金融管理、涉外管理体制、科技体制和社会管理等方面的创新都取得了较大突破。"三位一体"的开发模式、"三区联动"的发展模式、"三网联合"的服务模式、"三改一化"的城镇化模式等,都体现了滨海新区创新发展的新思路和新举措。

## 二、滨海新区深化综合配套改革的重要意义

当今世界正处在大变革大调整时期,国内外经济形势出现了一些新变化和新情况, 经济复苏与增长成为全球各国共同关注的焦点问题。经济特区作为一国经济发展的重要引擎和空间载体,不仅是技术与制度的创新平台,更是实体经济的增长源泉。我国综合配套改革试验区的设立,创新了改革思路,积累了改革经验,特别是滨海新区依托自身优势,继续深化综合配套改革实践将成为新一轮改革实现加强顶层设计与"摸着石头过河"相结合的重要途径。只有对这些新形势有了深刻认识与理解,滨海新区才能准确把握面临的机遇和挑战,才能以

最适合的思路与措施继续深化综合配套改革,服务区域经济发展和国家整体战略布局。

(一)国内外经济特区发展趋势

1. 国外经济特区发展新趋势

自 1547 年意大利雷格亨港成为自由港迄今已有近 500 年的历史。由于各国、各地区的自然、历史和社会条件不同,设立经济特区的类型也多种多样,从早期的自由港和自由贸易区到出口加工区和各种功能区,再到具有国家战略性功能的综合特区,呈现出四个方面的特点与经验。

一是特区功能日益丰富。在近 500 年的时间里,当今世界已有 1000 多个自由贸易区和自由港,但功能从过去的单一贸易、出口加工日益向综合功能发展,从单纯招商引资向发展高新产业、改革示范发展。

二是国际化日益加深。随之经济全球化的不断深入,世界产业分工更趋明细。发达国家转移落后制造业,发展中国家建立经济特区承接产业转移,同时也大力发展高科技产业以促进产业结构升级。

三是战略作用日益增强。政府推动设立经济特区,有利于国家发展战略的实现。特别是发展中国家为了吸引国外资本和技术,以特区为载体实施出口替代战略和改革先行先试战略,如我国的深圳经济特区和滨海综合配套改革试验区,而日本的经济特区不是为了吸引外资,而是为了留住本国企业。

四是区位优势日益明显。世界各国及地区一般都选择具有区位优越的地方建立经济特区,特别是交通便利、经济基础好的中心城市,如拥有国际海港、空港的交通枢纽,更具有进一步开发开放的内生潜力,集聚扩散效应、领先示范效应更加显著。

五是法制创新日益完善。经济特区作为改革开放的先行先试试验区,一般都被赋予了较大的法制权利。如享受特别的优惠待遇、特殊的外商权利义务和特别的行政管理权限,这些都有利于提高管理效率、保护投资者权益,进而增强投资的安全感和信心。然而由于世界经济增长持续低迷,特别是美国经济复苏缓慢而引起的"制造业回归"等战略收缩新趋势,加之日欧经济持续不振,极大削弱了对我国投资与产品的需求。

2. 国内综合配套改革发展新趋势

综合配套改革作为一个正式用语,来源于我国设立综合配套改革试验区。自 2005 年上海浦东新区获批始,国家已陆续批准在滨海新区、深圳、成都、重庆、武汉、长株潭、沈阳、山西、厦门、义乌等地设立综合配套改革试验区。获批的各个综合配套改革试验区认真贯彻中央和国家部署,紧紧围绕国家赋予的区域发展定位和试验区突出任务,紧密结合地区实际情况和发展需要,就金融、航运、土地管理、现代服务业、政府行政管理、社会事业等领域的体制改革进行了积极探索,分别在加强区域辐射带动作用、推进统筹城乡、建设"两型"社会、推动新型工业化、加快资源型经济转型、深化两岸合作交流、创新国际贸易等方面发挥了积极作用,创新了改革思路,积累了改革经验。

例如,上海自由贸易试验区获批已经开始撬动中国新一轮改革开放,对于转变中国外贸增长方式和促进中国参与国际交流与竞争是一次积极的探索与尝试,是一次中国外贸走向便利化、自由化的全面升级。深圳新一轮全面深化改革总体方案已经颁布,强调落实"三个定位""两个率先"的战略举措,努力实现前海深港现代服务业合作区、商事登记管理、权力运行制约和监督、收入分配、基层管理服务等重点领域的体制机制改革。温州作为金融综改试验区,将"民资主发起"及利率市场化改革作为两大重点领域,以民间资本筹建小型银行和解决中小微企业融资困难为突破口进行金融改革创新。

从推进改革的基本设计看,综合配套改革以科学发展观统领全过程,以完善社会主义市场经济体制为总体目标,以带动区域发展和探索科学发展重大课题的解决路径为侧重任务,以注重改革的全面性、系统性和配套性为内容标准,以改革举措的先行先试为核心特征,以地方政府与基层群众发挥能动作用为实施主体,因此成为了新世纪我国进入全面建设小康社会时期深化体制改革的一个特色与亮点。由于先行先试具有政策导向作用,各地均予以密切关注并积极争取成为综合配套改革试验区。

(二)滨海新区继续深化综合配套改革的重要性

1. 综合配套改革试验区是我国新一轮改革中实现加强顶层设计与"摸着石头过河"相结合的重要途径

我国新一轮的改革已经开始。一方面,我国改革已进入了攻坚期与深水区,许多重点领域的改革都会在相当程度上触动乃至打破现存利益格局,调整预期利益。因此,有必要强化国家整体层面的宏观思考与顶层设计,突破部门和地区局限,推进立足全局、系统配套的举措。

另一方面,我国人口众多、地区发展不平衡,加之受后国际金融危机时期的各种影响与制约,如何推进全面建成小康社会,国情的复杂性决定了体制改革又不可能仅仅依靠国家层面的顶层设计,必须尊重基层和群众的首创精神,因此"摸着石头过河"这一富有中国特色的改革方法不仅没有过时,还应根据新的需要被继续使用与完善。

综合配套改革试验区正是将这两种方法有机结合起来的有效载体。按照要求,试验区的侧重任务属于全国需解决的重大课题,推出的改革举措具有全局性、系统性、配套性和协同性,先行先试的设计需要置于全国的宏观层次进行协调和审批,拿出的改革成果应具有可复制性和普惠性,能够推广,这些决定了综合配套改革已是全局的有机组成部分,能够突破区域局限与全国改革的顶层设计紧密衔接。同时,这种综合配套改革又会在一个区域进行具体设计和试验,建筑在由基层单位和群众紧密结合实际开展实践探索的基础之上,提供了试错的余地与时间,这又为更好落实改革顶层设计方案和进行新的顶层设计奠定了不可或缺的基础性条件。由此可见,依靠试验区进行综合配套改革在新一轮改革中会具有更为重要的地位,只有坚持这一改革方式与路径,才能正确又顺利地深化改革,同时必将推动试验区的经济社会发展。

2.综合配套改革的天津实践积累了深化改革推动发展的有益经验

滨海新区改革实践探索借助并依靠了"先行先试"的平台,既取得了实绩,证明国家在完善社会主义市场经济体制阶段作出设立综合配套改革实验区的决策是必要的,有着长远意义,又积累了不仅符合天津实际而且可以扩大应用的经验。如,注重坚持从实际出发,做到重点突破与整体创新相结合、经济体制改革与其他方面改革相结合、解决实际问题与攻克面上共性难题相结合；坚持金融改革服务实体经济，实现二者良好互动；坚持创新驱动内在增长，深化科技体制和职业教育改革，努力增强经济素质和产业竞争力；坚持互利共赢，提升外向型经济水平；坚持城乡统筹，实现城乡一体化发展；坚持绿色发展，建立循环利用机制，破解资源环境制约难题；坚持依法行政，创新政府管理体制，努力建设服务型政府等，这些在改革实践的基础上形成的理性认识，同样是一笔财富，表明滨海新区应当而且能够在新一轮改革中更好地深化综合配套改革，推进先行先试，率先构筑改革新优势，为进一步加快滨海新区开发开放和实现天津发展定位服务。

3.综合配套改革的继续深化将提供滨海新区实现新发展的新动力

从全国发展看，为在新的起点上全面建成小康社会，改革是最大的"红利"，是实现两个百年奋斗目标、实现中华民族伟大复兴的关键一招，此方面已形成的共识也适用于滨海新区。滨海新区从起步发展之时起，就走上了外向型经济之路，长期的改革与发展尤其受益于扩大开放。然而受国际金融危机的长期创伤和欧美债务危机短期冲击的双重影响，全球经济形势复杂，仍处在艰难复苏阶段，这使得继续发挥"开放红利"作用受到很大挑战与约束。我国老龄人口已居世界第一，劳动力成本提高，以较为廉价劳动力为支撑的"人口红利"已极大弱化并趋于消失，这也对滨海新区发展产生了重要制约作用。

从国内宏观形势看，以扩大投资刺激经济发展为主的发展路子因弊病较多而不会成为常态，依重地方债务或土地财政的扩张方式也已不再具备条件，因此滨海新区在继续抓好大项目的同时，必须把深入推进改革开放作为主要发展动力。只有继续深化综合配套改革,进一步释放改革红利,才能形成新的体制优势,使率先建成小康社会的目标获得不竭动力源泉,才能破解实现科学发展、加快转变经济发展方式的难题,保证新区持续成为天津又快又好的重要引擎。

4.区域综合优势使滨海新区新一轮改革条件日益成熟

区域综合优势包括地理位置、经济发展、政府组织、市场范围、交通条件、资源禀赋、科技力量、投资环境、产业实力等内容。滨海新区区域综合优势明显,经济发展腹地广阔。滨海新区地处东北亚地区开放引资与经贸合作的前沿,也是京津冀城市群的核心区内,聚集了港口、开发区、保税区、海洋高新技术开发区和大型工业基地,拥有发达的海、陆、空交通网络体系和丰富的资源禀赋,人力资源丰富、科技创新力量强。滨海新区经济发展迅速,人均 GDP 全国第一,居中国城市竞争力的首位,其统一高效的滨海政府成为全国同级别中机构、人员最少的政府机构,中新天津生态城也已成为宜居生态型城市的国际样板。特别是天津港吞吐量位居北方港口第一位,东疆保税港区也是经国务院批准成立的迄今为止面积最大、条件最好、政策最优、效率最高、通关最便捷、环境最宽松的保税港区,充分享受国家批准的涉及税收、口岸监管、外汇管理等方面的众多优惠政策,已经具备了向自由贸易港区转型的条件。

为此,新区有必要继续解放思想和统一思想,充分认识深化综合配套改革的重大意义。有必要积极学习借鉴其他综合配套改革试验区的经验,结合天津和滨海新区实际情况,进一步强化改革举措。有必要结合完成综合配套改革第二个三年计划,继续深化重点领域改革。

## 三、滨海新区深化综合配套改革的思路与措施

2013 年是滨海新区全面完成第二个三年计划的关键一年。面对新的国内外形势，既有挑战也有机遇，对于滨海新区在困境之年全面推进综合配套改革，探索未来发展思路意义重大。

（一）整体思路

1. 顶层设计，尊重首创精神

我国国情的复杂性决定了改革不仅需要依靠国家层面的顶层设计，也需要尊重基层和群众的首创精神，因而顶层设计与"摸着石头过河"应该适时适度协调配合。一是尽快明确研究改革顶层设计的内涵和基本要求，确定改革的战略目标和阶段性目标。清晰界定新区政府要建立的经济内涵，正确处理政府与市场、政府与社会的关系。二是理清现阶段改革推进的关键环节和突破口。全面梳理下一步改革各领域、各环节之间的联系机制，争取找到一条能够打开改革全局的主线和突破口，并以此研究制定一系列重大的改革方案。三是建立高层次的改革统筹协调机制，改善改革的推进方式，加强对改革的领导，有力、有序、有效地推进全面改革。四是准确定位改革与发展的关系，防止改革措施短期化。五是尊重首创精神和"摸着石头过河"思想，积极开展基层单位和群众紧密结合的实践探索。

2. 经济转型，注重稳中求进

近年来，滨海新区为加快转变经济发展方式，实行了一系列调整

经济结构的举措,积极效果正逐渐显现。但是一方面由于欧债危机尚未完全解决,发达国家经济减速迹象依然存在,世界经济不景气给我国经济带来的不利影响已经显现,经济增速已经出现明显下降。另一方面,虽然我国物价保持低位稳定运行,但稳健货币政策导致市场流动性不足,不仅抑制了投资,也约束了消费需求,特别是中小企业融资难问题依然严重。在此情况下,滨海新区在未来推进全面改革时,应在促进经济社会平稳运行和转变经济发展方式之间寻求平衡点和新突破,这是当下改革需要解决的紧迫问题。

3. 调节分配,积极改善民生

收入分配体制改革牵动发展方式转变全局。收入分配承担着维护社会公平正义、促进和谐社会建设的重要民生任务,还在于它是撬动国内消费需求增长的战略支点,是形成消费主导的重要基础,有利于改善民生。而保障和改善民生是发展经济的最终目的,也是加快经济发展方式转变的重要内容。滨海新区在近年取得良好改革进展的基础上,民生和社会保障领域改革仍然是未来工作的重点。

(二)具体措施

改革需要勇气,发展才能有底气,稳定才会聚人气。新区必须按照科学发展观要求,大胆探索,以更大决心和勇气全力推进综合配套改革,才能为实现"中国梦"输送不竭动力。

1. 理顺权责,形成整体合力

滨海新区行政管理体制和行政审批制度改革依然存在显性问题和隐性矛盾,特别是一些内部问题亟待解决。新区、城区和功能区、街镇之间的事权财权划分需要进一步明确。首先,进一步建立统一的财政预算体制,完善转移支付制度,优化支出结构。其次,进一步明确新区、城区、功能区管委会事权,促进优势互补、融合发展。再次,进一步完善上下贯通、左右衔接、运转协调的"一级政府、分类服务"的行政审批服务体系。最后,明确各个改革主体,发挥各自积极性,才能增强各个改革主体之间的合力。

2. 公平竞争,国有民营共进

一方面,新区应进一步提高国企效益与资源配置效率,不断推进国企改革创新,增强国企竞争力。另一方面,维护民营经济竞争公平环境。进一步优化民营经济发展的环境和机制,不断改善民企融资环境、拓宽民企融资渠道、健全民企信用担保体系,支持民营企业做大做强,引导民营经济健康快速发展,激发民营经济发展的内生动力,促进全区经济社会又好又快发展。

3. 金融创新,突破重点领域

继续深化金融企业、金融业务、金融市场和金融开放等方面的改革创新,努力争取在航运金融、融资租赁、私募基金、产业金融等八个重点领域取得新的重大突破,加快构建金融机构、金融市场、金融监管等六大现代金融体系,引导更多的销售中心、财务中心、结算中心、资金调拨中心向新区聚集,继续增强金融规模与实力,更好为新区发展提供资金保障,特别是要着力解决中小企业融资难问题。同时,要加快推进东疆保税港区航运金融试点,为打造北方自由贸易港奠定基础。

4. 扩大开放,试水自由贸易

国家定位要求把滨海新区建设成为我国北方对外开放的门户,服务全国、走向世界。因此,需要加快建设北方国际航运中心和国际物流中心,进一步完善大通关体系,进一步提高贸易和投资的自由度;全面推进东疆保税港区涉外经济体制改革,推动在东疆注册企业开展离岸贸易和离岸金融业务试点,推进单机、单船融资租赁业务创新,争取东疆免税岛优惠政策,加快推进东疆保税港区向自由贸易港区转型。

5. 细分市场,住房分层满足

新区要不断完善保障性住房配套政策和运营管理机制,努力做到"低端有保障、中端有供给、高端有市场",加快构建政府主导、市场引领,多层次、多渠道、科学普惠的住房供应体系,重点解决外来常住人口和户籍人口中"夹心层"的住房问题,率先实现小康社会的居住目标。

6. 完善服务,提升辐射能力

深化医疗卫生体制改革,进一步满足和适应人民需求。一方面,强化社区基本医疗服务,完善家庭责任医生服务,引导病人向社区流动。另一方面,加快提升新区现代化医疗水平,提升影响力和辐射力。建设若干现代化高水平医院,成为辐射环渤海地区的区域性医疗卫生副中心。

7. 创新管理,激发社会动力

一方面要加强和创新社会管理,全面推进全国社会管理创新综合试点区建设,以城乡社区为载体,优化整合政府资源,实现政府行政管理与基层群众自治有效衔接和良性互动。另一方面稳妥发展民间组织,充分发挥社会团体、行业协会、商会和中介组织的作用,适当合理向社会分权或还权,从而激发综合配套改革的社会动力。

8.区域合作,增强内外协同

不断加强与周边区域合作及分工,完善区域合作机制,增强滨海新区集聚扩散的改革示范带动作用。一方面,增强天津港服务功能,拓展腹地无水港建设, 特别是进一步完善北京－滨海的合作通道建设。另一方面,积极探索与周边区域相互融合的双赢关系,完善分工协作、互惠双赢的合作格局,增强滨海新区发展的内外协力。

9.人才特区,提升创新能力

知识、技术与人才是区域创新能力的重要体现,是实现"创新驱动、内生增长"的关键载体,决定了滨海新区未来的竞争力。一是要加快推进人才特区建设,使之成为海内外高层次人才的聚集高地。二是扶持和推进一批自主创新重大项目,加快形成关键技术和自主知识产权的拳头产品。三是改革职业教育办学模式,积极推进和深化校企合作,探索联合培养适应新区需求的多层次人才。

## 结语

面对挑战与机遇, 探讨改革与经济可持续发展问题具有全局性、战略性和前瞻性,同时也是具有深层次的政治、经济和社会意义的时代话题。滨海新区综合配套改革如何应对和解决经济转型升级过程中的诸多问题与矛盾,实现经济稳中求进,值得人们更加深入、更加理性的思考——因为这些都是我国改革开放过程中无法回避的共同问题。滨海新区近年来的大胆探索,取得了在政治、经济、社会文化等重点领域和关键环节改革创新的新成绩和新成果,为新区经济社会健康快速发展提供了强大体制机制保障,也为其他区域发展提供了宝贵经验。

(本文为教育部人文社会科学"发展报告"项目《滨海新区发展报告》的前期成果之一,发表于《天津师范大学学报》,2014 年第 5 期。合作者:董智勇,博士,时为天津师范大学经济学院副教授。)

对外开放实践篇

# 第二十二章　新世纪国际金融资本流动的影响及我国对策

进入新世纪后,国际金融资本呈现加速和巨额流动的态势,考察其影响对中国积极面对、掌握主动有着重要意义。

## 一、国际金融资本巨额和加速流动的双重影响

国际金融资本呈现加速和巨额流动对新世纪世界经济发展具有双重影响。

(一)国际金融资本巨额和加速流动的积极影响

其积极影响在于:一是将推动世界经济一体化的进一步发展;二是将促使全球性融资和国际资本的有效配置更为便捷;三是将促进金融监管的不断加强和法规的不断完善;四是将带来金融衍生产品市场的快速发展。

(二)国际金融资本巨额和加速流动的消极影响

1. 增加国际金融市场的动荡和监管难度

国际间巨额资本的流动,尤其是短期投机套利资金的频繁出入,

使国际金融市场的动荡成为常态,使得各国生活在一个不确定的世界之中。更为严重的是,它还产生了巨大的波及效应和放大效应,由一国引发之后,冲击波可以迅速扩散到若干国家。这种效应使各国的国内经济政策和国际干预的效力大大减弱。如,以1997—1998年发生的以泰国作为导火索,迅速蔓延至整个亚洲乃至影响全球的金融危机为例,其不仅波及、放大效应明显,而且恶果已经超出了国际金融组织的权力和控制力之所及。国际金融组织曾几次进行干预,但收效甚微。

2. 引起汇价的大起大落和汇率制度的不正常变动

国际金融市场上的巨额资金以外币形式由一国频繁地流进或流出,必然使得该国外汇市场供求迅速变化,引起汇价大起大落。在现行浮动汇率制且是多种浮动形式的条件下,那些实行钉住浮动或管理浮动汇率制度的国家为维系原有汇率制度就要对外汇市场进行干预,投入或吸纳外汇以求得市场的平衡。当一国因外汇流出数额大、时间快而没有能力进行干预时,原有的汇率制度只得改变,转为实行自由浮动汇率制。这种变化又成为国际金融市场上投机资本获取丰厚利润的渠道,与此同时,也给被搜取利润的对象国带来了巨大的资本损失和国际收支的失衡。

3. 误导国际资本的配置并引起资本流入的不平衡

巨额资本尤其是投机资本在国际金融市场上寻找目标,常常以泡沫成分大、投机气氛浓的市场为对象,而这些国家和地区的市场并不一定是资金缺乏的市场,而且常常不急需外来资金。大量投机资金流向该类市场进行活动造成了各种经济信号的严重失真,从而难以引导资金在国际金融市场上和不同国家间合理地配置和流动。由此造成的一个结果是,那些急需资金、较为落后、资本市场欠发展的国家更难以获得资金。

## 二、我国应对国际金融资本巨额和加速流动的主要举措

我国作为一个发展中大国,在新世纪有着更为繁重的改革、发展任务,并跨入对外开放的新阶段。而对客观存在的国际金融资本流动的未来趋向及其对各国经济和世界经济的双重影响,我们应以积极的姿态抓住机遇,迎接挑战,仅就金融领域来说,需主要采取以下做法:

(一)积极稳妥地推进金融市场的对外开放,有计划有步骤地放开对资本项目自由兑换的控制

面对国际金融资本巨额流动的状况,我国应顺势而为,加大引进资金的力度和步伐,充分利用国际金融资本填补经济建设中的资金缺口,扩展对外贸易,促进技术进步和产业结构调整升级。但是加快开放,不等于一下子完全放开金融资本市场。因为金融领域对外开放的程度和力度取决于诸多因素,包括经济发展速度、金融体制改革的进程、国内金融机构的竞争力、金融法规的完善程度、中央银行的监管水平以及世界经济和国际金融市场的变化等。因此,我国金融资本市场的开放应当采取积极稳妥、循序渐进的方式,有步骤有计划地推进。

近年,一些国家和地区发生金融危机的一个重要原因就是对国内金融改革的进程把握不准,处置不当。我们应吸取其中的教训,对资本项目放开,采取先易后难、宽入严出的原则。具体措施可以包括:先放

开对资本流入的控制,后放开对资本流出的控制;先放开对长期资本的控制,后放开对短期资本的控制;先放开对直接投资的管制,再放开对间接投资的管制;先放开对银行贷款的控制,再放开证券投资的控制;先放宽对金融机构的限制,再放宽对居民的管制;先放开对外汇指定银行的限制,再放开对非银行金融机构的限制等。

(二)加强对金融机构、金融市场的严格管理和对外商投资企业的监管

1. 加强对金融机构的严格管理

为健全银行业务和提高银行的应变能力,应根据国际有关银行业监管的规定,加强对资本充足率、资产流动性、风险管理与控制能力的监管,如以资本充足率为例,应按照国际标准进一步充实银行的资本金,以改变我国国有商业银行资本充足率偏低的现状。在亚洲金融危机中,香港、新加坡之所以较好地承受了冲击,其主要原因是银行经营稳健,两地银行的资本充足率都在15%以上。然而我国的这两项指标虽已接近国际通行的8%的标准(这一标准在实践中已被证明偏低),但距离达到实际需要的较高标准还有很大距离。对于银行资金的放贷,应吸收周边国家的教训,限制向回报率较差、容易造成呆账坏账的行业和企业提供贷款,限制向非生产活动提供贷款,停止贷给不能偿还现有债务的企业。

2. 加强对金融市场的监管

中国的股票交易市场自1990年上海证券交易所运营以来,已有了十年的历史,因属新兴证券市场,必然具有不成熟市场的很多特征,

如投机性强,规范不严格,违规事件多等。如果处理不好,就会有悖于政府的初衷,给经济发展造成极大的负面影响。因而,必须加大力度强化对市场的监管,防止股市泡沫的过度出现。同时,为打击外汇市场上的套汇、骗汇行为,应加强对外汇指定银行的监管,对有疑点的报关单采用快捷方式接受海关及有关部门检查,防止利用假单证骗汇。至于金融衍生产品,随着中国经济市场化的推进和金融市场的健全,其交易的扩大也具有必然趋势,要注意应在具备对这一市场的监管能力时,再逐步放开。

3. 加强对外商投资企业和其他涉外机构的监管

这一点在中国加入世界贸易组织,大量外企和机构进入后尤其重要。如对外资银行,要建立有效的风险监管体系,在《中华人民共和国中国人民银行法》《中华人民共和国商业银行法》的基础上,制定"外国银行法",全面规范外资银行在我国境内的经营活动。对其他外商投资企业要实行外商投资企业外汇登记制度;对其外汇债务情况、外方应得利润、利润再投资等进行监督;建立外商投资企业利润汇出的备案制度等。

(三)加快金融体制改革,加强金融产业基本建设

同发达国家和部分发展中国家相比,我国的金融体制严重滞后,金融机构脆弱,防范和消除金融风险的能力有限。可是,入世使金融资本市场的扩大开放已在眼前,甚至可以说其全放开只是时间问题。为从根本上消除金融危机的各种隐患,必须尽快深化金融体制的改革,加大金融体制创新的力度,紧跟现代国际金融发展的步伐,建立与社

会主义市场经济发展相适应的现代金融机构体系、金融市场体系和金融调控监管体系,构建现代金融制度。这不仅关系到新世纪我国金融能否安全、高效、稳健运行,而且决定着我国经济能否快速、健康、稳定发展。与此同时,还要充分发挥高新技术在维护国家金融安全中的作用,加快金融计算机化管理和监控的步伐。适应现代金融发展的需要,加快改革我国现代金融教育体制,高速度培养现代金融人才特别是高级人才。逐步组建几个实力雄厚、具有国际竞争力的跨国经营机构。

(四)参与国际金融事务,为建立国际金融新秩序做出贡献

在当前的国际金融体系中,美国等西方国家凭借其强大的金融实力占据有利地位,妄图操纵国际金融体制改革的进程和方向。但不容忽视的是,我国是当今世界最大的发展中国家,经济自 1952 年以来以年均 7.7% 的速度增长,1999 年经济总量排在美、日、德、法、英、意六个西方发达国家之后,已居世界第七位。对外贸易方面,五十年来,已经成为世界上举足轻重的贸易大国,对外贸易总额增长了 286 倍,达到了 3606.5 亿美元,世界贸易中的排名,由 1978 年的第三十二位上升到 1999 年的第九位。同期外汇储备则从 1.5 亿美元升至 1546.76 亿美元,居世界第二位。

中国经济建设的成就引起了国际社会的高度重视,尤其在亚洲金融危机严重的关键时期,稳定的人民币汇率为防止危机深化和缓解危机做出了关键性的贡献,国际金融地位明显提高。同时还应看到,当前国际社会有关国际金融体制改革的热点、焦点问题,如国际货币基金组织的作用、限制国际投机资本流动、改革汇率制度等,都与我国国家

利益密切相关。因此,在国际金融新秩序的建立中,我国可以而且应该尽量争得发言权,要参与国际金融事务,提高我国在国际金融决策中的影响力,维护国家利益和保障经济安全,并为国际金融新秩序的建立做出贡献。

（本文发表于《经济纵横》,2000 年第 12 期。为参加全国高校社会主义经济理论与实践研讨会第 14 次会议论文,会议文集《面向新世纪的中国经济》选登,经济科学出版社,2001 年。合作者:彭金荣,现为天津师范大学经济学院教授。）

# 第二十三章　国外战略性新兴产业的发展态势及启示

自国际金融危机爆发以来,战略性的新兴产业已成为世界多国应对金融危机、实现经济社会可持续发展的共同选择。这些国家纷纷着手进行规划,加快对新兴产业的布局,推出促进政策,力图为产业发展创造更多的空间,培育新的经济增长点。就一些代表性国家、区域集团的发展态势作出考察并开展比较研究,可以为我国培育发展战略性新兴产业提供有益启示。

## 一、主要国家战略性新兴产业的发展态势

### (一)美国:以新能源为驱动力寻找经济新契机

近些年来,美国政府十分强调新能源、干细胞、宽带网络等产业的技术开发和产业发展,显示出美国期待着以新能源革命作为整个工业体系新的标志性能源转换的驱动力,发动一场新的经济、技术、环境和社会的总体革命。

20世纪后半期,美国经济的持续发展得益于电子、信息、生物、新材料等一系列新兴技术的应用,新能源技术与电子、信息等新兴技术

同时发展,但是因技术应用成本较高而没能在 20 世纪被广泛应用。美国政府在依靠航天、新材料、生物科技、纳米技术尤其是 IT 产业称雄世界多年以后,从小布什政府开始,就把目光锁定在以新能源为核心的新兴产业上。自 2005 年始,先后出台了《2005 国家能源政策法案》和《美国能源独立及安全法》,提出了对光伏系统投资和使用的激励政策,规定了到 2025 年时清洁能源技术和能源效率技术的高额投资规模。

金融危机爆发之后,美国政府不断加大对新兴产业的支持力度,尤其重视新能源装备制造业的发展。美国能源部选择了部分新能源制造企业予以资助,扩大规模,拉动就业。2009 年 2 月,美国总统奥巴马签署《2009 年美国复苏和再投资法案》,推出了总额为 7870 亿美元的经济刺激方案,其中新能源为重点发展产业,主要包括发展高效电池、智能电网、碳捕获和碳储存、可再生能源如风能、太阳能等。美国高度重视发展清洁能源和低碳技术,主张依靠科学技术开辟能源独立的新路径,在 18 年内把能源经济标准提高一倍,在 2030 年之前将石油消费降低 35%。

2009 年 6 月,众议院通过了《美国清洁能源安全法》,虽然参议院对其内容存在很大争议,但该法案中的可再生能源部分已通过审议,表明国会在新能源的议题上具有基本共识。在 2010 年初发表的首次国情咨文中,奥巴马提出从 2011 年起,除国家安全、医疗和社会保障以外的政府开支将被冻结 3 年,但将继续在新能源、教育和基础设施等方面增加投资;由于美国当前能耗的 69% 用于交通业,奥巴马还要求政府投资 6 亿美元促进消费者购买更加节能的车辆。

美国在发展新能源的过程中,坚持政府牵动、市场拉动和科技推动三者联动,其中的核心环节则是政府的相关政策。政府借助税收补贴等手段,利用杠杆效应撬动社会资本在新能源领域的投资,还采取了组建公私合营企业探索清洁煤技术的商业化模式等一系列措施,推动民间参与科技开发和利用,以保持美国的创新活力和经济增长。

(二)欧盟:把发展重点放在本土已有优势产业上

与美国努力探寻新的可利用能源不同,欧盟各国纷纷把发展的重点落在了本土已有的优势产业上,希望通过提高绿色能源的利用率,开展低碳环保技术研发,结合本国特点促进经济发展。

在金融危机发生之前,欧盟已开始积极倡导发展节能环保产业。2007 年,欧盟委员会提出欧盟一揽子能源计划:到 2020 年将温室气体排放量在 1990 年的基础上至少减少 20%,将可再生能源占总能源耗费的比例提高到 20%,将煤、石油、天然气等一次性能源消耗量减少20%,将生物燃料在交通能源消耗中所占比例提高到 10%,以及在2050 年将温室气体排放量在 1990 年的基础上减少 60% 至 80%。为了实现上述目标,欧盟进一步提出了新能源综合研究计划,该计划包括欧洲风能、太阳能、生物能、智能电力系统、核裂变、二氧化碳捕集、运送和贮存等一系列研究计划。

金融危机之后,欧盟委员会制定了一项发展"环保型经济"的中期规划,将筹措总金额为 1050 亿欧元的款项,在 2009—2013 年的 5 年时间中,全力打造具有国际水平和全球竞争力的"绿色产业",初步形成"绿色能源""绿色电器""绿色建筑""绿色交通"和"绿色城市"(包括废品回收和垃圾处理)等产业的系统化和集约化,为欧盟的发展提供持久的动力，并以此作为欧盟产业调整及刺激经济复苏的重要支撑点，为欧盟在环保经济领域长期保持世界领先地位奠定基础。

欧盟将低碳经济列为新兴产业的重点，期望能够带动经济向高能效、低排放的方向转型。在发展低碳产业问题上，从排放指标的制定、科研经费的投入、碳排放机制的提出、节能与环保标准的制定等方面，欧盟都采取了一系列有力措施，统领成员国大力发展低碳产业，以期在全球应对气候变化行动中和低碳产业中发挥领导者的角色。如，欧盟要求成员国救助汽车业的资金必须用于小排量、洁净型、混合燃料汽车或电动汽车等节能型汽车的研制和生产；提出到2012年12月31日淘汰所有白炽灯，用绿色环保的节能灯取而代之的计划。

欧盟发展节能环保和新能源产业的最重要做法之一是建设统一的市场，为产业发展创造条件，以法律法规保障产业发展。《欧盟能源政策绿皮书》提出了强化对欧盟能源市场的监管，要求各成员国开放能源市场，制订共同能源政策。为了实现环保和减排目标，欧盟制定了一系列法律法规，如，以《报废电子电器设备指令》(WEEE)和《关于在电子电气设备中限制使用某些有害物质指令》(ROHS) 为代表的环保指令等。在促进绿色产业的发展方面，欧盟以灵活的市场机制与严格的法律制度相结合，在鼓励低碳发展的政策上不断推陈出新，制定了很多具有法律约束力的计划，保障欧盟节能与环保目标的实现。

（三）日本：以长期需求为目标加强产业政策引导

日本在应对危机、发展新兴产业方面积累了丰富经验。在过去石油危机期间，日本就运用产业政策，重点扶植计算机、电子、新材料、新能源等产业,支撑了经济的复苏与快速发展。进入新世纪以来,日本非常重视发展信息技术等新兴产业,对新兴产业的发展给予一定程度的资金扶持。2004年6月,日本通产省公布了新能源产业化远景构想,计划在2030年以前把太阳能和风能发电等新能源技术扶植成商业产值达3万亿日元的基干产业之一,石油占能源总量的比重将由现在的50%降到40%,而新能源所占比重将上升到20%;燃料电池市场规模到2010年达到8万亿日元,成为日本的支柱产业。

国际金融危机之后,日本政府吸取以前应对危机的经验,在产业政策方面提出了不以增加短期需求为目标的指导原则,力求以"结构改革促经济发展"的方式取代"通过扩大政府支持刺激经济成长"的方法;继续提出了普及、开发节能技术、加大研究清洁能源力度的目标,并给予了相当大的预算支持,体现了通过解决危机促进能源结构转型、继续保持日本在节能方面优势地位的战略目标。

2009年,日本政府在颁布的《新国家能源战略》中提出了8个能源战略重点:节能领先计划、新一代运输能源计划、新能源创新计划、核能立国计划、综合资源确保战略、亚洲能源环境合作战略、强化能源紧急应对、制定能源技术战略。具体的目标是:2050年之前实现消减温室气体排放量60%至80%的目标;到2020年左右将太阳能发电规模在2005年基础上扩大20倍;建立购买家庭太阳能发电剩余电力的新制度;3年内在全国36000所公立中小学中集中设置太阳能发电设备;3—5年内将太阳能系统的价格减半;环保汽车、绿色家电方面3年后开始电动汽车的批量生产和销售,到2020年新车的59%为环保汽车,在世界上率先实现环保车的普及。为了实现目标,日本政府根据每种能源的特性和发展阶段,进行相关产业群的培育,并对风险性投资提供支持。

日本是一个运用产业政策时间较长、效果较好的国家,在新能源产业发展及节能环保方面,日本坚持实行政策引导。如,在政策投资的公共设施中,积极采用与新能源有关的设施,并提供诸如补贴和税收等以扩大市场需求。在新能源利用方式方面,通过建立太阳能发电产业群、燃料电池和蓄电池产业群、风力及生物质能等"地产地消"的商业模式,形成与新能源产业相关的工业结构。在促进创新技术开发和试验证明方面提供政策支持,开发和推广高效利用能源的创新技术,扩大对新能源风险性投资的支持。

(四)韩国:集中财力、物力、人力发展低碳与绿色新兴产业

为了实现经济的跨越式发展,韩国曾多次明确提出要集中财力、物力、人力发展重要的新兴产业。20世纪80年代以后,为了加快处于弱势地位的新兴产业的发展步伐,韩国专门设立了"特定研究开发事业费",以扶植"有希望的幼稚产业"的技术开发。进入21世纪后,根据信息产业的发展需要,韩国在2000—2004年间将4万多亿韩元用于集中进行互联网、光通信、数字广播、无线通信、软件、计算机6个新兴产业的技术研发上,同时投资5000多亿韩元的巨资用于开发光因特网技术的基础核心设备及备件。

2008年8月底,韩国政府面对国际金融危机的来临及其影响,在公布《国家能源基本计划》的基础上,又于2009年初公布了《低碳绿色增长基本法》,提出了"绿色新政":拟争取在2012年向"绿色经济"投入50万亿韩元,创造96万个工作岗位,建设200万户具备太阳能热

水器等的"绿色家园",在 2030 年将能源的自主性、绿色技术水平和环境绩效指数等,提高到发达国家水平,树立绿色国家的形象,使韩国进入世界环境前十强国。这一绿色新政对于促进经济增长、增加就业,帮助韩国渡过经济危机意义重大。总统李明博还主持制定了《新增长动力前景及发展战略》,将绿色技术、尖端产业融合、高附加值服务等三大领域共 17 项产业确定为新增长动力产业,其中有 6 项属于绿色技术领域。同时,韩国环境部也提出了加速绿色经济发展的十大绿色技术,知识经济部则表示要加大对新能源和再生能源的研发投入。

2009 年 7 月 6 日,韩国政府总统办公室绿色增长委员会制定了应对气候变化及能源自立、创造新发展动力、改善生活质量及提升国家地位三大推进战略以及三大战略下涉及绿色能源、绿色产业、绿色国土、绿色交通、绿色生活领域的政策方针,确定了韩国发展"绿色能源"的道路:在未来 5 年间累计投资 107 万亿韩元(1 美元约合1265.90 韩元)发展绿色经济,争取使韩国在 2020 年底前跻身全球七大"绿色大国"之列。

韩国政府将低碳与绿色发展作为重要的主题之一,综合推进新兴产业发展。韩国政府强大的资金扶持对不同时期的新兴产业发展起到了极大的促进作用,同时政府还提供一系列的减税配套措施,通过引入各种商业产品来吸引私营投资者对研发机构提供支持。

(五)巴西:依托农业优势开发以乙醇为中心的产业链

作为"金砖四国"之一的巴西也在大力推动新兴产业。巴西独特的自然条件适宜种植甘蔗和油料作物,可用于提炼乙醇和生物柴油。依托这一农业优势,巴西开发出了以乙醇为中心的产业链,成为世界上开发利用替代能源做得最好的国家之一。自 20 世纪 70 年代，巴西就制定并开始实施了以甘蔗为原料生产乙醇燃料的替代能源发展战略，把立法作为推广乙醇燃料的必要手段，通过法律形式保障乙醇燃料、汽车生产商及消费者的利益，还通过补贴、设置配额、统购乙醇以及运用价格和行政干预手段鼓励使用乙醇燃料，为发展乙醇燃料提供了法律政策保障。

金融危机爆发后，巴西经济明显下滑，失业增加，消费下降。为了应对危机，巴西努力支持企业提高自主创新能力，加大科研投入，发展节能低碳新兴产业。2009 年，联邦政府对"科技创新行动计划"（2007—2010）的预算投入总额达到 410 亿雷亚尔（一美元约合 1.8 雷亚尔），约占 GDP 的 1.1%—1.2%，计划到 2010 年卢拉政府任期结束时将科技创新投入进一步提高至占 GDP 比重的 1.5%。在得天独厚的自然条件下，巴西政府因地制宜，着力发展生物能源产业，鼓励发展生物燃料汽车，制定发展生物燃料的规划和产品标准。在第二代生物燃料研发方面，巴西已经尝试从甘蔗渣、各种植物纤维、秸秆及其他农产品加工废弃物中提取纤维素乙醇的技术，加快第二代生物燃料乙醇研发生产。巴西已成为全球第二大乙醇燃料生产国和第一大出口国，并在此基础上继续推进风能、核能等新能源产业发展。巴西政府通过 Proinfa 立法（对可替代资源发电项目的鼓励计划），制定了管理风电场发展的政策，已拥有"安格拉 1 号""安格拉 2 号"两座核电站，并开始建设"安格拉 3 号"核电站。与此同时，巴西正在建立一个电动汽车计划网络，已启动电动汽车研发项目，并为此成立了电动汽车电池研究专项小组，巴西政府认为发展本国电动汽车是能源技术选择的重要路径。

从巴西新能源产业发展来看，政府支持是取得成功的一个关键因素,通过补贴、设置配额及运用价格和行政干预手段鼓励使用乙醇燃料,综合运用金融、法律、经济、科技等多种手段,在生物能源发展的每个环节上扎实推进,形成了国家发展战略—科技研发—市场应用的完整链条,从而实现预期目标。

## 二、发展战略性新兴产业的国际比较分析

以上仅列举了一些主要发达国家、区域集团及新兴国家发展战略性新兴产业的状况,虽不完全,但已经能够显示出世界范围内在面对金融危机进行产业结构战略性调整时的发展态势。作一下比较研究,可以看到一些值得关注的共同之处。一是从发展地位看,面对国际金融危机,众多国家既采取多种措施抗击危机的消极影响,又普遍抓住危机蕴涵着的产业结构调整的机遇,以前所未有的姿态,高度重视发展具有战略意义的新兴产业。二是从发展目标看,众多国家在发展战略性新兴产业时,或多或少地都把目光聚焦于新能源、节能环保、新一代信息技术、新能源汽车等产业。这反映了现阶段科技进步产业化和世界经济发展的走向。三是从发展原则看,众多国家发展战略性新兴产业的重点和推动思路各有特点,基点在于从本国实际出发,发挥已有优势,适应着眼未来占据先机的需要。四是从发展方法看,众多国家均根据新兴产业发展轨迹及特点,注重政府扶植推动,采取一系列政策措施,培育发展这些产业并创造良好环境。

从世界范围内目前发展战略性新兴产业的态势看,各国有自己的侧重点和特色思路,但是从多国发展的共同做法看,也可以得出一些

规律性的认识。

(一)战略性新兴产业对走出严重的国际性经济危机的困境具有重要作用

这次由美国金融危机引发的世界性经济危机成为自 20 世纪二三十年代大危机以来最严重的危机,影响极其广泛和深远。为了抗击这场危机和尽快走出后危机时期的阴影,各国必然采取财政政策等手段刺激经济,通过加大产业结构调整来增强后劲。战略性新兴产业是以技术突破和重大需求为基础,具有知识密集性、物质资源消耗少、成长潜力大、综合效益好为特点的产业,自然就担当起支持众多国家转危为安的历史重任。

(二)战略性新兴产业是产业革命浪潮在新历史条件下的新载体

从历史上看,产业革命往往是走出经济危机,进入新上升时期的主要推动力,每次重大经济危机都孕育着产业革命的新机遇。新兴产业的涌现则会带来新一轮的经济繁荣。如,1957 年的世界经济危机使人类社会从蒸汽时代进入电气时代,出现了石化工业、汽车业、电力与电器等新兴工业。1929 年的世界经济危机推动人类社会从电气时代跨入了电子时代。第二次世界大战的危机引发了世界第三次工业革命,原子能、航空航天、电子计算机等新兴产业高速发展。20 世纪末的亚洲金融危机带来了互联网革命,使人们的生活方式发生重大改变,现代服务业出现重大变革。现阶段爆发的经济危机也将遵循这一历史轨迹,以产业革命方式带动世界重新走向繁荣。而在石油、天然气、煤炭等化石燃料的储量日渐枯竭、燃烧化石燃料带来碳排量迅速增加并使地球难以承受的情况下,以节能环保、新能源及新能源汽车、新材料等为突出代表的新兴产业自然顺应了新一轮产业革命的需要,成为发展的聚焦点。

(三)战略性新兴产业的特点决定了尤为需要政府发挥独特作用

新兴产业都要经过产业生命周期的萌芽期阶段,初期难以获利,存在较高的技术风险。因而单独靠企业自身在市场中拼搏难度较大,发展较慢。当今世界经济全球化日趋深化,各国发展的竞争也更趋激烈,新能源、新材料、新一代信息技术等产业也因其更具高科技性质和需要长期攻关、耗资高等特点,更离不开多方的大力支持。因而在新一轮产业发展的竞争中,各国政府必然以更多的关注、更大的力度对符合本国或本地区实情的战略性新兴产业予以扶植,提高其整体竞争力,帮助其迅速成长。这将成为今后相当长时期内世界多国发展战略的突出特征。

## 三、国外发展战略性新兴产业对我国的借鉴与启示

我国在抵御国际金融危机过程中同样对发展战略性新兴产业给予了高度重视。2010年10月闭幕的党的十七届五中全会进一步明确提出了培育发展战略性新兴产业的新任务。同时出台的《国务院关于加快培育和发展战略性新兴产业的决定》,就发展重点、目标、途径和政策措施、体制改革作出了新部署。在此情况下,我们应当继续高度关注世界范围内战略性新兴产业的发展态势及走向,并从中找出值得借鉴的地方。

（一）立足国情和区情，作出发展战略性新兴产业的深度选择

不同国家和区域的社会经济基础和特点有所差别，因而发展战略性新兴产业必须因时因地制宜，根据一个国家和地区的经济发展水平、科技和产业基础来科学选择重点产业和优先发展领域。在不同的经济发展阶段，针对本身经济发展的特点和初始条件，及时确定未来的新兴产业，用新兴产业替代已丧失比较优势的传统产业，以保证经济的长期繁荣发展。从以上各个国家的产业演进历程和当前所作部署看，都遵循了这一产业的发展规律。

我国已确定现阶段重点培育和发展节能环保、新一代信息技术、生物、高端装备制造、新能源、新材料、新能源汽车七个产业。然而在世界经济全球化不断演进的条件下，这些产业如何发展，哪些产业最终成为支柱产业或先导产业，国内各个地区选择哪些产业结点和领域作为自己的特色产业，都需要遵照规律办事，积极慎重抉择，作出深入的探索。在当前尤其要防止各地盲目跟风，短期行为，一轰而起。

（二）构筑良好的政策支持体系，促进新兴战略性产业的发展

从现阶段国际经验看，众多国家就战略性新兴产业的技术研发、支撑体系建设等方面投入大量资金，政府财税优惠政策对战略性新兴产业的推动作用无可比拟。美国总统奥巴马上台后，采取一系列补贴、减税、政府担保贷款等措施，累计140亿美元财政支持大力发展电动汽车产业。巴西发展乙醇燃料、韩国推行绿色新政等，都是通过补贴、设置配额等形式来顺利推进。从我国产业发展情况看，战略性新兴产

业在发展初期比国外很多国家更为稚嫩,更加需要依靠各级政府在法律、政策、资金等多方面的全方位扶持。要注意各项政策措施之间的互相协调和配合,既强有力,又富有针对性、实效性。由于对战略性新兴产业的投资具有一定的风险性,产业发展面临着各种各样的不确定性,我国必须出台相应政策,引导整个社会特别是民间资本投入该产业领域。

(三)做足前期准备,为新兴产业的发展营造良好的成长环境

从各国扶持新兴产业的一般做法来看,往往采取建立示范工程、加强前期宣传、培育市场需求等手段,同时,辅以金融财税政策支持,以刺激新兴产业发展。如美国十分重视以直接投入的方式为产业重大技术的研发和产业化提供资金保障。为此,针对我国战略性新兴产业处于发展初期面临成本偏高、市场认知度不够、产业配套体系不健全、资金投入严重不足等问题,在未来一段时间内,应注重发挥中央财政资金的引导作用,同时加强相关基础设施建设、规范市场竞争秩序、多元化多层次的支持新兴产业发展。

(四)掌握关键核心技术,赢得新兴产业持续发展的主动权

技术创新和应用是新兴产业的驱动力,战略性新兴产业的发展离不开科技的引领作用,而核心关键技术是战略性新兴产业持续发展的关键。谁掌握了核心关键技术,谁就会在竞争中赢得主动权。在金融危机的背景下,有不少国家将科技创新作为"救市"的主要措施,不仅没有减少研发的投入,反而有所增加。如美国国会批准了奥巴马政府2010 年财政预算,使 2009 年和 2010 年联邦科技投入比 2008 年财政

实际增长了 8.91%,为美国历史上最大的科技投入;欧盟 2009 年财政预算加大了对科技创新、就业和区域发展的支持力度;韩国计划到 2012 年投资 60000 亿韩元研发绿色能源新技术。

依靠科技创新发展战略性新兴产业,既能够对当前调整产业结构起到重要支撑作用,更可以引领未来经济社会可持续发展的方向。据此,我国也应进一步发挥社会主义集中力量办大事的体制优势,真正把科技进步和创新作为加快转变经济发展方式的支撑,尽快提升自主创新能力,掌握重点发展产业的关键核心技术。同时增强人力资源储备和引进,制定吸引国内高校、科研机构专家学者向企业流动的优惠政策,从政策和资金两方面吸引全球优秀人才来华创业,为掌握核心技术创造条件。

(五)完善法律监管体系,保障战略性新兴产业的健康发展

国外经验已证明,新兴产业的法律制度和政策执行体系是否完善、能否得到持久的贯彻和执行,是关系该产业未来发展的重要因素。因此,建立并完善我国政府在战略性新兴产业方面的法律和政策执行监管体系,真正做到执法有力,高效监管,既是该产业发展的需要,也有利于我国相关企业的政策调整,最终有利于整个国家战略性新兴产业的健康发展。

参考文献

[1]赵刚:《战略性新兴产业的国际经验与我国的对策》,《科技成果纵横》,2010 年第 1 期。

[2]史丹:《国际金融危机之后美国等发达国家新兴产业的发展态

势及其启示》,《中国经贸导刊》,2010 年第 3 期。

[3]黄南:《世界新兴产业发展的一般规律分析》,《科技与经济》,2008 年第 5 期。

[4]刘卫东:《美国锁定新能源产业布局》,《中国石化报》,2010 年 4 月 2 日。

[5]黄海霞:《全球战略性新兴产业攻略》,《瞭望新闻周刊》,2010 年 3 月 5 日。

[6]《兰德公司对未来技术融合的预测》,http://www.rand.org/pubs/monograph_reports/MR1307/。

[7]史丹:《发达国家新能源产业发展的新态势》,http://news.xin-huanet.com/theory/2010-03/01/content_13073848.htm,2010 年 3 月 1 日。

[8]《韩国政府将大力发展"绿色经济"》,http://news.163.com/09/0706/22/5DISTTAV000120GU.html,2009 年 7 月 6 日。

[9]万钢:《把握产业调整机遇 培育发展战略性新兴产业》,http://news.qq.com/a/20100102/000572.htm,2010 年 1 月 2 日。

[10]孙健:《欧盟依法实施能源发展战略》,http://www.stockstar.com/info/darticle.aspx?id=GA,20060803,00281307&columnid=2369,2006 年 8 月 3 日。

[11]《未来科技:俄印巴西新兴之路》,http://www.chinadaily.com.cn/hqcj/zxqxb/content_397430_3.html,2010 年 6 月 2 日。

(本文发表于《改革与战略》,2010 年第 2 期。合作者:彭金荣,现为天津师范大学经济学院教授。)

# 第二十四章　后危机时期我国出口型企业走出困境的创新选择

由美国次贷危机引发的全球性经济危机发展到了后危机阶段。金融危机由金融层面蔓延到制造业、服务业等实体经济领域,各国工厂频频倒闭,失业率上升,政治和社会问题多发。越来越多的国家以"经济安全"和保护本国虚弱产业为由加强政府对经济的干预,阻挠其他国家特别是新兴国家企业出口,贸易保护主义迅猛抬头,对中国出口型企业产生了重创,从而倒逼企业走出创新之路。

## 一、后危机时期出口型企业的经营困境

现阶段出口型企业遇到的矛盾与困难主要有三个方面:

### (一)企业非计划存货骤增,大量占款使企业陷入资金困境

由于未能预料危机的到来而及时调整企业的生产计划,再加上外部需求严重萎缩,出口企业产品库存量急剧增加,占用大量的流动资金,使企业资金周转不开,严重削弱了企业在后危机时期的生存能力。许多企业由于资金链破裂而倒闭,2008年前三季度仅广东一地,就有5万家企业倒闭,其中多为出口型企业。根据中国乳制品工业协会的

调查统计,目前国内奶粉库存超过 30 万吨;根据 8 家钢铁上市公司的第一季度财报,仅 8 家企业的存货从 2008 年底 279.62 亿元升至一季度末的 289.77 亿元;根据 26 家纺织类上市公司的第一季度财报,26 家企业的存货却从 2008 年底时的 65.27 亿元上升至一季度末的 94.75 亿元,增幅达到 45%。①

(二)生产成本急剧上升,大幅度压缩企业利润空间

危机前,由于原材料价格不断走高,不少企业大力囤积原材料,致使占用企业大笔资金。危机过后,原材料价格大幅度下降,这就使企业不得不在需求萎缩时承担高昂的生产成本。美元持续贬值和人民币的持续升值,降低了中国出口企业的价格优势。加之新《劳动合同法》的最低工资标准,加大了企业的用工成本,许多企业所依靠的劳动力成本低的竞争优势遭到削弱。据东莞市外商协会的材料反映,劳动合同法实施增加企业用工成本约 30%,最低工资标准逐年提高增加企业用工成本约 30%,两项因素造成企业总体成本上升 8%左右。②

(三)出口订单减少,外部市场需求进一步萎缩

据海关总署统计,2009 年前 10 个月,我国外贸出口 9573.6 亿美元,同比下降 20.5%;进口 7981.3 亿美元,同比下降 19%,出口价格总

---

① 数据来源:中国新闻网,http://news.qq.com/a/20081111/000085.htm;《2009 年出口企业生存状况分析》,中国行业研究报告网,http://www.chinahyyj.cn/news/r_20090504092387529446.html。

② 数据来源:《化解危机影响下中小企业困境的相关思考》,中国论文下载中心,http://www.studa.net/qiyeyanjiu/090611/10594417.html。

体下跌 6.4%,与我国主要贸易伙伴的贸易额均有较大降幅。[1]对于我国为数众多的出口型企业来说,外部需求仍将处于相对萎缩阶段。可以说只要欧美日等主要贸易伙伴国的经济一日不回暖,出口市场就很难谈得上真正的复苏。

## 二、造成当前出口型企业经营困难的原因

(一)外部因素

1. 贸易保护升级

随着金融危机向实体经济扩散,导致有效需求不断萎缩,以美国为首的发达国家的许多行业开始陷入衰退,就业压力日益增加,各国纷纷举起贸易保护大旗。中国作为一个出口大国,特别是一个低端制成品的出口大国,自然成为了发达国家的主要报复对象。据中国商务部统计,2009 年前三个季度, 共有 19 个国家和地区对中国产品发起 88 起贸易救济调查,总金额约为一百零二亿美元。其中由美国发起的贸易救济调查涉及金额占五成七。[2]特别是进入 2009 年 10 月,主要发达国家经济体更以前所未有的攻势对中国外贸出口进行冲击。10 月 7 日, 美国宣布对从中国进口的无缝钢管发起反倾销和反补贴税调查。美方公司要求对从中国进口的无缝钢管施以 98.37%的反倾销税,并

---

① 数据来源:海关总署网站,http://www.customs.gov.cn/publish/portal0/。
② 数据来源:郭军、索有为:《经济观察:贸易保护阴云挡不住中国外贸阳光》,中国新闻网,http://www.chinanews.com.cn/cj/cj-ylgd/news/2009/10-20/1919046.shtml。

对中国政府的补贴征收额外的反补贴税。10月6日,欧盟宣布对从中国进口的无缝钢管征收17.7%到39.2%的正式反倾销税,为期5年。

这仅是欧盟在金融危机爆发后对中国产品发起的诸多反倾销攻势之一,短短2个多月里,共发起了3项针对中国的反倾销调查,决定采取两项正式反倾销措施,密集度之高实属罕见。除了发达国家外,来自新兴市场国家和发展中国家针对中国出口的潜在贸易争端也在不断升级。2009年初的10起针对中国的贸易调查全部来自新兴国家,有的国家也在调整卫生政策,以限制食品进口。可以说在一段时期内,中国出口企业所面临的压力是极为巨大的,一方面必须面对的是外需不断萎缩的局面,许多工厂由于接不到海外订单而不得不停工。另一方面还要承受着他国随时可能落下的贸易保护大棒。而且从长期来看,只要世界经济仍然在低谷徘徊,贸易保护主义就会越演越烈。[①]

2. 融资渠道严重匮乏

由于出口疲软,存货激增以及生产成本的上升,企业急需获得融资支持来渡过难关。大型国有出口企业基于国家担保获得贷款尚不过难,但因为广大中小型企业规模小、贷款风险大,众多商业银行不愿给予以融资。在西方发达国家,企业融资主要是在资本市场中进行,银行只是起到一个辅助性的融资作用,而中小企业主要在该国的创业板上进行融资。如美国的纳斯达克股市,曾成就了一批闻名世界的企业,如微软、英特尔、谷歌等。商业银行由于其盈利性,势必只愿为大型企业进行融资。我国中小企业无法在商业银行得到发展资金,能够在刚刚

---

① 姜荣春、华晓红:《金融危机下中国外贸形势分析:未来趋势与主要挑战》,《国际贸易问题》,2009年第5期。

运行的创业版市场上市融资的企业又非常有限,这就造成了在金融危机过后众多企业因资金链断裂而陷入破产。

3. 美元持续贬值和人民币的持续升值

美国劳工部公布的最新数据显示,2009 年 10 月美国失业率高达 10.2%,为近 27 年新高。全美商业经济协会年会 10 月中旬对 44 位经济学家的调查结果显示,2010 年末, 美国失业率预计仍将维持在 9.5%。[①]美国政府实施美元贬值的汇率措施进一步平衡其收支逆差,在过去的 4 年间,美元兑人民币的汇率贬值了 21.2%,降低了中国产品在出口方面的价格竞争优势。可以说人民币的升值压缩了出口企业的利润空间,特别是对于为数众多的出口加工型企业来说更是如此。许多出口加工型企业甚至陷入越生产越亏损的境地。

近期,要求人民币升值的压力更加强烈。在美国,一些行业组织和工人联合会又开始鼓动政府将中国列入"汇率操纵国",这些声音与贸易保护主义升温一起对人民币升值强烈施压。国际货币基金组织(IMF)等国际机构也开始敦促人民币升值。10 月 3 日召开的七国集团财政部长与央行行长会议,发达国家已经重新把注意力投向人民币汇率水平上,要求人民币升值的外部压力卷土重来。人民币未来的升值预期无疑也会给出口企业造成压力。[②]

---

① 东方财经,http://finance.eastday.com/m/20091125/u1a4834188.html。

② 张燕生等:《2009 年我国对外贸易形势分析和预测》,《国际贸易》,2009 年第 4 期。

(二)内部因素

**1.企业缺乏核心竞争力**

据海关总署数据显示,2009年前8个月,我国加工贸易进出口5419.8亿美元,占同期我国进出口总值的40.5%,可见我国许多企业只是单纯地从事贴牌生产,自身并未掌握核心技术,缺少话语权,缺少定价权,这样的企业,极易受到国际市场的影响。一旦外需减弱,将直接威胁企业的生存和发展。

**2.产品不符合市场方向**

在能源匮乏的大背景下,节能环保产品日益深入人心,金融危机的发生,更是大大加快了这一进程。在发展可持续化已经成为人类共识的今天,新的"绿色产业"必将受到消费者的追捧,并为环境、社会和经济领域带来可观的效益。而我国的出口企业却鲜有走"绿色"经营之路,缺乏对产品"绿色化"的深刻认识。企业更多地从事于低端产品的制造和加工,这就使中国产品成为"劣质与污染"的代名词。而在贸易保护主义横行的今天,这是极容易受到西方国家贸易壁垒的限制的。

**3.行业协会缺乏独立性**

长时间中,我国的许多行业协会往往是由政府牵头建立的,这种出生条件造成了我们的行业协会缺乏独立性,过于依赖政府,其代表的利益往往是政府而不是该行业。这就使协会从一个在中观层面上具有重要意义的调控性组织蜕化成了政府部门的一部分,行政化倾向明显,丧失了行业协会所应该具备的自主性、灵活性、协调性等特点。此外,由于协会的利益攸关方是政府而不再是企业,那么其所关注的往往是如何让政府满意,而不是满足企业的相关要求,这就大大降低了企业参与的自主性和积极性,因为企业是不会为一个不代表自己利益的团体投入大量的资金和精力的。这就使出口型企业失去了借助行业协会缓解困难的条件。

## 三、后危机时期提高出口型企业生存能力的创新选择

创新是一个国家、一个民族发展进步的灵魂和不竭动力,是一个企业寻找生机和出路的必要条件。在后危机时期,出口型企业同样需要靠创新摆脱困境并开创经济增长的新领域。转变经济发展方式,开创经济增长的新领域,是当前和今后我国面临的重大战略任务,出口型企业也必须顺应实现经济增长由主要依靠投资、出口拉动向依靠消费、投资和出口协调拉动转变,由主要依靠第二产业带动向依靠第一、二、三产业协同带动转变,由主要依靠增加物资消耗向依靠科技进步、提高劳动者素质和管理创新转变。对企业来说,创新的根本意义是勇于突破企业的自身局限,在现有的条件下,创造更多适应市场需要的新举措,走在时代潮流的前面,在激烈的市场竞争中赢得优势地位。

(一)微观层面

1. 自主创新和海外收购两条腿走路

对于出口型企业来说,要想在激烈的市场竞争中赢得优势地位,核心技术和自主品牌是不可或缺的。企业要想存活,从 OEM 向 ODM、OBM 转型是必由之路。即由完全的"代工生产"转向部分自主品牌到

完全的自主品牌和创新生产。当然,在技术和品牌方面加强自主创新不仅需要巨大的投入,还需要漫长的等待。然而在后危机时期,企业通过海外收购能迅速实现这一目标。在企业纷纷兼并重组的今天,我国企业可以说遇到了千载难逢的好时机,正常时期根本买不到的技术和品牌,在今天不仅较为容易,而且价格低廉。不久前,媒体纷纷传出中国商人入股"皮尔卡丹"品牌。我们且不论其前景如何,单从品牌建立的速度和影响力上看,就是自主创新所不能比拟的。但是企业不能一味依靠收购,这里有一个可能存在的"水土不服"问题,只有真正是自己创造的才是最适合自己的,企业的品牌和技术也是如此。所以企业要两条腿走路,两者不可偏废。

## 2. 充分利用电子商务

电子商务在产品营销中的低成本优势是巨大的,后危机时代正是其发展的黄金时代。出口企业应该加紧建立自己的在线交易平台,通过 B2B(Business To Business,在英文中 2(two)的发音同 to 一样,是指一个市场的领域。Marketing Domains 中的一种,是指企业对企业之间的营销关系,而电子商务只是现代 B2B marketing 的一种具体主要的表现形式)、B2C(Business-to-Consumer,商家对客户的缩写,中文简称为"商对客"。"商对客"是电子商务的一种模式,即通常说的商业零售,直接面向消费者销售产品和服务,一般以网络零售业为主,主要借助于互联网开展在线销售活动)等模式实现厂家直销。上述方式一方面减少了中介费用和销售佣金,另一方面能够直接与消费者接触,了解并满足其个性化的需要,使企业能够灵敏地感知市场的变化,并迅速作出反应。与此同时,对优化企业生产流程也能产生巨大作用。海尔公司利用电子商务,构建了以市场链为纽带的整合整个业务流程的运营机制。为进一步优化企业内部管理,海尔在企业内建立市场链机制,员工之间实施SST(即索赔、索酬、跳闸,如果你的产品服务好,下道工序给你报酬,否则会索赔和亮红灯),可以说,海尔利用市场机制大大提高了产品的质量保证,同时海尔还利用电子商务实行全集团的统一营销、采购、结算。海尔公司电子商务的运营模式,值得我们很多出口型生产企业学习。灵活地利用现代技术设计出一套适合企业自身发展的运营机制,可以在很大程度上弥补企业在管理方面与跨国公司之间的差距。①

3. 出口转内销,大力开发国内市场

中国经济要想迅速走出低谷,扩大内需将是必由之路。作为拉动经济的"三驾马车"之一,内需市场常常被人们所忽视。然而在后危机时代,在外需市场急剧萎缩的大环境下,出口型企业只能通过出口转内销,大力挖掘内需市场才能有更好的发展。事实上,中国的内需市场是有待企业去征服的极为庞大的处女地。据调查,未来五年间,作为消费中坚力量的中国的中产阶级人数将会呈井喷式增长,其带来的庞大内需市场,足以让每个企业为之发狂。

当然,要承认在转内销的过程中,企业会遇到很多困难,如对国内销售市场的不熟悉、缺乏销售渠道等。这就需要政府在政策和服务上加以扶持,使外贸企业与国内物流销售渠道得以成功对接。以摩托车为例,在危机大潮下,重庆市摩托车出口降幅很大,然而在政府"家电

---

① 石鉴:《电子商务概论》,机械工业出版社,2008年,第23~28页。

下乡"政策的扶持下,摩托车企业并未出现大规模裁员。出口转内销获得成功,农村庞大的市场,加上国家给予的补贴,几乎完全弥补了因出口造成的影响。①所以对于外贸企业来说,眼光必须向"内"看,不放弃海外市场,更多依靠国内消费者,做到内外兼顾才能有效降低风险。

### 4. 大力开发环保节能型产品

在消费者日益青睐环保节能型产品的情况下,我国的出口型企业在产品创新的过程中应更加贴近消费者在此方面的消费理念,这样不仅有利于产品的销售,同时还有助于企业品牌、形象的建立。克莱斯勒和通用的破产以及比亚迪汽车的蓬勃发展就充分说明了产品顺应人们消费理念、顺应时代发展潮流的重要意义。此外,出口型企业大力开发环保节能型产品,可以有效打破西方发达国家的"绿色壁垒"限制,在一定程度上降低贸易保护的威胁。

### 5. 实现出口国家多元化

外贸型企业在出口商品时不仅要追求产品多元化,更重要的是地区多元化,避免将鸡蛋都放在一个篮子里,可以有效降低贸易保护主义对企业生存的威胁。以轮胎出口为例,2008年1—7月间我国对美国和欧盟分别出口轮胎4054万条和3036万条,合计占同期我国轮胎出口总量的43.8%。而2009年前五个月,中国对美国、欧盟、非洲和拉丁美洲四个地区的轮胎出口量占同期我国轮胎出口总量的71.7%。在后危机时期,贸易保护主义将愈演愈烈,贸易流向过于集中于少数几个地区是十分危险的。如,在不久前美国通过的"轮胎特保案"中,中国

---

① 数据来源:《重庆外贸同比下降28%"出口转内需"成功保就业》,《重庆时报》,http://www.cq.xinhuanet.com/2009—07/25/content_17200408.htm。

轮胎企业的损失就十分严重,保守估计将影响到中国 10 万人就业。

(三)中观层面

1.大力发挥行业协会作用,实行行业内调控

在后危机时期,一国对另一国出口的某项产品增长过快往往会招致贸易保护的大棒。因此,在特殊时期明确一个进口国可以接受的产品出口增长率,变得尤为重要。行业协会可以与进口国政府及其相关行业协会达成自愿限制协定,其目的是在保有当前市场占有量的基础上获得一定发展。行业协会作为直接利益攸关方,可以更认真、方便、快捷地对进口国市场加以调查,将限制出口的产品严格细化,明确进口国对于该种产品增长率的心理底线,针对每一种出口产品制定周密详细的增长比率。同时,由于其本身的成员就是出口商,其对市场的敏感度远远高于政府,可以通过经济形势的变化及时调整限制出口比例。这样比政府调控更灵活,更及时,从而避免丧失发展机遇期。此外,与政府进行行业协调相比,行业协会的内部协调可以更好地权衡各个出口厂家的利益,能够将大公司小企业的利益同时兼顾,使既有的增长配额可以得到合理灵活的分配。总之,大力发挥行业协会的自我调节作用,可以使出口企业更加准确灵活地把握国际市场动向,既可避免政府调控的“一刀切”,又可克服单个企业市场信息不充分的缺点。

2.在两岸和解环境下,产业间联合共渡时艰

韩国《朝鲜日报》2009 年 7 月 6 日的文章题目为“陆资台技结合显威力,韩产品悄然没落”。文章指出,由于两岸达成政治谅解以及两岸产业交流日益密切,被称作 Chaiwan 现象的两岸合作也日益牢固。

据市场调查机构 Displaysearch 的统计结果显示,2009 年第 1 季度,中国 LCD 电视市场上的韩国产品份额从 2008 年同期的 16.7%骤降到 6.7%,而中国当地企业的占有率却从 2008 年同期的 55.6%猛增到 77.5%。同时,受大陆政策措施的影响,大陆企业在采购 LCD 面板时更多地倾向台湾企业。这使同一期间台企在 LCD 面板的市场份额从 35.6%升至 56.5%。而在 2008 年中国排名前 50 的进口商品中,约有34 种主要工业品和基础材料产品既来自韩国也来自中国台湾地区。

由此可见,两岸产业联合,不仅有利于大陆企业增强市场竞争力,打压日韩企业,同时台企也能在大陆庞大的市场中分一杯羹。大陆具有着庞大的消费人群、低廉的劳动成本、充足的人才储备,但缺乏先进的技术、知名的品牌;而台湾虽拥有一批在国际上有很强竞争力的企业和强大的研发优势,却饱受产业软化和空洞化的折磨,可以说两岸产业的互补性极强。在后危机时期,加强两岸产业间合作,实现优势互补,强强联合,无论对两岸出口企业摆脱当前困境还是两岸产业的长远发展都十分有利。

此外,在宏观层面上,政府和相关机构要进一步完善金融服务体系,加大对出口型企业的资金政策扶持,如进一步加快金融体制改革,大力发展中小型银行、农村信用社,加快金融市场对内开放步伐,构建多层次企业融资体系,完善创业板市场,规范民间融资体系等。通过多条渠道,解决中小企业融资困难等问题。

(本文发表于《经济纵横》,2010 第 2 期。合作者:彭金荣,现为天津师范大学经济学院教授;张广岩,时为天津师范大学经济学院学生。)

# 第二十五章 "一带一路"建设与北方港口城市融入思路

"一带一路"建设是我国近年来提出的重大发展战略,已得到积极推进并在国际产生强烈反响。基于这一战略的区域实施特点,我国各地被赋予不同的定位,沿海城市也因处于不同节点而肩负不同的任务。就北方港口城市的融入思路作出思考,需要在对"一带一路"建设予以整体把握的基础上进行。

## 一、"一带一路"建设的提出进程与部署内容

"一带一路"建设是在 2013 年 9 月 7 日上午,由中国国家主席习近平在哈萨克斯坦纳扎尔巴耶夫大学作演讲时首先提出的。他在回顾了古丝绸之路及其给不同国家留下的可以共享和平、共同发展的宝贵启示的同时,倡导用创新的合作模式,共同建设"丝绸之路经济带"。①同年 10 月 3 日,他在印度尼西亚国会作讲演时又指出,东南亚地区自古以来就是"海上丝绸之路"的重要枢纽,中国愿意同东盟国家加强海

---

① 《习近平谈治国理政》(第 1 卷),外文出版社,2015 年,第 289 页。

上合作,发展海洋合作伙伴关系,共同建设 21 世纪"海上丝绸之路",[①]从而向世界正式明确提出了共建"一带一路"的重大倡议。

此后,习近平总书记在许多重要场合多次展开阐述了"一带一路"建设倡议。如,在 2015 年 3 月 28 日博鳌亚洲论坛的开幕式上,他发表主旨演讲时分析了国际形势发生的深刻复杂变化,强调要把握好世界大势,跟上时代潮流,共同营造对亚洲、对世界都更为有利的地区秩序,通过迈向亚洲命运共同体,推动建设人类命运共同体。"一带一路"建设秉持的是共商、共建、共享原则,不是封闭的,而是开放包容的;不是要替代现有地区合作机制和倡议,而是要在已有基础上,推动沿线国家实现发展战略相互对接、优势互补。[②]

2016 年 4 月 29 日主持中共十八届中央政治局第三十一次集体学习时,习近平总书记专门说明了"一带一路"建设的重大意义、主要原因、时代内涵、基本原则和重要内容等。[③]2016 年 8 月 17 日,在推进"一带一路"建设工作座谈会上,他总结了已做的工作和新的形势,提出了下一步做好工作的 8 个重大举措。[④]2017 年 5 月 14 日至 15 日,"一带一路"国际合作高峰论坛在北京举行,习近平主席出席开幕式,并主持领导人圆桌峰会。他在《携手推进"一带一路"建设》的开幕式演讲中更为详细地回顾了"一带一路"的宝贵遗产,总结了 4 年来取得的丰硕成果,阐述了建设目标、合作重点和保证措施,强调要将"一带一

---

① 《习近平谈治国理政》(第 1 卷),外文出版社,2015 年,第 293 页。

② 《博鳌亚洲论坛 2015 年年会开幕 习近平作主旨演讲》,中国经济网,2015 年 3 月 28 日。

③ 《习近平谈治国理政》(第 2 卷),外文出版社,2017 年,第 500~502 页。

④ 同上,第 503~505 页。

路"建设成和平之路、繁荣之路、开放之路、创新之路和文明之路。①这些都构成了"一带一路"建设的长期指导思想,提供了基本遵循和切实保证,也成为习近平新时代社会主义思想的重要组成部分。

"一带一路"(英文:The Belt and Road,缩写 B&R)作为"丝绸之路经济带"和"21 世纪海上丝绸之路"的简称,起始于中国,连接着亚洲、非洲和欧洲的古代路上商业贸易路线,根据运输方式的不同区分为陆上丝绸之路和海上丝绸之路。由于最初用于运输中国古代出产的丝绸、瓷器等商品,并成为了东方与西方之间在经济、政治、文化进行交流的一条主要道路,德国地理学家 Ferdinand Freiherr von Richthofen 早于 19 世纪 70 年代将之命名为"丝绸之路"。今天建设"一带一路",旨在借用古代丝绸之路的历史符号,依靠中国与有关国家既有的双多边机制和有效区域合作平台,高举和平发展的旗帜,积极发展与沿线国家的经济合作伙伴关系,共同打造政治互信、经济融合、文化包容的利益共同体、命运共同体和责任共同体,使沿线各国人民和衷共济、相向而行,一齐谱写丝绸之路经济带和 21 世纪海上丝绸之路的新篇章,同享"一带一路"共建成果。

基于"一带一路"建设倡议的重要性,2014 年国家通过了《丝绸之路经济带和 21 世纪海上丝绸之路建设战略规划》。2015 年 3 月 28 日,国家发展改革委、外交部、商务部联合发布了《推动共建丝绸之路经济带和 21 世纪海上丝绸之路的愿景与行动》(以下简称《愿景与行动》)。

---

① 《习近平谈治国理政》(第 2 卷),外文出版社,2017 年,第 505~516 页。

《愿景与行动》主要内容包括时代背景、共建原则、框架思路、合作重点、合作机制、中国各地方开放态度、中国积极行动、共创美好未来等部分。其中就"共建原则"提出恪守联合国宪章的宗旨和原则,遵守和平共处五项原则,坚持开放合作、和谐包容、市场运作、互利共赢。就合作重点提出以政策沟通、设施联通、贸易畅通、资金融通、民心相通为主要内容。就中国的经济行动,阐述了高层引领推动、签署合作框架、推进项目建设、完善政策措施、发挥平台作用等方面的做法与效果。就共创美好前景指出,共建"一带一路"是中国的倡议,也是中国与沿线国家的共同愿望。站在新的起点上,中国愿与沿线国家一道,以共建"一带一路"为契机,平等协商,兼顾各方利益,反映各方诉求,携手推动更大范围、更高水平、更深层次的大开放、大交流、大融合。

"一带一路"建设是开放的、包容的,欢迎世界各国和国际、地区组织积极参与。共建"一带一路"的途径是以目标协调、政策沟通为主,不刻意追求一致性,可高度灵活,富有弹性,是多元开放的合作进程。中国愿与沿线国家一道,不断充实完善"一带一路"的合作内容和方式,共同制定时间表、路线图,积极对接沿线国家发展和区域合作规划。中国愿与沿线国家一道,在既有双多边和区域次区域合作机制框架下,通过合作研究、论坛展会、人员培训、交流访问等多种形式,促进沿线国家对共建"一带一路"内涵、目标、任务等方面的进一步理解和认同。中国愿与沿线国家一道,稳步推进示范项目建设,共同确定一批能够照顾双多边利益的项目,对各方认可、条件成熟的项目抓紧启动实施,争取早日开花结果。

## 二、"一带一路"建设的重要特点与重大意义

"一带一路"建设是我国在新的历史条件下实行全方位对外开放战略的重大举措,推行互利共赢的重要平台,需要认清其作为对外开放升级版的新特点。

一是从开放地带看,以往主要是大陆东部沿海地区,依靠其辐射内地,现在侧重于我国西北部和南部,特别是西部地带将成为开放前沿,会大力推动区域协调发展。

二是从开放对象看,以往主要是发达国家和地区,现在侧重中亚和东南亚的新兴经济体与发展中国家。

三是从开放目标看,以往主要是推动国内大陆经济发展,现在是既促进国内发展又带动亚洲发展,辐射非洲和东欧,东边牵着亚太经济圈,西边系着欧洲经济圈;既体现经济合作的主线,又包含人文交流的内容,会有力支撑我国走和平发展的道路和营造对外开放的更好环境,有利于沿线国家共享合作和发展成果。

四是从开放方式看,以往主要是引进来,引进国外境外资金和先进技术,现在侧重的是走出去,通过推进道路联通、贸易畅通、货币流通、政策沟通、人心相通等"五通",包括更大规模的对外投资和输出技术与设备,中外交流更加全面深入。

这些新特点是与面对世界进入后金融危机时代的新形势密切相关的,从根本上说是由我国进入经济发展新常态,对外开放跨入新时代所决定的。可以说,"一带一路"建设不仅可以完善全方位对外开放

格局,而且是我国面对 21 世纪新趋势实现中国梦的重大战略部署,影响极为深远广泛。

目前,理论界已就"一带一路"建设的重大意义作出多方面的分析。如,有的强调"一带一路"倡议与当年美国的"马歇尔计划"明显不同,我国"一带一路"建设具有丰富得多的内涵,肩负着三大使命:即探寻经济增长之道,实现全球化再平衡,开创地区新型合作。有的着重说明"一带一路"的建设构想顺应了我国对外开放区域结构转型、要素流动转型和国际产业转移、与其他经济合作国家结构转变、国际经贸合作与经贸机制转型的需要。[1]有的将"一带一路"建设概括为是我国扩大对外开放的重大举措和经济外交的顶层设计,是为破解人类发展难题提供的中国智慧和中国方案,是探索全球经济治理新模式、构建人类命运共同体的新平台,是新时代中国特色社会主义的伟大开放实践。[2]

我认为,这些分析站在不同角度和高度作出了说明,都体现了实际情况,具有合理性,同时也反映了认识由浅入深、由局部到整体的发展进程。由此,得出了一个重要启示,认识"一带一路"建设的重大意义有个方法论问题,综合分析这一倡议的提出和实施的背景,应该从经济到政治、开放到外交、国内到国际、实践到理论作出全面考察。

首先,要从经济视角包括对外开放方面看到,"一带一路"建设对于在世界经济出现逆全球化现象和国内产能过剩的条件下对我国调整经济结构和拉动经济增长的作用,对于推动我国全面对外开放和深

---

① 剧锦文:《"一带一路"战略的意义、机遇与挑战》,《经济日报》,2015 年 4 月 2 日,第 13 版。

② 高虎城:《积极促进"一带一路"国际合作》,载《党的十九大报告辅导读本》,人民出版社,2017 年,第 406~408 页。

度融入世界积极体系,形成陆海内外联动、东西双向互济的新开放格局的意义。同时也需看到,"一带一路"建设体现了新世纪以来国际格局深度调整,全球治理体系处在历史转折点的变化需要,顺应了求取变革的诉求,为破解全球发展难题,完善全球治理提供了中国的新思路新方案,有助于构建人类命运共同体。

其次,还应进一步看到,"一带一路"建设推进了党的创新理论的发展。面对世界形势和我国发展地位、环境发生的新变化,我国进入中国特色社会主义新时代,将决胜全面建成小康社会,开启全面建设社会主义现代化国家新征程,"一带一路"建设思想的提出和系统论证作为习近平新时代中国特色社会主义理论的重要组成部分,发展了我国的经济发展战略理论、对外开放理论、外交理论和全球治理理论,具有明显的创新性和前瞻性,意义极为深远。

最后,从我国对外开放理论的发展看,在改革开放的第一个十年区间,由于对外开放刚刚开始,遇到很多观念上的束缚和阻力,因此理论方面主要解决的是要不要开放的问题,突出论证对外开放的必然性以及开放初期在对外贸易、引进外资和先进技术、建立经济特区等方面的相关问题。

在改革开放的第二个十年区间,对外开放已取得了有目共睹的成绩,因而被逐步加大力度和加快速度。理论层面重点解决的是如何扩大开放问题。从20世纪80年代末到90年代,党中央与时俱进地谋划了对外开放战略,提出了建立开放型经济,加入世界贸易组织,实施走出去战略等。

到了改革开放的第三个十年区间,理论层面要解决的重点则是如何提高开放的水平与效益。因为在基本弄清要不要和如何加快开放的大思路后,面对国内外新形势和贯彻科学发展、和谐发展、和平发展的要求,必然要从重规模扩展转向重效益、讲质量。党的十七报告在对外开放部分的题目就强调要进一步提高对外开放水平。

在改革开放进入第四个十年的区间,国际金融危机发生后,世界经济深度调整,逆全球化思潮抬头,全球治理体系变革处在历史转折点上,我国进入了经济发展新常态,同时比历史上任何时候都接近于世界舞台的中央。这一时期,理论层面重点解决的问题转向如何推动形成全面开放新格局。因此党的十九大报告在对外开放部分指出:"要以一带一路建设为重点,坚持引进来和走出去并重,遵循共商共建共享原则,加强创新能力开放合作,形成陆海内外联动、东西双向互济的开放格局。"在新格局中,"一带一路"建设是重点,这一理论与实践已经并继续推进着我国对外开放战略理论的发展。

## 三、"一带一路"建设在北部沿海港口城市的实施思路

### (一)关于各区域任务的总体部署

根据《愿景与行动》的总体部署,"一带一路"建设需充分发挥国内各地区的比较优势,为此分别部署了西北、东北地区、西南地区,沿海和港澳台地区,内陆地区等区域的任务。其中涉及了几个层面。一是对一些省市自治区整体部署任务,如新疆、陕西、甘肃、宁夏、青海、内蒙古西北地区 6 省,黑龙江、吉林、辽宁东北地区 3 省,广西、云南、西藏

西南地区 3 省，上海、福建、广东、浙江、海南等沿海省市，重庆等内陆地区。二是对一些经济区域部署任务，如北部湾经济区和珠江－西江开放带，长三角、珠三角、海峡西岸、环渤海等经济区，粤港澳大湾区、长江中上游地区，成渝、中原、呼包鄂榆、哈长城市群等。三是对一些城市的特色功能部署任务，如单独提出加强上海、天津、宁波－舟山、广州、深圳、湛江、汕头、青岛、烟台、大连、厦门、泉州、海口、三亚等港口建设等。由于众多城市已被所属地区任务涵盖，其中的天津则处于仅有港口被明确列出国家重点任务的位置。于是这一北部沿海城市如何面对国家战略，融入"一带一路"建设则成为一个重大抉择和需要认真研究的课题。

(二)北部沿海城市积极融入建设的实施思路

从天津看，开始之时人们出现一些疑惑是正常的。历史上，陆海丝绸之路的起点分别是西安和泉州，均与天津距离遥远。国家部门召集直接相关的西部和南方诸多省市召开"一带一路"建设座谈会也没有将天津包括在内。天津正在积极落实的京津冀协同发展国家重大战略似与"一带一路"建设也没什么直接关系。这是一种肤浅的认识，需要正确分析与把握。

1.注重转变观念，深刻把握"一带一路"建设和天津城市发展定位关系的新视角

从"一带一路"建设与我国北部港口城市的关系看，天津应开阔视野，站在建成全国先进制造研发基地和北方国际航运核心区、金融创新运营示范区、改革开放先行区的高度予以审视、分析问题。全国先进

制造研发基地是京津冀协同发展国家战略对天津发展的定位,如果未来能真正高水平地发挥其功能和作用,则与"一带一路"建设的实施有不可分割的关系。西北部覆盖了我国北方大部分地区,目前国内同时有三条线路可通欧洲陆桥的地方唯有天津,天津已在事实上东牵亚太经济圈,西系欧洲经济圈;天津发展先进制造业和高端服务业,建设北方国际航运核心区,既适应与发展中国家从事贸易、投资的需要,又应以国内环渤海地区以及整个北部地区乃至某些南部区域为腹地,从这些区域的建设任务和着眼未来看,"一带一路"建设与天津发展关系很大,空间很大,会带来新的机遇。

天津纳入京津冀协同发展战略,加强滨海新区开发开放及自由贸易试验区建设,为参与和借力"一带一路"建设提供了新的有利条件和广阔前景。为此,必须改变关系不大的模糊认识,在抓住京津冀协同发展国家战略机遇,发展好自己的同时,对"一带一路"建设高度重视,认真谋划,积极融入,顺势而为。考虑到从长期看融入"一带一路"建设是市场决定的过程和众多产业、广大企业的行为,因此还要加强宣传和普及,使这一建设及其与天津发展的关系为更多干部群众知晓,避免误解。

2. 注重落实部署,积极拓展天津港乘势发展的新功能

《愿景与行动》部署了加强天津港口建设的任务,这是服务"一带一路"建设的重点。天津港是我国环渤海地区的重要港口,是世界等级最高的人工深水大港之一和排名前十位的国际性综合大港。由于区位优势明显、硬件设施先进、服务功能齐全,可以直接对接"一带一路"建设,发挥新欧亚大陆桥经济走廊重要支点及丝绸之路战略支点的作

用。为此，天津必须抓住这一战略机遇，推进天津港的转型升级，在向第四代港口转型和提升自身功能水平的同时，积极开展海外投资和国际化经营。要努力以陆桥过境通道和海铁联运为载体，建设国际物流的大通道，推动港口、口岸和自由贸易功能向内陆腹地延伸，进一步织密通往沿线国家和全球主要港口的航运网络及服务网络。打造具有国际竞争力的全球性码头运营商。要推进京冀港口的协同发展，深化与沿线港口、航运企业特别是世界级航运企业的战略合作，不断扩大航线覆盖范围。

3. 注重多方着手，不断开拓融入国家战略的新局面

做到视野更宽、站位更高，改变仅完成既定任务的狭隘认知，切实把握"一带一路"建设带来的发展空间，一是根据经济进入新时代和高质量发展阶段的新要求，编制和修订融入"一带一路"建设的规划。使天津建设现代化的规划设计与"一带一路"建设进一步有机衔接，以京津冀协同发展重大战略为统领，发挥优势，错位努力，形成合力。

二是开辟借势发展新渠道。如，通过深化科技交流、共建联合实验室或研究中心、支持科技园区合作发展、实施国际技术转移等方式，健全与"一带一路"建设沿线重点国家、区域和城市的国际科技合作新机制，发挥科技合作对共建"一带一路"建设的支撑引领作用。天津市出台的《"一带一路"科技创新合作行动计划（2017—2020年）》就此作出了探索。又如，在发展战略性新兴产业和产业结构调整过程中统筹谋划，优势互补。与"一带一路"建设相关省区在贸易、资金、科技、人才、物联网等领域开展多层次、宽领域的合作，把制造业产业链延伸到大陆桥沿线的国际部分。再如，发挥好国家租赁创新示范区的作用，形成

与国际接轨的租赁业发展环境,加大外汇、通关、税务等方面的政策创新力度和业务协调力度,吸引企业参与"一带一路"国际合作。

三是通过加强人文交流提升国际影响力。"一带一路"在历史长河中,始终是商贸与文化交流、不同种族与风俗习惯包容和共融的过程。北方沿海城市可以把大陆桥沿线城市经济发展和历史文化遗迹有机整合,建设现代服务业、旅游业的重要枢纽。通过多种方式在国际沿线,讲好"中国故事"和"天津故事",让传统优秀文化更多地"走出去",进一步增强中国包括天津在世界上的软实力,提升影响力和竞争力。

(本文部分观点以"认清特点,明确位置,积极融入'一带一路'建设"为题发表于天津市委研究室的《参阅件》,2014 年第 40 期。)

# 第二十六章　中国北方对外开放门户的特殊含义与以改革促建设

2006 年 5 月 26 日下发的《国务院推进天津滨海新区开发开放有关问题的意见》，对天津滨海新区的功能定位是要努力建设成为中国北方对外开放的门户，同时正式批准天津滨海新区为全国综合配套改革试验区。如何把握对外开放门户的要义，并通过实行综合配套改革来推动中国北方对外开放门户的形成和发挥好作用，已成为新形势下继续推进改革开放所需要深入探讨的重要课题。

## 一、中国北方对外开放门户的特殊含义

从《现代汉语词典》中的释义看，"门户"具有门的总称、出入必经的要地、家、派别等意思。①从一个国家或地区的对外开放来看，门户应主要取门的总称与出入必经要地的含义，指对外开放的大门和对外经济贸易的必经之地。历史上较早从积极意义方面使用有关范畴的是孙中山先生。他在辛亥革命后明确提出了改变闭关主义为开放主义的口号，强调现今世界"断难闭关自守所能自立"，要想经济发展，"实业发

_____

① 中国社会科学院语言研究所词典编辑室编：《现代汉语词典》，商务印书馆，1984 年，第 775 页。

达,非用门户开放主义不可"。①这里的门户开放主义是针对清王朝的闭关锁国政策而言的,门户应为国门的意思。

从我国改革开放40年的历程看,对外开放走出了一条有步骤分层次推进的道路,形成了经济特区—沿海沿江沿边开放城市—沿海经济开放区—内陆地区的递次扩大开放格局。对于最先实施对外开放的经济特区的作用,邓小平同志形象比喻为"窗口"②,即技术的窗口、管理的窗口、知识的窗口、对外政策的窗口。20世纪80年代以来,以深圳为突出代表的经济特区在为我国扩大贸易、吸引外资、引进先进技术和管理制度、引进和培养人才等方面发挥了积极作用,取得了公认的成绩。90年代以来,上海浦东地区又成为我国对外开放新的窗口与基地,不仅推动了上海的经济与社会进步,同时带动了长江三角洲地区经济的飞速发展和长江流域的经济开放。

天津滨海新区定位为中国北方对外开放的门户,与对外开放的窗口相比从理论上说是一种什么关系呢? 我们认为,应该看到二者的共性与不同。从相同性方面看,对外开放的门户和对外开放的窗口一样要在扩大对外贸易、引进先进的技术和管理经验等方面发挥桥梁作用,成为引进来和走出去的通道,成为被辐射地区扩大对外开放的重要途径。但是基于进入新世纪后世界经济发展出现的新变化,我国对外开放与发展面临的新环境,存在的新特点,中国北方经济发展与对外开放又会呈现不同的格局,因此北方对外开放的门户应当有自身的

---

① 《在安徽都督府欢迎会的演说(1912年10月23日)》,载《孙中山全集》(第2卷),中华书局,1982年,第523页。

② 邓小平:《建设有中国特色社会主义》,人民出版社,1987年,第41页。

特点。

（一）推动对外开放的战略基地

从经济特区设立之时的 20 世纪 80 年代初看,我国改革开放还处在起步时期,"摸着石头过河"的阶段。在人们还颇感担忧之际,对外开放"窗口"的定位,就包含着试办的意思,不可能有看得很准又受到公认的规划方案,更没有多少政府投入,只能靠享受一些政策去闯出一条前人未走过的路子。如果"苍蝇蚊子"进来过多,"窗户"还可能被关上。进入新世纪后,对外开放取得了卓有成效的成绩,随着经济全球化的推进,中国融入世界的潮流不可逆转,中国北方扩大对外开放需要长期设立一个基地。这个基地的对外开放及对北方对外开放的带动,应当也可以是有统筹规划和前瞻性的,因此构成了对外开放战略的有机组成部分。这种功能远远超出了"窗口"的内涵,用"门户"概括更为适合。

具体来讲,这就要求滨海新区无论是在硬实力还是软实力方面都要走在北方地区的前列。从硬实力的角度看,天津滨海新区必须又快又好地发展自身的经济。"快"当然指的是人均 GDP 的增长速度;而"好"指的是增长的质量,指的是滨海新区应该在转变增长方式上作出表率。那么滨海新区必须在调整产业结构,提高现代服务业份额方面作出努力,从而才能够更好地为自身和北方经济发展服务。同时,在转变增长方式上,最重要的就是要加强自主创新能力,早日建成高水平的现代制造业和研发转化基地。

而软实力要求从制度角度进行创新,打破以前旧的体制机制束缚。同时,新思想、新理念的引入和消化同样重要,这是真正长期发展的保证。滨海新区的高速发展必将对整个北方地区人们原有的观念造成强烈地冲击,逐渐改变人们小富即安、商业意识淡薄、缺乏竞争的思想,增强人们的商业意识、竞争意识和创业的积极性。

(二)扩大对外经贸交流的必经要地

由于对外开放的窗口具有试验性和展示性的历史印记,因此对外经贸交流的规模较小、层次较浅、辐射力较低。取而代之的对外开放的门户,则应体现出经贸交流规模较大、层次较高、辐射面较广且辐射力较强的特点。被辐射和带动地区开展对外经贸关系产生的物流、资金流应以此为重要通道或主要通道。从此种意义上说,中国北方对外开放门户这个唯一的定位应当有着某种不可替代性。

如果仅从区位角度看,中国北方对外开放的门户天然应是天津滨海新区,其区位优势无可替代。滨海新区地处环渤海和京津冀都市圈的交汇点,背靠"三北"、依托京津冀、面向东北亚,和日本、韩国等东亚发达国家隔海相望。同时,它还是中国北方连接亚欧大陆桥最近的东部起点,是蒙古、哈萨克斯坦等临近内陆国家的重要出海口。滨海新区腹地辽阔,遍及北方 12 个省市自治区,具有较强的对内吸引和对外输出的有利条件,已经成为物流、商流、信息流、资金流和人才流集聚与辐射之地。所以说,滨海新区无疑是在环渤海甚至整个北方担任对外开放门户这一角色的最佳选择。

但是滨海新区在建设对外开放门户时,不能仅凭区位优势,还必须积极营造新的交通、信息优势。这就要求滨海新区在已有的交通优势、港口优势和信息化网络优势的基础上，进一步加大力度提高水平，早日建成北方国际航运中心和国际物流中心。

而且滨海新区亦应注意到，新时期经贸交流的必经要地是广义上的，也是针对整个北方的。这就是说，滨海新区不是北方地区唯一重要的对外口岸，也并不要求所有省市的出口都经过滨海新区。它仅仅意味着，滨海新区应该成为北方最重要的一个出口口岸，在整个北方的出口中占据着绝对重要的位置，北方很大比例的出口应该通过滨海新区。

(三)拓展特定区域对外经济交流的先导极地

如果说"窗口"具有试验性而带来某种被动性的特点，那么对外开放的门户则因其承担战略任务和自身的全面开放而具有了主动性。它要积极引导所辐射地区走上扩大开放之路。从天津滨海新区的定位看，就是要引导中国北方地区借用自身提供的条件与环境更好地加快对外开放的步伐。为此，滨海新区就要始终站在对外开放的潮头，成为北方对外开放的发达地区，充当带动周边地区与腹地扩大对外开放的领头雁。从此种意义上讲，天津滨海新区既要发挥全国增长极的作用，也要成为我国北方的开放极与先导区，处于经济开放龙头地位。

具体来讲，这包括两层含义：一是从对外的角度讲，要形成与国际规则、国际惯例、国际产业调整和要素重组相衔接的、具有国际竞争力的高地。所以滨海新区作为门户要有国际水准，能与国际接轨，以参加国际竞争的标准来要求自己。同时，也为高水平的国际跨国企业提供高标准的投资服务，吸引著名企业落户滨海新区。二是从对内的角度讲,要形成能与北方地区相互动的、相支撑的、能够资源共享的一体化区域。要有效地整合对外开放的资源,改变过去相互恶性竞争的局面,形成错位竞争,互利多赢的新格局。同时,在对外开放中,滨海新区还应想人之所想,为其他地区的对外开放提供硬件(如港口服务等)和软件(如投融资体制等)的支持。

以上主要从定性的角度考察了北方对外开放门户的特征。如果深入考察, 还可以从定量的角度确定衡量门户发挥作用的指标体系,如进出口值、海关关税比值、货物吞吐量比重等。

将天津滨海新区建设成为中国北方对外开放门户具备着良好的客观条件。天津滨海新区拥有非常优越的地理位置,作为欧亚大陆桥东部的主要起点,地处大陆桥经济带与东北亚经济圈的结合部,是我国西部、北部地区走向世界最宽阔的东大门。我国与世界许多贸易国的大宗进出口贸易难以用陆路或航空运输来实现,滨海新区的天津港具备着背陆面海、腹地广阔的优势,并与170多个国家和地区、300多个国际港口、1万多户外商建立了通航与贸易关系, 可以在北方发挥独特作用。据天津海关统计,天津口岸50%以上进口值,60%以上海关税收,70%以上货物吞吐量都来自"三北"等腹地。这表明天津滨海新区已经初步在发挥着北方对外开放门户的作用。然而应当看到,如果按照战略基地、必经要地和先导极地的高标准衡量,特别是和我国北方广大区域对天津滨海新区发挥对外开放门户作用的需要相比,"中国北方对外开放门户"这一定位还没有形成。

笔者初步考察了我国北方十余个省份近一年多党代会上的报告,几乎所有报告均重视规划本地区扩大对外开放问题,但几乎都没有提到借助天津滨海新区实现扩大对外开放的目标。这人体是发生在党中央、国务院明确进一步加快天津滨海新区开发开放战略之后的事情。其中可能有多方面原因，但也从一个侧面显示，天津滨海新区建设中国北方对外开放门户的任务依然繁重。

## 二、中国北方对外开放门户以改革促建设的重要思路

建成中国北方对外开放门户需要做多方面努力，以改革促建设正是一个重要思路，实行综合配套改革与之有着密切的联系。

（一）北方对外开放门户与综合配套改革的联系

总的来说，二者之间的关系体现在两个方面：一是建设北方对外开放门户为综合配套改革提出了新的要求。天津滨海新区综合配套改革方案必须围绕新区功能定位来展开。作为国家明确的功能定位的组成部分，中国北方对外开放门户要求改革方案的设计不仅体现天津滨海新区自身开发开放的需要，还必须反映中国北方各地扩大开放的要求。

二是进行综合配套改革试验为加快建设北方对外开放门户提供制度条件。综合配套改革试验区的重要特征是改革的先行先试。在现有格局下，无论是我国北方加大对外开放力度，还是作为其龙头的天津滨海新区加快开发开放都需要在体制上努力创新，必须反映贯彻落实科学发展观、构建社会主义和谐社会、完善社会主义市场经济体制、转变经济发展方式、进入后 WTO 时代与世界经济接轨等多方面要求，

这正需要实行综合配套改革,为扩大对外开放创造制度条件和机制。

(二)以综合配套改革推动北方对外开放门户建设

从促进中国北方对外开放门户建设的角度看,现阶段推进综合配套改革试验应该把握这样一些思路。

1.高度重视深化涉外经济体制改革,着力推动自由贸易港区建设

天津滨海新区在对外开放方面发挥着先导极地作用,必须深化涉外经济体制改革,促使自身成为对外开放的重镇与先锋,这样也有利于加快建设北方国际航运中心和国际物流中心,疏通中国北方各地与世界发展经贸关系的绿色通道。

在现阶段,深化涉外经济体制改革涉及推进外贸、航运、物流、口岸、金融、外汇等多方面管理体制改革,特别需要着力加快东疆保税港区建设。要借鉴国际通行做法,发展国际中转、国际配送、国际采购、国际转口贸易和出口加工等业务,探索海关特殊监管区域管理体制创新,实行"境内关外、一线放开、二线管住、区内自由、入港退税"的特殊海关监管政策。要创造条件,逐步发展离岸金融等业务,推动国际通行的自由贸易港区建设,运用最高层次的对外开放形式带动周边和整个北方地区扩大对外开放。

2.积极推进科技体制改革,努力建设国际化研发转化基地和良好服务环境

高层次的对外开放门户,不仅要注重引进规模大、带动性强、技术水平高、影响长远的关键项目,还应在建设创新型国家部署的指引下,重视引进更多的国内外大公司的总部和研发机构,从而用技术创新为

被辐射地扩大开放和引进技术服务。为此,要创新滨海新区开发与管理模式,建设好国家的高新技术园区和产业化基地,探索联合开发与利益共享的新模式。与此同时,要构建与北方各地区密切联系的合作机制,创造务实高效的服务环境,使滨海新区成为环渤海区域和北方各省市走向国际市场和获取先进技术的便捷通道。

3. 注重发挥制度迁移机制作用,提供有利于发挥门户作用的体制保障

综合配套改革试验区推行的重大改革举措具有示范性。将滨海新区形成的有利于促进对外开放的体制移植到被辐射地区,无疑会有助于弱化北方对外开放门户发挥作用的阻力。在我国北方对外开放仍主要得益于又受制于较多行政权力的条件下,由国家推动综合配套改革试验区的先进体制发生移植变迁,对打破各地行政分割格局,扩大北方对外开放有着重要意义。


(本文的主要内容以"天津滨海新区功能定位的意义"为题发表于《开放导报》,2007 年第 4 期。合作者:张同龙,博士,时为天津师范大学经济学院副教授,现为华南农业大学教授。)

对外开放理论篇

# 第二十七章 中国经济开放理论发展研究的任务、意义与框架

进入新世纪,伴随加入世界贸易组织,中国对外开放进入了一个新的发展阶段。我们有必要进一步对我国经济对外开放理论的发展作出系统深入的研究。下文拟就此谈几点想法。

## 一、中国经济对外开放理论发展研究的基本任务

如果对中国经济对外开放理论的发展作出具有综合性、整体性和系统性的研究,其基本任务有两个方面。一个方面是考察这一理论的发展历史,即其产生、推进和形成的历史演变过程,揭示该理论在我国哪些不同历史时期,受什么样的政治经济条件和经济开放实践的影响而产生与发展;在不同社会历史时期占主流地位的理论观点是怎样发展演变的;对这一理论产生与发展有着重要影响的代表性人物提出了哪些重要的见解和观点,如何评价其历史地位;在同一历史时期就一些重要理论问题有哪些重要的不同认识;这一理论的演进过程经历了哪些大的阶段,有着什么样的特点和规律性等。

另一个方面是考察这一理论的发展现状,即在概括性介绍现阶段占主流地位的观点和理论界对各个重要问题的探讨的基础上,分析所

取得的理论成就和需要进一步研究的问题。同时,针对学术界就一些主要理论问题产生的不同认识作进一步的分析,结合实践中提出的新问题作前瞻性研究。

之所以承这两个方面的基本任务,是由中国经济开放理论发展研究的内在需要决定的。首先,中国经济对外开放的思想源远流长,并对现代经济理论有重要影响。改革开放以来,经济对外开放理论也伴随实践的发展而经历了不断演进的过程。对这一理论史的考察是经济对外开放理论发展研究的重要组成部分。其次,理论发展研究不能停留在史的考察上,只有深刻把握经济对外开放理论研究的现状并开展深入和具有前瞻性的探讨,才能使"理论发展研究"臻于全面。而后一种角度恰恰是现今中国经济思想研究领域中较为薄弱的环节,一些论著往往停留在思想史的考察之上,过于侧重学术性,影响了经济思想研究服务于指导实践的功能的发挥。经济对外开放理论研究应当对现阶段我国经济对外开放理论的研究特点、重点问题、历史任务及发展趋向等作出分析和概括。

## 二、中国经济对外开放理论发展研究的重要意义

从上述两个方面研究中国经济对外开放理论的发展,任务量很大,但在对外开放进入新阶段条件下很有理论和实践意义。

(一)有益于促进我国经济对外开放理论的深入研究

改革开放以来,我国经济学界结合对外开放实践中出现的新情况

新问题开展了大量研究,特别是围绕对外开放战略、引进外国资金与先进技术、国际贸易与金融、经济特区与区域开放、"三资"企业及其管理、加入国际贸易组织等方面出版了不少著作,发表了大量论文,党和国家领导人与政府决策部门在总结实践经验、吸收学术界研究成果的基础上,作出了一系列重大战略部署,提出了许多指导我国正确实行经济对外开放的方针政策,其中同样包含着非常丰富的理论和思想。

但是较为全面总结我国经济对外开放理论发展过程的著作还较为缺少,并且在经济学界近些年全面总结理论发展经验时的确存在就此方面注重不够的情况,这显然还不适应我国对外开放进入新阶段条件下总结理论发展经验,推进理论与时俱进的需要。[①]因此,对经济对外开放理论作出较为系统的考察与分析,从发展历史的角度总结其间的规律性认识,从发展现状的角度概括其特点并找出需要进一步探究的问题,无疑会促进此理论在新的形势和条件下更好地发展,使这一关系我国经济发展与改革开放事业全局的理论更加丰富和深入。

---

① 笔者就纪念党的十一届三中全会召开 20 年之际出版的总结经济理论发展方面的若干著作和一些研究跨入新世纪经济理论与实践的著作进行了初步考察,感到不少论著在作出很多学术贡献的同时却对总结经济对外开放理论的发展与经验方面注意不够。如,在《经济理论 20 年——著名经济学家访谈录》(湖南人民出版社,1999 年)中选择了 15 个重要理论专题,却没有对外开放方面的题目。在《中国经济学家代表作精选(1978—1998)》(中国发展出版社,1998 年)中选了 14 位著名经济学家的代表作,也没有一篇论文是研究对外开放的。在《影响中国 20 年经济体制改革论文精选》(经济科学出版社,1998 年)中,共选录 160 多篇论文,但只有一篇关于经济特区方面的文章。在《跨世纪的预告》(山西经济出版社,1997 年)中,有 65 位经济学者透析中国经济走势,但只有 3 篇文章从局部的角度思考了经济开放涉及的问题。这种情况固然与我国国内经济改革与发展存在许多重要问题需要着力探讨有直接关系,但却与对外开放在实践中支撑我国近 20 年来经济发展的地位很不相称。此种情况在近几年出版的研究新中国经济思想史的著作中也有所反映,如《新中国经济理论史》(上海财经大学出版社,1999 年)等。

(二)有益于加强理论经济学的学科建设

1. 有助于深入进行政治经济学的研究

研究经济对外开放是政治经济学的重要任务,但又是改革开放以来随着理论和实践的不断推进才逐步深化和丰富起来的。长时间中,政治经济学社会主义部分没有这一块内容。在新中国成立后对我国政治经济学影响颇大的苏联政治经济学教科书虽论及社会主义国家的对外经济关系,但只讲苏联阵营内部国家之间的经济关系,排斥这些国家向西方发达国家的开放。我国的政治经济学教科书由没有对外经济关系的分析发展到在社会主义部分的某一章中加进了少量有关介绍,再发展到单独设置了"对外经济关系"一章,可以说直到我国将对外开放确定为重要国策,教科书中才开始从真正意义上阐述了经济对外开放的理论。但是受教科书的性质、篇幅等限制和影响,书中展开的是一般原理,往往概括介绍对外开放的必要性、原则、形式等。因此对我国经济开放理论从发展历史到现状进行系统考察与分析,将有利于展开和深入研究对外开放的基本理论,使社会主义政治经济学中这一越来越显示出重要地位的部分得到充实。

2. 有助于提高中国经济思想史与中国社会主义经济思想等学科研究的水平

中国经济思想史学科在我国学术界本是个较老的学科,自 20 世纪 20 年代中期始就已经先后涌现了一批较有影响的代表人物和代表作。新中国成立后,一大批学者在马克思主义指导下开展了全新的探索,取得了突破性的成就,主要体现在从通史的角度出版了不同特色的专著,但研究的领域主要是古代和近代的思想部分。20世纪80年代后期和90年代以来,学科的研究领域进一步拓宽,研究程度进一步深化,特别是出现了中国社会主义经济思想史的研究和加强了新中国经济思想史的研究。但是研究专题主要集中在经济学基本理论、国内经济改革、发展理论乃至应用经济理论方面。一些有关对外开放思想研究方面的专著也属于较早时期的断代史,如《走向世界的历史足迹——中国近代对外开放思想研究》(1992年)、《中国近代利用外资思想研究》(1994年)等。由此可见,系统研究我国经济开放理论的演进过程,尤其是把重点放在改革开放以来理论发展的考察之上,可以对中国经济思想史及中国社会主义经济思想研究起到重要的补充作用,促使这一学科朝着更全面的方向发展。

(三)有助于推动我国对外开放实践的顺利发展

自20世纪70年代末以来,我国的对外开放程度不断扩大,水平不断提高,取得了举世瞩目的成绩。随着我国加入世界贸易组织,对外开放又进入了一个新的发展阶段。我国的开放程度将更大,在获得新的发展机遇的同时也将面临严峻挑战,迫切需要新的理论来指导新的实践。基于跨世纪条件下世界政治经济格局的特点和我国特殊国情,我们肯定不能照搬西方经济学的有关理论,也不能简单依据我国原有的理论认识来办事,而应当在认真总结历史经验和理论发展规律的基础上,紧密结合现实,探索有效指导实践的新理论。中国经济开放理论研究的主要目的也正在于此。通过对这一理论进行系统的历史考察,可以帮助我们认清对外开放实践的历史经验,努力揭示这一理论的发展规律;通过剖析这一理论的现状,找出其需要继续深化和发展之处,正可以推动这一理论朝着分析新情况新问题的方向前进,这将为促进我国对外开放实践的顺利进行提供理论工具和有利条件。

## 三、中国经济对外开放理论发展研究的框架结构

中国经济对外开放理论的内容相当丰富,并经历了相当长的历史发展过程,为了便于逐步展开深入研究,需要将其划分为不同阶段。我认为,从广义上把握我国经济开放思想与理论的发展进程,自产生到20世纪初,可以大致分为 6 个阶段,并予以不同程度的考察与分析。[①]

(一)古代对外经济贸易思想阶段

据考证,自先秦开始至 1840 年之前,中国古代经济思想家就对外贸易问题作了一些零散和粗浅的思考与议论。尽管出现过批判闭关锁国的呼声和某些贸易开放思想相对活跃的时期,但从长时间和总体上看,朝贡贸易和闭关锁国的封建正统经济思想仍占据主流地位。因而这一时期谈不上有经济开放理论,但可以从背景材料和历史前提的角度作出必要的介绍。

---

① 参见李家祥等:《中国经济开放理论研究》,南方出版社,2001 年。

(二)近代对外经济开放思想阶段

鸦片战争之后,中国被迫打开紧闭的国门,卷入世界经济漩涡之中。面对西方经济文化和船坚炮利殖民扩张的影响,随着代表西方先进科学技术的汽轮、火车、水雷、电线、开矿、炼铁机器与大量新奇又廉价的日用品的涌入,从地主阶级改革派到洋务派,从革命派到改良派的一些代表人物在探索救亡图存、富国强兵的途径之时纷纷对清王朝的闭关锁国政策作出了反思和批判,提出了向西方学习,实行开放的主张。其中论及与外国通商,引进资金和先进技术、人才、经营管理方法,学习外国发展经济和振兴实业的经验等。在辛亥革命以后,革命先行者孙中山还较系统地提出开放主义,并从国家存亡的角度论证了在经济开放中保持国家主权独立的重要性,号召打破帝国主义,破除一切不平等条约。应该看到,中国近代经济思想上出现的一股对外开放思潮是很有历史地位和意义的,可以被视为最初的经济开放思想,因而有必要就此方面思想作出较为具体的介绍与分析。

(三)新民主主义革命时期的对外经济贸易思想阶段

"五四运动"推动了国人的思想解放,人们对于为什么和怎样发展对外关系给予了更深刻的关注。中国共产党的部分重要领导人就此方面作出的深入思考是该时期经济开放思想的杰出代表。由于这一时期中国饱受帝国主义的侵略和压迫,根本没有独立的国家主权,无法开展真正的平等的国际经济往来,因此革命思想家论及经济开放原则与条件方面的内容较多且较为深刻,而在对其他方面的研究则相当薄弱。但值得提出的是,在 20 世纪 20—40 年代,我国经济学界的一些有识之士对发展对外经济问题作了较为广泛的思考,如经济学家马寅初、陈岱孙等就利用外资、外汇等问题发表了不少论文,出版过专题著作,在对外经济开放理论发展史中留下了印记。对于这一因种种原因而介绍很少的阶段仍需要学界专门作出必要的考察。

(四)社会主义建设初期的对外经济贸易思想阶段

新中国成立之后,随着社会主义建设和对外经济往来实践的发展,党和国家领导人对如何发展对外贸易、引进技术和资金,在对外经济关系中坚持独立自主、自力更生的方针等作出了很多论述。但是由于 20 世纪五六十年代的帝国主义封锁和中苏关系的恶化,我国难以有广泛的、真正意义上的经济开放实践,同时国内的经济发展和政治经济学的学科建设也提出了许多亟待探讨的问题,因此这一时期不可能有独立的、地位突出的对外经济理论。经济学界也没有就此形成讨论热点,只是在某些内部发行的教科书中有所论及,而且受到了苏联政治经济学教科书的较大影响。

(五)“文化大革命”时期的对外经济贸易思想阶段

这是一个极为特殊的时期。在极“左”思潮泛滥,林彪、“四人帮”反革命集团企图篡权的干扰破坏下,正常的对外经济贸易关系被扣上卖国主义、洋奴主义、爬行主义等帽子,人们不敢开展对外贸易、引进资金和技术。“四人帮”宣传的谬论甚嚣尘上,在其操纵下编写的《社会主义政治经济学》之中,这些谬论还被理论化和系统化。以此为背景,中国基本上处于关门搞建设的状态,对外经济思想的发展处于被扭曲的阶段。鉴于其特殊性,我们还应当从总结历史经验与教训的角度作出一定的反思和清理。

(六)改革开放时期的对外开放理论阶段

随着20世纪70年代末党的十一届三中全会的召开,以及改革开放重大决策的决定和推行,兴办经济特区,举办"三资"企业,引进外国资金和先进技术、人才等经济开放实践迅速广泛开展起来,真正意义上的对外开放理论被正式提出和不断得到丰富与发展。这一时期涌现的理论是研究对外开放理论发展的最重要部分。考虑到研究意义重要,内容很多,可以从两个大的层次来加以考察。一是介绍和研究党和国家的领导人及重要文献的有关思想、学术界作出的大量理论研讨,特别要分析这一时期理论的产生背景与小的发展阶段,揭示其间的规律。二是概括此阶段这一理论的发展特点,对其中提炼出来的需要进一步研讨并具有某些前瞻性的重要理论问题作出自己的分析,特别要注重从历史与现实相结合的角度研究进入对外开放新阶段所面临的新的主要课题。随着我国对外开放实践和理论的深化,这个阶段的内容不断丰富,可以进一步划分具体阶段。①

上述发展时段的划分主要遵从了中国历史发展的大阶段。尽管在各个阶段中经济对外开放思想与理论所占的份量很不相同,认识的水平也有很大差距,但是按这种方式安排内容结构还是必要和可行的。

---

① 改革开放时期的对外开放理论发展的阶段划分可以参见本书第二十八章。

因为任何社会经济理论都是一定历史时代的产物。不同历史环境与条件下的经济对外开放理论都必然打上时代的烙印。按我国大的历史发展时期分别介绍和分析经济开放思想与理论,便于揭示众多认识的特点、产生原因和条件,也便于开展不同时期的理论比较和概括其历史地位。当然,这种框架结构也有局限性,即不能根据我国经济开放理论自身经历的研讨高潮和具体发展线索作出体例安排,因此也许不能完全反映这一理论的发展脉络。我们应在尽可能的条件下使这些缺憾缩减至最小程度,但研究实践也表明,如何按这一理论的自身内在发展线索构筑内容结构,把历史方法与逻辑方法更好结合起来运用仍是一个需要进一步探索的课题。

(本文为 2001 年 11 月参加全国高校社会主义经济理论与实践研讨会第十五次年会论文,入选会议论文集《中国经济热点问题探索》,经济科学出版社,2002 年。)

# 第二十八章　中国经济开放理论
## 在新世纪新阶段的创新

自 1978 年实行改革开放以来，我国经济开放理论获得了历史性发展。在进入新世纪的近十年中，这一理论更适应新形势变化而不断创新。回顾和总结这一段历史，有利于推动中国特色社会主义经济理论的发展，深化对外开放理论与实践的认识。

### 一、对外开放发展阶段与经济开放理论发展

中国对外开放的实践是经济开放理论发展的原动力。中国就对外开放的认识与思考渊源流长，[1]但是真正作为高层次和系统的经济理论则产生于改革开放以来的这些年。而且随着这一时期对外开放实践的阶段性推进，经济开放理论不断深化和取得新成果。至进入新世纪的第一个十年，这一过程大体经历了三个阶段。

（一）积极探索阶段与理论的初步提出

这一阶段自 1978 年至 20 世纪 90 年代初。1978 年 12 月，党的十

---

[1]　李家祥等:《中国经济开放理论研究》,南方出版社,2001 年,第 18~104 页。

一届三中全会召开，将改革开放确定为实现新时期总任务的根本方针。随后，中国逐步打开了封闭的国门，突出体现在：一是于 1979 年在深圳、珠海、汕头、厦门四个地区兴办经济特区。二是于 1979 年颁布《中华人民共和国中外合资经营企业法》，开始批准建立外资企业，并于 20 世纪 80 年代中期进一步实行鼓励外商投资的政策。三是对外贸易体制开始改革并不断深入，由最初下放外贸经营权到明确自负盈亏、放开经营、工贸结合、推行代理制的改革思路。与此同时，开始建立外汇调剂市场。四是逐步扩大开放区域。自 80 年代中期始相继开放天津、上海、大连等沿海 14 个港口城市和珠江三角洲、长江三角洲、闽东南三角区等沿海经济开放区。后又建立海南经济特区，出台加快上海浦东新区开发的政策。沿海开放的格局已基本形成。

由于这一阶段是在国内经济长时间封闭运行的背景下启动的，因而具有经济开放启动和试验的特点。由此，决定了这一时期经济开放理论显现了追随实践而正式产生的特征，并发挥了促进解放思想和积极开放的功能。突出体现在：

一是以邓小平为核心的党的第二代领导人的理论认识起到了推动实践和理论进展的决定性作用。作为改革开放总设计师的邓小平，在这一时期首先提出了对外开放思想并就其含义、必要性、原则、建立经济特区等作出了相当系统和非常深刻的阐述，成为了对外开放理论的开拓者，不仅创立了这一理论而且大大推动其发展。

二是集中力量就马克思主义对外开放理论进行了研究，大力推动转变思想观念。由于在改革开放之前封闭自守的错误认识占主流地位，因此在国门开启之际，亟须解放思想、统一认识。在邓小平理论指导下,广大理论工作者批判了"四人帮"有关谬论,并潜心学习和挖掘马克思主义经典作家有关发展对外经济的论述,积极对中国对外开放问题进行宣传和讨论,不仅丰富和发展了中国特色社会主义经济开放理论,而且帮助人们破除了陈旧观念的束缚,尤其是提高了在对外开放必要性、经济特区性质等方面的认识。

三是加大力度介绍了西方经济学的有益部分。经济学界有批判、有分析地介绍了西方经济学关于国际贸易、跨国直接投资和外债、外汇等理论,起到了开阔眼界、充实理论的积极作用。

四是结合实际探索了中国特色的经济开放战略、对外贸易、引进外资和国外先进技术、经济特区与区域开放理论。虽然对外开放的拓展也遇到了一些实际问题,但党中央在积极推进开放的同时及时提出了应对思路并制定了相应政策。理论界则有针对性地讨论了沿海开放战略、发展对外贸易依据、外贸体制改革、引进外资规模、区域开放战略等重大问题,还将经济开放理论纳入了政治经济学并赋予其极为重要的地位。

(二)加速推进阶段与理论的基本形成

这一阶段自 1992 年至 20 世纪末。1992 年,以邓小平"南方谈话"和党的十四大确立社会主义市场经济改革目标为标志,中国对外开放进入了广泛加快推进的时期。一是进一步推进区域开放,由沿海向内地扩散。陆续开放长江沿岸城市、东部陆地边境城市,使一些内地省会城市执行沿海开放城市政策。大力发展各类开发区,建立保税区,促进了中部、西部的开发和开放。二是扩大外商投资领域。外资政策由管理型开放转向全面鼓励。下放外资投资项目审批权限，各地纷纷出台优惠政策，推动我国成为世界上仅次于美国的外资吸引国。三是以市场化为标准推进了外贸体制改革，实行了以市场供求为基础、单一的、有管理的人民币浮动汇率制，逐步实现了人民币经常项目下的可自由兑换。四是以 1999 年中国与美国签署了中国加入世界贸易组织问题双边协议为主要标志，在加入世界贸易组织方面取得突破性进展。五是面对 1997 年爆发的牵动全球的亚洲金融危机，从中国与世界经济发展长期利益出发，为克服危机和维护世界经济稳定做出了努力和贡献。

伴随对外开放实践的快速全面推进，经济开放理论也以全面扩展和深化的面貌出现。一是在邓小平"南方谈话"关于加快对外开放思想的指引下，许多文献从优化资源配置角度分析了扩大开放的必要性，提出发展开放型经济，要适应社会主义市场经济发展需要和国际通行规则建立统一规范的对外经济体制。二是扩大实施"走出去"的战略，把"引进来"和"走出去"紧密结合起来，鼓励和支持优势企业逐步扩大对外投资，开展跨国经营。三是提出按照符合社会主义市场经济要求和国际贸易规范的原则建立新型外贸体制，不仅更加明确深入指明了改革方向，而且努力适应经济全球化发展的客观现实，强调了遵从国际惯例。四是提出积极合理有效地利用外资的思路，并强调和分析了维护国家经济安全，防范和化解国际风险的冲击。五是深入研究和论证了中国加入世界贸易组织问题，说明了加入世界贸易组织、全面参与国际竞争与合作的必要性、原则，提出了正确应对的思路与措施。六是深化了区域开放理论。在新的形式下研究了经济特区的发展前景，对"梯度开放战略"的必要性、途径作出了更深入的研讨。[①]

(三)全面提升阶段和理论的丰富完善

这一阶段为 21 世纪初期。进入新世纪之后,以 2001 年 11 月中国政府在多哈正式签署了加入 WTO 文件为标志,我国对外开放进入了一个全新的阶段,与此同时也面临着国际国内的新形势与新挑战。从国际看,世界经济全球化趋势深入发展,国与国的关系日益紧密,相互依存度不断加深,中国在加快融入国际经济的过程中受到世界经济运行的影响越来越大。国际社会更加重视中国的发展与影响,中外贸易在一些领域和区域也出现了较为明显的摩擦,人民币升值压力加大。从国内看,传统的以粗放型为主的发展方式日益受到资源、环境等制约,转变经济发展方式的重任被不断强化。长期形成的经济增长主要依靠投资、出口拉动的状况需要尽快转变。低层加工贸易规模过大、国外企业直接投资的局限提出了诸多亟待解决的问题。

国内进入追求科学发展、和谐发展的阶段给对外开放提出了新的任务。以上述为背景,对外开放的实践进入了全面提升阶段。突出体现在:一是继续扩大开放领域,按照 WTO 要求进一步实行全局性对外开放,由以往主要集中在生产性投资领域开放,发展到扩大服务业领域的开放。二是遵守 WTO"游戏规则"在 WTO 多边贸易体制框架的约束下进行对外开放。不断加大对国内与 WTO 规则不一致的政策、法制和

---

① 参见张卓元:《论争与发展:中国经济理论 50 年》,云南人民出版社,1999 年;赵晓雷:《新中国经济理论史》,上海财经大学出版社,1999 年;杨圣明、江小涓:《中国对外贸易理论前沿》,中国社会科学出版社,1999 年。

法规的清理,逐步建立起有中国特色而又符合国际规范的经济贸易体制和宏观经济管理机制。三是完善内外联动、互利共赢、安全高效的开放型经济体系。四是加快转变外贸增长方式,创新利用外资方式、对外投资和合作方式。五是实施自由贸易区战略,加强双边、多边经贸合作。

与这一时期对外开放的实践相适应,经济开放理论以更积极的姿态开展研究,迎接了新课题的挑战,拿出了新的成果。突出体现在对经济全球化的趋势及其影响、中国加入世界贸易组织的过渡期及其结束、对外开放新阶段的开放观、统筹国内发展和对外开放、实施互利共赢战略与推动建设和谐世界、转变发展方式与外贸增长方式、服务贸易发展与服务外包、利用国外直接投资与自主创新、实施"走出去"战略与国际化经营、"世界工厂"与新兴工业化道路、人民币汇率改革与升值、正确看待民族经济的保护与发展、对外开放中的国家经济安全等重大理论与实践问题进行深入研究,为推进对外开放理论做出了积极贡献,所取得的成果对指导新阶段的新实践发挥了重大作用。

## 二、新阶段经济开放理论发展的突出特征和主要内容

（一）新阶段经济开放理论发展的突出特征

在改革开放的第三个十年,相对于其他两个阶段,经济开放理论的研讨主要有三个特征。

1. 从提出背景看,更为凸显复杂性和挑战性

改革开放后的前20年,世界经济形势不断发生重大调整与变化,

但是众多国家融入世界经济的程度毕竟有限，中国在发展对外经济关系时主要体现在逐步开放国门，承接国际产业转移，发展贸易关系，吸收外国资金与技术上。而进入新世纪后，世界经济全球化经 20 世纪 90 年代的兴起后又有了新的飞速发展，跨国公司对多国经济全面渗透，资本市场、商品市场更跨越国界，相互交织，密切连接。中国也已深度地融入世界市场，受世界经济发展情况的高度影响并影响着世界。新世纪初，"中国制造"在世界市场上的位置、美国发生次贷危机及其治理对中国经济的制约和影响等都是证明。

与此同时，中国国内也发生了根本性变化，社会主义市场经济体制基本建立，但是转变经济发展方式的任务依然繁重。加入世界贸易组织后，对外开放又跨入新阶段，传统的外贸增长方式和引资方式远远不适合科学发展、和谐发展、和平发展的要求。这一切都比改革开放初中期的情况更为复杂，所提出的课题将会有力推动我国经济开放理论向纵深和系统方面发展，但又的确使之面临实践的全新挑战。

2. 从承接任务看，更为凸显提升水平和效益

在改革开放的第一个十年区间，对外开放刚刚开始，遇到了很多观念上的束缚和阻力，因此在理论层面解决的重点问题是要不要开放。20 世纪 80 年代初中期关于对外贸易的依据、经济特区的性质与功能等方面的争论正反映了这一点。在改革开放的第二个十年区间，对外开放已取得了有目共睹的成效，因而被逐步加大力度和加快速度。理论层面重点解决的是如何扩大开放问题。从 80 年代末到 90 年代初，党中央与时俱进地谋划了对外开放的战略，提出建立开放型经济，实施"走出去"战略。理论界热烈讨论了我国区域经济梯度开放的

模式。加入世界贸易组织的利弊分析与应对方法更体现了组织层面的思考。到了改革开放的第三个十年区间,理论层面要解决的重点则是如何提高开放的水平与效益。因为在基本弄清要不要和如何加快开放的大思路后,面对国内外新形势和贯彻科学发展、和谐发展、和平发展的要求,总结以往经验,冷静审视未来,必然要从重规模扩展转向重效益、讲质量,理论研究要完成这一时代重任,并以此指导实践。这一任务要求更高,意义也更大。

3. 从研究内容看,更为凸显全面和深入

从改革开放前两个十年看,经济开放理论研究的内容逐渐丰富,由探讨必然性、原则、外贸、外资、经济特区等直到思考开放战略、加入世贸组织、国家经济安全等问题。第三个十年在对这些问题继续研讨的基础上增加了经济全球化的影响、统筹国内发展与对外开放、人民币汇率升值等新问题的探索,比前两个阶段的研究内容更为全面系统,而且对于转变观念、对外贸易、引进外资、加入世贸组织等问题所作的长期思考并非简单的重复,而是进行了新角度的深入分析。

(二)新阶段经济开放理论发展的主要内容

比较一下三个阶段的理论认识,可以看出新世纪初期,经济开放理论取得了许多新进展。

1. 在对外开放理念方面,提出了新的开放观

对外开放自开始之时就离不开解放思想,确定正确的理念。早在20世纪70年代末,邓小平针对传统观念的束缚,强调了对外开放的极端重要性,阐述了破除闭关自守的必要性,澄清了人们的模糊认识

和不必要的顾虑。进入90年代初,他又根据国际国内实际情况,在"南方谈话"中进一步要求加快对外开放步伐,要大胆地试,大胆地闯,从而大大推动了开放进度。

进入新世纪和对外开放新阶段后,党中央根据新形势新要求,高度重视用新的视角分析和指导对外开放。在2002年召开的中共第十六次代表大会、2003年召开的中共第十六届三次全会和2005年召开的中共第十六届五次全会上,大会报告关于对外开放部分的标题均突出了"全面提高对外开放水平",强调"适应经济全球化和加入世贸组织的新形势,在更大范围、更广领域和更高层次上参与国际经济技术合作和竞争,充分利用国际和国内两个市场,优化资源配置,拓宽发展空间,以开放促改革、促发展"。[①]党的十七大报告高度肯定了对外开放的地位,指出"改革开放是决定当代中国命运的关键抉择,是发展中国特色社会主义,实现中华民族伟大复兴的必由之路;只有社会主义才能救中国,只有改革开放才能发展中国、发展社会主义、发展马克思主义。"[②]在强调必须坚持对外开放基本国策的同时,报告明确要求"扩大开放领域,优化开放结构,提高开放质量,完善内外联动、互利共赢、安全高效的开放经济体系,形成经济全球化条件下参与国际经济合作和竞争新优势"[③]。这里说明了对外开放在经济全球化条件下,必须着眼于提高质量和水平,形成新优势。

---

① 《全面建设小康社会,开创中国特色社会主义事业新局面》,人民出版社,2002年,第29页。
② 《高举中国特色社会主义伟大旗帜,为夺取全面建设小康社会新胜利而奋斗》,人民出版社,2007年,第11页。
③ 同上,第27页。

理论界对新形势下经济开放的理念作出了认真思考,提出了很多新的见解。"新开放观"的凝练与论证可以被视为一种代表。这一理论分析了当前国际国内形势和我国对外开放在取得巨大成就的同时所存在的不容忽视的问题,认为今天经济开放理论创新的客观背景有两个方面,一是中国自身发展进入新的阶段,二是世界经济全球化进入新阶段从而中国与世界组织的关系出现了新的情况。因此,要实现对外开放的科学发展,以科学发展观引领对外开放战略规划与政策导向,统领涉外经济体制和政策。要把研究重心置于提高对外开放效益和对外开放水平,以开放提高综合国力。[①]

2. 在对外开放战略方面,作出了新的概括与充实

面对新的国际和国内发展形势,党中央及时对经济发展战略作出了新调整和新补充。20 世纪 90 年代,党和国家及时分析了对外开放的任务与环境,提出了建立开放型经济的战略。在此基础上,进入新世纪后,党的文献又不断予以丰富和发展。一是明确提出了新的战略。党的十六大报告指出:"实施'走出去'战略是对外开放新阶段的重大举措。"[②]在制定《中华人民共和国国民经济和社会发展第十一个五年规划纲要》时,党的十六届五中全会又站在国内外相统筹的角度提出要"实施互利共赢的开放战略"[③]。党的十七大报告在肯定上述思路的同时,又提出实施自由贸易区战略和推动建设持久和平、共同繁荣的和谐世界的更高层次目标。这些对外开放战略的表述,与建立开放型经

① 张幼文等:《新开放观——对外开放理论与战略再探索》,人民出版社,2007 年,第 1~2 页。

② 《全面建设小康社会,开创中国特色社会主义事业新局面》,人民出版社,2002 年,第 29 页。

③ 参见《中共中央关于制定国民经济和社会发展第十一个五年规划的建议》,《人民日报》,2005 年 10 月 18 日。

济的总体目标是一致的,从不同侧面完善了战略措施。二是对开放型经济的内涵作出新的充实。党的十五大刚刚提出发展开放型经济时,没有对这一目标作出具体解释,只是强调要完善全方位、多层次、宽领域的对外开放格局,而党的十七大报告则提出"完善内外联动、互利共赢、安全高效的开放型经济体系"[1],这里突出了开放型经济是一个体系,要注重国内外的统筹,实施互利共赢战略,注重防范国际经济风险,从而使开放型经济的内涵更加丰富和有时代感。

经济学界也就新形势下的对外开放战略作出了新的探讨。许多著述深入研究了开放型经济、"走出去"与"请进来"相结合、互利共赢等问题。有的著作就对外开放新的战略转变作出了自己的思考,提出了七个方面的转变,即开放的指导原则从规模扩张推进到科学发展;开放所要实现的发展目标从扩大就业摆脱贫困上升到结构进步、民富国强;开放的政策指向从促进向开放型体制转型提升到规范开放经济运行;开放的引力动力从靠政策激励拼资源土地转变为靠体制效率加软硬环境;国际竞争战略从廉价劳动力优势扩展为以自主创新为核心的体制、人才与技术综合优势;参与国际分工模式从单一格局提高到多层次战略;提高开放水平的战略重点从优化开放政策扩宽到统筹国内发展与对外开放。[2]这种观点虽稍显宽泛,但却深化了对对外开放战略新转变的认识。

---

[1] 《高举中国特色社会主义伟大旗帜,为夺取全面建设小康社会新胜利而奋斗》,人民出版社,2007年,第27页。

[2] 张幼文等:《新开放观——对外开放理论与战略再探索》,人民出版社,2007年,第16~17页。

3. 在对外开放路径方面,说明了提高水平的新举措

根据新的理念和战略的要求,针对我国对外开放现有的突出问题,党和国家立足于全面提升对外开放的水平,提出了许多关乎全局的新方法。一是作为以科学发展观统领对外开放的需要,2003年中共中央关于完善社会主义市场经济体制若干问题的决定提出了"五个统筹",其中包括统筹国内发展和对外开放。二是根据转变经济发展方式的要求,针对国际贸易中的问题,2005年党的十六届五中全会提出了加快转变对外贸易增长方式,由主要依靠投资、出口拉动向依靠消费、投资、出口协调拉动转变。三是结合区域开放的新思路提出了在滨海新区建立中国北方对外开放门户,建设自由贸易港区与涉外经济体制改革等。四是基于经济全球化发展和我国经济发展现状,考虑到我国对外开放与国内发展已达到了融合度很高的状态,党和国家的重要文献在部署国内经济发展的思路时也与对外开放一并考虑,如提出提高自主创新能力、建立创新型国家、走新型工业化道路、推动产业结构优化等工作思路,这些也与提升对外开放水平紧密联系和相辅相承。

经济学界就上述问题更是作出了深入探索,出版了大量著作,推出了许多研究成果。①其中提出了许多颇有新意的观点,丰富了新形势下对外开放的途径。

---

① 如张燕生等:《增强国内发展与对外开放的协调性》,中国计划出版社,2005年;肖勤福:《中国走出去战略研究报告》,中共中央党校出版社,2004年;兰宜生:《中国对外开放与地区经济发展》,上海社会科学院出版社,2005年;张岩贵:《跨国公司全球竞争与中国》,中国经济出版社,2007年;景玉琴:《开放、保护与产业安全》,经济科学出版社,2006年;王忠文:《开放中的金融政策》,天津科学技术出版社,2007年等。

4. 在对外开放基础理论方面,采用了新的研究角度与思路

在改革开放后出版的政治经济学教科书中,对外开放理论被逐步提升地位和充实内容。[①]但是在新世纪之前基本是基于中国向外开放的角度而展开分析,重点强调对外开放的必要性、原则、内容及值得研究的重要问题。世界经济发展状况还基本上被当作纯外部因素。进入新世纪后,由于中国已在相当高的程度上融入了世界,世界经济与中国经济以从未有过的状态密切结合,因此越来越多的教科书改变了研究问题的思路,以经济全球化为切入点,既阐述其实质、表现与影响,又以其为线索,分析对外开放的新问题。这些研究的着力点已不是一般意义上的为什么要开放和怎样扩大开放,而是将融入世界经济后的新条件转为内生变量和不可回避的有机组成部分,努力探索提高对外开放质量、效益与水平的规律。[②]这是一种新的开端,表明对外开放的基础理论有了新的提升和高度。

## 三、经济开放理论取得新发展的重要启示

回顾自改革开放至新世纪初经济开放理论的发展历程,尤其是考察对外开放进入新阶段后所取得的新贡献,感到有许多深受启发之处。

---

① 李家祥等:《中国经济开放理论研究》,南方出版社,2001 年,第 370~378 页。

② 卫兴华、张宇:《社会主义经济理论》,高等教育出版社,2007 年;宋涛:《政治经济学教程(第八版)》,中国人民大学出版社,2008 年等。

（一）经济开放理论的突破与丰富必须坚持与我国对外开放实践的推进紧密结合

简要概括我国对外开放的实践历程，可以说经历了 20 世纪 80 年代的"点"的开放、90 年代的"线"与"面"的扩大开放和新世纪初提高水平的开放三个阶段。与此相应，经济开放的理论研讨也经历了以要不要开放、怎样扩大开放和如何提高开放水平与质量为重点的三个阶段。应当说，没有开放实践的突破就没有开放理论的诞生，没有实践的深入与提升，就没有理论的拓展与升华。因此，经济开放理论只有继续吸收实践的营养，才能逐步以丰富和完善的面貌出现，为推动实践发挥积极作用。

（二）经济开放理论在新阶段的创新有更重大和长远的意义

在对外开放新阶段作出的新的理论探讨将从多方面产生长期影响。一是新的开放观是对外开放领域贯彻科学发展观在理念上的体现，在当前和今后都将起到再次解放思想、更新观念的作用，具有较长时间内的指导意义。二是新阶段研究的问题与加入世贸组织后我国经济开放的体制与运行要与世界经济接轨密切相关，所取得的研究成果的功能应具有相对稳定性和长期性。三是这个阶段的理论探讨必须以中国高度融入世界为前提和以继续立足我国实际为基础，所得出的创新成果会丰富中国特色对外开放理论，在较高层面上发挥更大作用。

（三）经济开放理论的发展没有止境

尽管新形势新阶段的对外开放理论取得了很大进展,但是必须看到,世界经济全球化仍在深入发展,并不断提出新的挑战。推动和谐世界建设不会以现有理论的逻辑来简单进行,我国落实科学发展观包括实现对外开放的战略调整尚需时日,面临很多需要破解的难题,这些既推动着对外开放理论不断充满活力,又要求这一理论通过不断创新来完善自身,适应指导实践的新需要。这一进程还将是长期的。①我国经济开放理论还需要在吸收各种营养、借鉴国际经验、立足我国国情的前提下,不断作出无愧于时代的新探索。

（本文以"我国经济开放理论的发展与新阶段的创新"为题于 2008 年入选全国高校社会主义经济理论与实践研讨会第 22 次年会,收入年会论文集《社会主义经济理论研究集萃》,经济科学出版社,2008 年。发表于《经济学动态》,2008 年第 11 期,中国人民大学复印报刊资料《政治经济学》2009 年第 2 期全文选载。）

---

① 在改革开放的第四个十年,由于世界经济格局深刻演变,外部环境发生明显变化,我国进入经济发展新常态,由高速度增长阶段转向高质量发展阶段,因此我国对外开放的实践及其理论进一步推进。我国更为主动的姿态扩大开放,推进了"一带一路"建设,党的十九大提出推动形成全面开放新格局,推动构建人类命运共同体,经济学界也围绕此方面展开新的探讨。对于我国新时代的对外开放理论创新需要专门总结和研究。

# 第二十九章　推动我国对外开放理论与
# 实践历史性发展的重要指南

我国自实行改革开放以来,取得了举世瞩目的巨大成就。回顾这一伟大而又艰苦的历程,我们重新学习并进一步考察邓小平对外开放理论及其历史贡献,有益于在新的形势下继承这份珍贵的精神遗产,服务于推进我国对外开放理论创新和全面建设小康社会的伟大事业。

## 一、邓小平关于对外开放的主要论述

邓小平关于对外开放的论述主要始于我国改革开放的初期。他站在时代发展的前列,准确深刻地把握世界发展的新变化,把我国的发展同时代主题的变换和世界发展的趋势紧密结合起来,明确指出:"现在的世界是开放的世界",着力强调"中国的发展离不开世界","需要对外开放"。①据此,他论证了中国实行对外开放的必然性和紧迫性,并提出了指导我国对外开放实践发展的一系列重要的战略思想与举措。邓小平对外开放理论是对马克思主义对外开放思想的继承与发展。一百多年前,马克思指出,由于大工业使每个文明国家以及这些国

---

① 《邓小平文选》(第三卷),人民出版社,1993年,第64、78页。

家中的每一个人需要的满足都依赖于整个世界,消灭了以往自然形成的各国的孤立状态,"各民族的原始闭关自守状态则由于日益完善的生产方式、交往以及因此自发地发展起来的各民族之间的分工而消灭得愈来愈彻底,历史就在越来越大的程度上成为全世界的历史"①。这种认识很具有前瞻性和指导性,然而却因受到历史条件的限制,还处于广泛说明和逻辑推导的层面。

列宁在俄国十月革命胜利后,根据世界发展趋势主张把苏维埃俄国的生存和整个世界联系在一起,不仅说明了社会主义国家发展对外经济关系的必要性,而且提出了以"租让制"为形式的利用外资的新设想。列宁的有关思想把社会主义对外经济关系置于实践的基础之上,具有开创性,但由于受到苏维埃俄国当时具体情况的限制,加之列宁亲身领导社会主义经济建设的时间过短,因此也存在历史局限性。邓小平根据马克思主义原理,基于对世界形势发展的敏锐洞察,认真总结了我国社会主义建设的经验与教训,论述了社会主义国家对外开放的含义、必然性和原则,我国实行对外开放的战略、政策和措施等。这样系统丰富又紧密结合实践的阐述,在马克思主义理论发展史上还是第一次。

---

① 《马克思恩格斯全集》(第 3 卷),人民出版社,1956 年,第 51 页。

## 二、邓小平对外开放理论的重要意义

邓小平对外开放理论在中国对外开放理论发展史上具有划时代意义。中国关于发展对外经济贸易关系的思想源远流长。据考证,早自先秦开始,中国古代思想家就陆续对对外贸易问题作过一些零散和粗浅的思考和议论。鸦片战争之后,中国被迫打开了紧闭的国门。面对西方经济文化和坚船炮利殖民扩张的影响, 从地主阶级改革派到洋务派,从革命派到改良派的一些代表人物在探索救亡图存、富国强兵的途径时纷纷对清王朝的闭关锁国政策作了反思和批评,主张向西方学习、实行开放,并讨论了一些途径。

辛亥革命以后,中国民主革命的先行者孙中山明确提出了变闭关主义为开放主义的口号,就利用外资的必要性、可能性、方式和维护国家主权原则等作出了大大超出前人的论述。然而孙中山作为一位资产阶级革命家,没能在批判地分析和理解资本主义制度的本质及其弊端的基础上设计中国的对外开放。因此,他的开放主义不仅存在众多历史局限性,而且其中的许多良好愿望也被帝国主义、封建主义和官僚资本主义的统治而击得粉碎。在新民主主义革命时期,中国共产党的部分主要领导人就此方面的深入思考成为这一时期经济开放思想的杰出代表。由于这一时期中国受到帝国主义的侵略和压迫,根本没有独立的国家主权,无法开展真正平等的国际经济往来,因此思想家们论及经济开放的原则与条件等方面较多且较深刻,而对其他方面的阐述自然相当薄弱。

新中国建立之后，随着社会主义建设和对外经济往来实践的发展，以毛泽东为代表的党和国家领导人提出了向外国的一切长处学习的方针，并对如何发展对外贸易、引进技术和资金，在对外经济关系中坚持独立自主、自力更生的方针等作出了很多论述。但是由于20世纪五六十年代的帝国主义封锁和中苏关系的恶化，中国难以有广泛的、真正意义上的经济开放实践，很难从世界经济的整体性和相互依存性出发来思考中国的对外开放问题，而是主要将对外经济关系归结为一种互通有无、调剂余缺的手段。受这些因素决定，加之受到当时苏联的政治经济学教科书的较大影响，中国理论界在这一时期没有独立的、地位突出的对外经济理论，更谈不上对外开放理论。经济学界也没有就这方面形成讨论热点。

到了"文化大革命"时期，"极左"思潮泛滥，特别是在"四人帮"反革命集团的干扰破坏下，正常的对外经济贸易关系被横加指责，扣上卖国主义、洋奴主义、爬行主义等帽子，中国基本处于关门搞建设的状态，有关方面的认识也发生了严重扭曲。

20世纪70年代末以来，以邓小平为核心的党中央领导集体带领全党和全国人民解放思想、实事求是，跨入了改革开放新阶段。邓小平不仅高瞻远瞩地论证了在和平与发展成为时代主题的国际条件下中国实行开放的必要性与途径，正确说明了关门搞建设的不可行性，澄清了人们对扩大开放的担心，而且正式提出了对外开放的概念并使之转化为党和国家重大决策。1980年12月，在党中央工作会议上作关于贯彻调整方针的讲话时，他强调要"继续在独立自主、自力更生的前提下，执行一系列已定的对外开放的经济政策，并总结经验，加以改进"①。在此,"对外开放"被作为一个重要范畴得到了明确。随后,在1982 年召开的中国共产党第十二次全国代表大会上,"对外开放"被作为中国坚定不移的战略方针写入了党的重要文献。1984 年,在中国共产党第十二届三中全会作出的《关于经济体制改革的决定》中,对外开放被确定为我国一项长期的基本国策。

特别值得提出的是,邓小平创造性地提出了经济特区理论,指出要划出一块地方做特区,特区是技术、管理、知识和对外政策的窗口,要成为开放的基地,特区经济要从内向转到外向,特区姓"社"不姓"资"等。在这具有远见卓识的战略构想指引下,我国逐步形成由经济特区—沿海开放城市—沿海经济开放区—沿江、沿边、内陆省区等组成的全方位、多层次和逐步推进的开放格局。马克思主义理论史和中国社会主义经济思想发展史已经表明,邓小平提出的社会主义国家对外开放理论,对推进马克思主义的中国化,推动中国特色社会主义理论的创新和中国对外开放理论的发展具有极其重要的历史与现实意义。在邓小平对外开放理论的指引以及我国对外开放丰富实践的推动下,我国理论界开创了对外开放理论研究的崭新局面②。通过解放思想,正确吸收西方经济学的合理部分,不断认真总结我国经济对外开放的实践经验,我国的对外开放理论已成为中国特色社会主义理论的重要组成部分,发挥着极为重要的作用。

在邓小平对外开放理论的指导下,我国的对外开放在近 20 多年来取得了历史性的发展与突破。2003 年,我国在世界贸易中的排名已

---

① 《邓小平文选》(第 3 卷),人民出版社,1993 年,第 363 页。

② 参见李家祥等:《中国经济开放理论研究》,南方出版社,2001 年。

由 1980 年的第 32 位上升到第 4 位。从 1993 年起,我国连续成为吸收外商直接投资规模最大的发展中国家。我国现已进入国际工程承包的世界 10 强行列,2003 年创造了外汇储备增长速度的世界之最。事实证明,这些成就已成为推动整个国民经济迅速发展的一个巨轮。1986年 8 月,邓小平到天津开发区视察时欣然题词"开发区大有希望"。在此指导与鼓舞下,天津开发区在盐碱荒滩上崛地而起,成绩斐然,"十年基本建成滨海新区"的目标提前一年实现,发展势头强劲。这些都从实践的角度证明了邓小平对外开放理论的科学性和贡献,同时也展示了全党、全国和天津市各级干部与群众努力践行邓小平理论和"三个代表"重要思想的自觉性和成绩。

邓小平对外开放理论的伟大贡献还在于提供了创新奋进的精神和科学求实的方法。如在谈到举办经济特区时,他认为这是个试验,主张"看准了的,就大胆地试,大胆地闯"①,要自己搞,杀出一条"血路"。在分析经济特区建设原则时,他要求坚持"两手抓",两只手都要硬。在阐述对外开放必要性时,他强调"必须大胆吸收和借鉴人类社会创造的一切文明成果,吸收和借鉴当今世界各国包括资本主义发达国家的一切反映现代社会化生产规律的先进经营方式、管理方式"②,反映了解放思想、实事求是的精神和理论勇气与魄力。在说明开放内容时,他认为由两个不可分割的部分构成,一个是对内开放,一个是对外开放,要求正确处理好对内开放与对外开放的关系。更重要的是,邓小平对外开放理论也是发展的理论。他在自己的文集出版时讲:"如果有一天

---

① 《邓小平文选》(第 3 卷),人民出版社,1993 年,第 372 页。
② 同上,第 373 页。

这些讲话失去重新阅读的价值，那就证明社会已经飞快地前进了，那有什么不好呢？"①这显示了一种胸怀、一种境界，也表示了一种实事求是，企盼发展的态度。

## 三、邓小平对外开放理论的继续发展

世界经济形势的变化和中国现代化建设实践的前进必将推动我国对外开放理论的发展。党的第三代中央领导集体坚持以邓小平理论为指导，针对20世纪90年代新的实践发展了对外开放理论。在对外开放必要性方面，强调了坚持扩大开放既有利于中国经济发展与稳定，又有利于亚洲乃至世界经济稳定与发展。在对外开放任务方面，提出要完善全方位、多层次、宽领域的开放格局，发展开放型经济。在对外开放途径方面，作出了不失时机实施"走出去"战略的重大决策，鼓励发展跨国经营。在对外开放内容方面，倡导积极合理有效地利用外资，强调要维护国家经济安全，建立符合国际惯例和国情的新型外贸体制。在对外开放区域方面，要求坚定不移办好经济特区，部署西部大开发及其开放。在对外开放组织体系方面，就中国加入世界贸易组织的必要性、紧迫性、意义与作用、原则与途径作出了非常重要和深入的分析。

党的第四代中央领导集体提出了树立和落实科学发展观的要求。统筹城乡发展、区域发展、经济社会发展、人与自然和谐发展、国内发

① 转引自冰溶：《邓小平的历史地位和他留给我们的精神遗产》，《人民日报》，2004年8月12日。

展和对外开放的新概括和新任务,这是在新形势下,特别是在全面建设小康社会条件下推进对外开放理论与实践的重要体现。我们必须毫不动摇地坚持邓小平理论,注重学习和发扬其中体现的科学精神与方法,全面贯彻"三个代表"重要思想,牢固树立和认真落实科学发展观,不断推进对外开放理论的创新,不断推进我国对外开放新阶段条件下的新实践,把全面建设小康社会的任务落到实处,这才是对邓小平同志精神遗产的最好继承与纪念。

(本文发表于《理论与现代化》,2004 年第 5 期;部分观点《天津日报》,2004 年 8 月 23 日选登。)

# 第三十章　开放主义思想的
## 形成、内容与历史地位

我国对实行对外开放经过了长期的思考。戊戌变法维新运动失败后,帝国主义列强在加紧对中国进行政治军事控制的同时,从经济上加紧了以攫取在华筑路、开矿权利为主要内容的殖民掠夺,划分势力范围,掀起了瓜分中国的狂潮,中华民族处于亡国灭种的边缘。帝国主义列强瓜分中国的侵略行径在造成中国经济破产和殖民地化的同时,客观上也刺激了中国民族资本主义经济的发展。特别是第一次世界大战期间,由于西方各国忙于战争无暇东顾,中国民族资本主义获得了进一步的发展。在新的形势下,中国的经济还要不要开放?中国应该如何发展对外经济贸易才能救国救民?对于这些十分重要和严峻的课题,作为中国近代伟大的民主革命家和思想家的孙中山作出了认真思索和集中阐述。

## 一、开放主义思想的形成过程

孙中山(1866—1925),名文,号逸仙、中山,广东香山(今中山县)县人,出生于一个贫苦的农民家庭。由于家庭生活艰苦,他的哥哥孙眉被迫离家远行至檀香山做苦工谋生。在孙中山 12 岁时,孙眉发展成了一个华侨资本家。孙中山随母到檀香山,进教会学校读了中学,后又到香港学医,直到 1892 年在香港西医书院毕业。十四年求学西方的成长经历,使他比中国近代的大多数先进人物都较少受到封建传统教育的羁绊,对西方世界具有更多、更为直接的认识和了解。甲午战争失败后,他抛弃了自上而下改革的幻想,正式走上了革命的道路。

1894 年,孙中山在檀香山组成中国近代第一个资产阶级革命团体兴中会。次年,在广州发动了他所领导的第一次资产阶级武装起义。起义失败后,孙中山流亡海外,继续进行革命的宣传和组织工作。1905 年,孙中山把当时国内各主要革命团体联合在一起,成立了中国近代第一个资产阶级革命政党——中国同盟会。1911 年,在同盟会领导下辛亥革命爆发,推翻了清王朝,结束了中国历史上延续两千多年的封建君主专制。孙中山回国就任中华民国临时大总统。南北议和后,辛亥革命的胜利果实为北洋军阀头子袁世凯所篡夺。孙中山继续坚持同各派封建军阀进行斗争,经历了多次挫折和失败。在中国共产党和苏联的帮助下,改组国民党,确定了“联俄、联共、扶助农工”的三大政策,重新解释了三民主义,标志着孙中山的经济思想进入了一个新的更高的发展阶段。

孙中山的经济开放思想起自对闭关锁国传统思想和政策的怀疑与批判,在博采中外各种流派社会经济思想的基础上,随着对中国资产阶级民族革命和帝国主义本质认识的加深而不断向前发展,最终把对外开放的理论和政策主张作为一个思想学说体系——“开放主义”提了出来。

在甲午战争前,孙中山同资产阶级改良派的一些著名人士如郑观应和王韬交往甚多,深受他们学习西方以富强中国思想的影响。加之他从小远涉重洋,亲眼目睹中国与西方经济的差距,因此他曾希望清朝政府以改良的方式放弃锁国政策,采用西方先进的科学技术和生产经营方式,以达到强国富民的目的。他以日本明治维新后的变化为例,说:"日本维新之初,人口不及我十分之一,其土地则不及我四川一省之大,其当时知识学问尚不如我之今日也。然能翻然觉悟,知锁国之非计,立变攘夷为师夷,聘用各国人才,采用欧美良法,力图改革。"[①]他在《上李鸿章书》中指出:"窃尝深维欧洲富强之本,不尽在于船坚炮利,垒固兵强,而在于人能尽其才,地能尽其利,物能尽其用,货能畅其流",应"仿行西法以筹自强"。[②]这一时期孙中山的经济开放思想仅限于批判闭关锁国政策,引进西方先进科学技术,办矿山、学堂等主张,是孙中山开放主义思想的萌发时期。

甲午战争后,孙中山对外经济开放思想经历了三个阶段。

(一)甲午战争到辛亥革命时期

甲午战争以后,孙中山彻底抛弃了对清朝的幻想,走上了民主革命的道路。正如他在 1897 年提到的,如果以为只说服李鸿章相信西方文明和输入机器就能使中国新生,"这真是和吃人野兽改用银制餐具,想借此把它们改变为素食者是同样的荒唐"[③]。他强调首先必须进行推翻清朝的革命,才能为对外开放排除障碍。值得注意的是,这一时期孙

---

① 《孙中山选集》(上),人民出版社,1956 年,第 163~164 页。

② 《上李鸿章书》,载《孙中山全集》(第 1 卷),中华书局,1981 年。

③ 《孙中山年谱》,中华书局,1980 年,第 35 页。

中山的经济开放思想中对帝国主义缺乏明确的认识,天真地认为中国革命一定会得到西方列强的帮助,中国革命若"无一强国以为助,其希望亦难达到"①。为了换取帝国主义列强的支持,他不得不承认列强在华不平等条约中的特权。

(二)辛亥革命至"五四运动"前

辛亥革命后,孙中山认为对外开放的政治障碍已被扫除,可以开展全面的对外开放了。他十分明确地提出了"改变闭关主义而为开放主义"②的口号。他反复强调现今世界"断非闭关自守所能自立",要想经济发展,"实业发达,非用门户开放主义不可"。③在孙中山之前,人们用"通"来表示对外开放的要求,如通商、中外通等。但"通"含义很广,不是与"闭关政策""闭关主义"正相对应的范畴。而孙中山的"开放主义"就明确地表达了国家反对闭关自守的政策意向。孙中山还对"开放"一词作了明确的解释,提出它是指对一种先进的文明开放,就是要对"欧洲文明采取开放态度"④。更为重要的是,正是在这一期间,他花费极大的心血写成了一部论述中国对外开放和经济建设的专著——《实业计划》(全名是《国际共同发展中国实业计划》)。在这部书中,他再三强调实行开放主义的意义和必要性,提出了许多有关中国对外开放与经济发展的精辟见解。这部书标志着孙中山开放主义思想体系的形成。

---

① 《孙中山年谱》,中华书局,1980年,第168页。

② 《在北京迎宾馆答礼会的演说》,《孙中山全集》(第2卷),中华书局,1981年。

③ 《在安徽都督府欢迎会的演说》,《孙中山全集》(第2卷),中华书局,1981年。

④ 《孙中山全集》(第1卷),中华书局,1981年,第86页。

（三）"五四运动"以后

1917年俄国"十月革命"的胜利和1919年"五四运动"的爆发，给了孙中山极大的影响。他逐渐认清了帝国主义的本质，提出中国要实行对外开放，振兴实业，发展经济，"先要从政治上着手，打破一切不平等条约，收回外国人管理的海关，我们才可以自由加税，实行保护政策"。①废除一切不平等条约的提出是孙中山开放主义思想的又一次飞跃。

## 二、开放主义思想的主要内容

孙中山的经济开放思想内容十分丰富，归纳起来主要有三个方面。

（一）开放主义与利用外资

与历史上的马建忠和梁启超的主张相比，孙中山对外债问题的分析更为透彻全面。由于清政府借外债使国家主权受到损害，当时流行着视借外债为洪水猛兽的观念，他对此进行了批判："惟借债修路一事，在前清之时已成弊政。国民鉴于前者之覆辙，多不敢积极主张。殊不知满清借债修路，其弊在条约之不善，并非外资即不可借……若能

---

① 《孙中山选集》（下），人民出版社，1956年，第901~909页。

使借债之条约不碍主权,借债亦复何妨。"①然后,他在理论上阐述了对外开放和利用外资的必要性:第一,中国资产阶级的经济力量薄弱,国家财政困难,依靠自身的力量难以筹措大规模经济建设所必需的资本,不能不借外债。在1912年10月他明确指出:"款既筹不出,时又等不及,我们就要用此开放主义。凡是我们中国应兴事业,我们无资本,即借外国资本;我们无人才,即用外国人才;我们方法不好,即用外国方法。物质上文明,外国费二三百年功夫,始有今日结果。我们采来就用,请君看看,便宜不便宜?"②第二,"我们既采用西法,即不能不借用外国人才。倘不借用他国人才,我们中国就要先派十万留学生到各国去留学,至少亦要学二年才能回国,办理建设各种事业。试问此十万留学生经费,现在能筹不能筹?"③第三,孙中山根据当时中国面临的国际形势,想把借外债修铁路作为防止列强瓜分中国的手段。他说:"今使彼输入中国有六万万之大资本于兴筑铁路之上,彼欲保此资本之安全,则有投鼠忌器之思,而不甘破坏和平。"④

孙中山认为利用外资不仅是必要的而且有现实的可能性:第一,中国利用外资振兴实业"固不仅中国一国之利也,而世界必同沾其利","我用外国之款,转购外国之材料,所有各国公司工厂,皆有利益,

① 《孙中山全集》(第2卷),中华书局,1981年,第431页。1912年1月8日临时政府发行中华民国军需公债,试图从国内筹资1万万元,结果实际认购额只有737万元。孙中山由此得出结论:"惟现当民穷财竭之时,国家及人民皆无力筹此巨款,无已,惟有募集外资之一法。"
②③ 《在安徽都督府欢迎会的演说》,载《孙中山全集》(第2卷),中华书局,1981年。
④ 《在上海报界公会欢迎会的演说》,载《孙中山全集》(第2卷),中华书局,1981年。

各国必争先投资,绝无观望之可虑"。①第二,1919年世界大战结束后,各资本主义国家需要寻找新的投资场所和商品销售市场。这是利用外资的千载难逢的"天与之机"。

此外,他还进一步运用外国的经验,证明新兴国家在缺乏资本而又欲兴实业的条件下,非借外债不可的成功先例,指出:"美洲之发达,南美阿根廷、日本等国之勃兴,皆得外债之力。"②因此,孙中山主张在不损害中国主权的原则下利用外资,并提出了六个具体原则:

第一,只有熟悉世界市场及各国实业建设的经济和技术状况,先学会利用外资的专业技术知识,才能在与外国人谈判时避免上当受骗。他说:"吾欲操此发展之权,则非有此知识不可。"③

第二,引进和利用外资要善于掌握和选择有利时机。他主张,力求在各发达资本主义国家资本严重过剩,争夺国外投资市场竞争特别激烈时引进外资,以争取尽可能有利的引进外资的条件。孙中山把第一次世界大战结束后帝国主义国家需要寻找新的投资市场和商品销售市场,称为中国引进外资的"天与之机"④,认为中国此时可以"最有利之途,以吸外资"⑤。

第三,在利用外资的方式上,孙中山提出了借资开办、中外合办、批归外人承办限期无偿收回(即借款、合资和外国独资)三种形式。如孙中山说:"关于建筑铁路办法有三,即一是利用外资,如京汉津浦线

---

① 《在北京报界欢迎会的演说》,载《孙中山全集》(第2卷),中华书局,1981年。
② 《民生主义与社会革命》,载《孙中山全集》(第2卷),中华书局,1981年。
③ 《建国方略之二·物质建设》,载《孙中山选集》(上),人民出版社,1956年。
④ 《孙文学说》,载《孙中山全集》(第6卷),中华书局,1981年。
⑤ 《实业计划》,载《孙中山全集》(第6卷),中华书局,1981年。

等是也。二是集中外人之资本,创设铁路公司。三是任外国资本建筑铁路,但以今后四十年归还该项路线于中国为条件。"①他认为在三种形式中批归外人承办限期无偿收回的办法,"不啻坐获资财"②,还可以防止外国资本对中国经济的垄断,最为合适。

第四,要在平等互利的原则下同外国资本集团订立条约合同,允许外国资本取得适当的投资收益,可以按合同雇佣外国人担任技术及经营管理方面的工作。受雇的外国人需履行合同规定的负有技术和经营管理以及为中国培训人才的义务,期满后中国方面有权对雇佣外员"随意取舍"③。

第五,在利用外资时应采取纯粹商业性质的办法,"由私人资格,组织公司,而以公司营业性质,与外国资本家直接交涉借债,不向外国政府借款,使利用外资脱离政治上、国际上种种之关系⋯⋯亦不致惹起国际交涉"④。

第六,在利用外资兴办实业中,孙中山曾多次强调要尽量使用国产原料,以免进口原料时受到"购料回扣"的剥削,并为国家节省外汇。

(二)经济开放与国家主权

孙中山提倡经济开放的根本目的是"专为振兴中华",使中国成为世界上"最富最强之国",是坚持爱国主义的开放目的。他反复强调在经济开放中保持本国的独立和主权的重要性, 他说:"惟发展之权,操

---

① 孙中山:《总理全书·杂著》,国民党中央改造委员会出版社,1951年。

② 《在济南记者招待会的谈话》,载《孙中山全集》(第 2 卷),中华书局,1981年。

③ 《实业计划》,载《孙中山选集》(上),人民出版社,1956年。

④ 《在北京招待报界同仁时的演说和谈话》,载《孙中山全集》(第 2 卷),中华书局,1981年。

之在我则存,操之在人则亡。"①孙中山在揭露清政府、北洋军阀在举借外债和任用外国技术人才上卖国主义投降行为的同时,指出经济开放,利用外资必须以不损害中国主权为前提,维护国家主权是实行经济开放的先决条件。早在 1911 年,他就以埃及借债因"失主权"而亡国,美国借债因"不失主权"而强国为鉴提出:"若新政府借外债,则一不失主权,二不用抵押,三利息甚轻。"②后来,他又一再重申:"开放门户,仍须保持主权……不论强弱,能行此政策必能收效"③,"止可利用其资本人才,而主权万不可授之于外人"④。

为了保证在经济开放的同时,不至于损害国家主权,他主张利用外资要坚持把经济与政治区分开来,把私人与政府区分开来,只向外国公司或银行借款,不向外国政府借款,以求"摆脱外交上之一切纠葛","杜绝外来之干涉"。⑤引进外资后,更要立足于锻炼、培养和提高自己的独立经营能力,不能陷入对外国依赖的状况。在对外通商方面,孙中山强调必须重视海关税则,"务使中国有益,不能听西商独受其利"⑥。对于海关"须有自行管理之权柄,盖此乃所以保其本国实业之发达,当视中国之利益为本位"⑦。到了晚年,孙中山对帝国主义殖民压迫严重损害中国主权、阻碍中国经济开放有了进一步的认识,在要求节制发达国家资本大量进入中国,抵制外国资本垄断和掠夺的基础上,

① 《实业计划》,载《孙中山全集》(第 6 卷),中华书局,1981 年。

② 《与胡汉民廖仲恺的谈话》,载《孙中山全集》(第 1 卷),中华书局,1981 年。

③ 《在南京国民党及各界欢迎会的演说》,载《孙中山全集》(第 2 卷),中华书局,1981 年。

④⑦ 《广西善后方针》,载《孙中山全集》(第 2 卷),中华书局,1981 年。

⑤ 《中国之铁路计划与民生主义》,载《孙中山全集》(第 2 卷),中华书局,1981 年。

⑥ 《孙中山年谱》,中华书局,1980 年,第 127 页。

最终把争取民族独立、维护国家主权完整作为中国经济开放的根本政治前提十分明确地提了出来。他认为，清政府与外国列强订立的一系列不平等条约都是"卖身契"，由于"卖身契还没有收回，所以现在还要做各国的奴隶"①。如果不废除不平等条约，中国就不可能实现真正独立自主的经济开放。因此，他提出了中国"民族自求解放""废除不平等条约"②的口号。

（三）开放主义与国家经济发展战略布局③

近代中国人对对外开放的认识和理解有一个逐步深化的过程。严格说来，无论是魏源的"师夷长技以制夷"，以军事工业作为开放和发展的重点部门，还是郑观应等人的重商主义，以商业尤其是对外贸易部门作为开放和发展的主导部门，都还谈不上从国民经济发展的整体战略布局上考虑对外开放问题。孙中山开放主义和国家经济发展战略布局的思想主张，不论在气魄、内容和认识的深度等方面都远远超过了前人。孙中山的《实业计划》一书集中探讨了这个问题，提出了经济开放与国家经济发展战略布局的四条重要原则。

第一，"必选最有利之途以吸外资"④。依据这条原则，他主张在引进外资的局面中，要优先考虑中外双方互利的项目先上马，如开采煤矿、修建港口、开发自然资源等，"计必能短时期中，予偿其母"。这样就

---

① 《中国工人所受不平等条约之害》，载《孙中山选集》（下），人民出版社，1956年。

② 《中国国民党第一次全国代表大会宣言》，载《孙中山选集》（下），人民出版社，1956年。

③ 参见郑学益：《走向世界的历史足迹——中国近代对外开放思想研究》，北京大学出版社，1990年，第5章"孙中山的开放主义"。

④ 《实业计划》，载《孙中山全集》（第6卷），中华书局，1981年。以下未注明出处者，均引于此。

为以后引进外资的进一步发展奠定了良好的基础。

第二，"必应国民之所最需要"。依据这条原则，利用外资兴办实业，必须根据国内经济建设轻重缓急的需要，统筹规划，合理安排，不能一哄而起，盲目引进。

第三，"必须抵抗之至少"。这条原则的基本精神是，要尽量减少人为阻力和自然障碍，降低经济成本，避免布局与布局条件之间的矛盾。例如，他主张在引进外资建设城市和兴办生产、流通事业时，要避开老城区，"在未开辟地自由发展"。

第四，"必择地位之适宜"。这条原则侧重从经济效益出发，认为国家经济发展的战略布局应选择地理上最有利、经济上最合算的地区进行布局，尽量使生产接近原材料产地和消费市场。例如，孙中山主张在煤矿产区附近建立钢铁大型企业。

## 三、开放主义思想的历史地位

孙中山的经济开放思想是中国近代最重要的经济思想遗产之一。他提出了关于对外开放的一套思想学说体系——"开放主义"，要求通过积极主动地实施对外开放经济纲领，把中国建设成为独立富强的民主国家。这一思想体系在一定程度上继承了在他之前的近代先进人士要求开放国门发展资本主义经济，以促进中国生产力的发展和民族经济独立的合理成分，但却克服了后者对帝国主义经济侵略本质认识不足的缺陷，从而使他的经济开放思想中昂扬着前所未有的反对帝国主义、反对封建主义的民主精神。

　　孙中山的开放主义为中国近代对外经济开放思想作了理论总结，把中国近代对外经济开放思想所具有的进步倾向发挥光大，并将其最终引向了争取民族独立、维护国家主权的革命道路上，为中国人民留下了一份十分珍贵的历史遗产。他在对外开放方面的许多先进思想，对我们今天的改革开放事业无疑有着重要的借鉴意义。然而孙中山的经济开放思想也具有自己的弱点和历史局限性。他毕竟是一位资产阶级革命家，他的一切想法均未超出资本主义范畴，仍然不能批判地分析和理解资本主义制度的本质及其弊端。在经济理论方面，尽管孙中山运用资产阶级经济理论的概念和方法对经济开放思想作了广泛阐述，但主要是为他自己的政治经济主张作论证，并不是在作一种系统学术的思考和释证。

　　（本文发表于《纪念孙中山诞辰 140 周年文集》，天津古籍出版社，2006 年。合作者：赵文君，博士，时为天津师范大学历史与文化学院教师，现为副教授。）

区域协同发展篇

# 第三十一章　推动京津冀协同发展的
# 重大意义与更新观念

2016年2月26日,习近平总书记在北京召开座谈会,明确提出实现京津冀协同发展是一个重大国家战略。[①]就此重大理论与实践问题作出研究具有重要意义。

## 一、京津冀协同发展的重要部署

（一）酝酿由来已久

20世纪80年代中期,在推进经济体制改革,破除行政区域壁垒,发展横向联合的背景下,高端管理层和理论界已提出过环渤海区域合作问题,京津冀区域经济概念也随之出现。

2004年,京津冀三地政府就一体化事项达成的"廊坊共识",被认为是京津冀一体化深度合作的开始。随后国家发改委着手制定《京津冀都市圈区域规划》,但一直未获批。2005年,国家"十一五"规划写入了环渤海经济圈。2011年,国家"十二五"规划提出"推进京津冀区域

---

① 《人民日报》,2016年2月27日。

经济一体化发展,打造首都经济圈,推进河北沿海地区发展",推进京津冀区域经济一体化发展正式纳入国家战略。河北省提出打造"环首都绿色经济圈"。可见,至作为重大战略提出前的近十年间,"京津冀一体化"被逐步肯定,但基本停留在设想的层面,一直没有实施规划。

(二)重大战略的提出

2013 年 5 月,习近平总书记在天津考察时指出,要积极推进京津冀区域合作,谱写新世纪社会主义现代化的"双城记"。2013 年 8 月,习近平总书记主持研究河北发展问题,强调指出要推动京津冀协同发展。2014 年 2 月 26 日,习近平总书记在北京主持召开座谈会,专题听取京津冀协同发展工作汇报,强调实现京津冀协同发展是一个重大国家战略,后又多次讲话强调。

习近平总书记关于京津冀协同发展论述的内容非常丰富,从这次座谈会的重要讲话看,突出的有:一是在协同发展的原则方面,提出"四个立足",即立足各自比较优势、现代企业分工要求、区域优势互补原则、合作共赢理念。二是在协同发展的要求方面,明确"七个着力",即着力加强顶层设计、加大对协同发展的推动、加快推进产业对接协助、调整优化城市布局和空间结构、扩大环境容量生态空间、构建现代交通网络系统、加快推进市场一体化进程等。特别要求自觉打破自家"一亩三分地"的思维定式,抱成团朝着顶层设计的目标一起做。三是在目标方面,做到"三个新",即要通过疏解北京非首都功能,调整经济结构和空间结构,走出一条内涵集约发展的新路子,探索出一种人口经济密集地区优化开发的模式,促进区域协调发展,形成新增长极。

强调的这些内容为京津冀协同发展提供了顶层设计,新路子、新模式、新增长极的目标,体现了加快转变经济发展方式和发展模式,构建北方城市群的需要,赋予了京津冀地区率先破解区域发展难题的历史重任。

(三)重大战略的推进与确定

党中央关于京津冀协同发展的部署得到了积极贯彻。京津冀协同发展领导小组于 2014 年 6 月成立。当年 9 月 4 日召开第三次会议,提出"要加快实施交通、生态、产业三个重点领域率先突破"。京津冀协同发展专家咨询委员会成立,由中国工程院院士、第十届全国政协副主席徐匡迪为组长,国务院发展研究中心主任为副组长。2014 年 12 月中央经济工作会议将此作为经济发展新常态区域布局的三大战略之一。

2015 年 4 月 30 日,中央政治局会议审议通过的《京津冀协同发展规划纲要》(以下简称《国家规划》)。主要内容有:重大意义、指导思想、基本原则、功能定位、三期目标、空间布局、重点突破、体制改革等。其中的三期目标为:近期目标是到 2017 年,有序疏解北京市非首都功能取得明显进展,协同发展取得显著成效。中期目标是到 2020 年,北京市常住人口控制在 2300 万人以内,北京"大城市病"等突出问题得到缓解,区域一体化交通网络基本形成,生态环境质量得到有效改善,产业联动发展取得重大进展。远期是到 2030 年,首都核心功能更加优化,京津冀区域一体化格局基本形成,在引领和支撑全国经济社会发展中发挥更大作用。

《国家规划》专门就三地做出功能定位。北京是"政治中心、文化中心、国际交往中心、科技创新中心"四大中心;天津是全国先进制造业研发基地、北方国际航运核心区、金融创新运营示范区、改革开放先行区,和北京一起发挥"双城"的主要引擎作用;河北是全国现代商贸物流重要基地、产业转型升级实验区、全国新型城镇化与城乡统筹示范区、京津冀生态环境支撑区。天津和河北均为"一基地三区"。

《国家规划》还就三地区域空间布局作出谋划,将京津冀区域划定为"一核、双城、三轴、四区、多节点"为骨架的网络型空间格局。一核即北京,解决大城市病是首要任务。三轴即京津发展轴、京保石发展轴、京唐秦发展轴。四大功能区即中部核心功能区(北京、天津、廊坊平原地区);东部滨海发展区(天津、河北沿海地区,覆盖秦皇岛、唐山、沧州);南部功能拓展区(石家庄、邯郸、邢台、衡水);西北部生态涵养区(北京、天津山区,张家口、承德地区)。

《国家规划》出台后,京津冀三省市积极贯彻和部署。天津市委在2015年6月18日出台实施方案。同年,北京市委在7月11日出台实施方案。河北省委于11月11日在八届十二次会议通过"十三五"规划建议时就此作出部署。

## 二、京津冀协同发展的重大意义

习近平总书记在座谈会的重要讲话中专门论述了京津冀协同发展的必要性,可以概括为四个需要。一是面向未来打造新的首都经济圈、推进区域发展体制机制创新的需要。二是探索完善城市群布局和形态、为优化开发区域发展提供示范和样板的需要。三是探索生态文明建设有效路径、促进人口经济资源环境相协调的需要。四是实现京津冀优势互补、促进环渤海经济区发展、带动北方腹地发展的需要。这是学习理解京津冀协同发展的依据。

《国家规划》也分析了重大意义，指出京津冀地区发展面临诸多困难和问题，迫切需要国家层面加强统筹，有序疏解北京非首都功能，推动京津冀三省市整体协同发展。这是适应我国经济发展进入新常态，应对资源环境压力加大、区域发展不平衡矛盾日益突出等挑战，加快转变经济发展方式、培育增长新动力和新的增长极、优化区域发展格局的现实需要，是探索改革路径、构建区域协调发展体制机制的需要。

我们可以从以下方面加以具体分析。

(一)破解区域难题

从区域发展角度看，京津冀三地存在的突出问题有定位不够清晰，分工不够合理，区域内发展落差比较大，水资源严重短缺，是我国东部地区人与自然关系最为紧张的区域等。解决这些问题迫在眉睫。

北京城市功能过于集聚，人口增长过快，规模膨胀，大城市病比较突出。10年前，北京出台的《北京城市总体规划(2004年—2020年)》制定的人口规模为1800万人，但这一数字早被突破。截至2014年底，北京常住人口已达2151.6万人，全市常住外来人口为818.7万人。北京城市面积是东京的7.5倍，伦敦的10.4倍，常驻人口是东京的1.3倍，伦敦的2.2倍。伴随人口激增，土地紧张、环境污染、交通拥堵、房价高涨等"城市病"日益突出。北京城市发展已经碰到"天花板"，需有序疏解非首都功能,建设副中心,而根本出路在于京津冀协同。

京津冀之间经济差距不断拉大。京津北部存在一个令人瞩目的"贫困带"。环绕在北京与天津周围,有 3798 个贫困村、32 个贫困县、272.6 万贫困人口。河北全省有 40 个贫困县。中心区域过于"肥胖",但周边过于"瘦弱"。河北省的发展压力大。该省在分析发展形势时提出了 8 个任务艰巨,如经济下行压力加大,质量效益不高,调整产业结构、化解过剩产能任务艰巨;创新能力不足,在增长动力转换中培育新的增长点任务艰巨;城乡发展不平衡,缩小城乡差距、推进城乡发展一体化任务艰巨;基本公共服务供给不足,人民群众收入水平较低,贫困人口仍然较多,保障和改善民生任务艰巨;长期积累的生态环境问题正在集中显现,污染治理和生态修复任务艰巨等。如国家规定了淘汰过剩产能的"6643 工程",即到 2017 年压缩 6000 万吨水泥、6000 万吨钢,4000 万吨燃煤、3600 万重量箱玻璃,任务非常繁重。

(二)带动经济发展

区域经济学提出了增长极理论(由法国经济学家佩鲁在 1950 年首次提出),被认为是西方区域经济学中经济区域观念的基石。该理论从物理学的增长极的内容"磁极"概念引伸而来,认为一个国家要实现平衡发展只是一种理想,经济增长通常是从一个或数个"增长中心"逐渐向其他部门或地区传导。因此,应选择特定的地理空间作为增长极,以带动经济发展。其支撑点,一是其地理空间表现为一定规模的城市,二是必须存在推进性的主导工业部门和不断扩大的工业综合体,三是具有扩散和回流效应。

　　世界经济发展历史证明了城市群的作用。一是伦敦都市圈。以伦敦–利物浦为轴线,包括伦敦、谢菲尔德、伯明翰、利物浦和曼彻斯特等若干个大城市和大量中小城镇。都市圈总面积约 4.5 万平方千米。最初形成于 20 世纪 70 年代,现经济总量占英国全国的 80% 左右,是产业革命后英国主要的生产基地和经济核心区。二是纽约都市圈。北起缅因州,南至弗吉尼亚州,跨越美国 10 个州,包括华盛顿、纽约、费城、巴尔的摩和波士顿五大城市以及 40 个 10 万人以上的中小城市的大都市圈。都市圈总面积为 13.8 万平方千米,约占美国陆地面积的 1.5%,占 GDP20% 以上,城市化水平高达 90% 以上。三是日本首都圈。指以东京为中心,半径 100 千米范围内的地区,主要包括 1 都 7 县:东京都、神奈川县、千叶县、埼玉县、茨城县、栃木县、群马县以及山梨县,又叫东京大都市圈,总面积为 36436 平方千米,比京津地区的面积略大。神奈川县首府横滨是日本第二大港口,也是世界亿吨大港之一。成为与东京相呼应的"双核城市"之一。

　　从京津冀地区看,范围 183704 平方千米,占全国总面积 1.9%,人口占近 6%,2000—2012 年城镇人口增速高于全国,京津城镇化水平高于世界较发达地区城市化平均水平。在全国中,经济总量占 10% 以上,税收占 12% 以上,进出口贸易占 15% 以上。我国经济最具活力、开放程度最高、创新能力最强、吸纳人口最多的地区之一。地缘相近、人缘相亲、文化一脉。历经长期发展已形成了北方经济实力雄厚的"2+8"都市群。"2"为北京、天津,"8"为石家庄、唐山、保定、沧州、廊坊、秦皇岛、张家口、承德,为建设成为新增长极的城市群奠定了基础。

　　因此《国家规划》将京津冀区域发展战略定位为:以首都为核心的

世界级城市群、区域整体协同发展改革引领区、全国创新驱动经济增长新引擎、生态修复环境改善示范区。

(三)发挥示范效应

区域发展不协调、不平衡是我国的"老大难"问题,之所以长期存在,与要素流动面临显性和隐形壁垒、区域发展的统筹机制欠缺等密切相关。京津冀发展不协调、不平衡的矛盾最为突出、最为复杂,关注度最高,解决难度最大。京津冀比邻而居,却不能肝胆相照,突出原因在于彼此定位的模糊乃至重叠。天津曾被国家规划为中国北方经济中心,但北京却不仅是中国整个的政治和文化中心,亦是北方事实上的经济中心。天津与河北之间存在诸多竞争。相对于长三角诸城市之间的互相促进,京津冀经济区却存在互相制衡的情况。基于此,京津冀的经济总量,在全国经济的占比逐步下降,无法与长三角和珠三角比肩。因此,必须强化协同发展,明确三地定位,通过深化改革打破行政壁垒,构建开放的区域统一市场,建立区域统筹协调发展新体制,从而为推动全国区域协同发展探索出一条新路子。

正因为京津冀协同发展具有重大意义,因此党和国家"十三五"规划给予了高度重视。党的十八届五中全会通过的《关于制定国民经济和社会发展第十三个五年规划的建议》有3处作出了明确部署。一是在"坚持创新发展"的"拓展区域发展空间"部分提出:以区域发展总体战略为基础,以"一带一路"建设、京津冀协同发展、长江经济带建设为引领,形成沿海、沿江、沿线经济带为主的纵向、横向经济轴带。发挥城市群辐射带动作用,优化发展京津冀、长三角、珠三角三大城市群。二是在"坚持协调发展"的"推动区域协调发展"部分提出：培育若干带动区域协同发展的增长极。推动京津冀协同发展，优化城市空间布局和产业结构，有序疏解北京非首都功能，推进交通一体化，扩大环境容量和生态空间，探索人口经济密集地区优化开发新模式。三是在"坚持绿色发展"的"加快建设主体功能区"部分提出：推动京津冀、长三角、珠三角等优化开发区域产业结构向高端高效发展，防治"城市病"。

## 三、京津冀协同发展重在转变观念

自国家确定京津冀协同发展重大战略以来，天津市委明确提出，要抓住重大机遇，积极主动作为，推进京津冀协同发展和京津双城联动发展。这既是一个长期思考和实践的课题，更是一个反映新形势新需要的新课题。

（一）转变观念是推进协同发展的重要前提

推进京津冀一体化作为共识形成于20世纪90年代。长时间中，理论界作了大量研究，京津冀各地政府也开展了大量工作。但明显的事实是，实质进展不快，效果不理想，发展远比不上珠三角、长三角。究其原因，从根本上说，与各地区所处发展阶段及其承担任务直接相关，并且受到了现行体制的制约。与此相应，各地固守"一亩三分地"的观念也是重要因素。然而现今形势发生了重大变化。现实给三地协同提出了新的需求，如北京调整非首都核心功能、交通一体化、联动治理污染等。中国进入全面深化改革的历史时期也提供了良好条件。中央将京津冀协同发展确定为重大国家战略,表明时机已经成熟。面对这一新的历史机遇,突破行政辖区惯性思维的束缚,首先需要各地区自上而下、上下结合、解放思想、转变观念,树立新的理念。

习近平总书记代表党中央从战略和全局的高度,深刻阐述了推进京津冀协同发展的重大意义,明确提出了指导思想、原则要求和总体思路,包括强调树立新的观念。他提出的"四个立足",明确指出了"立足合作共赢理念";提出的"七个着力",首先要求加强顶层设计,指明要打破自家"一亩三分地"的思维定势,抱团实现目标。可见转变和更新观念极其重要,是发展的必备前提条件。

### (二)转变观念的主要着力点

从加强顶层设计的需要看,结合天津的历史发展、现实状况和工作历程,为推动三地协同发展,在贯彻京津冀协同发展战略的起始阶段,全市上下要注重从以下方面转变观念。

1. 从历史意义方面看,既要继续实施滨海新区开发开放的国家战略,更要高度重视京津冀协同发展的重大国家战略

自滨海新区开发开放纳入国家战略以来,全市特别是新区经过艰苦奋战已经取得了重大成绩,形成了具有特色的体制和政策优势。但是也要看到,天津今后发展需要注入新的动力,新区深化改革与保持发展势头也需要更好的环境与条件。新形势下的京津冀协同发展和京津联动发展正为此提供了新的重大历史机遇。因此我们要认清这两个国家战略的内在一致性,深刻理解新的区域发展国家战略的重大深远意义,对国家和天津发展的历史作用,切不可只将后者视为源于外部

的单独性任务和一般性工作,而应以高度责任感和积极态度,顺势而为,主动作为。

2. 在协同内涵方面,既要做到积极合作,更要谋求相互共融

长期以来,天津与北京、河北之间有着多种合作途径与项目。但要看到,合作与协同是有区别的,前者是具体的、浅层的,后者则指系统的、内在的、深入的。党中央从协同发展的高度作出了部署,因此必须破除"一亩三分地"的狭隘站位,具有三地实为一家的宽阔胸怀和宽广视野;破除为己服务的有限定位,强化为他服务和深度融合,做到有取有舍。这样才能破解难题,真正实现共赢。

3. 在协同内容方面,既要采取多种举措取得突破,更要追求特色优势叠加

长期以来,天津和环渤海地区实行了多方面的协作,也取得了收效,但在既定格局下,容易就事论事,停留在分散并列、功能单一的状态。近年来,全市在谱写新时期社会主义现代化京津"双城记"方面迈出了新的步伐。特别是中央提出京津冀协同发展重大国家战略之后,多方积极响应,在交通、环境、产业、科技、文化、公共服务、人才队伍、城市群建设等方面提出了合作思路与项目设计。这些做法非常必要,客观需要在现有条件下寻找突破口,以不断扩大战果。但是更要看到,不同地区的协同发展要真正弄清自身的比较优势,只有建筑在发挥比较优势基础上实现错位发展,才能真正可持续发展。因此需要更为积极地探寻促使全市优势更优的合作内容,从而为天津和三地协同发展提供长期动力,增添无限活力。

**4. 在实施途径方面,既要重视行政方式推动,更要尊重市场决定性作用**

迅速贯彻国家重大发展战略,必须由各地政府牵头,通过行政方式予以设计、协商和推动。但是更应看到,我国已进入全面深化改革阶段,改革的方向是使市场在资源配置方面起决定性作用和更好发挥政府作用。随着更大力度的政府职能转变和下放权力,着力清除市场壁垒,经济规律将在区域协同发展方面发挥更多和更大的作用。因而,必须把协同发展的结合点和重大项目置于市场发挥决定性作用的基点之上,使协同发展实现高质量高水平。

**5. 在推进方式方面,既要遵从务实的一般原则,更要注重做到高层次务实**

三地协同发展仍要以现有行政区划为前提,要服务于首都经济圈的整体规划与建设,在国家有关规划出台之前,需坚持务实的原则,从各地区自身的实际情况出发,设计切实可行的目标任务。尤其在选择突破口时,更应树立问题意识,从共同关心的方面入手。但要注意的是,以往的务实做法受限制较多,往往采取能干成什么就先干什么的思路。由于出台了国家重大战略及其规划,现在情况发生了重大变化,务实方法也应从简单层次向更高层次转变。要坚决贯彻党中央的部署,站在全局和长远角度,多从应该干什么就努力干什么的角度积极谋划,做到整体规划,分步实施。处理好其中的矛盾,关键在于创新和智慧。

(本文的第三部分以"推动京津冀协同发展应着力更新观念"为题发表于天津市委研究室《参阅件》第 24 期,2014 年 3 月 14 日。)

# 第三十二章 以产业协同破解
京津冀产业对接协作难题

自京津冀协同发展作为重大国家战略提出以来,京津冀理论界从多方面展开了热烈讨论,提出了很多有益建议。三地领导层面与实际部门更是积极作为,特别就交通、环保、产业等方面谋划和推出了一系列协作举措。但实践也表明,这是一个面对新形势新需要又极为复杂的新课题。

2014年9月4日,京津冀协同发展领导小组第三次会议提出"要加快实施交通、生态、产业三个重点领域率先突破"。①在此,着眼于产业对接协作方面遇到的一些障碍协同又牵动全局的难题,就怎样认识和破解作些初步思考。

## 一、产业协同的基本站位

产业协同的基本站位指向是如何破除"一亩三分地"的观念。酝酿京津冀一体化由来已久。但长时间中,实质进展不快,效果不理想,远比不上珠三角、长三角。近十年间,京津冀一体化逐步被肯定,但基本

---

① 《京津冀协同发展领导小组第三次会议》,《人民日报》,2014年9月5日。

停留在设想的层面,一直没有总体实施规划。近期,京津冀三地之间搞了一些协议,可是在产业的协同方面深下去的却不多,都比较慎重,也遇到不少难以统一之处。究其原因,普遍认为,各地固守"一亩三分地"的观念是一个突出原因。

对此,首先应该从基本道理和客观需要方面来分析。就全局来说,落实党中央的部署,必须破除"一亩三分地"的狭隘站位,具有三地实为一家的宽阔胸怀和宽广视野;破除为己服务的有限定位,强化为他服务的实际行动。正如有的专家提出的,应该持"三亩九分地"观念,因此转变观念是前提。但是就现实来讲又有客观原因,与各地区所处发展阶段及其承担任务直接相关,尤其受到了现行体制的制约。

从前者看,如果天津现在已经真正成为一个高端制造业中心,服务业发挥应有辐射作用,那么就不会在产业发展方面和河北省之间发生同构化竞争关系。

从后者看,各地先耕好"一亩三分地"是肩负的责任,单一的分灶吃饭财政体制导致不得不高度重视"一亩三分地"。综合来看,如何突破行政辖区的体制束缚,已成为做好顶层设计不可回避的难题。现在一些专家就此讨论较多,如提出在财政体制方面搞基数不变,增量分层。这个想法很有特色,但可能一下子难以做到,因为涉及整个财政体制,而且现在增速正在下降,增量也难分出多少来。目前不具备改变三个行政区的需要与条件,破解上述难题的办法可以是发挥好三地四方的作用,加上中央投入,设立京津冀的发展基金等,这既可以发挥导向作用,又有利于实现区域的公共财政统筹安排,促使抱团实现目标。另外,体制方面还有一个干部考核机制的改革与完善问题。

## 二、产业协同的实现目标

如果说三地就前一个题目统一了思想,都能破除"一亩三分地"观念,实行产业协同发展,那么发展要达到一个什么结果?京津冀产业对接协作是仅为了疏解北京的非首都功能,还是为了三地都更顺利和谐的发展?北京疏解非首都功能与三地产业协同发展密切相关,以发挥北京科技创新中心的功能为基础的产业对接会直接促进三地协同发展。但从世界发展新形势和我国发展大趋势看,京津冀三地都能得到发展,解决各自发展难题,还属于一个初步的目标。京津冀产业对接协作应有着很丰富的内容,主要目标可以概括为"1、3、3"。即首先是产业发展的一体化;使之支撑京津冀地区成为世界级的技术和产业创新中心、世界级城市群,发挥好北方经济中心和引领环渤海地区的作用;成为全国区域有机协作、体制机制变革、转变发展方式示范区。这样看产业协同,其意义相当深远。

中国现阶段经济体制以政府主导型为特征。实现以经济建设为中心,行政区发挥着重要作用。怎么破除经济区域间的分割?京津冀应该带好头发挥表率作用,就怎么样结合好,协作好,借助体制机制的变革,树立一个有价值的样板。另外,在加快转变经济发展方式方面也应该衔接上,以协同发展促进这一重要任务实现。

实现这些目标可以设阶段性任务,由浅层次向深层次递进。在近一个阶段,先是浅层次协作,寻找京津冀三地利益共同点,然后逐步向深层次递进。

## 三、产业协同的区域定位

这里的指向是如何确定三地产业发展在一体化中的位置。产业发展一体化决定了三地必须打破各成体系、自我为战的状态，各地发展产业应有所取舍，这在解决存量方面尤为困难，换句话说这是在做减法，通常加法好做，减法比较难。产业定位的背后是三地的发展定位。在历史上国家就三地已有所定位的情况下，怎样统筹全局需要创新。

目前，解决这个难题可以按照兼顾历史、着眼未来、形成导向、把住增量、再造优势的原则进行。基本思路是：既要尊重历史，又不能完全照搬，若完全继承，各自仍干自己的，就无法协同了。但是绝不能割裂历史，应统筹考虑三地已经形成的格局与现状；在此基础上，既要从实际现状出发，更要着眼未来，从未来各自应有定位，未来京津冀整体在国家大局中的定位确定局部走向；新的定位应该是既要管用，又要具有宏观导向性，定位的顶层设计如果过虚会没有用，如果过细则永远制定不出来，要在宏观上发挥长远作用；既要搞好存量的对接，更要搞好增量的规划，就"十三五"时期的产业协作，注意做到把三地已有优势发挥好，同时注重三地之间的有机结合，形成京津冀一体的新优势，即 1+1+1>3 的统一优势，使各地受益共赢。这样可能容易突破产业定位难题。

现在看来，产业协同定位的导向思路可以是：北京作为"政治、文化、国际交往、科技创新中心"，在产业方面侧重研发服务；天津和北京一起发挥"双核"作用，瞄准高端制造和研发转化基地、产业创新中心、国际航运与物流核心区作出努力;河北更多发挥产业升级优化和先进制造的战略支撑作用。

## 四、产业协同的推动路径

产业协同的推动路径指的是如何处理好让市场发挥决定性作用和更好发挥政府作用的关系。这又是专家议论的热点问题。具体说来,处理好二者关系要做到先导与侧重的有效结合。从一个时间序列和阶段需求看,目前要以政府引导为先。迅速贯彻国家重大发展战略,必须由各地政府牵头,因为需要通过行政系统予以设计、协商和推动,包括功能疏解、整体规划等。有的专家讲现在推动京津冀协作仍是计划经济思维模式, 但是在中国目前发展阶段和现行体制下迅速有所突破,没有行政方式推动是不成的,这么多年地区协作推不动,从一定意义上正是由于缺少有力度的行政力量,主要是中央的决策。现在应以政府为先,由政府牵头,搞好规划。即使在京津冀协同发展规划制定和实施之后,地区的行政系统也还需发挥作用,要围绕共同的问题,加强省市际政府之间的协调,形成一起推进和破解的合力。

但是需要强调的是,在后规划时期,资源分配和市场合作要由市场机制侧重发挥作用。我国全面深化改革阶段的方向是使市场在资源配置方面起决定性作用和更好发挥政府作用。随着更大力度的政府职能转变和下放权力,在京津冀地区着力清除市场壁垒,构建富有活力的统一市场体系,经济规律将在区域产业协同发展方面必然发挥更多和更大的作用。这方面要比交通、环境等体现得更为突出。例如,北京疏散非首都核心功能与津冀的承接必须以市场调节为基础。如何把产业协同发展的结合点和重大项目置于市场发挥决定性作用的基点之上，做到可持续的协同发展，是一个重大课题。

## 五、产业协同的有机对接

产业的协同与升级还需要产业链的重构和企业的融入，这是需要深入研究的课题，实践难度更大。因为若使产业协同的有机对接成为现实，说到底就是产业链的重构。产业链的对接和延伸在三地的产业协同中是一个重要的体现，起到落脚点的作用。如果三个地区的产业协同需强调北京侧重科技创新和服务，天津致力于高端制造，河北也要产业升级，这不过是一个主导方向和大致划分，进行的过程中还要不断探索，真正能落到现实的是若干产业链。各个地区应该有自己的优势产业、龙头企业，以此牵头把上游的科技创新服务一直到下游都串起来。只有串起来了，各地才有自己的特色，发挥服务效应，把其他的组织起来，这样才能形成一个既发挥各自优势、分工协作、相得益彰，又统一有序的产业结构体系。当然，要做到这一点还要理清三个地区的优势产业，搭建产业平台，营造政策环境。

（本文为参加 2014 年 9 月 22 日由中共北京国际城市发展研究院委员会、北京国际城市论坛基金会联合举办的"国际城市论坛京津冀协同发展 2014 年会"所作发言。发表于连玉明主编：《京津冀协同发展的共赢之路》，当代中国出版社，2015 年。）

# 第三十三章 新时代视域下的
# 雄安新区与天津发展

党的十九大报告(以下简称《报告》)包括了许多创新。其中一个重大判断是中国特色社会主义进入了新时代,这是我国发展新的历史方位。《报告》以三个"意味着"阐述了这个新时代三个层面的意义,以五个"是"指明了五个方面的含义与定位。一个最大亮点是习近平新时代中国特色社会主义思想成为指导思想和行动指南。

这些给认识雄安新区建设与天津发展的关系,特别是天津服务雄安新区的实践提出了新要求和新指引,提供了新启示。

## 一、新时代与新要求

进入新时代对认识雄安新区与天津发展提出了许多新要求。《报告》择要有几点:

### (一)我国社会主要矛盾发生的新转化揭示了主攻方向

《报告》指出,与中国特色社会主义进入新时代相应,社会主要矛盾转变为"人民日益增长的美好生活需要和不平衡不充分的发展之间的矛盾""社会主要矛盾的变化,是关系全局的历史性变化"。[①]显然包括雄安新区与天津发展将发生历史性变化。可从需求与供给两个方面理解。

作为需求方,理解人民日益增长的美好生活需要,不再仅指物质文化生活需求,还包括民主、法治、社会(就业、教育、社保等)、安全(环境等)等方面的需要。作为供给方,理解不平衡不充分的发展可以从两个侧面把握。一是发展不平衡,包括区域之间、城乡之间、居民财产与收入之间等方面的不平衡。二是发展不充分,包括高位水平的供给(消费与生产需要的产品)、民生总体的水平(公共服务、总量)、生态环境的治理等方面的不充分。

现今就不充分发展的解读看法有所不同。有的解释为创新、改革、开放不充分,显然把发展不充分的原因与表现混同了;有的解释为发展质量不充分,似乎太简单化了。

我国进入新时代后发展的主攻方向已不再是解决整体上落后生产力问题,也不停留在建成小康社会方面,而是面向建设社会主义现代化强国的发展不协调和不充分。不同区域任务的侧重点也会不同,但总体上说区域发展战略属于国家发展战略的组成部分,都会体现全国的特征。京津冀区域的突出矛盾同样是不平衡、不充分,从这种意义上说,京津冀协同发展就是要解决不平衡问题。结合我国进入强起来时期的要求进行衡量,和作为社会主义现代化强国的组成部分及其任

① 习近平:《决胜全面建成小康社会 夺取新时代中国特色社会主义伟大胜利》,http://www.xin-huanet.com/2017-10/27/c_1121867529.htm,新华网,2017 年 10 月 27 日。

务相比,京津冀区域包括雄安新区和天津市在平衡和充分发展方面都有很大差距。

(二)2020年到21世纪中叶"两步走"的新安排规划了发展目标

《报告》根据发展成就与现状,结合原先的"三步走""两个一百年"规划,安排了新的"三步走"。其中包括2020年到21世纪中叶"两步走"的新安排,对现代化国家建设的要求更高、更明确了。

第一个15年为基本实现社会主义现代化。如我国经济实力、科技实力将大幅度跃升,跻身创新型国家前列;人民生活更为宽裕,中等收入群体比例明显提高,城乡区域发展差距和居民生活水平差距显著缩小,基本公共服务均等化基本实现,全体人民共同富裕迈出坚实步伐等。将原先"三步走"的现代化目标提前了15年。

第二个15年,为把我国建成富强民主文明和谐美丽的社会主义现代化强国。将中等水平提升为现代化强国,将社会主义现代化国家的标准增加了美丽的要求。

这是历史上我国经济社会发展战略目标的最宏伟规划,也为我国实现社会主义现代化理论的发展提供了新前景和推动力。这是从中国特色社会主义的高度谋划的,京津冀包括雄安新区和天津发展的关系要从这个高度来认识。

(三)建设现代化经济体系的新设计提出了战略部署

《报告》就经济建设安排了"贯彻新发展理念,建设现代化经济体系"部分。这既是习近平新时代中国特色社会主义思想的基本方略的有机组成部分,也是经济发展战略设计与实施的创新。

以往党代会报告在经济建设部分曾用过"经济建设和经济改革"(党的十六大)、"促进国民经济又好又快发展"(党的十七大)、"加快完善社会主义市场经济体制和加快转变经济发展方式"(党的十八大)等标题。《报告》第一次概括了"建设现代化经济体系",总结了十八大以来经济发展的经验,反映了转入高质量发展阶段,建设现代化经济强国的现阶段需要。这一部分的主要内容可归纳为三个方面。

一是概括了经济发展战略的新阶段。经济发展进入新时代,这一新阶段的新特征在于:我国经济已由高速增长阶段转向高质量发展阶段,正处在转变发展方式、优化经济结构、转换增长动力的攻关期。这为谋划新时代经济发展战略奠定了前提条件。

二是概括了经济发展战略的新目标。《报告》就战略目标表述为:建设现代化经济体系是跨越关口的迫切要求和我国发展的战略目标。从《报告》的规定看,这一目标的内涵主要为:必须坚持质量第一、效益优先,以供给侧结构性改革为主线,推动经济发展质量变革、效率变革、动力变革,提高全要素生产率,着力加快建设实体经济、科技创新、现代金融、人力资源协同发展的产业体系,着力构建市场机制有效、微观主体有活力、宏观调控有度的经济体制,不断增强我国经济创新力和竞争力。雄安新区与天津都要贯彻。

三是分析了经济体系建设的新任务。建设现代化经济体系的六项主要任务为:深化供给侧结构性改革、加快建设创新型国家、实施乡村振兴战略、实施区域协调发展战略、加快完善社会主义市场经济体制、推动形成全面开放新格局。其中有许多新概括和新构想。有的是首次提出。

《报告》还有很多新部署新要求，如以人民为中心的发展思想，推动构建人类命运共同体等，都与雄安新区和天津发展密切相关。

## 二、新格局与新指引

《报告》就建设现代化经济体系规定的六项主要任务中包括了"实施区域协调发展战略"部分，这一部分属于首次单独明确列出。在党的十八大报告中，区域协调发展部分被含在经济结构调整的部分之中，党的十九大将此独立出来反映了经济发展新时代的问题导向。这种战略任务的新格局将京津冀协同发展提升到更重要的位置。

"实施区域协调发展战略"部分专门提出要"以疏解北京非首都功能为牛鼻子"推动京津冀协同发展，高起点规划、高标准建设雄安新区。①周边地区认识和处理好与建设雄安新区的关系，首先要明确这一重大战略部署的意义和含义。

雄安新区必须做到高起点规划、高标准建设，这是由设立雄安新区的重大战略意义决定的。

2017年4月1日，在京津冀协同发展进入全面落地的关键阶段，中共中央、国务院宣布设立河北雄安新区，作为北京非首都功能的集中承载地。这是以习近平同志为核心的党中央深入推进京津冀协同发展作出的一项重大决策部署，是重大的历史性战略选择，是千年大计、

---

① 习近平：《决胜全面建成小康社会 夺取新时代中国特色社会主义伟大胜利》，http://www.xinhuanet.com/2017-10/27/c_1121867529.htm，新华网，2017年10月27日。

国家大事。雄安新区是继深圳经济特区和上海浦东新区之后又一具有全国意义的新区。

建设雄安新区有利于调整优化京津冀城市布局和空间结构。京津冀区域的县级以上城市数量与长三角地区(江浙沪区域)的数量大体相当。但是就作为京津冀城市群重要位置的河北省来说,省县级以上城市的城市建成区面积只相当于江浙地区县级以上城市建成区面积的一半左右。而且城市质量与水平也有较大差距,县城多,缺乏能够起辐射带动示范作用的大城市。一些县城还基本上属于"半城市化"的乡镇面貌,不具备完备的基本公共服务体系。按照世界级城市群的人口与建成区面积比率和建成区质量水平来对照,京津冀城市群的发展还相对落后。党的十九大报告中再次指出,要以城市群为主体构建大中小城市和小城镇协调发展的城镇格局。规划建设雄安新区,将在京津冀地区建成一个真正意义的高标准的绿色低碳新城,为城市发展提供示范;将紧跟世界发展潮流,有针对性地培育和发展高端高新产业,积极吸纳和集聚创新要素资源,促使北京、天津、石家庄、保定、沧州等区域内大中城市实现相向发展、错位发展,推进城市之间的良性竞争和互动协同,推动打破多个城市发展的同质化和被边缘化局面。这会拓展区域发展新空间,对优化京津冀城市布局和空间结构带来重大积极影响。

建设雄安新区对加快构建世界先进水准的城市群具有示范意义。根据"十三五"规划部署,中国要在五年内建设京津冀、长三角、珠三角、哈长、辽中南、山西中部、山东半岛、中原、长江中游、海峡西岸、北部湾、呼包鄂榆、宁夏沿黄、兰西、关中平原、成渝、黔中、滇中、天山北坡共 19 个城市群,几乎覆盖整个中国内陆地区,将形成更多支撑区域发展的增长极。目前,在京津冀区域,只有北京市具备建设世界级城市的条件,但却被大城市病所累。要解决这一难题,需将北京的非首都功能有力、有序、有效地疏解出去,这又要有一个集中承载地,该地既要依托北京、天津、石家庄等现有大城市的资源,又要交通便利,地理条件适中。建设雄安新区正是这样一项重大历史性战略选择。综合来看,该区域区位优势明显、交通便捷通畅,现有多条高速公路、铁路,可比较快地基本形成与北京、天津、石家庄半小时的通勤圈;生态环境优良、资源环境承载力较强,拥有华北平原最大的淡水湖白洋淀等;水资源比较丰富,可满足区域生态用水需求;现有开发程度较低,发展空间比较充裕,具备高起点高标准开发建设的基本条件。以全新的理念、独具特色的功能定位来规划建设的雄安新区,可以承担起集中承接北京非首都功能的历史任务,探索人口经济密集地区优化开发新模式;可以逐步成为优质资源配置的焦点区域,京津冀都市圈发挥比较优势、接轨京津、扩大开放的前沿阵地,推动打造以北京为核心的高水平世界级城市群。

总的说来,规划建设雄安新区是一项历史性工程,对承接北京非首都功能、探索人口密集地区优化开发模式、调整优化京津冀空间结构、培育推动高质量发展和建设现代化经济体系的新引擎具有重大现实意义和深远历史意义。

雄安新区做到高起点规划、高标准建设,需要突出七个方面的重点任务。一是建设绿色智慧新城,建成国际一流、绿色、现代、智慧城市。二是打造优美生态环境,构建蓝绿交织、清新明亮、水城共融的生态城市。三是发展高端高新产业,积极吸纳和集聚创新要素资源,培育新动能。四是提供优质公共服务,建设优质公共设施,建设城市管理新样板。五是构建快捷高效交通网,打造绿色交通体系。六是推进体制机制改革, 发挥市场在资源配置中的决定性作用和更好发挥政府作用,激发市场活力。七是扩大全方位对外开放,打造扩大开放新高地和对外合作新平台。①

为此,必须坚持"世界眼光、国际标准、中国特色、高点定位"的理念,集聚全国优秀人才,吸纳国际人才,充分借鉴国际经验,高标准、高质量组织编制雄安新区总体规划、起步区控制性规划、启动区控制性详细规划及白洋淀生态环境治理和保护规划, 确保一张蓝图干到底。规划要达到国际一流城市的水平,并且在建筑设计上充分体现中华文化的元素,在建设过程中精雕细琢,以工匠精神打造百年建筑,留下千年传承,努力打造千秋之城、未来之城、典范之城。

党中央对此高度重视,2018 年 2 月 22 日中共中央政治局常务委员会召开会议,听取河北雄安新区规划编制情况的汇报,中共中央总书记习近平主持会议。会议要求规划和建设创造"雄安质量",在推动高质量发展方面成为全国的一个样板。要围绕打造北京非首都功能集中承载地,顺应自然、尊重规律,构建合理城市空间布局。要结合区域文化、自然景观、时代要求,形成中华风范、淀泊风光、创新风尚的城市风貌。要同步规划建设数字城市,努力打造智能新区。要坚持生态优先、绿色发展,努力建设绿色低碳新区。要按照国家部署建设一批国家

---

① 《实施三大战略,促进区域协同发展》,载《习近平谈治国理政》(第 2 卷),外文出版社,2017年,第 238 页。

级创新平台,努力打造创新驱动发展新区。要布局高效交通网络,落实职住平衡要求,形成多层次、全覆盖、人性化的基本公共服务网络。①

雄安新区做到高起点规划、高标准建设,也为津冀地区提出了许多新的理论和实践问题,其中首先是如何正确认识自身与雄安新区的关系,如何在做好服务中与之衔接。

## 三、新征程与新启示

中国进入新时代意味着开启了建设社会主义现代化国家的新征程,对认识雄安新区与天津发展的关系提出了很多启示与课题。若从天津视角看,主要有三个方面。

(一)提升地位认识

总体看,要认识到雄安新区建设与天津发展都是新时代中国特色社会主义建设及社会主义现代化国家建设的有机组成部分。具体说来,都被赋予了新目标。从雄安新区看,应成为建设社会主义现代化国家的示范区,或者说在我国基本实现社会主义现代化建设之时和建成富强民主文明和谐美丽的社会主义现代化强国之际均起到不可替代的推动与示范作用。以此来丰富高起点规划和高标准建设的认识,能更深刻领会到这一战略部署的重大意义。

从天津看,应成为建设社会主义现代化国家的先行区。这是由

---

① 《习近平听取雄安新区规划编制情况汇报》,《人民日报》,2018 年 2 月 23 日。

天津市在全国及京津冀区域的地位和发展目标决定的。天津作为全国先进制造研发基地,在实施创新驱动国家战略和实体经济成为我国发展经济着力点的大趋势下,在中国特色社会主义进入新时代后地位非常重要,必须发挥先行作用。天津在京津冀协同发展战略中与北京共同构成"双核",与作为北京发展两翼之一的雄安新区有着内在联系,理应发挥优势,与雄安新区一起设计相向发展思路,勇于先行先试,积极搞好服务。

(二)积极多维服务

天津必须进一步提升贯彻京津冀协同发展战略的自觉性,牢固树立服务建设雄安新区的定位与指向。这可以体现在众多方面。

首先是经济方面。可以立足三大优势,即作为区位优势的现代化港口、作为产业优势的先进制造研发基地、作为体制优势的自由贸易试验区,服务现代化经济体系的建设任务,融入雄安新区建设的进程。相对说决策部门就此方面已有较多思考,但是也遇到不少难题,需要进一步提升高度,开放视野。

从其他方面看,针对过去容易轻视之处,围绕雄安新区现在发展不平衡不充分的需求和贯彻新"三步走"的规划,建设新时代中国特色社会主义示范城区的全面考量,多方面挖掘服务与结合对象。如教育方面,天津具有培养科技人才、技术工匠的优势;发展的社会环境、配套条件等方面,从协同视角看也都具有作为的可能性。

（三）培育新的优势

在新时代转向高质量发展阶段之际，天津提供服务的根基是提升自身发展质量、水平和能力，这也是新时代的责任和任务。

在质的方面，需凸显加快建设具有国际影响力的产业创新中心。我国基础性创新和技术创新层出不穷，但产业创新相对较弱；雄安新区的定位是发展高端高新产业，但转移北京新技术需要一个过程，并且依然需要各方配套服务。天津的特色目标是产业创新，应使之成为服务周边的战略支撑。

根据党的十九大的部署，天津市已经作出发展规划：到 2035 年基本建成创新发展、开放包容、绿色宜居、文明幸福的社会主义现代化大都市；2050 年建成具有强劲实力、独特魅力、重要国际影响力的社会主义现代化强市。2018 年初闭幕的市十七届人大会议，提出今后五年，要加快推进"五个现代化天津"建设，努力取得突破性进展。首先是推动创新发展的现代化天津建设取得突破性进展。经济保持持续健康发展，高水平建设"一基地三区"，京津冀协同发展目标如期实现，成为全国领先的创新型城市和产业创新中心。因此在这方面将大有作为，从现在加速，通过不断做强新的优势来更好服务周边区域。

在量的方面，需以质量带动规模。和我国自改革开放以来所有党代会报告相比，《报告》的一个变化是就经济发展目标没有提出标志性定量指标。这适应了中国进入新时代，转向重视发展质量的需要。

但是这不意味着今后我国可以完全忽略发展规模和速度。因为我国还没有跨越"中等收入陷阱"，人均发展规模在世界排位靠后的状态是许多民生问题难以解决的重要原因。而且《报告》在总结五年成绩时,仍以发展规模和速度说明非凡成就。在判断中国特色社会主义进入新时代和部署现代化建设两个阶段任务时,多次标明了实现全体人民共同富裕的目标。显然,《报告》是为了坚持以人民为中心的发展方略,转变长时间中片面追求 GDP 数字增长的倾向和在科学分析我国中高速发展态势的情况下,淡化了发展目标的数字规定。

天津的发展历史、地位和任务决定了要认清和处理好质量与数量二者的关系。长时间中,天津的发展方向是成为北方经济中心,努力使发展速度快和规模大成为建设这一中心的必备条件。这在全国处于高速度发展阶段之际有其适应性,但是如果不能正确认清质与量的辩证关系以及天津在把握高质量发展方面的应有地位则会事与愿违。必须看到,虽然数量增大中也有质量成长,但是长期的数量和规模优先必然削弱质量的及时快速提升,没有质量的数量发展终将成为新形势下发展的包袱和障碍,适时尽早转型的高质量发展才能带动数量的可持续发展。在加快转变经济发展方式和发展战略性新兴产业的进程中,天津基于自身的特色在全国特别是北方理应承担起发展高质量先进制造业的巨大责任和任务,但是由于保有较浓厚的速度情节,天津没能以壮士断腕之势及时调整偏重偏旧的产业结构。因此,当前必须在全市上下进一步解放思想,打开脑袋上的"津门",牢固树立新的发展理念,算好发展大账,摆脱"GDP 崇拜",强化质量第一、效益优先的原则,以质量带动规模,从而更好地服务雄安新区建设。

培育新的优势还包括如何在新格局下发挥好已有发展基础的作用问题。天津滨海新区在"十一五"规划时期开始纳入国家发展战略,并在长期发展中取得了突出成绩,引领了天津发展,发挥了影响作用。面对雄安新区作为第三增长极的定位,滨海新区就区域发展战略必须做出相应调整。首先要树立服务雄安新区的理念,积极对接这一新区建设的需要,同时在运用现有发展条件和发挥特色优势的基础下,谋划新发展思路,瞄准京津冀协同发展新格局下的新要求,放宽视野,着眼未来,提升优化产业结构,按照建设社会主义现代化强国和强市的高标准将自身做强,从而才能以新优势服务我国我市现代化经济体系建设,与雄安新区建设有机结合推进京津冀协同发展。

(本文主要内容在 2017 年天津市社会科学界联合会 2017 年年会"学习贯彻党的十九大精神,服务京津冀协同发展:雄安新区与天津发展"高端研讨会上作大会发言。)

# 第三十四章　务实视角下的滨海新区
## 参与环渤海区域合作

区域经济一体化是当今世界经济发展的显著特征,参与区域合作成为地区经济发展的主要动力。以区域经济一体化的重要载体——区域自由贸易协定为例,自 20 世纪 90 年代起,区域自由贸易协定一直呈迅猛发展的态势。据世界贸易组织提供的数据,截至 2011 年 5 月 15 日,中国向世贸组织(及其前身《关贸总协定》)通知备案的自由贸易协定总计达 489 个,①其中较著名的有欧盟、北美自由贸易区、南方共同市场、东盟等。

无论是国家间还是国家内部,经济一体化目标与地区间经济发展不平衡的现实矛盾决定了区域经济合作的必要性。与大多数发达国家内部面临的情况类似,中国各地区仍存在人口规模、平均收入、产业结构、生活成本等方面的巨大差异。若有效利用上述差异,可充分发挥区域内各地优势,实现区域对全国的辐射带动作用,若差异扩大则有可能产生相应的经济、社会问题。因此,如何通过区域合作实现全区域共同发展,就成为经济学家和政策制定者需要考虑的重要议题。

环渤海地区位于我国北部沿海,地处华北、东北、华东三大区域的

① WTO, Regional Trade Agreements, 2011.

结合部,是东北亚经济区的中心地带。自 1986 年环渤海经济圈划定伊始,环渤海区域合作已经历了 20 多年发展。天津一直是环渤海区域合作的积极参与者, 区域性经济合作组织——"环渤海地区经济联合市长联席会"即在天津成立。滨海新区是天津参与环渤海区域合作的重要阵地,国务院批准实施的《全国主体功能区规划》中提到要重点开发天津滨海新区,增强辐射带动区域发展的能力。天津滨海新区如何参与环渤海区域合作已经成为环渤海区域合作研究中的重要课题。

面对这样一个宏大的议题, 学者们从不同视角进行了大量研究。由现今发展阶段和体制所决定,这一议题在相当长的时间内无法得出确定和统一结论,只能在结合现实情况的前提下,尽可能给出滨海新区参与环渤海区域合作的可行路径,这无疑使务实分析成为必然。下文从务实的视角来审视天津滨海新区如何更好参与环渤海区域合作,并非给滨海新区的发展开出一个包罗万象和一劳永逸的良方,而是对现阶段滨海新区参与环渤海区域合作给出一个务实的可操作框架。

## 一、对区域合作中务实视角的辨析

务实,指说话、做事时从实际出发,以具体问题为对象,以实践为方法,以实际效果为目标,真抓实干,防止落入"形式主义"的窠臼。务实是由人的实践本质决定的,也是辩证唯物主义世界观的根本要求。[1]辩证唯物主义认为世界是物质的,意识是依托物质存在的,这一观点决

---

[1] 吴军、汪治家:《论务实》,《四川师范大学学报》(社会科学版),1993 年第 1 期;周正刚:《论求真务实》,《党建研究》,2010 年第 4 期。

定了人们在认识世界、改造世界的过程中必须从实际出发,求真务实。

求真务实是中国共产党一贯倡导的优良作风,也是新时期研究客观世界、思考客观世界运行规律时的进一步要求。经过改革开放以来的发展,中国经济、社会均进入了转型中期,以粗放型、高速度为特征的经济发展模式后继乏力,而经济高速发展过程中积累的社会问题也开始显现。[①]因此,加快转变经济发展方式、建设社会主义和谐社会成为当务之急。在这一过程中,坚持务实的视角是应有之义。经济发展上,我国资源环境状况已无法承载粗放型发展方式的消耗,只有从实际情况出发,脚踏实地工作,真抓实干,才能保持经济持续健康发展。社会建设上,我国面临区域发展不平衡、城乡发展不平衡、就业难、看病难等诸多实际困难,只有正视问题,逐一解决具体问题,注重实效,才能最终实现社会全面进步。

具体到区域合作上,多年来,环渤海区域合作也经历了从"虚实结合、务虚为主"到倡导"务实合作"的发展历程。新时期,随着环渤海区域合作对地方经济发展的作用日益增大,环渤海区域各地均表达了进一步深化合作的愿望。而面对现存行政体制下各地竞相发展又产业趋同的情况,为克服既有障碍,尽快实现协同发展的意愿,以务实的视角参与合作将是推动合作深入、取得合作实效的重要路径。

结合环渤海区域合作多年的经验,以务实的视角参与环渤海区域合作,应把握如下要求:

---

① 王曙光:《社会转型的"弯道理论"》,《人民论坛》,2011 年第 341 期。

（一）确立目标时，理想目标与立足现实相结合

理想目标和现实情况是相辅相成的。理想目标源于现实，是正确发展方向的保证，也是制定远景战略规划的依据。现实情况是开展工作的客观基础，也是实现理想目标的基石。优势地区带动劣势地区共同发展，实现区域经济、社会全面协调发展，是环渤海各省区市的理想目标。毋庸置疑，这也是环渤海区域合作必将实现的目标。失去理想目标，参与区域合作时，政策举措易丧失连续性和方向性，继而浪费时间或资源。因此，制订理想目标是参与区域合作时的重要工作。然而当前环渤海地区也面临着一些固有制度障碍、资源制约、利益矛盾。逾越这些发展障碍仍是尚需时日的系统工程。对本地区及全区域实际情况的深入调研，有助于制定易于推行的、能够解决当前实际问题的政策措施，以工作实效为后续发展奠定基础。因此现阶段，确立参与环渤海区域合作的目标时还要立足现实，将理想目标与现实情况相结合。

（二）制定规划时，重点突破与全面谋划相结合

主要矛盾和次要矛盾是辩证统一的，二者相互依赖，相互联系。主要矛盾对事物的发展变化起决定性作用，次要矛盾起辅助性作用。实践中，主次矛盾的辩证关系要求我们既要抓重点，集中力量解决主要矛盾，又要统筹兼顾，注意解决次要矛盾。环渤海区域合作的领域较多，涉及规划、交通、口岸、科技人才、金融、市场、产业等。在参与合作的过程中，各地宜结合各领域实际情况及自身优势，选择合作基础较好、合作开展较成熟、相对易于推进、本地区优势较大或对本地区发展

意义重大的领域,作为优先参与合作的领域,加大合作力度,力争在现阶段取得重点突破。在此基础上,兼顾其他各领域合作,最终构筑多层次、宽领域、纵深化的区域合作格局。

(三)参与合作时,把握全局与兼顾局部相结合

整体与部分是互相依存、互相作用的。整体决定着局部的发展方向,局部也会反过来对整体施加影响。因此,在分析问题、解决问题时,既要着眼整体寻求问题的最优解决办法,避免片面强调局部利益的个体主义、分散主义,又要考虑局部,承认局部的独立性,重视局部的重要作用,使整体功能得到更大发挥。具体到参与环渤海区域合作的过程,各地区既要树立全局观念,重视环渤海地区的整体利益和全局进程,为局部发展创造良好环境;又要立足本地区实际情况,首先注重参与周边区域的合作,并分析本地区在整个区域中的优势和不足,制定符合当地现状的规划,务实参与区域合作。

(四)具体实施时,快见成效与分步实施相结合

事物的发展变化是从量变到质变,循序渐进、螺旋上升的。量变为质变提供前提和准备,质变是量变产生的必然结果。在实践中,我们既不能无视事物发展的客观规律,一味快干,又不能踟蹰犹豫、贻误良机。环渤海区域合作也是一个由量变到质变的过程。从务实的角度看,一方面环渤海区域合作包含着时间要求,现阶段亟待取得实质性突破。因此,参与环渤海区域合作的地区必须在重点和急需的方面较快取得成效,变"务虚"为"务实",用"高效合作"替代"低效合作",树立继

续参与区域合作的信心,奠定合作的物质基础和心理基础。另一方面,环渤海区域合作不是一蹴而就的工作,应在保持理念、措施接续性的基础上,分步实施合作战略,以量的积累实现质的飞跃。从这个意义上讲,在参与区域合作的过程中,快见成效与分步实施不宜偏废。

## 二、天津滨海新区参与环渤海区域合作的务实视角

滨海新区既是国家对外开放的重要前沿、天津参与环渤海区域合作的门户,也是环渤海区域合作的核心地带。滨海新区的开发开放为环渤海区域合作带来了新的历史机遇,环渤海区域合作的深化也为滨海新区带来了更大的发展空间。从务实的视角审视,滨海新区参与环渤海区域合作兼具必要性和可行性。

(一)务实视角下滨海新区参与环渤海区域合作的必要性

"十二五"期间,滨海新区的建设进入了成熟发展期。一方面,南港区域、临港经济区、核心城区、中心商务区建设等十大经济建设"战役"相继展开,另一方面,港口竞争等区域合作的制约仍在。在务实的视角下看,滨海新区积极主动深入参与环渤海区域合作是进一步促进滨海新区发展的必要选择。

1.滨海新区发展大势所趋,务实参与区域合作迫在眉睫

滨海新区有世界吞吐量第五的综合性港口、北方最大的航空货运

机场、①四通八达的立体交通和信息通讯网络、丰富的自然资源和科技资源,并且还拥有环渤海地区最优的政策环境。在上述优势的带动下,2011年滨海新区国内生产总值突破6206.9亿元,比2010年增长23.8%。②"十二五"期间,新区经济建设任务艰巨,进一步发展难以凭一城一地的力量实现,参与区域合作是滨海新区发展到现阶段的大势所趋。一方面,环渤海地区是滨海新区发展的直接腹地。新区经济外向度较高,产业结构以第二、三产业为主,新区发展所需的自然资源、科技人才等均首先来自环渤海地区,腹地依赖程度很高,仅依托滨海新区及天津本地谋求发展,既不现实也不正确。

另一方面,滨海新区地理疆域有限,发展到一定程度后,借助环渤海地区可扩大自身虚拟空间范围。以港口为例,海港和空港是滨海新区的核心战略资源,通过与环渤海区域各地合作设立"无水港",有助于天津港克服自身不足,延伸服务范围,促进港口经济进一步发展。因此,动态的看,正是新区发展的实际状况决定了滨海新区必须尽快务实参与环渤海区域合作。

2. 环渤海区域合作制约仍在,务实参与区域合作方有成效

环渤海地区有自身的经济社会发展特点,合作模式既不能效仿既有经验,又不能照抄书本模式。目前,环渤海地区各地国有经济所占比重普遍较大,行政干预经济的力量较强,市场意识淡漠,城市分工不明确,中心城市实力较强而带动能力较弱,地区间相对独立且缺乏紧密

---

① 滨海新区政务网:滨海新区简介,2011年。

② 刘刚、胡望斌:《滨海新区开发开放与天津创新型城市发展战略》,《天津师范大学学报》(社会科学版),2007年第6期。

的经济联系。囿于环渤海地区经济、社会发展特点，某些问题一时难以发生重大改变或在现阶段得到解决。环渤海地区会在相当长的时间内面临"带着问题谋发展、长存障碍求合作"的现实状态。因此滨海新区参与区域合作时，只有从实际情况出发，务实分析自身特点和区域现状，才能在合作中取得成效。

3. 滨海新区开发开放客观要求，务实参与区域合作兼具责任与义务

在《国务院关于推进天津滨海新区开发开放有关问题的意见》中明确规定，滨海新区的功能定位是依托京津冀、服务环渤海、辐射"三北"、面向东北亚。此外，将滨海新区列为国家综合配套改革试验区也蕴含着通过滨海新区的政策突破和制度创新，推动京津冀和环渤海区域协作的思路。因此，客观上，滨海新区有责任积极参与环渤海区域合作。一方面，一个地区的发展离不开周边省市的支持和参与，滨海新区的发展也是全国各地尤其是环渤海区域的资源、人才、物资汇集的结果。因此，滨海新区有责任结合自身发展的实际情况，反哺环渤海地区，主动参与环渤海区域合作。另一方面，滨海新区开放开放是国家层面的战略部署，事关我国经济社会发展全局，推动滨海新区开发开放，从整体上看，最终目的就是为了提升京津冀及环渤海的国际竞争力，释放潜力。因此，从务实的角度参与环渤海区域合作，为环渤海区域合作尽应尽之力，也是滨海新区应承担的义务。

(二)务实视角下滨海新区深入参与环渤海区域合作的可行性

无论从环渤海区域合作二十多年的发展状况，还是从滨海新区十

几年的发展成绩来看,滨海新区深入参与环渤海区域合作已经具备可行性。

1. 滨海新区已具备深入参与区域合作的基础条件

区域合作是经济发展到一定阶段的必然趋势。当前,滨海新区在新区建设、政策保障等方面的优势开始显现,各方面基础条件已经具备,利用自身优势深入参与区域合作将保证滨海新区在区域合作中获益。

在新区建设上,以产业发展为例,滨海新区在南港区域重点发展石化产业、冶金装备制造产业、港口物流产业以及相关的配套服务产业,在西部区域重点发展航天、汽车、新能源等现代制造业。本地区产业格局的构建和优势产业的培育保证了滨海新区在参与环渤海区域合作中,能以自身优势顺利进入区域产业发展链条,实现与其他省市上下游产业的无缝对接,规避恶性竞争。

在政策保障上,传统的行政管理体制中存在着某些不适应区域合作的因素,这些因素制约着区域合作的良性、深入发展。因此需要进行必要的改革。这种改革一方面体现在参与区域合作的政府自身作出调整,一方面体现在府际间为适应区域合作的要求而进行的协调合作。这之中,前者又是居于首要和根本地位的。目前,滨海新区首个"综合配套改革三年实施计划"已经完成,在此基础上,滨海新区开始以务实的视角和开放的态度对行政管理体制、行政审批制度、土地管理体制、金融创新、涉外经济体制等十个重点领域和关键环节进行改革和创新。这些举措无疑为滨海新区参与环渤海区域合作,进而为府际间协调合作奠定了良好的政策基础。因此可以认为滨海新区已经具备深入参与区域合作的基础条件。

2. 环渤海各地迫切期待滨海新区深入参与区域合作

滨海新区是北方经济中心,是我国对外开放的前沿地带,有望成为中国经济增长的第三极。滨海新区的开发开放为环渤海区域合作带来了新的机遇。目前,区域各地均积极采取措施对接滨海新区,希望借助滨海新区开发开放的契机,实现本地区的经济腾飞。环渤海区域各地的迫切期望,为滨海新区深入参与区域合作、最大限度发挥自身的辐射带动作用提供了更大的可能。一方面,环渤海各地的期望为滨海新区提供了良好的区域合作环境。周边腹地的客观需要与滨海新区的主观愿望相对一致,有利于滨海新区大胆投入环渤海区域合作中去。另一方面,环渤海各地的迫切期望更体现在行动上。山东、河北、内蒙古等地为承接滨海新区的辐射带动能力,从政策、规划等方面进行了大量的先期准备,主动为滨海新区深入参与区域合作奠定了物质基础、产业基础。从资料上看,山东滨州为承接滨海新区的辐射带动能力,建设了滨州北海新区;<sup>①</sup>河北玉田为进一步加强与滨海新区的产业对接,与东疆保税港区签署了合作协议;<sup>②</sup>此外,一年一度的津洽会也成为外省市与滨海新区对接、借势滨海新区开发开放的重要平台。这些前期准备使得滨海新区有了参与区域合作的平台,也令深入参与区域合作成为可能。

综上所述,滨海新区不仅自身具备了深入参与环渤海区域合作的基础条件,更肩负环渤海区域各地的殷切期望,进一步深入务实参与

---

① 滨海新区政务网:《滨州:对接滨海新平台》,2011年10月24日。

② 滨海新区政务网:《共享滨海平台加快津唐合作》,2011年10月24日。

环渤海区域合作成为必然。

## 三、务实视角下滨海新区参与环渤海区域合作的思路和举措

滨海新区参与环渤海区域合作,不仅是滨海新区自身需要考虑的问题,由于其举足轻重的战略地位,更是环渤海区域各地普遍需要面对的课题。而这一课题的复杂程度已超越了单一学科的论述范围。因此我们面临的问题是如何在现有条件下,提出可操作性的思路和举措,推动滨海新区深入参与区域务实合作,实现滨海新区与周边省市的双赢。当面临发展需求与时代制约的辩证矛盾以及自身需要与外界期待的双重动力时,必然要求我们选取恰当的视角来思考这一问题。实践是认识的基础,任何脱离实际需要的思路和举措都有"空中楼阁"之嫌。因此在这个过程中,务实视角就成为论证滨海新区参与环渤海区域合作思路和举措时的必然。

### (一)确立滨海新区参与环渤海区域合作的理念

务实既要有过程意义上的务实,也要有结果意义上的务实。在确立滨海新区参与环渤海区域合作的理念时,至少应在过程和结果两个维度上体现务实,以从根本上确立务实参与的理念。

从过程维度来看,务实视角应贯穿滨海新区参与环渤海区域合作全程。参与区域合作是伴随滨海新区发展过程始终的,确立合作目标、制定合作规划、实施合作方案均与滨海新区自身的规划、发展密切联

系。因此若想真正务实参与环渤海区域合作,就必须把务实视角应用于各个环节,不仅强调现阶段的务实参与,更注重从始至终的务实合作。

从结果维度来看,对各项区域合作措施可行性的验证最终还是体现在结果上。参与环渤海区域合作的最终目的是从合作中获益,缺乏实效的合作是务虚和低效的。尤其在现阶段,参与环渤海区域合作包含着时间要求,因此注重有价值、有意义的实际结果,具有重要的现实意义。

具体而言,以下三个方面在确立滨海新区参与环渤海区域务实合作的理念时值得重视:

第一,坚持"理想目标与立足现实相结合"的基本要求,由专门机构联合学者共同制定参与合作的明确目标、规划和实施步骤,论证可行性以及滨海新区的短期、远期收益,尽快、尽早在区域合作中获益。这对于正处于高速发展时期的滨海新区具有重要的战略意义。

第二,设立专门机构统筹滨海新区参与环渤海区域合作的事务,协调有关区域合作的各类事宜,调研、协助制定和实施有关参与区域合作的各项政策。这是务实参与环渤海区域合作的重要保障。该机构既可设于天津市政府经济合作交流办公室,也可设于滨海新区管委会。但从行政效率的角度看,在滨海新区管委会设立一专门机构或领导小组更为适宜。

第三,按照"快见成效与分步实施结合"的要求,定期评估合作实效。制定评估标准,分析参与环渤海区域合作对滨海新区发展产生的实际效果,将合作成果做实,激励滨海新区持续、积极参与区域合作。

## (二)在参与合作的过程中注重发挥优势、创造优势、求异避同

滨海新区在环渤海区域合作中不仅是普通参与方,更肩负着引领中国经济增长、推动京津冀及环渤海协调发展的重任。该特殊角色更要求滨海新区这一未来的"经济增长极"首先保持自身持续增长,进而才能论及对周边地区的辐射带动作用。区域合作的演进是复杂的过程,简言之,需求和差异在其中发挥了巨大的作用。因此滨海新区在参与合作的过程中,应秉持"重点突破与全面谋划结合"的基本原则,从自身入手发挥已有优势,创造关键优势,求异避同。对于尚在自身发展阶段就肩负辐射带动任务的滨海新区来说,这一思路尤为重要。

进一步说,遵循这一思路,发挥优势就成为滨海新区的重要选择。政策条件优越、土地充裕、制造业基础雄厚等方面的现有优势是滨海新区参与环渤海区域合作的基础,此方面毋庸赘言。

创造优势继而成为滨海新区现阶段面临的首要问题。为此,有两点思路可供借鉴:首先,通过升级传统优势,实现创造优势。例如,交通基础设施合作是环渤海地区合作基础较好、合作开展较成熟、相对易于推进的领域,滨海新区在这一领域也具有传统优势。遵循这一思路,可继续探寻诸如"无水港"等交通合作的新方式,创造滨海新区参与区域交通合作的新优势。其次,完全新创自身优势,并注重与区域合作的对接。当前,滨海新区正在进行的"十大战役""十大改革"使新创优势已具雏形,在"十大战役""十大改革"加入区域合作视角,使之不仅立足自身特点,更充分考虑环渤海区域其他地区的实际需求,将滨海新区的新创优势"靶向供给"给区域内其他地区,将不仅创造参与区域合

作的优势,更能提高区域合作的效率。

此外,在参与区域合作的过程中,还应常思"求异避同"。已有学者注意到,在环渤海区域各地制定的"十二五"规划中,内容相似的战略性新型产业均成为各地发展的重心,并且重化工业的沿海聚集趋势不断强化,港口竞争日益加剧。①前面已经提到,需求和差异对区域合作有重要影响,因此应当警觉盲目求新、求全的发展诉求,求异避同,取得参与区域合作的先决条件。创新是规避雷同、制造差异的有效手段,也是增长极自身保持持续发展的源动力,失去创新,增长极的带动作用难以实现,增长极自身也将面临在竞争中陷落的危机。因此,在参与环渤海区域合作的过程中,滨海新区应以创新求异避同,赢得发展先机。

(三)立足京津冀、兼顾环渤海,循序渐进参与区域合作

随着《全国主体功能区规划》的出台,环渤海区域合作进入了"主体功能区"时代。在第十二个五年规划中,相对环渤海区域全局,京津冀、首都经济圈、辽宁沿海经济带等环渤海地区的次区域成为发展的重点。从务实的角度,按照"把握全局与兼顾局部结合"的基本要求,滨海新区宜立足京津冀参与环渤海区域合作。其中,以下两个方面是滨海新区不可回避的主题:

第一,注重参与首都经济圈建设。首都经济圈的范围比京津冀都市圈更窄,然而无论是地缘上,还是经济上,滨海新区均无法规避首都

① 刘刚、王超贤、杨子璟等:《天津的战略选择与环渤海区域产业格局发展和演化的新趋势》,第十三届中国科协年会"环渤海区域发展与天津战略选择"专题论坛,2011年。

经济圈的发展,因此新区对于参与首都经济圈建设应持主动态度。这其中,"主动态度"意指:调整思路,从观念上认识融入首都经济圈的重要性;务实审视滨海新区和北京的空间关系、经济联系,选择适宜滨海新区发展的角色定位;主动与北京相关部门沟通协调,积极参与首都经济圈规划的制定;积极了解首都经济圈的规划内容和发展需求,允许自身根据首都经济圈的发展需求作出适当调整。

第二,注重与河北的合作。传统的津冀合作模式多简化为"天津接受河北的资源"。然而随着城市功能定位和区域布局的调整,河北正以更科学有效的方式参与到京津冀的合作中。而天津及滨海新区却在与河北的合作中渐渐居后。无论是北京起草的"首都经济圈发展规划",还是河北提出的"环首都绿色经济圈总体规划",均体现了京冀日益加大的合作力度。从务实的角度看,河北是滨海新区发展的首要腹地,无论是参与京津冀抑或环渤海区域合作,河北的作用均举足轻重。因此滨海新区应主动邀请河北参与新区的发展与建设,了解河北的发展需求,重视河北的合作需要。更重要的是,滨海新区还应重视河北可能带来的竞争,主动调整战略定位,实现与京畿腹地河北的错位发展、协作共赢。

## 结　语

滨海新区正处于历史发展的关键时期,不仅面临自身发展重任,更背负带动区域协调发展的殷切期望。以务实的视角审视滨海新区如何参与环渤海区域合作这一命题,并非一种功利主义的解读,而是对新时期求真务实理念的深入领会和运用。这一视角,是宏大理想和严苛现实碰撞、沉淀的必然产物,也是历史总结出的胜利必由之路在区域合作领域的一次恰当运用。如何深入务实参与环渤海区域合作,是涉及经济学、管理学、政治学多学科的综合命题,而提出多角度、可操作的对策建议更是繁复的系统工程。在某种意义上说,本文所作的工作只是从务实视角论证滨海新区参与环渤海区域合作的引玉之砖而已。

(本文发表于《天津师范大学学报》,2013年第1期。合作者:肖雅楠,博士,时为天津社会科学界联合会信息处干部,现为智库工作处副处长。)

# 第三十五章 环渤海区域产业合作的新形势、新特点、新路径

环渤海地区合作由来已久,2016 年国务院下发《环渤海地区合作发展纲要》(以下简称《纲要》)就此领域作出了第一个正式的国家规划。由于产业合作是其中的重要内容,关系地区合作的核心问题和长远发展,为此下文就其在新形势下的新发展态势与必须重视的举措进行概括分析。

## 一、环渤海区域产业合作历史与现状

环渤海地区位于我国华北、东北、西北三大区域结合部,包括北京、天津、河北、辽宁、山东和山西、内蒙古七个省市自治区。是我国最具综合优势和发展潜力的经济增长极之一,在对外开放和现代化建设全局中具有重要战略地位。

(一)环渤海区域合作的内在需求和条件

环渤海地区幅员广阔、连接海陆,区位条件优越、地缘关系紧密,历史渊源悠长,人文环境相近,自然资源丰富,产业基础雄厚,资源要素互补,具有良好的合作基础。

比较突出的产业合作需求和条件主要为：资源禀赋互补性强、产业层次梯度明显、合作开放优势突出等。

(二)环渤海区域产业合作的历史阶段

环渤海区域经济合作自 20 世纪 80 年代中期起步，至今已有 30 多年的历史。相对于"长三角""珠三角"地区政府主导、企业主体共同参与的区域经济合作模式，环渤海区域经济合作则更多地体现在"自下而上"的推进上，多年来主要依托环渤海区域经济联合市长联席会组织，逐步拓宽合作领域，提升合作水平，取得了一定成果。综观环渤海区域经济合作的发展历史可归结为三个阶段，标志如下：

第一阶段,20 世纪 80 年代中期至 90 年代初,为初步提出阶段。1992 年党的十四大报告正式起用"环渤海经济区"的区域概念,但没有实质推动。

第二阶段,2004 年至 2015 年，积极推动初步建立合作机制阶段。2004 年，国家发改委在廊坊召开京津冀地区经济发展战略研讨会,建立京津冀发展和改革部门定期协商制度,提出尽快建立省市长高层定期联席会议制度,达成"廊坊共识"。同年,环渤海合作机制会议在廊坊举行,确定了环渤海区域经济合作联席会议的合作机制。2005 年,国家"十一五"规划写进"环渤海经济圈"。2006 年,环渤海区域经济联合市长联席会第十二次会议通过《推进环渤海区域合作的天津倡议》,提出系统设计,被称为环渤海区域经济合作进入实质性发展阶段的标志。

第三阶段,2016 年 9 月,国务院下发《环渤海地区合作发展纲要》,

历史掀开新的一页，真正具有里程碑意义。《纲要》共设前言和 10 章，分别说明了合作发展背景、总体要求、空间布局、加快跨区域重大基础设施建设、加强生态环境保护联防联治、推进产业对接合作、构建开放型经济新格局、完善统一市场体系、统筹城乡区域协调发展、保障措施。规划期 2015—2025 年，展望到 2030 年。内容涉及面广，措施具体。如对作为根基的推进产业对接合作设计了 5 节：加强农业合作、优化工业布局、提升服务业水平、推进产业转移承接、共建科技创新体系等。这是首个国家关于环渤海区域合作的规划，公布在京津冀协同发展战略之后，将对推进环渤海区域合作发展发挥重要指导作用。

(三)环渤海区域产业合作存在的主要问题

三大经济区域(辽东半岛经济区、京津冀北经济区、山东半岛经济区)产业同构现象严重，把石油加工业、金属制品业、通用设备制造业、专用设备制造业、交通运输设备制造业等行业作为优势行业发展。山东与辽宁主要在石油化工、装备制造业等优势行业上存在重叠。近些年来，七省市自治区在发展战略性新兴产业和《中国制造 2025》的十个领域方面也出现许多重合目标。

严重的产业趋同容易强化各地区的竞争关系，限制了形成基于各地优势和特色的互补协同的合作关系。之所以环渤海区域之间及内部的合作意向不强，统筹力度不够，还与区域板块有别、处在相同发展阶段、体制机制制约等原因有密切关系。

## 二、环渤海区域产业合作新形势、新特点

（一）国际国内大势

从国际看，全球经济持续低迷，经济增长复苏缓慢。发达国家"再工业化"战略和发展中国家积极参与全球产业分工，对我国形成"双重挤压"。

从国内看，经济发展进入新常态，党中央提出了"五大发展理念"，三个重大区域发展战略，即"一带一路"建设、京津冀协同发展、长江经济带；强调推进供给侧结构性改革和创新驱动战略，发布了《中国制造2025》。

（二）环渤海区域产业合作发展的新特点

国内外新形势决定了环渤海区域产业合作发展具有新特点。

1. 经济发展新常态决定了区域发展更具迫切性

经济下行要在合作与共享方面找出路，环渤海区域被赋予经济增长和转型新引擎的使命。经济发展新常态的基本特征是速度变化、结构优化、动力转换。新阶段对区域产业发展至关重要。党和国家强调了认识、适应和引领经济发展新常态的大逻辑，为环渤海地区加快产业创新发展、转型发展提出了更高要求，提供了良好契机。

2. 国内外先进制造发展趋势决定了区域产业合作更具高端性

很多发达国家纷纷实施"再工业化"战略，力图通过技术创新和品

牌优势占领价值链的两端,利用制造业服务化趋势固化其在高端服务业上的已有优势。我国是制造大国,以建设制造强国为目标。信息技术与制造技术深度融合开启了新时期产业革命,智能制造成为发展趋势。

面对新的发展形势和趋向,环渤海区域产业合作必须适应,也只能顺应。因此产业合作布局要按高标准规划,不仅转型发展传统产业,而且要大力发展先进制造业,集聚发展战略性新兴产业,要强化合作,着眼长远搭建产业链,错位发展。

3. "一带一路"建设和京津冀协同发展战略决定了区域发展更具引领性

环渤海区域要突破以往的产业合作视野,作为"一带一路"建设和京津冀协同发展这两方面的战略举措,提升整个区域发展综合竞争力。

从外部引领看,"一带一路"建设有利于发挥区位优势,深化开放,更高层次上参与国际分工,加快培育我国参与国际经济合作竞争新优势,区域合作要立足于此。

从内部引领看,京津冀协同发展重在发挥内核作用,打破行政分割,优化配置资源,明确了环渤海地区产业合作发展的中心区。

4. 供给侧结构性改革、创新驱动战略决定了区域合作更具创新性

必须注重以改革的力度和创新的思路化解合作难题。供给侧结构性改革是我国"十三五"时期的发展主线,"三去一降一补"五大任务可以成为环渤海区域产业合作的切入点。京津冀协同发展规划提出的许多创新思路与方式,可以为协调利益关系,破解环渤海区域产业合作的难题提供实践参考。

# 三、环渤海区域产业合作路径与建议

## (一)着力转变观念,深化合作认识

首先,抛弃信心不足的态度,扭转重视不够的倾向。必须认识到,《纲要》的颁布既体现了国家推动区域协调发展的部署,更是着眼于新的形势和发展未来,体现了京津冀协同发展战略的宽广视野和时代高度,代表了环渤海区域的发展前景和内在需要。经济发展进入新时代及建设现代化强国的目标要求我国北方实现产业协同,形成突破行政区划的现代化城市群和增长级,环渤海区域具备了特色优势条件。

应当看到,湾区经济的特点决定了产业合作的趋势。我国近期推进的粤港澳大湾区强化了对湾区经济的关注。该规划提出,到2020年,国际一流湾区基本形成,经济总量将基本追平东京湾区。2030年,位居全球湾区榜首。这被称为弥补了中国南部城市群版图,完善了国家区域战略。从湾区经济的世界经验看,全球发展最好的地区是湾区经济,集中了大学、港口、高速公路等优越条件。全球经济总量的60%集中在入海口,旧金山湾区、纽约湾区、东京湾区是三个世界级的湾区,其发展促进出现了湾区经济学。环渤海地区是中国北方代表性湾区,需要以合作促加快发展,对这一长期态势应抱乐观态度,必须予以前所未有的重视。

可喜的是,不少地区已有重要响应。如,2015年12月河北省出台《关于贯彻落实环渤海地区合作发展纲要的实施意见》,石家庄还单出了贯彻意见。2017年6月山东印发了《环渤海地区合作发展纲要实施意见》。环渤海地区共67个市,参加环渤海区域合作市长联席会的城市由最初的14个,至2016年已发展到50个。

其次,改变标准不高的认识,落实产业合作的新要求。《纲要》在基本原则和发展目标方面,将产业发展协同协作作为了5个重点领域之一,要求促进特色发展、错位发展和互动发展,到2020年合作取得实质突破,合作机制基本形成并有效运转。到2025年合作体制机制更加完善。在推进产业对接合作方面,要求大力推进产业一体化,促进产业高效对接与密切合作,引导河北、山东、辽宁、内蒙古、山西对接京津新兴产业,积极拓展合作领域和空间。应当说《纲要》就产业合作的要求是很高的,必须纳入各地发展规划,积极落实。

再次,破除陈旧的合作观念,强化大局思想。以往在区域合作中,各地将谋求自身发展作为主要动因和行动准则,这难以取得好的效果。新的形势和发展阶段要求增强共享认识,提高开放意识,特别是强化全局观念。只有这样,才能顺应大势,落实《纲要》的精神。

(二)着力完善区域协调机制,推动合作务实开展

现阶段完善合作机制,首先要发挥好北京市牵头的作用。《纲要》的这一规定符合环渤海区域的实际情况,但还有进一步理顺合作协调机制的需要。

完善合作机制要强化问题导向。针对现存制约环节,如建设京津冀协同发展的创新共同体,以协同打造战略性创新平台、创新资源流动共享、重点领域关键技术协同攻关和构建协同创新体制机制为重

点,加快推进京津冀协同创新。又如通过委托管理、投资合作等方式共建环渤海区域的产业园区,探索创新产业跨区域转移的利益共享机制。再如由七省(区、市)共同出资,联合建立环渤海地区合作发展基金,专项用于跨区域基础设施建设、区际利益补偿、生态环境整治等。

(三)着力释放区域合作中心区作用,借势提升区域合作的效果

作为环渤海的首要次区域,京津冀既有典型性,也有特殊性。典型性指的是环渤海区域经济合作与发展的诸多意义和难题在京津冀都有。特殊性指的是该次区域具备其他次区域不具备的特点,如果发挥好北京和天津两个相邻特大中心城市的"一核双城"作用,将可以在新形势下带动环渤海区域产业合作。抓住疏解北京非首都功能,建设全国先进制造研发基地等契机,加快推进产业对接,合作共赢大有作为。

(四)着力推进开放交流,促进与其他区域互动合作

区域合作从来具有开放性,"一带一路"建设将提供无限机会,发展中蒙俄合作可以成为环渤海区域产业合作的重要抓手。应当善于在实施这一国家倡议的进程中加强环渤海区域合作,提高开放型经济水平。

环渤海区域产业合作要注重加强与长三角、泛珠三角等区域的互动合作,包括组织间的工作信息交流。如2016年3月,环渤海区域合作市长联席会代表团参加长江三角洲城市经济协调会,就加强跨区域互动合作、创新区域合作模式、加强信息交流等方面交换意见,很有益处。

环渤海地区产业合作还要注重加强与东北、西北地区的协作。其中与东北地区的合作就有多方面的可能性。如,依托综合交通运输通道,加强地区间要素流动与产业合作,积极融入"一带一路"建设,发挥重要轴带对促进环渤海地区合作发展的支撑引导作用。近期为优化区域内铁路货物快运资源,可共同努力疏通东北货物快运,在覆盖东北三省和内蒙古部分地区以及环渤海区域, 建立起环渤海港口至满洲里、绥芬河口岸的快速通道,形成入关、抵港、出国的货物快运网络。

(五)着力探索雄安新区的作用,加强深化地区合作研究

雄安新区建设提出以来,已引起各方高度关注,但就其在环渤海区域产业合作方面,尚少有探讨。发挥雄安新区建设作用的基本思路至少有:一是未来将发挥第三增长极的特殊辐射功能,在北方将带动京津冀以及环渤海区域。二是重点起到高端引领的作用。三是重视建设过程中对促进产业合作的多方面引领作用。如体制创新、环境优化、社会治理等。

(本文主要内容在环渤海区域合作市长联席会办公室于2016年8月11日至13日主办的国内三大区域合作组织联手推动"一带一路"产业合作对接活动作大会讲演。合作者:吕波,博士,现为天津师范大学京津冀新兴产业研究所所长,经济学院副教授。)

先进制造基地篇

# 第三十六章　后国际金融危机时期
# 我国战略性新兴产业的发展

2010 年,全球经济总体上进入了"后国际金融危机时期"①,经济增长模式和全球分工格局面临新的变化。众多国家正在设法走出金融危机的阴影,一个显著的表现就是开始把走出危机的重点放在发展高端科技产业,培育新兴产业上。我国也提出了发展战略性新兴产业的重大经济发展思路,学术界和实际工作部门予以关注并开展了研究。就目前看,此方面研究偏重了在战略性新兴产业的成长体系,如税收政策、金融投资等上。下文拟就我国战略性新兴产业的发展必要性、特征及起步阶段的应对谈些初步的认识。

## 一、后国际金融危机时期我国发展战略性新兴产业的必要性

我国在 2009 年 9 月召开的三次战略性新兴产业发展座谈会上提出发展战略性新兴产业。2009 年 11 月 3 日,温家宝发表了《让科技引领中国可持续发展》的重要讲话,提出了战略性新兴产业的准则和重

---

① 学界常常称为"后金融危机时代",或简称为"后危机时期"。我们认为,使用"后国际金融危机时期"的概括较为完整,不容易产生误解,用"时期"代替"时代"更为准确。

点发展产业。2010 年,全国两会《政府工作报告》确定要将战略性新兴产业培育成我国的先导产业与支柱产业,提出大力发展新能源、新材料、节能环保、生物医药、信息网络和高端制造产业,积极推进新能源汽车、"三网"融合取得实质性进展,加快物联网的研发应用,加大对战略性新兴产业的投入和政策支持。《国务院关于加快培育发展战略性新兴产业的决定》(2010)和《"十三五"国家战略性新兴产业发展规划》(2016)已经出台。在后国际金融危机时期我国发展战略性新兴产业是非常必要的。

(一)发展战略性新兴产业是我国抓住后国际金融危机时期科技发展机遇,抢占未来科技制高点、提高国家科技实力和综合实力的必要选择

世界经济发展史表明,每一次经济危机都会带来一次全球科技的"破坏性的进步",成为催生重大科技创新的动力与契机。例如,1857 年和 1929 年两次大的世界经济危机之后,分别爆发了电气革命和电子革命两次科技革命高潮。从近现代科技革命发生的周期看,每隔一个世纪左右发生一次科技革命,第三次科技革命距今也已有近 80 年。这次国际金融危机加速了科技创新与前进的步伐,在能源、资源等一些重要的科学问题和关键技术发生革命性突破的先兆已经显现,当今世界正处在新科技革命的前夜。在今后的 10—20 年,很有可能发生一场以绿色、智能和可持续为特征的新的科技革命和产业变革。围绕新科技革命,一场占领未来科技发展制高点的新的世界竞争正在全面展

开。①美国、英国等发达国家都在为此做出积极备战。例如,美国提出将研发投入提高到 GDP 的 3%这一历史最高水平,力图在新能源等领域取得突破,保持领先优势和全球经济的领导地位。近代中国屡次错失科技革命的机遇,面对可能发生的新科技革命,我国不能再错过良机,必须及早部署,大力培育与发展战略性新兴产业,以便抢占科技制高点、提高国家科技实力和综合实力。

(二)发展战略性新兴产业是我国解决资源瓶颈、走可持续发展的必要选择

后国际金融危机时期,各国达成的普遍共识是,以破坏资源为代价的传统经济增长模式难以为继,低碳经济、新能源等新兴经济将成为经济可持续发展的新引擎。②中国正处于工业化的中期,经济增长以重化工为主导,加上城市化加速发展,基础设施大规模建设,因而经济的快速增长在很大程度上要依靠物质资源的高消耗来实现。如果继续沿袭传统的依赖攫取不可再生资源或集聚世界多数资源为手段的发展模式,以资源的大量消耗实现工业化和现代化,那么我国的资源供给困难将更为显现乃至难以为继。基于战略性新兴产业的特点,我们应当抓住这个难得历史机遇,加快发展战略性新兴产业,使整个社会生产与再生产活动尽早步入低碳、绿色轨道,促进我国经济社会的可持续发展。

---

① 路甬祥:《现代化进程强烈呼唤新科技革命》,http://jjckb.xinhuanet.com/gnyw/2009–06/12/content_163364.htm。

② 祝宝良:《构建发展战略性新兴产业政策支持》,《科技成果纵横》,2010 年第 1 期。

（三）发展战略性新兴产业是我国培育下一轮经济发展新增长点的必要选择

我国在危机中已经显现了外向型经济发展模式的缺陷和利用大量固定投资带动经济发展的局限，原有的经济增长点产业无法完成对经济增长的支撑和产业高级化的要求。在后国际金融危机时期，为弥补传统产业逐渐衰退留下的空白，培育新的经济增长点，我国必须发展战略性新兴产业，利用其强大的效益作用、渗透作用、导向作用，从而带动与其相关的新兴产业的发展，形成新一轮经济发展的新增长点和新动力。

（四）发展战略性新兴产业是我国转变经济发展方式、实现内生增长的必要选择

罗默（1990）、塞格斯特罗姆（1990）、格罗斯曼和赫尔普曼（1991）、阿格亨和豪伊特（1992）等国外经济学家认为有意识的投资、创新和发明的内生技术进步是经济增长的源泉。在后国际金融危机时期，我国应该着眼于技术和产业变革，加大科技投入和加强自主创新，促使国民经济和企业走上创新驱动、内生增长轨道。大力发展战略性新兴产业，能够带动我国创新体系的完善，能够优化我国的产业投资，带动其他新兴产业的产生，能够实现产业的升级换代，从而转变发展方式，实现科技含量高的内生增长。

## 二、战略性新兴产业的主要特征

(一)战略性新兴产业主要特征的表现

目前国内普遍认为,战略性新兴产业是指那些对经济总量带动较大、对结构调整贡献大、对资本创新能力提升作用强、有市场需求的产业。由于战略性新兴产业不同于传统产业,一些著述对其特征进行了概括。如王忠宏、石光认为战略性新兴产业是指关系到国民经济社会发展和产业结构优化升级,具有全局性、长远性、导向性和动态性特征的新兴产业;[①]顾强则认为战略性新兴产业具备先导性、倍增性、辐射性、可持续性四大特征。[②]以上特征的概括都很有道理,但却往往是从战略性新兴产业功能的角度进行阐述,难以全面把握战略性新兴产业的内涵。为此,我们尝试采用"分层分析法"来综合认识战略性新兴产业的特征。

1. 从产生和功能角度看,战略性新兴产业可以从两个层次认识

(1)战略性新兴产业属于新兴产业,具有区别于传统产业的特征。第一,与新技术应用或新的消费需求紧密相连。战略性新兴产业是技术创新的结果,基于新消费需求的推动或其他经济技术因素的变化使某种新产品或者新服务获得一种现实的发展机会,进而产生。第二,经历一个潜在期,技术风险高。战略性新兴产业正在经过产业生命周期

---

[①] 王忠宏、石光:《发展战略性新兴产业推进产业结构调整》,《中国发展观察》,2010年第1期。

[②] 程巍:《基于产业生命周期理论的新兴产业的思考》,《当代经理人》,2006年第12期。

的萌芽期阶段,需求是非显性的,未来会发挥功能。第三,具有高成长性。战略性新兴产业比其他产业,或已有的相关产业有更快的增长速度,能较快地在产业结构中占据较大比例。

(2)战略性新兴产业具有战略意义,又有与一般新兴产业不同的特征。第一,关乎一国发展。战略性新兴产业代表着产业发展的未来方向,影响国家的长远发展,具有重要的战略地位,可能成为一个国家未来经济发展先导产业和支柱产业。第二,具有强大需求和较强产业关联性。战略性新兴产业能带动一批相关新兴产业的发展,成为支柱产业,由此来吸纳较多劳动力,带动就业。第三,以自主创新为基础。战略性新兴产业需抢占科技制高点,要进行自主创新,使高科技成果产业化,而且表现为产业的系统创新。第四,资源消耗少、环境污染少。这是解决现存资源、环境问题的必然要求。

2. 从包含内容看,战略性新兴产业又具备一些特征

(1)动态性。在经济、科技发展的不同阶段,战略性新兴产业包含的产业内容不同。第一次产业革命后,表现为纺织、采掘、冶炼等产业。第二次产业革命后,钢铁、石化、汽车等迅速兴起。第三次产业革命后,飞速发展的产业是电子、IT。如发生第四次产业革命,必然又将诞生新的产业群。

(2)相异性。受国情、区域及发展阶段制约,战略性新兴产业包含的产业必然有所不同,需要基于各国各地的实际情况选择发展的重点产业。

(3)不完整性。从一个地区看,其发展的战略性新兴产业可能全部符合上述所有功能特征,这是完整意义上的战略性新兴产业。但是也

可能有些地区存在的此类产业不具有上述所有功能特征,只要这些产业符合全国发展战略,对经济社会发展和国家安全有重大和长远影响,也可视其为战略性新兴产业,只不过这是一种不完整意义上的或广义的战略性新兴产业。

(二)战略性新兴产业与其他相关产业的区别

把握战略性新兴产业的特征还要弄清其与其他相关产业的关系。

1. 与高新技术产业的区别

从我国看,认清战略性新兴产业的特征,最突出的是需明确与高新技术产业的区别。在战略性新兴产业提出之前,中国一直致力于发展高新技术产业。二者既有区别,又有联系。高新技术产业是利用高新技术从事生产经营活动单位的集合,是按照行业技术特点对国民经济进行划分的某些特定行业的总称。它可以包含两层意思:即高技术和新技术。①高技术是针对一般技术或传统技术,以当代科学技术水平来划定的,指在一定时间里水平较高、反映当时科技发展最高水平的技术。新技术是相对原有旧技术而言的,主要是指为填补国内外空白的技术,在产品的生产过程中,或者采用的是到目前为止尚未应用到生产过程中去的技术,或者是按照嫁接、移植等手段,采用新机器或者新设备生产新的最终产品,并非一定是高技术。

与高新技术产业相比较,战略性新兴产业这一全新概念有所不同。

①  楚尔鸣、李勇辉:《高新技术产业经济学》,中国经济出版社,2005 年第 6 期。

(1)发展目的不同

高新技术产业的目的更强调发展前沿尖端科技,而战略性新兴产业的提法更加注重其经济意义[①]。

(2)划分标准不同

高新技术产业多是以研究与开发的强度、研发人员,产品的主导技术必须属于所确定的高新技术领域等为标准,战略性新兴产业则以是否属于新兴产业和是否具有战略意义划分。

(3)特征不同

高新技术产业不一定具有核心技术自主性、吸纳劳动力能力强、资源消耗少和环境污染少等战略性特征,如利用新技术对传统产业的改造,这里的新技术并不一定是核心技术。而从长远看战略性新兴产业应当具备不可缺少的战略特征。

2. 与先进制造业的区别

先进制造业在不同国家及不同时期的内容可以不同,与战略性新兴产业的区别主要在于覆盖的领域更为宽泛。在我国,战略性新兴产业主要包括新一代信息技术、新能源、新材料、节能环保、生物医药、新能源汽车等。除此之外,先进制造业还可以包括传统制造业以新技术新业态改造后的制造业。如钢铁、石化、纺织等产业经历升级换代后具有了先进性,不会成为夕阳产业,也可以属于先进制造业。

---

① 范文仲:《关于发展战略性新兴产业的路径思考》,中国金融40人论坛,http://www.cf40.org.cn/plus/view.php?aid=2461。

## 三、现阶段我国发展战略性新兴产业的突出任务

当前,我国发展战略性新兴产业处在提出和起步的阶段。一方面,由于长期重视发展高新技术产业,已经为发展战略性新兴产业提供很好基础,必须继续推进技术和产业方面的进步。另一方面,作为起步阶段还面临如何科学组织这一战略产业的推进与落实的任务。为此应当在吸取世界经验的基础上,结合实践情况做出积极谋划。

### (一)尽快制定符合国情的发展规划

战略性新兴产业的战略属性决定了必须规划先行。国外的做法也证明了这种趋向。金融危机之后,世界众多国家在积极布局,抢占新兴产业的制高点。2009年9月,美国发表了《美国创新战略:推动可持续增长和高质量就业》报告,酝酿着一场以新能源、生物工程、纳米技术为主导的跨产业技术革命;同期,英国发表了《低碳转型计划》等一系列产业规划,将绿色经济、生物医药、信息技术作为未来产业发展的重点。日本2009年出台了《未来开拓战略》,提出日本要建成世界领先的环保节能国家,制定了信息产业潜力发展战略,并放宽了对生命科技和基因工程的研究限制。我国在制定经济发展战略的过程中一直重视产业发展的谋划,面对这次经济、发展的机遇,也应该加快步伐制定战略性新兴产业的发展规划。

战略性新兴产业的国家规划一般应当包括产业发展的战略背景、实现目标、阶段安排、基本原则、重点产业、主要措施、保障条件等。规

划的制定要在符合产业发展内在规律，借鉴已有经验的同时，做到符合我国国情。例如，发展的重点产业领域，不仅要结合全球发展趋势，还要立足我国实际，如发展新一代新兴技术、新能源、高端制造业等。

### (二)注重出台全方位的支持政策和措施

我国的产业发展就总体上说还处在世界产业链的中低端，缺少自主创新的技术，随着经济快速发展和国际环境的变化，迫切需要建设创新型国家。因此更需要采用一系列的政策和措施支持战略性新兴产业快速发展。这些政策和措施主要体现在支持研发、创造市场、完善产业基础设施和服务体系等方面。其实欧美发达国家也都投巨资资助战略性新兴产业的研发，同时制定了一系列政策启动消费市场，如欧洲国家制定了启动扩大新能源消费的强制市场份额政策和消费的补贴政策等。从巴西新能源产业发展来看，政府支持是取得成功的一个关键因素，发挥了非常主动的角色，通过补贴、设置配额及运用价格和行政干预手段鼓励使用乙醇燃料。我国要全方位地研究和出台支持政策和措施，积极发挥体制优势，从政府和市场方面同时发力，推动和引导战略性新兴产业加快发展。

### (三)国内各地要科学选择适合国情区情的战略性新兴产业

各国都在根据自己国家的科学技术、经济基础、产业优势和战略目的，选择适应本国的重要战略性新兴产业。如美国利用其 IT 业的优势和自身发展的目的，提出了智能电网、智慧地球、云计算等科技突破产业。这里体现了产业发展的规律，即根据实情来选择主导产业和支柱产业,一个国家是这样,一个大国的不同地区也是如此。我国经过改革开放 40 年的高速发展,综合经济实力已经跃居世界前列。可以说,我国总体上说具备了加快发展战略性新兴产业的技术、经济、产业、资源和政策环境等方面条件。特别是从技术基础看,我国一些战略性新兴产业与发达国家差距相对较小,在有些领域甚至处于国际领先水平,如第三代移动通讯和下一代信息产业,新能源产业,电动汽车产业,航空航天产业,新材料产业等方面。同时更要看到,我国各个地区的发展处在不同水平,发展战略性新兴产业的条件是不同的,如果不分类别都一哄而上,会彼此制约,带来盲目竞争和产能过剩。因此,各地在初始阶段就要强化立足全局,结合实情选择重点。国家层面必须及早引导各地科学选择适合自身的新兴产业发展方向,汲取以往产业发展的教训,从产业兴起的初期就做到全国一盘棋,形成既有统筹协调,又有各地积极性发挥的良性互动局面。其中,特别要注重搞好区域产业布局方面的规划,选择适合的地区建立不同特色的战略性新兴产业建设基地,以此搭建加快产业发展的平台和体制机制改革先行先试区域。

参考文献

[1]王忠宏、石光:《发展战略性新兴产业推进产业结构调整》,《中国发展观察》,2010 年第 1 期。

[2]中国科学院:《科技革命与中国的现代化——关于中国面向 2050 年科技发展战略的思考》,科学出版社,2009 年。

[3]祝宝良:《构建发展战略性新兴产业政策支持》,《科技成果纵

横》,2010 年第 1 期。

[4]苏东水:《产业经济学》,高等教育出版社,2005 年。

[5]程巍:《基于产业生命周期理论的新兴产业的思考》,《当代经理人》,2006 年第 12 期。

[6]王洁、杨博维、杨继瑞:《新兴产业催化产业升级》,《财经科学》,2009 年第 7 期。

[7]楚尔鸣、李勇辉:《高新技术产业经济学》,中国经济出版社,2005 年。

[8]赵刚:《战略性新兴产业的国际经验与我国的对策》,《科技成果纵横》,2010 年第 1 期。

[9]国家发展和改革委员会产业经济与技术经济研究所:《中国产业发展报告》(2009),经济管理出版社,2010 年第 1 期。


（本文为 2010 年参加第 12 届中国经济发展研究会年会的论文。合作者:刘勇,时为天津师范大学政治经济学专业硕士研究生,现就职于招商银行。）

# 第三十七章  新形势下加快发展 天津先进制造业的战略思路

国家颁布的《京津冀协同发展规划纲要》就天津发展功能定位作出了新的界定，首先体现在提出了全国先进制造研发基地的新概括，赋予了理论界就新形势下探讨天津加快发展先进制造业的使命。

## 一、天津加快发展先进制造业的战略背景

在我国进入经济发展新常态和"十三五"时期之际，推进加快发展先进制造业必须认清面临的新形势。

### (一)世界视角

新一轮科技和产业革命正在兴起，制造业的供给方加快向智能化和网络化转变，需求方加快向大规模定制转变，新技术应用和个性化需求相融合的趋势将孕育一批具有颠覆性变革的新产业、新模式和新业态，并向传统产业提出了加速升级的新标准。国际产业转移显现新态势，发达国家的再工业化指向高端产业链条。

美国政府于2012年发布了《先进制造业国家战略计划》，实施"重振制造业"战略；德国政府在2013年推出了《德国工业4.0战略》，旨

在支持工业领域新一代革命性技术的研发与创新；日本政府在 2015 年通过了 2014 年版《制造业白皮书》，提出要转型为利用大数据的"下一代"制造业。发展中国家加快成为吸引和接收大量劳动密集型产业的基地。置于冲破后金融危机困境和迎接新产业革命前提下的新一轮国际分工竞争异常激烈，给各国提出了空前的挑战。发达国家的再工业化和发展中国家的低成本接收产业转移形成了双重挤压，成为中国今后产业经济发展亟须面对和破解的难题，也构成以制造业见长的天津面临的新课题和新机遇。

（二）国内视角

在"十二五"期间取得新的成就和迈入"十三五"时期之际，中国进入经济发展新常态，经济速度呈现中高速状态，产业发展和结构调整展示新特点和新趋势，需要加快推动由中国制造向中国创造、中国速度向中国质量、中国产品向中国品牌的转变，制造大国正转向制造与服务并存并强的大国，技术引进和模仿创新阶段正转向模仿创新与自主创新过渡并存的时段。

为了应对新一轮的产业变革和科技革命，顺应制造业转型升级的需要，我国在 2015 年发布了《中国制造 2025》，形成了实施制造强国战略第一个十年的行动纲领。各地区对产业优化升级普遍重视，加快发展战略性新兴产业，竞争更具高层性和更显激烈化，但产业发展的环境要求更高，要素成本和资源环境约束日益强化，中低端的传统优势产业整体过剩，低端新兴产业潜力有限，高端人才和企业对区域发展环境需求更加高级多样。国家部署了优化经济发展空间的新格局，

《京津冀协同发展规划纲要》赋予了天津发展新地位和新任务,凸显了打造全国先进制造研发基地的使命,以深化改革为动力的自贸区和自创区的建设又提供了新的契机。这些都给"十三五"期间乃至更长时期内天津制定加快发展先进制造业的战略指明了努力方向,铺垫了新的条件,注入了动能和压力。

## 二、天津加快发展先进制造业的战略定位

面临新形势,应当思考区域产业发展的战略定位,这主要涉及该区域较长时期内产业发展在全局中的合理地位及其得以保持并发展的基本特征。在经济发展新常态下,为真正摈弃现行体制下存在的扭曲崇拜 GDP 的行为,又保持良好发展势头,发挥先进地区的带动作用,需要审时度势,既立足现实又谋求长远、拓宽视野就此问题进行探讨。从现阶段天津加快发展先进制造业标志性任务来看,应深入认识和突出把握建设全国先进制造研发基地的战略性目标。

(一)弄清基地的意义

长期以来,天津曾为自身在全国特别是北方发展中的地位而自豪、纠结和奋斗,经历了近代史和新中国成立初期的北方经济中心、改革开放后的区域辐射作用逐步下降、新世纪被国家认可建设北方经济中心的变化历程。京津冀协同发展规划不再就津冀地区使用"中心"的定位,对天津采用了"全国先进制造研发基地"的提法,这又引发了担心和不解。应当看到作为一个大区域的发展规划,为了突破现存行政

体制的局限,的确不宜在内部的多地继续命名中心,多中心即无中心。

尤为重要的是,以发挥市场在配置资源中的决定性作用为导向的改革将不断深化,城市经济作用的发挥越来越不取决于行政方式的指定,目标远大又难被认可的定位称号还不如贴近优势又自主奋斗的特色定位更为实际和可行,因此必须明确建设全国先进制造研发基地是一个战略性任务,提升了天津制造的特色地位,由新区至全市,由北方至全国,使基地建设成为一个带动先进制造业发展全局和整体上台阶的重要机遇与抓手,对天津的发展影响深远。

(二)认清基地的内涵

明确意义和有效行动都必须正确看待全国先进制造研发基地的含义,从全面意义上看可依次把握三个角度,分别为先进制造、研发、全国基地,核心是如何理解先进制造。由于先进属于相对意义的概念,若不陷入概念之争和避免学术考证,从中国实际情况和发展需要看,我国和天津的先进制造业均具有双重相对的含义。

一是相对于现阶段国际发展水平,指基于或适应高技术(现阶段主要指新一代信息技术、智能技术、新能源技术、新材料技术等)的创新和发展而衍生出的新产业形态。如,至少属于我国发布的战略性新兴产业的 7 个领域,进一步说应瞄着德国提出的工业 4.0,或美国提出的先进制造。在技术上体现先进性是其最重要和最根本的特征。

二是相对于现阶段国内发展状态,指运用先进技术改造后的传统制造业,是传统制造业升级换代的结果,是传统制造业的高级化。欧美国家已经完成了工业化进程,先进制造业以新一代信息技术、高端装备、新能源、新材料等新兴产业为主,突出智能化。我国仍处在工业化进程中,传统产业和资源型产业比重较高,先进制造业需以发展高技术产业和改造提升传统产业并重,突出规模、质量、效益、品牌,因此必然与传统制造业紧密相连,包括制造业的升级版,即保留了基本躯干却更换了技术心脏的产业形态。在技术上保持不断更新性是其最明显和最基本的特点。

准确把握我国现阶段先进制造的双重特征,会进一步帮助我们知晓发展先进制造业的必要性和着力点,有利于确定天津的工作内容与任务。研发基地的特点表明,天津的先进制造业必须和生产服务业协同与融合发展,凸显先进技术的研究发明特别是将其转化为产业的功能,这与衔接北京的科技中心作用和发挥天津的制造业优势紧密相连,显示了天津制造业基地的特色与层次。全国基地则说明了天津建设的基地在发挥功能方面不局限在京津冀和北方地区,其性质和地位都得到提升,扩大至全国范围,这更说明对此方面基地建设的定位与前景不能低估。

(三)理清基地的考量

从我国发展制造业的历程和成就看,事实上的基地已很多,既有特色专项的又有较为综合的,后者如珠三角、长三角地区等,都是被公认的。然而长期以来对制造业基地的评价标准却没有统一规范,往往从数量方面去判断,学界探索了一些指标体系,但还形不成一致认识。这直接关系到如何看待天津建设全国先进制造研发基地的标准及其意义。长期以来,天津制造业发展有着很好基础和重大成效,近些年在数量和质量方面更是有了很大发展,从这种意义上说,已成为了全国尤其是北方的工业基地。然而从新形势新要求和我国实现制造强国的战略目标看,天津建成全国先进制造研发基地的任务仍然艰巨,需要从数量规模、结构水平、创新能力、质量效益、两化融合、绿色发展等方面设计一个评价系统与指标体系,这还是一个新的艰巨课题。

## 三、天津加快发展先进制造业的战略举措

总的说来,"十三五"时期可围绕建设全国先进制造研发基地这一目标努力做到:两个对接、三个前提、四个任务、五个保障。具体设想主要有:

### (一)两个对接

确定发展战略时,一是要对接京津冀协同发展规划。建设全国先进制造研发基地是这一规划赋予的使命,现阶段天津谋划基地建设必须贯彻其指导思想、整体设计、重点突破,特别是落实三地产业协同发展的部署。二是要对接《中国制造2025》。这一纲要提出了我国制造强国建设三个十年的"三步走"战略。作为第一个十年的行动纲领,立足我国转变经济发展方式实际需要,遵照创新驱动、智能转型、强化基础、绿色发展、人才为本的原则,明确了十个重点发展领域。只有瞄准国家制造强国的规划来设计天津先进制造研发基地的建设任务,才能保证建设水平与实效。

（二）三个前提

一是以提升发展理念为前提。要在贯彻好新发展理念的基础上进一步强化高端、质量、协同的观念。在制定规划、确定重点时敢于追求高端，以瞄准世界制造业的先进水平为努力方向，以认识、适应、引领经济发展新常态谋划布局，以建设京津双核驱动的世界级城市群搭设平台，绝不错过天津实现超越的新机会；对于先进制造业的产业选择与升级，既具有规模要求，更重视质量标准，全力打造引领全国的高水平制造基地；勇于破除狭隘合作的观念，真正确立"一盘棋"的协同共赢理念，以长远目光、全局视野、开放胸怀、相融姿态与京冀地区共同突破产业同构窘况。

二是以用好机遇叠加为前提。切实把握好京津冀协同发展战略赋予天津建设全国先进制造转化基地的契机，充分运用好自贸区、自创区、"一带一路"建设的新机遇和滨海新区开发开放的综合优势。

三是以求实的态度和行动为前提。真正弄清世界先进制造业的发展态势及其对天津发展的长期影响，我国经济发展新常态新的要求及其赋予天津发展先进制造业的应有地位，深刻认识天津先进制造业特色优势和错位空间、严峻挑战和客观局限，实事求是地评价天津先进制造业的水平，处理好世界高端、国内高水平与天津制造业发展现状的矛盾，制定分步实施的方案。

（三）四个任务

一是加快结构调整。做到强力发展新兴产业与积极推进传统优势产业升级共同布局,双轮推进,打造产业转型升级的"双发动机"。加快高端装备、新能源汽车、智能机器人、3D 打印、大数据等新技术、新模式、新业态、新产业的发展,积极以"互联网 +"推进钢铁、石化、轻纺等传统产业的改造提升,将两大类产业共同设计,协调推进。调整结构必须以新一代信息技术和智能制造产业为发展重点。发展新兴产业要基于国情区情。

从世界看,美国提出了产业互联网,德国提出了工业 4.0,均和其现在发展基础和优长密切相关。天津的发展基础和目标是先进制造业,在北方具有发展智能制造的综合优势和潜力。而且智能制造业正是建筑在新一代信息技术与制造技术融合的基础之上的,可以带动云计算、大数据、物联网产业的发展,符合我国两化深度融合的战略。为此,可按照产品的智能化、装备的智能化、生产的智能化、管理的智能化、服务的智能化思路,发展智能汽车、智能服务机器人、智慧家庭、智慧健康等产品,再塑制造业竞争新优势。

二是强化创新驱动。推动工业发展由要素驱动向创新驱动转变,以建设国家自主创新示范区为龙头,加大推进科技创新力度,以市场为导向、产学研用相结合,攻克一批关键核心技术,实现"天津制造"和"天津创造"的双层驱动。充分发挥京津冀协同发展的优势,既采取更有力度的举措加强自主创新,又善于发挥北京科技创新中心的作用,快速弥补天津创新力量的不足,发挥产业转化的功能,培育一批拥有自主核心技术的高端产品,打造规模大、数量多的天津品牌,形成高端产业的领军地位。

三是优化集约集聚。加快推进产业进园、进区、进链、进平台,聚集高端科技要素,培育一批新兴产业链、产业集群和龙头企业,充分依靠京津冀协同发展的新条件,努力打造创新主体集聚区、产业发展先导区、转型升级引领区、开放创新示范区,形成产业聚集、效益提升新优势。

四是推行绿色制造。实施工业制造绿色化战略,加大力度攻克绿色制造基础理论与共性技术、提升传统产业能效与资源利用率的技术与装备、发展和培育绿色化新兴产业的支撑技术与装备,着力降低单位消耗,让发展与资源环境承载能力更加适应,坚持环保集约节约发展,使基地率先走出一条绿色、循环、低碳发展的路子。

(四)五个保障

一是科学制定完善规划。建设国家先进制造研发基地,必须做到规划先行。按照国家对天津新的定位,编制发展先进制造业中长期发展规划和实施意见,对接全国先进制造研发基地规划,在体现作为"十三五"时期发展主线的供给侧结构性改革方面不断完善思路。要注重与京津冀协同发展规划全面对接,明确各个集聚区和园区的特色定位,统筹布局,着力改变无序招商,盲目竞争状态。

二是深化体制机制创新。全面深化改革是建设全国先进制造研发基地的根本动力,建设天津自由贸易实验区,是我国在新常态下推进改革开放的重点举措。要以此为契机,开展制度创新,以扩大改革开放为产业优化升级提供制度条件。注重加强新型产学研联盟建设,发挥社会组织的作用,服务新兴产业的创新,努力使灵活多样的民营企业成为发展新兴产业的主力军。

三是完善激励扶持政策。制定并发布发展先进制造业产业导向目录,提出创新激励政策。特别要加大对先进制造业发展的金融支持,加强知识产权保护。

四是加大队伍建设力度。人才队伍建设是转向创新驱动的根本保障。在充分发挥现有人才作用的同时,瞄准产业定位,着力聚集产业创新的领军人才,围绕科技创新加快创新人才引进和培养,以人才带项目、带资金、带创新,构建覆盖人才成长链条的政策扶持体系。同时,激发大众创业、万众创新的活力,拓展人才队伍,打造产业发展新引擎。

五是营造良好发展环境。促进创新创业的良好环境,使市场在新兴产业形成和发展中发挥决定性作用。完善法制建设,为人才大胆创新创业免除后顾之忧,在全社会营造鼓励创新、宽容失败的良好氛围。加大新兴产业知识的培训和普及,夯实先进制造业发展基础。

(本文发表于《理论与现代化》,2015 年第 5 期。)

# 第三十八章　全国先进制造研发基地的
# 定位、含义与建设意义

《京津冀协同发展规划纲要》就天津城市功能定位进行了新的界定,作出了全国先进制造研发基地的概括。怎样理解和把握这一基地的要义,关系能否贯彻落实好国家规划纲要,并成为新形势下天津加快发展先进制造业的重要前提。现谈谈几点不成熟思考。

## 一、国家对多地建设先进制造业基地的定位简况及其比较

自"十二五"时期以来,国家陆续并较为集中地为多地批复发展规划,特别是在批复多个综合改革试验区时注重予以定位,其中一些涉及建设先进制造业基地。初步分析为几种:

一是世界基地。2008年,国务院通过《珠江三角洲地区改革发展规划纲要》提出"五方面"定位,包括世界先进制造业和现代服务业基地。

二是全国综合性基地。如2007年,国家发改委批复《成都市统筹城乡综合配套改革试验总体方案》提出建设中国重要的高新技术产业基地、现代制造业基地。同年批复的重庆、武汉城市圈、长株潭城市圈的综合配套改革实验区也提出了类似概括。此类较多,还有2009

年国务院批复《关中－天水经济区发展规划》提出打造全国先进制造业重要基地。2012年，国务院批复《皖江城市带承接产业转移示范区规划》提出"四大战略"定位，包括全国重要的先进制造业和现代服务业基地等。

三是全国专项基地。2009年，国务院通过《江苏沿海地区发展规划》提到建设全国新能源和新能源装备制造产业基地。2012年，国家发改委批复《关于设立沈阳经济区国家新型工业化综合配套改革试验区》提出建设国家新型产业基地重要增长区，打造具有国际竞争力的先进装备制造业基地，重要原材料工业基地，全国重要的技术研发、转化、创新基地。

四是区域综合性基地。如2009年国务院通过《关于支持福建省加快建设海峡西岸经济区的若干意见》提出该区域是东部沿海地区先进制造业的重要基地。

五是区域专项基地。如2009年国务院批复《黄河三角洲高效生态经济区发展规划》提出建立中国东部新能源及装备制造业基地和循环经济示范基地。

与天津相关的是2006年6月《国务院推进天津滨海新区开发开放有关问题的意见》赋予天津滨海新区定位时的概括：依托京津冀、服务环渤海、辐射"三北"，面向东北亚，努力建设成为中国北方对外开放的门户、高水平的现代制造业和研发转化基地、北方国际航运中心和国际物流中心，逐步成为经济繁荣、社会和谐、环境优美的宜居生态型新城区。在这里，高水平的现代制造业和研发转化基地的定位承继了天津的传统优势，显示了滨海新区的鲜明特色，也体现了新形势下对滨海新区发展制造业的新要求。

从以上国家部署可知,新中国建立以来特别是改革开放以来,我国多地已基于历史和现实形成了一些全国性和区域性的制造业基地或中心,以此为基础,新世纪初国家在推动区域协调发展和批复发展规划时,命名了一些先进制造业或现代制造业基地,但在辐射范围、地位性质、侧重任务等方面作出了不同规定。作为天津新定位的全国先进制造研发基地,与上述界定相比有着自身特点:一是由中央政治局通过的区域发展规划作出的定位,二是属于全国综合性的基地,三是凸显研发要求。与滨海新区的界定相比有着变化提升:一是先进制造取代了现代制造,二是地区任务上升为全国基地。可见,地位和要求都提高了,反映了世界发展新形势、京津冀协同发展新需要和天津发展新情况。

## 二、全国先进制造研发基地的一般含义和现阶段的中国及天津特征

(一)先进制造业基地的一般含义

通过对北美的五大湖流域、西欧的莱茵河流域、日本的太平洋沿岸等世界级先进制造业基地进行分析,可以认为先进制造业基地一般是指在全国(乃至全球)范围内有重要影响、其产品能引领世界潮流并在全国(乃至全球)市场占有相当份额的制造业基地。

从工业化和现代化历程看,长期以来,一个全国(乃至全球)性的

先进制造研发基地一般具备规模化、先进性、创新性、外向型四大基本特征或条件。

规模化是指制造业基地必然拥有巨大的生产规模,是全球(或全国)同类产品的生产中心之一;同时它也应有较大的市场规模,产品在全国(乃至全球)占有一定的市场份额。

先进性可分为两个层面:一是制造业基地中行业的先进性,主要指先进的高新技术行业和先进的设备制造业。前者如航空航天产业、IT产业、IC产业、生命医药产业等;后者主要指新型装备工业,包括半导体设备制造业、自动控制设备产业(如数控机床、机器人)、超大型工作母机等。二是制造业基地中技术的先进性,主要指现有行业利用新技术、新设备的程度。

创新性是指制造业基地拥有良好的环境和条件,聚集较多高层研发机构与科技人员,持续研发具有自主创新的核心技术,并有能力实现向产业的转化。

外向型是指制造业基地以参与国际竞争为重要宗旨,用世界上先进的工艺流程生产适应世界市场需求的产品。因此,该基地的资金流、商品流、人流、技术流等经济流,既在国内又在国际上频繁、快速地流动,成为世界经济大循环中一支不可忽视的力量。

(二)现阶段中国和天津建设基地的补充特征

从现阶段看,我国和天津打造全国先进制造研发基地既要遵从世界制造业基地的一般规律,还应体现中国国情,赋予新特征。

首先体现在如何理解先进制造。由于先进属于相对意义的概念,若不陷入概念之争和避免学术考证，从我国实际情况和发展需要看，先进制造业具有双重相对的含义。一是相对于现阶段国际发展水平，指基于或适应技术（现阶段主要指新一代信息技术、智能技术、新能源技术、新材料技术等）的创新和发展而衍生出的新产业形态。如，至少属于我国发布的战略性新兴产业的 7 个领域，进一步说应瞄着德国提出的工业 4.0，或美国提出的先进制造。在技术上体现先进性是其最重要和最根本的特征。二是相对于现阶段国内发展状态，指运用先进技术改造后的传统制造业，是传统制造业升级换代的结果，是传统制造业的高级化。欧美国家已经完成了工业化进程，先进制造业以新一代信息技术、高端装备、新能源、新材料等新兴产业为主，突出智能化。我国仍处在工业化进程中，总体上说工业处于 2.0 至 3.0 的过渡期，传统产业和资源型产业比重较高，先进制造业需以发展高技术产业和改造提升传统产业并重，突出规模、质量、效益、品牌，因此必然与传统制造业紧密相连，包括制造业的升级版，即保留了基本躯干却更换了技术心脏的产业形态。在技术上保持不断更新性是其最明显和最基本的特点。准确把握我国现阶段先进制造的双重特征，会进一步帮助我们知晓建设先进制造基地的必要性和着力点，有利于确定天津的工作内容与任务。

其次是增加绿色化要求。与发达国家先进制造业基地不同，我国新型工业化道路和进入经济发展新常态均要求凸显绿色发展。"中国制造 2025"也明确提出全面推行绿色制造。这里的绿色化是指先进制造基地要把采用绿色制造方式作为突出目标并取得明显实效。绿色制造意指加大先进节能环保技术、工艺和装备的研发力度，加快制造业绿色改造升级；积极推行低碳化、循环化和集约化，提高制造业资源利用效率；强化产品全生命周期绿色管理，努力构建高效、清洁、低碳、循环的绿色制造体系。

再次是天津作为研发基地的定向特色。天津的这次城市功能定位以京津冀协同发展为前提，因此作为先进制造业的研发基地被赋予特定要求。《京津冀协同发展规划纲要》在"大力促进创新驱动发展"部分提出构建分工合理的创新发展格局，专门指出"天津重点提高应用研究与工程化技术研发转化能力，打造产业创新中心、高水平现代化制造业研发转化基地和科技型中小企业创新创业示范区"。这里既体现了整体布局下的区域侧重，也反映了天津制造的基础特征。当然，我们不要机械理解和简单囿于这一重点设计，世界经济全球化条件下的研发基地必须遵从研发一般规律，也应体现天津自身发展需要，如传统产业改造技术的研发与转化，从一定意义上说，天津特色的才是全国的。

由此可见，从较全面意义上看天津建设全国先进制造研发基地的内涵，可依次把握三个角度，分别为先进制造、研发、全国基地。先进制造需具备规模化、先进性、创新性、外向型、绿色化等特征。研发基地的特点表明，天津的先进制造业必须和生产服务业协同与融合发展，积极发展服务型制造，凸显提高应用研究和工程化技术的研发转化能力，这与衔接北京的科技中心作用和发挥河北的制造业优势紧密相连，显示了天津制造基地的特色与层次。全国基地则说明了天津建设的基地在发挥功能方面不局限在京津冀和北方地区，其性质和地位都得到提升，扩大至全国范围，并服务于建设世界级城市群，这更说明对此方面基地建设的定位与前景不能低估。

（三）先进制造业与相近概念的关系

从近年来国家文件用语和学界及实际部门使用的概念看，与先进制造业相近的还有"现代制造业"和"高端制造业"等。三者均强调了先进知识、技术的重要地位、作用及对其的利用，但又存在一定区别。

现代制造业一般是指从现有行业中划分出的行业群体的统称，不同经济发展阶段可以有不同的内容指向。在现阶段，相对于传统制造业，现代制造业往往强调的是采用高新技术生产出高附加值产品的制造行业。结合《国民经济行业分类》（GB/T4754-2002），北京市统计局 2005 年曾明确将现代制造业分为电子信息产业、机电产业、交通运输设备产业、医药产业以及其他产业，包含 15 个行业大类，45 个行业中类，95 个行业小类。相对于先进制造业，现代制造业的概念提出得更早，一般限于强调对先进技术的应用和高附加值产品的获得，比先进制造业内涵更窄。我们可以从这一角度使用现代制造的概念。当然，由于"现代"是反映历史进程的概念，也可以被理解为不同含义。如，国家在对天津滨海新区发展定位时提出了建设高水平的现代制造业和研发转化基地的要求，各方在研究的过程中又对现代制造业作出了不同的解释，出现过较为宽泛的应用，这也是需要了解的。

在现有研究和实践使用中，对高端制造业概念的理解并不统一。一般认为，从现阶段行业角度讲，约相当于现代制造业，是制造业中具有高技术含量、高附加值产品和高竞争力的行业总称。当然，从生产组织方式或价值链的角度讲，高端制造业也可以被视为处于产业链高端环节的行业，此类行业不一定属于先进制造业。因此，高端制造业与先进制造业在概念上也会存在交叉。我们倾向从第一个角度使用此概念。

京津冀发展规划使用先进制造业的概念定位天津区域发展特色，较为准确和符合实际地体现了世情、国情和京津冀区情，也符合现今国际惯例。如美国就制定了《先进制造业伙伴计划》《先进制造业国家战略计划》。

## 三、全国先进制造研发基地的考量

从我国发展制造业的历程和成就看，事实上的基地已很多，既有特色专项的又有较为综合的，后者如珠三角、长三角地区等，都是被公认的。然而长期以来对制造业基地的评价标准却没有统一规范，往往从数量方面去判断，学界探索了一些指标体系，但还形不成一致认识。这直接关系到如何看待天津建设全国先进制造研发基地的标准及其意义。长期以来，天津制造业发展有着很好基础和重大成效，近些年在数量和质量方面更是有了很大发展，从这种意义上说，已形成了全国尤其是北方的工业基地。然而从新形势新要求和我国实现制造强国的战略目标看，天津建成全国先进制造研发基地的任务仍然繁重，需要从多方面设计一个兼具科学性、针对性和可操作性的评价系统与指标体系，这又是一个新的艰巨课题。

我们初步认为，这个指标体系可从多方面设计。从内涵角度看，可以是先进制造业的指标＋基地指标。从综合角度并考虑易操作因素看，可以是突出标志类＋系统指标类。这里着重介绍后者。一是突出标志类,主要有:GDP 总量和先进制造业总量,人均制造业增加值,制造业质量竞争力指数,先进制造业在全市制造业中的比重,先进制造业总量和增加值在全国同业中的比重,研发投入占地区生产总值的比重,规模以上制造业研发经费内部支出占主营业务收入比重、高技术产品的出口占比,先进制造业对世界制造业产品贸易的影响,工业万元增加值能耗等。此外,应有一些制度性考核指标,如服务便利化、融资便利化等软性指标。实践中要在上述指标基础上进行综合评析。二是系统指标类,就数量规模、结构水平、创新能力、质量效益、两化融合、绿色发展等基本条件分别列出系列具体内容。就此方面还可以做多角度、多侧面的深入研究和探讨。

## 四、明确基地建设的意义和新要求

长期以来,天津曾为自身在全国特别是北方发展中的地位而自豪、纠结和奋斗,经历了近代史和新中国成立初期的北方经济中心、20 世纪八九十年代的区域辐射作用逐步下降、新世纪初期被国家认可建设北方经济中心的变化历程。京津冀协同发展规划不再就津冀地区使用“中心”的定位,对天津采用了“全国先进制造研发基地”的提法,这又引发了担心。这种想法应该说有一定道理,然而如果从牢固树立大局意识、机遇意识、协同意识的角度出发,我们则有新的视野并应广泛倡导新的理念。

应当看到,从全局来说,作为一个大区域的发展规划,为了突破京津冀现存行政体制的局限,不宜在内部的多地继续命名中心,多中心即无中心。北京在京津冀区域事实上发挥着经济中心作用,在现行体制下,以协同发展为前提,发挥北京的核心作用不仅是对实际情况的认可,而且将有助于京津双城联动。

尤为重要的是,以发挥市场在配置资源中的决定性作用为导向的改革将不断深化,城市经济作用的发挥越来越不取决于行政方式的指定,目标远大又难被认可的定位称号还不如贴近优势又自主奋斗的特色定位更为实际和可行。因此必须明确建设全国先进制造研发基地是一个战略性任务,提升了天津制造的特色地位,由新区上升至全市,由北方扩大至全国,使基地建设成为一个带动先进制造业发展全局和整体上台阶的重要途径与抓手,有利于与北京实现双城联动,在新层面上共同发挥经济中心作用。可见,建设全国先进制造研发基地的定位分量很重,机遇很多,对天津的发展影响深远。

从新形势和国家的新部署可见,天津制造业发展面临着更高要求。我们要打造的全国先进制造研发基地必须是高水平的基地。一是要面向世界。先进制造虽然包括提升改造传统产业,但必须瞄着世界制造业强国的发展水平和态势确定新兴产业的发展目标,把信息化的时代特征与我国工业化进程紧密结合起来,力争在高端产业中把握高端生产环节,突破核心技术研发和产业转化创新的难题,使基地以点带面,不断提升竞争力,以适应未来的国际竞争。二是要全国率先。作为全国基地,必须提升优势,在实现两个"中高端",服务我国建设制造强国方面走在各地的前列,充当排头兵,发挥引领作用。三是要更重质量。我国仍处在工业化后期阶段,人均收入排在世界后列,对发展速度和规模不能掉以轻心,但在新形势下必须兼得速度和质量,把追求发展质量放到中心位置,切实提升发展层次。这是一直困扰我国发展的难题,全国先进制造研发基地必须有大的作为。

天津具备迎接挑战、完成重任的优势和条件。天津是我国制造业最为发达的区域之一,工业基础雄厚,既有辉煌历史,又始终是拉动天津 GDP 增长的重要支撑。2007 年以来,工业总产值连续迈上了三个万亿元台阶,2014 年达到 3 万亿元,工业增加值在全国重点城市中位居第二,与第一名上海的差距逐渐缩小。已经形成了电子信息、石油化工、航空航天、生物医药、装备制造、新能源新材料、轻工纺织、国防科技八大优势支柱产业,先进制造业在规模和效益上也实现了质的飞跃,已经成为辐射整个华北地区的现代工业高地。以深化改革开放为动力的自贸区和自创区的获批与实施又提供了新的发展契机。因此《京津冀协同发展规划纲要》确定天津为全国先进制造研发基地的选择有着充分依据,是可以实现的。但是必须看到,天津仍然存在辐射带动能力不足、产业结构偏重、资源环境约束明显、市场机制作用发挥不充分等问题,与新的定位还不适应,只有作出新的艰苦努力才能达到高水平要求。

打造全国先进制造研发基地需要作出多方面的努力,这是随着实践发展需要不断充实的重大课题,需要专题研究。

(本文以"京津冀协同发展条件下建设全国先进制造业研发基地的理解与建议"为题在京津冀社会科学界联合会于 2015 年举办的第二届京津冀协同发展研讨会上作大会发言。收入会议文集《京津冀协同发展的目标与路径》,天津人民出版社,2015 年。)

# 第三十九章 以创新理念引领
# 全国先进制造研发基地建设

建设全国先进制造研发基地是天津落实国家京津冀协同发展重大战略的突出任务，被写进了天津市"十三五"发展规划。设计、推动和完成好这一重任，必须牢固树立和贯彻落实党中央提出的"五大发展理念"，首先是坚持以创新理念为引领。

## 一、坚持以创新理念引领全国先进制造研发基地建设的必要性

### （一）坚持创新是全国先进制造研发基地建设顺利开局的基本前提

国家重大战略在对天津城市功能定位时首先提出要建设全国先进制造研发基地，这是面对国内外新形势和京津冀协同发展新布局被赋予的新使命。因此贯彻创新理念成为了天津制定实施方案的指导和灵魂。从《天津市贯彻落实〈京津冀协同发展规划纲要〉实施方案（2015—2020）》到"十三五"规划建议，再到《天津市建设全国先进制造研发基地实施方案（2015—2020 年）》，既反映了国家规划与天津区情的相融性，更体现了世界制造业基地发展的规律性、先进制造业发展趋势的

高端性、天津打造新基地的前瞻性。方案的指导思想、基本原则、发展目标、主要任务、发展重点、重点工程、重点举措、保障措施等都属于新设计。壮大高端装备、新一代信息技术、航空航天、节能与新能源汽车、新材料、生物医药及高性能医疗器械、新能源、节能环保、现代石化、现代冶金十大先进制造业产业集群,更展示了新的指向与布局。

新的规划还需要以新的实践迅速和扎实落实,因此坚持创新理念又成为天津实施方案顺利推进和拓展的第一动力。虽然国家重大战略出台时间不长,天津市"十三五"规划的制定和通过需要时间与程序,但基地建设没有歇步等待,而是在已有发展基础上,以创新理念为引领迅速开辟了新局面。实施方案部署的壮大一批先进制造业产业集群、培育一批国际竞争力企业集团、打造一批科技型企业和杀手锏产品、提升一批绿色制造的园区和企业、建设一批先进制造业创新平台、推进一批智能制造的试点示范"六个一批"的任务和着力提升先进制造业核心竞争力、深入实施"互联网+"协同制造、全面加强质量品牌建设、着力推进产业协同发展、加快构建绿色制造体系、着力打造"双高人才"高地六大举措已迈出了有力步伐,好项目、楼宇经济快速发展,国家自主创新示范区和"双创特区"加快建设,万企转型升级行动深入实施。

推动的具体思路和措施也有新的突破,天津市部署"促惠上"专项活动的重要内容之一是以融资租赁方式加快制造企业装备更新,这是推进实体经济改造升级,提升智能制造水平的重要举措。这个专项行动发挥了天津自贸区的融资租赁发展优势、高端科技企业已具生力军作用优势,重点支持科技型中小企业、智能工厂和智能车间、"机器换人"

等智能化改造,有助于打造科技企业升级版,提升研发制造水平和市场竞争力,拓展天津制造的发展机遇和先机,将对加速建设基地发挥长远作用。良好开局证明,创新引领是打造基地起好步的必备前提。

(二)坚持创新是全国先进制造研发基地建设迎接挑战的客观需要

我国的制造业基地经多年建设已形成了规模优势和区域特征,但在由制造大国向制造强国迈进的征程中,建设新型全国先进制造研发基地必将遇到不少矛盾和困难。如,与世界新的科技革命和产业变革相适应,建设基地必须确立高端目标,但我国现有制造业总体上说还存在较大差距,天津的先进制造在规模和质量上都亟须提升,对接《中国制造2025》需作出很大努力。又如,加快产业结构调整优化是建设基地的根本途径,但当前又面临经济下行的较大压力,对于产业结构依然偏重、传统产业占比较高的城市来说,率先同步实现经济中高速增长和产业迈向中高端水平两个目标,无疑是个挑战。再如,从北美五大湖流域、西欧莱茵河流域、日本太平洋沿岸等先进制造业集聚地区的发展经验看,先进制造基地以先进制造技术为主要生产手段、以高附加值产品为主体、以高技术产业为支柱,背后以强大的自主创新和科技转化能力为支撑,包含着研发内涵和功能集聚。但从现状看,天津的自主创新能力及创新型企业的总体竞争力亟待提高,对北京新技术的吸纳程度仍然较低,高端产业研发性质基地的建设任务相当艰巨。尽快破解这些难题需要作出诸多努力,但都离不开创新,也只能依靠创新。

## 二、坚持以创新理念引领全国先进制造研发基地建设的主要途径

坚持创新是全国先进制造研发基地建设实现目标的重要保证。为了攻克难关，完成在 2020 年基本建成和 2025 年完全建成基地的历史重任，必须做到多方面创新。

（一）推进理论创新，提升以供给侧结构性改革为主抓手加快建设基地的认识

国家"十三五"规划在指导思想部分明确提出了以供给侧结构性改革为主线的命题，天津市委也作出了以供给侧结构性改革为主抓手的部署，这是天津出台基地建设实施方案之后面对的新要求。应该看到，供给侧结构性改革要求提高供给体系的质量和效率，当前就着力化解过剩产能和降本增效等五大任务的部署正体现了全国先进制造研发基地建设的核心内容，为既增强持续增长动力，又推动传统产业优化升级提供了难得契机。为此，需要从理论上认清供给侧结构性改革的地位及其与天津建设全国先进制造研发基地的关系，并紧密结合实践准确把握二者的关系，以系统深入的工作思路实现二者的有机结合。

（二）推进制度创新，营造加快基地建设需要的体制机制环境

继续深化简政放权、放管结合、优化服务的改革，激发市场活力，

推进金融、税收、国有企业、创新人才管理等方面的体制改革,促进由要素驱动向创新驱动转变,服务天津制造朝向高质、高端、高新、高效发展。制定与完善产业发展规划,改变各产业园区功能定位特色不鲜明,存在无序招商、盲目竞争的状况。当前,针对以融资租赁方式更新实体经济企业设备这步增强企业竞争能力的"先手棋",要完善产融结合平台和融资服务机制,帮助发展前景好、技术水平高、市场潜力大的中小企业、科技型企业提升智能制造水平,在市场竞争中更有"底气",更能"发力"。

(三)推进科技创新,全力补上加快基地建设的短板

在构筑现代产业新体系和实施创新驱动战略的进程中,全面提升企业自主创新能力,打造具有全球影响力的产业创新中心,着力建设研发转化基地,提升其国际化程度。着力发展智能制造,对接《中国制造2025》。注重在落实京津冀产业协同发展战略过程中树立京津双城协同的观念,积极对接北京创新资源和优质产业,加快形成北京原始创新、天津研发转化,分工合理的创新发展格局。

(四)推进文化创新,锻造加快基地建设的软实力

为了给全面建成国内领先、具有国际影响力的先进制造基地筑牢根基,还要加强天津制造的文化建设。既要有一批在先进制作业知名度高和竞争优势强的核心企业,形成以核心企业为龙头并拥有支撑性相关产业的先进制作产业集群,做到企业整体及拥有品牌产品在国际上占有较高的市场份额并带动其他地区发展,形成以硬件为依托的具

有国际影响力的制造文化,又要在"大众创业、万众创新"的背景下,注重在企业和全社会培育重质量、品牌的精神文化,深入挖掘天津特色制造文化的内涵,推进质量强市,使天津制造成为中国制造软实力提升的先行区。

## 三、坚持以创新理念引领全国先进制造研发基地建设的产业规划

天津市已发布《天津市贯彻落实〈京津冀协同发展规划纲要〉实施方案(2015—2020)》,就打造基地作出明确部署,提出 2020 年基本建成基地和六个任务,突出了产业发展创新,这又是天津发展的最新重要背景之一。现在应从二者结合角度谋划与发力。

(一)在规划目标方面,以有全球影响力为建设先进制造基地的重要标准

国家"十三五"规划在"完善对外开放布局"部分提出"培育有全球影响力的先进制造基地和经济区",需予以格外重视,既要在企业和研发方面强调,更应体现在天津基地建设实施方案的总体原则和目标等方面。在中国比历史任何时候都更接近世界舞台中央的背景下,天津提升先进制造业发展水平和质量,需要进一步开拓视野,将具有全球影响力作为基地产业发展的重要标准。这将促进在一些领域实现弯道超车,使优势更强。在此方面,天津需系统谋划,特别要注意加强制造业品牌建设。

（二）在发展重点方面，更多重视发展智能制造产业

《中国制造2025》从国家层面确定了我国建设制造强国的总体战略，并明确提出：要以新一代信息技术与制造业深度融合为主线，以推动智能制造为主攻方向，实现制造业由大变强的历史跨越。工业和信息化部发布的《智能制造发展规划》明确了"十三五"期间我国智能制造"两步走"战略目标，要求第一步到2020年，智能制造发展基础和支撑能力明显增强，传统制造业重点领域基本实现数字化制造，有条件、有基础的重点产业，智能转型要取得明显地进展；第二步到2025年，智能制造支撑体系基本建立，重点产业初步实现智能转型。

智能制造一词最先由美国的教授提出。1988年，美国Carnegie-Mellon（卡内基梅隆）大学的 D.A.Bourne（布恩）教授和纽约大学的 P.K.Wright（怀特）教授撰写并出版的《Manufacturing Intelligence（智能制造）》一书，第一次提出了关于智能制造的概念。从广义上讲，智能制造是新一代信息技术和先进制造技术的交相融合，贯穿在生产、制造、产品、服务全生命周期的每个环节及先进制造系统集成。从世界发展看，美国、西欧、日韩等国高度重视以机器人为代表的智能制造产业的发展，布局较早，并将此作为近年来重振制造业的重要抓手，制定了机器人产业的近期和远期目标。智能制造已成为信息化与工业化深度融合的重要体现和高端制造业发展的重要方向，是当今衡量一个国家、一个城市工业化水平的重要标志，提升改造传统产业与发展战略性新兴产业的重要途径。

天津的装备制造业已成为中国此领域的重要基地，其中智能装备

产业经近十多年的发展呈现出门类较多、特色突出的态势,但是与转型升级的需要特别是高端自主数控系统的需求相比,还很不适应。如以机器人产业为主营业务的企业存有多家,在产业规模、创新能力、产业链完整性、产业聚集度等方面获得了积极提升,涌现了一些技术水平全国先进、部分产品性能指标达国际领先水平的企业,但是仍存在规模较小、缺乏龙头带动、本地产品应用率低等突出问题。基于此,天津市于2016年底出台了《加快推进制造业与互联网融合发展实施方案》等文件,提出了明显提升智能制造水平的发展目标。按照中国进入高质量发展阶段条件下全国先进制造研发基地建设的新要求,天津应当进一步顺应国家发展大势,紧密结合自身特点,制定和完善发展智能制造产业的专项战略,以此为着力点和重要抓手推动建设全国先进制造研发基地的重大突破。

(三)在创新平台方面,构建以企业为主体的产业技术创新联盟

京津冀协同发展规划强调"鼓励企业开展基础性前沿性创新性研究","形成一批有国际影响力的创新型领军企业","引导构建产业技术创新联盟"。"十二五"期间,天津产业速度增长较快、规模较大,但产业结构、产品品牌、有影响企业明显是短板。发挥好领军企业在研究创新方面的作用是基础性关健,应当就此方面加大力度。

(四)在协调发展方面,尽快完善产业聚集区配套规划

在"十三五"时期,天津为实现协调发展,对内来说,必须协调各区县及产业集聚区,规划好重点产业布局,避免自贸区的"1区21园"走

一哄而起、低端竞争的老路,坚决改变同质化、碎片化状态,否则会阻碍全市提升核心竞争力。

对外来说,京津冀协同发展的重点之一是产业协同,我们要认真冷静谋划哪些重在全球聚集要素,哪些在京津冀区域布局,"理顺产业链条",做到积极沟通,立足服务,从而使规划站位高、管长远、能落实。如在优势产业合作方面,对于航空航天、石油化工、高端装备制造、电子信息(及新一代信息技术)、风力发电等相对优势产业,以及通信设备制造、黑色金属冶炼及压延加工、交通运输设备制造(包括汽车)、生物医药、废弃资源和废旧材料回收加工业等明显优势产业,采用以我为主的优势产业合作方式,在注重产业链上游产品、技术开发的同时,发挥好产业的辐射带动作用。在更广泛的领域,也要重视产业链条的协同,形成整体协调发展格局。

(五)在抓住机遇方面,深入挖掘环渤海规划带来的新空间

天津发展面临的多重机遇,也是基地建设的多重机遇。国务院于2016年底批复了《环渤海地区合作发展纲要》,又增加了一重机遇。这一纲要提出了六个方面的重点任务。前三个与京津冀协同发展的重点基本相同。即加快跨区域重大基础设施建设、加强生态环境保护联防联治、推进产业对接合作,大力推进产业一体化发展,加快产业转型升级。这既体现了我国北方合作发展有共同任务,也表明了天津先进制造研发基地的建设有了更广阔的腹地和协作伙伴,应当与京津冀协同发展一并考虑。

（六）在营造氛围方面，注重硬环境与软环境建设的结合

"硬环境"指政策，现在存有力度不够的问题。如机器人产业发展落后就有此方面原因，我们到作为国内两大巨头企业的"广州数控"与"沈阳新松"去调研，提到希望来天津投资，对方没有回应的重要原因在于引进政策缺乏吸引力。"软环境"指社会环境，如观念、文化等方面的影响与氛围。以需要重视推动观念转变为例。国家实施方案就天津城市功能提出的"四大定位"的确体现了高度重视和充分信任，反映了对天津比较优势、城市功能、发展方向的深刻把握，赋予了天津更大的责任和更多的期望。然而从实际情况看，在打造全国先进制造开发基地方面，长时间中相当多的领导干部和骨干群众或尚有纠结，或重视不够。这将产生不良影响，需利用多条途径尽快广泛统一思想。再如，加强教育和科学普及对营造环境具有基础性作用，应当长期重视对先进制造在天津的发展地位和趋势的介绍与强化。

（本文的一、二部分的主要观点以"四大创新助天津制造渡难关"为题发表于《天津日报（理论版）》，2016 年 5 月 9 日。）

# 第四十章　构建全国先进制造研发基地的指标体系

《京津冀协同发展规划纲要》发布之后,建设全国先进制造研发基地既是国家战略赋予天津城市功能定位的新规定,也成为天津制造业发展的新目标。对全国先进制造研发基地的发展情况进行正确的横向比较和纵向评价,关键在于科学合理地构建先进制造业指标体系。因此研究全国先进制造研发基地指标评价体系就具有了重要的理论价值和现实意义。

## 一、构建全国先进制造研发基地指标体系的新背景与新要求

我国作为制造大国,已有多处纳入国家规划的各类制造业基地,现阶段构建全国先进制造研发基地指标体系必须认清新的形势。

(一)构建全国先进制造研发基地指标体系应着眼于全球再工业化的新浪潮

新一代信息技术与制造业的深度融合,正在引发影响深远的产业变革,使得全球制造业出现新调整。一方面,发达国家纷纷实施"再工

518

业化"战略,重塑制造业竞争的新优势。美国提出《先进制造业伙伴计划》《制造业创新网络计划》,德国推出工业 4.0 战略,法国制定了"新工业法国"计划,日本 2015 年通过了 2014 年版的《制造业白皮书》,纷纷抢占制造业新一轮竞争的制高点。另一方面,发展中国家的制造业开始"中低端分流",印度启动"印度制造"计划,巴西提出了"大巴西"计划,打造具有竞争力的全球制造业,着力提升工业的整体竞争力。东南亚一些国家更是积极参与全球产业分工。因此发达国家的再工业化加上发展中国家的低成本接收产业转移构成了"双重挤压",已成为我国今后发展制造业无法回避的空前挑战,全国先进制造研发基地建设及其指标体系设计必须开阔视野,面向未来,着眼全球布局作出安排。

(二)构建全国先进制造研发基地指标体系应立足于国内制造业发展的新趋向

党的十八届五中全会通过的《中共中央关于制定国民经济和社会发展第十三个五年规划的建议》明确要求实施智能制造工程,引导制造业朝着分工细化、协作紧密的方向发展, 促进信息技术向市场、设计、生产等环节渗透,推动生产方式向柔性、智能、精细转变,加快建设制造强国。2014 年,习近平总书记在河南兰考考察时指出,要推动中国制造向中国创造转变、中国速度向中国质量转变、中国产品向中国品牌转变。2015 年,李克强总理在中国核电考察时强调,要推进制造业由大变强,打造创新驱动新优势、智能发展新优势、质量成本新优势、绿色制造新优势。

无论是国家出台的《中国制造 2025》《京津冀协同发展规划纲要》,

还是近年天津市出台的"十三五"规划及供给侧结构性改革措施,都将发展先进制造业作为重中之重。《京津冀协同发展规划纲要》就天津城市功能方面首先提出了"全国先进制造研发基地"的定位,要求天津着力发展高端装备、电子信息等先进制造业和战略性新兴产业。《中国制造2025》更是要求加大科技创新力度,推动3D打印、移动互联网、云计算、大数据、生物工程、新能源、新材料等工业制造领域取得新突破。

"十三五"时期,天津市经济社会发展的主要目标之一是基本实现全国先进制造研发基地的城市定位。2015年,天津市出台了《建设全国先进制造研发基地的实施方案(2015—2020)》,确定在2020年基本实现、2025年全部实现中央赋予天津的这一任务,并提出了标志性指标。2016年,天津市又发布了《推进供给侧结构性改革加快建设全国先进制造研发基地的实施意见》,从创新驱动、转型升级、降低制造成本、深化改革开放四个方面予以进一步谋划,随后还在《关于贯彻落实〈国家创新驱动发展战略纲要〉的实施意见》中作出了到2020年基本建成创新型城市和产业创新中心的决定。全国先进制造研发基地的指标体系需针对先进制造业发展的国家大局和天津走向,在此基础上构建。

(三)构建全国先进制造研发基地指标体系应有利于京津冀协同发展规划的新需要

天津建设全国先进制造研发基地是国家京津冀协同发展规划赋予的使命。由于京津冀协同发展与"一带一路"建设和长江经济带发展共同成为我国适应引领新常态的重大发展部署,因此构建全国先进制造研发基地指标体系不仅要适应国内外发展先进制造业的新环境,还应凸显落实京津冀协同发展的新任务,使之成为贯彻国家重大战略的目标、原则、任务和途径的重要抓手,发挥指挥棒的作用。

面对新的背景,建设全国先进制造研发基地被赋予了新要求。一是要面向世界。必须瞄着世界制造业强国的发展水平和态势确定新兴产业的发展目标,把信息化的时代特征与我国工业化进程紧密结合起来,力争在高端产业中把握高端生产环节,突破核心技术研发和产业转化创新难题,提升改造传统产业,使基地以点带面,不断提升竞争力,以适应未来的国际竞争。二是要全国率先。作为全国基地,必须提升优势,在服务我国建设制造强国方面走在各地的前列,充当排头兵,发挥示范引领作用。三是要更重质量。我国仍处在工业化后期阶段,或者说处在工业 2.0 至 3.0 阶段,人均收入排在世界后列,对发展速度和规模不能掉以轻心,但在新形势下必须兼顾速度和质量,把追求发展质量放到中心位置,切实提升发展层次。①作为全国先进制造研发基地的指标体系必须符合建设基地的这些新要求新标准,推动和引导基地建设实现高水平。

## 二、构建全国先进制造研发基地建设指标体系的现实意义与问题意识

与世界先进水平相比,我国制造业在资源利用效率、自主创新能

---

① 李家祥:《京津冀协同发展条件下建设全国先进制造业研发基地的理解与建议》,载《京津冀协同发展的目标与路径》,天津人民出版社,2015 年。

力、信息化程度、质量效益等方面仍然存在明显差距,实现制造业的转型升级甚至跨越式发展的目标紧迫而艰巨。因此构建全国先进制造研发基地指标体系,明确并强化制造业未来的发展方向和发展要求,对指导实践具有重要意义:①全国先进制造研发基地的指标体系实质是对《中国制造 2025》战略目标的分解,有助于各地区和各部门明确制造业发展目标并执行国家制造业发展战略部署;②全国先进制造研发基地指标体系的方案层指标,为各部门指明了工作职责和关键绩效要求,确保制造业及其相关部门各层各类人员努力方向的一致性;③全国先进制造研发基地的指标体系为制造业发展战略的绩效管理提供了客观、透明和可衡量的数据基础;④通过定期计算和回顾全国先进制造研发基地指标体系的执行结果,管理部门能清晰了解制造业各领域的关键绩效参数,及时诊断存在的问题,并予以改进。

如何设计全国先进制造研发基地指标体系,应当借鉴已有的相关研究成果并找出其突出问题。

对制造业发展情况的评价主要来自产业竞争优势理论。美国哈佛商学院著名战略管理学家迈克尔·波特(Michael E.Porter,1985)提出了影响产业国际竞争优势的"钻石体系",称为"环境导向"的竞争优势理论。他刻画的影响产业国际竞争优势的"关键因素图",成为学者们构建先进制造业指标评价体系的理论依据之一。

21 世纪以来,国内学者也很重视对先进制造业指标体系的研究。张金华等从产业投入、技术进步、产业产出以及市场效益等一级指标和 11 个二级指标角度,利用主成分分析法定量分析了江苏省制造业的竞争力水平。①李廉水从科技竞争、经济创造、环境资源保护和制造业增加值、科技投入与碳排放层面,对我国制造业的竞争力进行了国际比较。②在充分考虑指标体系设立的功能要求、设置原则以及先进制造业内部的结构体系的基础上,龚唯平等针对先进制造业建立了一个由 4 个一级指标和 20 个二级指标构成的指标评价体系。从先进制造业的相关影响因素入手,郭巍归纳了关于制造业竞争力评价的国内外研究成果,结合我国制造业的现状,构建了一个由 5 个一级指标和 25 个二级指标的先进制造业指标评价体系,并运用层次分析法赋予各指标相应的权重。③

从以上文献研究中可以发现,我国先进制造业指标评价体系的研究尚处于起步阶段,之前的研究较多是从竞争力的角度开展的,较为重视投入产出的经济效益、技术研发等问题,较少纳入环境保护等生态发展内容。作为国家战略部署的《中国制造 2025》,从创新能力、质量效益、两化融合、绿色发展四个方面阐述了制造业发展的指标体系,就规模以上制造业研发经费内部支出占主营业务收入比重等方面提出 12 个二级指标,但未提及规模要求和发展速度问题,而且也不是针对先进制造研发基地作出的。

天津市建设全国先进制造研发基地的规划就评价指标开展了积极工作。由于国家京津冀协同发展规划没有提出全国先进制造研发基地的定量指标,天津市《建设全国先进制造研发基地实施方案(2015—

---

① 张金华、俞金红:《江苏省制造业区域竞争力分析》,《江苏统计》,2002 年第 4 期。

② 李廉水:《中国制造业发展研究报告(2013)》,科学出版社,2013 年。

③ 龚唯平、薛白、董华:《先进制造业发展的动力模型与评价指标体系》,《产经评论》,2010 年第 3 期。

2020年)》围绕这一定位,从高端引领、创新驱动、智能转型、质效为先、绿色发展方面,突出强调了工业总产值、工业增加值2个一级指标和工业增加值率、全员劳动生产率、先进制造业产值占制造业的比重、高技术产业制造业产值占制造业的比重、装备制造业产值占制造业的比重5个二级指标。天津市《推进供给侧结构性改革加快建设全国先进制造研发基地的实施意见》以此为前提,又就产业规模、创新能力、质量效益等方面对基本建成基地的目标作出定量性归纳,并从创新驱动、转型升级、降低制造成本等方面提出一些具体指标。天津市《关于贯彻落实〈国家创新驱动发展战略纲要〉的实施意见》还作出了基本建成具有国际影响力的产业创新中心的决定。可见,在实践中全国先进制造研发基地指标体系的搭建经历着一个认识深化、不断丰富的过程。

总之,我国全面部署发展战略性新兴产业的时间不长,现有的制造业基地还处于建设和升级转型的过程中,多个地区为建设制造业基地作出了特色规定,然而对制造业基地的评价标准没有形成统一规范。学界就此也尝试探索一些指标体系,但目前还形不成一致认识,尚处于摸索之中,正是全国先进制造研发基地指标体系的问题所在,这也成为理论思考的新起点。

## 三、构建全国先进制造研发基地指标评价体系的设置原则与功能要求

从总体上说,构建科学合理的全国先进制造研发转化基地指标评

价体系，应以适应全球再工业化浪潮和国内先进制造发展趋向为前提，以贯彻落实"五大发展理念"为指引，以《京津冀协同发展规划纲要》《中国制造 2025》为依据，以天津市《建设全国先进制造研发基地实施方案(2015—2020 年)》等系列部署设计为基础，把服务可持续发展和产业结构转型升级放在中心位置，[①]走绿色智能的发展道路。

为了实现总体思路，构建科学合理的全国先进制造研发基地指标评价体系需遵循以下具体原则：①全面性原则，即先进制造研发基地的指标评价体系要充分反应整个区域系统，并能从宏观到微观形成完整的科学评价体系。②客观性原则，即指标体系能够准确反映先进制造研发基地发展的实际情况与现状。③针对性原则，紧密结合我国先进制造研发基地建设的重点和难点问题进行设计，突出重点。④可操作性原则，即选取的先进制造研发基地指标既要与设计目标相关，又要具备可行性和方便操作。

全国先进制造研发基地指标评价体系应具备如下功能：①描述功能，即指标体系要全面、客观地反映先进制造研发基地的发展状况。②分析功能，即使用指标体系对基地进行综合分析，能够反映出先进制造研发基地的发展状态及存在问题，以判断并解释先进制造研发基地的发展现象。③评价预测功能，即指标体系不仅能够评价先进制造研发基地的发展水平，而且能够通过国内外比较，准确预测其动态发展趋势。④预警引导功能，即指标体系能够发现先进制造研发基地发展过程中存在的内外部制约因素，为其顺利发展提供事先预警。

---

① 郭巍、林汉川、付子墨：《我国先进制造业评价指标体系的构建》，《科技进步与对策》，2011 年第6 期。

## 四、构建全国先进制造研发基地评价体系的指标选择与权重确定

### （一）指标选择

按照《中国制造 2025》的总体要求，基于天津市就建设全国先进制造研发基地的系列部署，充分考虑基地指标体系设立的功能要求及其原则，下文从全国先进制造研发基地的规模增长、产业结构、创新能力、质量效益、智能制造、绿色发展六个层面，设置了一个由 6 个一级指标、19 个二级子指标构成的全国先进制造研发基地建设的综合评价指标体系（见下表）。

**表　全国先进制造研发基地建设的评价指标体系**

| | 一级指标 | 二级指标 | 一级指标 | 二级指标 |
|---|---|---|---|---|
| 全国先进制造研发基地建设评价指标体系 | 规模增长 | 工业总产值 | | 制造业全员劳动生产率增速 |
| | | 工业总产值增加率 | | 制造业贸易竞争力指数 |
| | 产业结构 | 先进制造业占制造业比重 | 智能制造 | 宽带普及率 |
| | | 千亿集团个数 | | 智能园区和智能工厂 |
| | | 百亿企业个数 | | 关键工序数控化率 |
| | 创新能力 | 规模以上制造业研发经费内部支出占主营业务收入比重 | 绿色发展 | 规模以上单位工业增加值能耗下降幅度 |
| | | 规模以上制造业每亿元主营业务收入有效发明专利数 | | 单位工业增加值二氧化碳排放量下降幅度 |
| | | 引进技术消化吸收再创新率 | | 单位工业增加值用水量下降幅度 |
| | 质量效益 | 制造业质量竞争力指数 | | 工业固体废物综合利用率 |
| | | 制造业增加值率提高幅度 | | |

《天津市建设全国先进制造研发基地实施方案（2015—2020 年）》

明确提出,到 2020 年,全市工业总产值和工业增加值将分别达到 4 万亿元以上、1 万亿元以上，基本建成全国先进制造研发基地；到 2025年,全市工业总产值将达到 5 万亿元以上,全面建成国内领先、具有国际影响力的先进制造研发基地。因此,规模增长和产业结构是天津市建设全国先进制造研发基地的首要考量标准。

坚持把创新能力建设摆在制造业发展全局的核心位置,以促进制造业创新发展为主题,服务加快建设创新型城市和产业创新中心。全国先进制造研发基地的创新能力从三个方面进行衡量:研发经费内部支出占主营业务收入比重，每亿元主营业务收入有效发明专利数,引进技术消化吸收再创新率。考虑到数据的可得性,以上指标均使用规模以上制造业数据进行计算。[1]

以提质增效为重心，坚持把质量效益作为建设制造强国的生命线,强化企业质量主体责任,加强质量技术攻关。全国先进制造研发基地的质量效益从四个方面进行衡量:制造业质量竞争力指数用于反映我国制造业质量竞争力整体水平,由质量水平和发展能力 2 个二级指标、技术水平和质量管理水平等 6 个三级指标、产品质量等级品率和平均产品销售收入等 12 个统计指标构成;制造业增加值率提高幅度;由于制造业的生产效率主要由劳动生产率体现,而其提高主要源自于技术因素的进步，[2]故制造业全员劳动生产率可以反映技术的质效影响;制造业贸易竞争力指数,反映出区域制造业的生产效率水平和国

---

[1] 李然、马萌:《京津冀产业转移的动力机制研究——基于市场和政府角度分析》,《价格理论与实践》,2015 年第 11 期。

[2] 席枫、李海飞、董春美:《生产性服务业与先进制造业协调发展关系研究——基于天津市先进制造业发展的实证分析》,《价格理论与实践》,2016 年第 4 期。

际市场竞争力。

《中国制造 2025》强调,以加快新一代信息技术与制造业深度融合为主线,以推进智能制造为主攻方向。全国先进制造研发基地的智能制造指标从三个方面进行衡量:宽带普及率用固定宽带家庭普及率代表,智能园区和智能工厂用实际建成的数量表示,关键工序数控化率为规模以上工业企业关键工序数控化率的平均值。

坚持把可持续发展作为建设制造强国的重要着力点,加强节能环保技术工艺的推广应用,全面推行清洁生产,贯彻"降成本"任务。[①]全国先进制造研发基地的绿色发展指标从四个方面进行衡量:规模以上单位工业增加值能耗下降幅度,单位工业增加值二氧化碳排放量下降幅度,单位工业增加值用水量下降幅度,工业固体废物综合利用率。

(二)确定权重

参照《中国制造 2025》和天津市就建设全国先进制造研发基地所作系列部署的基本要求,首先设定全国先进制造研发基地指标体系的目标层、准则层以及方案层,并将每个层次细分成不同因素,如表 1 所示。制作 AHP 调查问卷,按照德尔菲法,经专家填写后输入层次分析法模型,并使用最大改进方向算法修正部分指标数据,使其满足前期数据一致性的要求,然后计算出全国先进制造研发基地指标体系的判断矩阵,而且其一致性也达到 0.0857。之后对判断矩阵按照幂法进行计算,得出全国先进制造研发基地指标体系方案层和中间层各要素对

---

① 许光建:《加强供给侧结构性改革 为实现"十三五"发展目标奠定良好基础》,《价格理论与实践》,2016 年第 1 期。

决策目标的排序权重,其中中间层各要素对决策目标的排序权重分别为:规模增长(0.0417)、创新能力(0.1007)、智能制造(0.1335)、产业结构(0.0870)、质量效益(0.1654)、绿色发展(0.4718)。

在 AHP 调查问卷的计算过程中,从指标体系的方案层、中间层各要素对决策目标的排序权重结果不难看出,建设全国先进制造研发基地,既要重视规模增长、产业结构、创新能力、质量效益、智能制造,更要重视绿色发展,把可持续发展作为先进制造的重要着力点,全面推行清洁生产,推广绿色设计、绿色制造、绿色管理和绿色服务,构建绿色制造体系。

## 五、结论

全国先进制造研发基地指标评价体系的设计是一项具有探索性和复杂性的工作,无论是科学设置中间层还是有效选取指标层,都需要宽广的理论视野和良好的经验判断。本文提出的全国先进制造研发基地指标评价体系,是在反复研究《中国制造 2025》和天津市就建设全国先进制造研发基地所作系列部署的基础上,充分考虑了天津市先进制造业这一特定对象所处的特定背景,突出了指标体系的系统性、实用性和针对性,还兼顾了指标数据的可得性。当然,随着全国先进制造研发基地指标体系建设实践经验的持续积累和理论研究的继续深化,还需要不断改进和完善现有的指标选择方案,以提高具体指标的可操作性,更加客观地反映全国先进制造研发基地的发展状况,以指导全国先进制造研发基地的建设进程。

（本文发表于《天津师范大学学报》,2016年5期。合作者:席枫,博士,现为天津商业大学土管系主任。）

# 第四十一章 培育全国先进制造研发基地的国际影响力

作为党的十八大以来确定的三大战略之一,京津冀协同发展已成为国家"十三五"期间拓展发展新空间的重点任务。《京津冀协同发展规划纲要》将天津市的功能定位调整为"一基地三区",即全国先进制造研发基地、北方国际航运核心区、金融创新运营示范区、改革开放先行区。从这种意义上说,天津建设全国先进制造研发基地在"十三五"时期将凸显其国家战略重点的地位,是中国北方建设世界级城市群和竞争力培育的新引擎。选择国际影响力为视角考察先进制造研发基地的培育问题对建设全国先进制造基地富有重要意义,符合新形势下的前瞻需要,也是"十三五"时期天津加快发展先进制造业的必备条件。因此有必要在京津冀区域协同发展战略下,对天津先进制造业及其研发基地国际影响力的现状和培育思路进行较为系统的专门研究。

## 一、培育先进制造研发基地国际影响力的理论分析

（一）相关理论基础

近年来,在全球经济不景气的背景下,中国经济仍然能够保持较

快的增长,主要得益于其迅猛发展的制造业,制造业是实体经济的主体,是国家竞争力的核心。制造基地是一种具有独特性质和一定特征的经济区域,是产业和空间集中的产物。[1]卡普伦(Capron)和德邦德(Debande)认为,制造基地在私有和公共服务的发展过程中扮演着重要的角色,同时也是服务业的重要组成部分。[2]

传统的比较优势理论和产业竞争力理论构成了制造基地国际影响力研究的理论基础,庞瑞芝和白雪洁提出现代制造基地的行业影响力具体表现在具有品牌知名度的核心企业以及区域性产业集群上。[3]而目前,关于制造业国际影响力问题,主要围绕企业全要素生产率的微观视角展开。这是因为全要素生产率是决定制造业国际竞争力强弱的根本因素,产业的比较优势很大程度上取决于全要素生产率。格里纳韦(Greenaway)和内勒(Kneller)的研究表明:在英国,企业全要素生产率越高,其进入国际市场的可能性就越大。[4]张杰等则发现"出口中学习"效应明显提升了中国本土企业全要素生产率。[5]反过来,进入国际市场的企业,由于面临更大的竞争压力,会加大研发与创新,从而使全要素生产率得到提高。[6]也就是说,制造业企业国际影响力与其全要

① 参见雷义川:《论制造业基地的信息化发展》,《科技和产业》,2005 年第 3 期。

② Capron H,Debande O:The Role of the Manufacturing Base in the Development of Private and Public Services, *Regional Studies*,Vol.7,1997.

③ 庞瑞芝、白雪洁:《现代制造业基地的内涵及特征探析》,《经济论坛》,2005 年第 9 期。

④ Greenaway D,Kneller R A. New Perspectives on the Benefits of Exporting, *Economie Internationale*,Vol.1,2004

⑤ 张杰、李勇、刘志彪:《出口促进中国企业生产率提高吗? ——来自中国本土制造业企业的经验证据:1999—2003》,《管理世界》,2009 年第 12 期。

⑥ 戴觅、余淼杰:《企业出口前研发投入、出口及生产率进步——来自中国制造业企业的证据》,《经济学》,2011 年第 11 期。

素生产率息息相关,努力提高企业全要素生产率成为培育制造基地国际影响力的突破口。

值得注意的是,还有一些文献基于产业价值链理论,从全球价值链的角度对制造业国际影响力的提升等相关问题进行了剖析,赵文成和赵红从产业价值链的角度针对制造业升级问题进行了研究。①张学敏和王亚飞通过研究我国制造业企业所处价值链的分工地位,深入的讨论了我国制造企业价值链升级多元化途径。②梅丽霞则探讨了全球价值链视角下的地方产业集群升级问题。③同时,也有学者对我国制造产业集群在全球价值链中的"低端锁定"现象这一问题进行了分析。④

(二)研究述评

先进制造业在一个国家的经济发展中常与高新技术的进步、更新换代以及先进的发展理念密切相关。随着《中国制造2025》的发布,中国开始由制造大国向制造强国转变。中央十八届五中全会决议首次提出"培育具有国际影响力的先进制造研发基地"的命题。这既是开放战略,也是区域发展战略的一部分。值得注意的是,在此背景下,一些学者对京津冀区域协同下战略性新兴产业的发展进行了分析,⑤这与先进制造业的发展紧密相连。然而先进制造基地的建设与高新区以及战

① 赵文成、赵红:《基于产业价值链的我国制造业竞争战略研究》,《中国工程科学》,2008年第10期。

② 张学敏、王亚飞:《我国制造企业价值链升级对策研究》,《现代管理科学》,2008年第8期。

③ 参见梅丽霞:《基于全球价值链视角的制造业集群升级研究》,《现代管理科学》,2008年第8期。

④ 参见胡大立:《我国产业集群全球价值链"低端锁定"的诱因及其突围》,《现代经济探讨》,2013年第2期。

⑤ 参见吕波、李家祥:《京津冀协同视阈下天津战略性新兴产业的发展》,《天津师范大学学报》,2017年第3期。

略性新兴产业园区的发展路径存在一定的差异。国家规划对京津冀协同发展下全国先进制造研发基地建设提出了新要求和新机遇,天津也已制订了相关方案,但已有文献尚未就将其培育成具有国际影响力的先进制造基地作出专门分析。

目前,对于国内先进制造基地的国际影响力分析也主要围绕产业竞争力的研究,除了基于波特"钻石模型"的理论框架分析外,更多地集中于与此相关的基地建设布局、集群发展与战略的研究。下文试图基于"五大发展理念"与目标,将制造基地的影响力分解为区域影响力、产业影响力、科技影响力、政策影响力以及资本影响力等多个维度,从不同层面对天津先进制造研发基地影响力的现状展开剖析,并沿此思路,就培育天津先进制造研发基地国际影响力的路径与对策进行深入探索,为加强区域协同、加快实现天津发展"一基地三区"的功能定位提供理论补充。

## 二、天津先进制造研发基地国际影响力培育的可行性分析

当今世界,具有国际影响力的先进制造基地主要存在于发达国家,而且尤为集中于北美的五大湖流域、西欧的莱茵河流域、日本的太平洋沿岸等地区。总结其发展规律,我们发现,这些基地的共同点是在成本、规模、开放以及创新等方面具有较强的比较优势,同时重视培养对周边国家和地区的经济辐射和带动能力。借鉴发达国家发展经验,为了实现弯道赶超,与国际先进制造基地看齐。近些年,天津紧紧抓住国际产业转移和国内制造业发展的历史机遇,根据国家的产业发展部

署与规划,大力推进先进制造业发展,为快速提升天津制造基地的国际影响力提供了有利条件,使得实现一流开放国际化的制造基地成为了可能。目前,天津制造基地影响力主要表现出以下四个特征。

(一)投资力度大幅度增加,先进制造基地区域影响力初显

当前,天津定位于全国先进制造研发基地,已形成汽车、航空、石油化工、电子信息、装备制造、资源综合利用、软件和信息服务等九大国家新型工业化产业示范基地。先进制造业投资力度不断增加,2015年天津战略性新兴产业投资365.25亿元,主要投向新能源、新材料、新一代信息技术、高端装备制造等先进制造领域。[①]在京津冀地区的规模和竞争力不断增强,天津先进制造研发基地的区域影响力效应初步显现。

(二)产业结构逐步优化,重点行业影响力优势凸显

天津制造业门类齐全,近年来在优势支柱产业中,决定整个产业链影响力的装备制造业发展尤为突出,大型工程机械、海洋工程装备、数控机床等一大批先进制造装备实现高端化。2015年,装备制造业增加值占规模以上工业的36.2%,其中航空航天、汽车制造、电气机械等重点行业影响力优势凸显。同时,形成了新一代信息技术等相对完善的产业体系,中环电子、百利机械等本土中国500强企业,成为天津具有品牌影响力的[②]龙头企业,产业带动与外溢效应明显,传统制造业也得到了有效的改造升级。

---

①② 本部分涉及数据来源于天津市统计局、国家统计局天津调查总队:《2015年天津市国民经济和社会发展统计公报》,http://www.stats-tj.gov.cn/Item/25858.aspx,2016年3月1日。

### (三)创新要素不断累积,科技影响力日趋增强

近年来,天津通过构建产学研融通机制,不断加大科研投入力度,区域创新引领能力明显提升。截至 2015 年,全市共有国家级高新技术企业 2309 家,研发经费占比进一步提高。随着研发投入力度的加大和政策的支持,天津先进制造研发基地创新成效稳步增强,创新土壤日趋肥沃。此外,制造基地创新影响力的培育离不开人才的引进和培养。随着工作生活环境的提升和地区人才服务政策的落地,天津先进制造产业储备人才不断增加,科研梯队结构得以优化,高层次海外留学人员不断集聚,这使得天津在京津冀创新活动中的科技影响力不断增强。

### (四)战略机遇效应聚集,多重政策助推核心影响力提升

在新形势下,天津恰逢多重战略机遇,对于先进制造研发基地影响力的培育来说是千载难逢的契机。国家先后发布《中国制造 2025》《"互联网+"行动计划指导意见》《国务院关于深化制造业与互联网融合发展的指导意见》《智能制造发展规划(2016—2020 年)》等一系列发展战略,天津市也出台了《天津市建设全国先进制造研发基地实施方案(2015—2020 年)》。京津冀协同发展、自由贸易试验区建设、国家自主创新示范区建设、"一带一路"建设、滨海新区开发开放,都为天津先进制造研发基地影响力的培育提供了良好的土壤与政策环境。同时,大数据智能时代下,3D 技术、大数据、云计算等一系列前沿科技的出现,也为国际影响力的培育提供了技术支持。

此外,2016 年 11 月《天津市工业经济发展"十三五"规划》获得批

复并执行,进一步强调要壮大先进制造业产业集群;同时,深化产业国际合作,推动高端装备、先进技术、优势产能向境外拓展。这些政策和规划的落地将不断推进天津先进制造研发基地走向国际,提高其全球影响力和竞争力。在这里,国家战略与地方规划交相辉映,在天津先进制造研发领域产生共振效应,这一系列举措为天津制造基地国际影响力的加速培育提供了有力保障。

## 三、天津先进制造研发基地国际影响力培育的现存问题

近年来,天津制造基地规模不断增大,但国际影响力并未得到明显的提升。下文将从天津制造基地的先进影响力、科技影响力、协同影响力以及资本影响力等多个角度对目前制造研发基地国际影响力培育中遇到的问题及其原因展开剖析。

(一)智能制造背景下基地的先进影响力不足,缺少国际话语权

近年来,宏观经济运行面临着较大的持续下行压力,"保增长"成为了重要目标。同时,伴随着以"互联网 +"为代表的智能时代的到来,日常生活方式和经济社会结构变化加剧。传统的优势产业发展模式和地区经济规划与新时代、新潮流发生一定的冲突,移动互联网在各行业的渗透正在使经济运行节奏和传统商业模式发生颠覆性变化。在这种趋势下, 引以为豪的地区支柱性产业可能在未来几年优势不在,区域经济格局很可能会面临重新洗牌,这既是对城市经济持续增长的艰巨挑战也是实现跨越式赶超的重大契机与战略机遇。

目前,天津基于大数据与互联网智能的区域创新驱动作用尚显不足,体制机制观念相对落后,科技成果缺乏产业化推动力,国际市场占有率低。高尖端人才相对匮乏,原始创新能力薄弱,缺乏基于大数据高效创新的制度土壤,也缺少像阿里巴巴、百度和华为那样的创新型龙头企业以及依托移动互联网成长的中小型科技企业。

(二)高端研发能力薄弱,科技影响力有待进一步培育

尽管天津创新投入强度位于国内前列,但放眼世界,与美国、日本等发达国家先进制造基地相比,天津部分制造业仍徘徊于国际价值链的中低端,附加价值偏低。很多企业忽视大数据智能可能对制造业带来的颠覆性革命,互联网核心技术和大数据智能关键技术仍被国外垄断。精密仪器、机器人、高档数控机床系统、光纤制造装备等行业主要部件依赖进口,制造企业知名度不高,缺乏国际影响力。同时,国外一些国家对我国进行技术封锁,往往只出口低端技术而垄断高端产品和技术市场。这些都会对制造基地自主创新能力和影响力的提升形成障碍。可见,天津要在先进制造与研发激烈的国际竞争中取得优势与应有的影响力,在科技创新与技术配套服务方面的投入力度尚待进一步加强。

目前,天津的科研成果数量与质量不足,研发投入结构也不够科学,基础研究支出占总支出的比例远远低于具有全球影响力制造基地的主要发达国家。而基础研究体现了原始创新能力,基础研究的投入规模和水平反映了一个地区的科技实力与成果承接识别能力。过多的追求短期研发效益可能阻碍制造企业持续性创新,削弱技术外溢的吸

收转化能力,不利于制造基地科技影响力的长期培育。

(三)制造业结构待优化,重点产业协同影响力需进一步加强

与具有国际影响力的先进制造地区相比,目前天津传统制造业所占比重仍较高,技术配套较为落后,产业结构亟待转型升级。重化工业比例依然偏重,难以培育环境标杆下的绿色影响力。在大数据智能时代下,新兴制造业培育力度不足,高端产业发展格局尚未形成。同时,产业聚集度及关联强度较弱,与京冀两地产业同构问题仍较严重,区域内企业存在局域恶性竞争,一些工业园区中产业不匹配、难协同现象尤为突出。此外,天津一些重点产业尚未形成完整的产业链体系,区域配套能力较弱,"缺链短链"现象较为严重。上游产业设计、研发转化能力不强,在下游高端产品个性化定制及售后服务的延伸方面开发不足,在一定程度上对先进制造基地区域影响力的产业协同提升形成了阻碍。

(四)生产性服务业发展滞后,资本影响力尚需进一步扩张

生产性服务业是推动制造业转型升级以及提升制造基地影响力的重要力量。目前,比起先进制造业的快速发展,天津生产性服务业相对滞后。科技金融支撑范围覆盖有限,中小型科技企业普遍在创新研发投入中存在融资难问题。由于信息不对称和契约环境等原因,金融机构不愿意贷款给急需资本支持有潜力的科技型民营企业,不利于地区科技创新效率和经济活力的提升。此外,资本仍以传统金融业流通方式为主,金融效率较低;移动互联金融、融资租赁等新兴金融工具的

发展尚处于起步阶段；跨国或跨地区的先进制造业资本投资匮乏，主要局限于本地企业的金融服务，并且与天津先进制造基地产业融合关联度不强，与金融创新运营示范区的功能定位尚有一定的差距，资本影响力较弱。当下，给先进制造基地融入更多的生产性服务要素，充分发挥资本支撑作用成为了提升国际影响力的当务之急。

## 四、培育天津先进制造研发基地国际影响力的路径与对策分析

### （一）立足天津实际，把握世界制造基地发展趋势

从全球经济发展过程来看，制造业发展目前出现两种趋势：一方面，传统制造业向越南、印度等劳动力成本较低国家迅速转移，中国传统的"世界工厂"地位被削弱；另一方面，以美国、德国为代表的发达国家制造业回归浪潮涌现，大数据和互联网时代下的制造业智能化、信息化和定制化转型加快，彻底颠覆了制造基地的传统生产方式。在国际竞争中，天津要培育先进制造研发基地的国际影响力，必须紧跟大数据智能时代要求，利用优势产业基础，积极构建新型大数据制造基地和国际领先的云计算数据中心，支持大数据与先进制造业深度融合。围绕数据仓库、数据安全、数据分析、数据挖掘等，不断促进新业态的形成。将移动互联网的智能行业开拓作为未来中小企业创新创业发展的重中之重，重视云服务领域，积极引进海内外高端人才落户。同时，开拓 3D 打印、机器人等基于大数据智能的衍生产业，使泛大数据

产业成为未来天津先进制造研发基地新的优势和支撑点。

(二)加强区域协同创新,推动京津冀先进制造有效对接

围绕京津冀产业协同,积极承接非首都功能疏解,扩大天津先进制造在京津冀区域影响力的辐射范围,主动与北京、河北重点先进制造业进行无缝对接。借助大数据智能带来的优势,构建京津冀区域创新协同信息平台,利用移动端开发手机应用,瞄准企业需求,使区域内企业能随时随地找到所需的技术成果与前沿科学动态,实现京津冀区域科技信息无障碍交互。同时,发挥政府的主导协调作用,突破地域限制,推进京津冀区域丰富的科技资源要素的有效协同配置,理顺

区域产业链,实现优势互补;定位国际,着眼长远,凸显京津冀区域绿色制造要求,避免重复研发、狭义竞争和区域产能过剩;针对先进制造业的核心技术,增强天津先进制造研发基地的技术承接和转化能力,引进海内外顶尖人才和团队,构建世界一流的制造业研发与产品评价体系,着力培育和提升全国先进制造研发基地的科技影响力。

(三)大力发展生产性服务业,构建科技金融服务体系

着手解决因生产性服务业发展不足对天津先进制造研发基地影响力提升带来的制约。要加强规划与引导,构建京津冀协同产业服务机制,统筹资源,合理布局,提升区域物流联动效率,积极开展生产性服务示范工作。健全知识产权与法律相关服务,重点发展基于大数据移动互联的新兴科技金融行业,完善各级资本对科技创新的支撑,提高科技金融利用效率。同时,加大科技孵化器建设力度,打造支持中小

企业创新创业的投融资信息与电子商务平台,努力降低企业的交易成本、物流成本和商贸成本。此外,增加职业培训与教育投入,推广移动智能终端服务,围绕天津先进制造基地的现状与特点,大力扶持建设一批满足中小科技企业国际化、专业化服务的综合性平台。

(四)完善监管体系,弘扬契约精神

法律监管与契约执行的效率直接关系到先进制造基地国际影响力的培育,尤其是那些依赖于契约环境发展的新兴科技制造业。有研究表明,契约环境不仅会作用于企业投融资与创新行为,还会对组织形式、经济绩效与地区产业结构产生显著的影响,这些因素直接关系到先进制造基地的国际竞争力与影响力,而人们往往会忽视契约环境在先进制造基地创新能力提升及转型升级中所扮演的重要角色。因此要真正做到依法高效的市场监管,切实提高法律执行效率,降低诉讼成本,加大债务违约等行为的惩处力度。同时,大力开展宣传与教育活动,弘扬契约精神,激发企业家创新创业精神的活力,给先进制造基地的发展营造一个宽松、良好的生产经营与创新环境。

(五)加强先进制造国际合作,向全球价值链高端跃升

借助"一带一路"建设和自贸区建设的多重契机,充分利用和发挥先进制造基地的外向型特征。积极扶持企业"走出去",学习发达国家先进制造领域的技术和管理模式,大力引进高端制造相关投资,加强与国外行业内知名企业合作。鼓励企业参与国际竞争,在"出口中学习",在竞争中提升品牌、技术与服务的国际影响力。着力支持龙头企

业发展,培育天津先进制造的世界名片,以品牌提升商誉度与影响力,增强制造基地大企业集群的影响力。同时,在全球制造产业链分工中进一步有效配置创新要素资源,促进高端服务与信息化融合,推动天津先进制造业从基础工业品拓展为创新服务的产品体系,引领天津先进制造研发基地向高端价值链跃升。

(本文发表于《天津师范大学学报》,2017年3期。合作者:杨畅,博士,时为天津师范大学经济学院讲师,现为副教授。)

# 第四十二章　产业创新中心建设的特点、意义与路径

《京津冀协同发展规划纲要》将推动产业升级转移作为取得重点突破的三大任务之一，要求推动产业转移对接，加快津冀承接平台建设，加强京津冀产业协作，并就天津功能定位凸显了全国先进制造研发基地的建设。纲要颁布后，三地在加快产地对接方面取得了积极进展。天津在"十三五"发展规划中明确提出了"积极培育新产业、新业态、新技术、新模式，构筑现代产业发展新体系，建设全国产业创新中心"的发展目标。2016 年发布的《天津贯彻落实国家创新驱动发展战略纲要实施意见》明确提出了"到 2020 年成为全国领先的创新型城市，基本建成具有国际影响力的产业创新中心的发展目标"。

2017 年，天津市政府通过的《天津市加快建设全国先进制造研发基地的实施意见》又继续提出了这个任务。同年 5 月召开的中国共产党天津市第十一次代表大会规划了"五个现代化天津"的发展目标，第一个是加快建设创新发展的现代化天津，提出要保持经济平稳较快增长，高水平建设"一基地三区"，京津冀协同发展目标如期实现，成为全国领先的创新型城市和产业创新中心。如何在新形势下，立足于协同发展国家重大战略的定位和要求，通过天津建设全国产业创新中心更好地推动京津冀协同发展，是值得深入思考的重要问题。

## 一、产业创新中心建设的特点

产业创新中心建设已成为 2016 年我国多个地区关注的热点。3月,武汉市在贯彻国家发改委、科技部、工业和信息化部联合发布的《长江经济带创新驱动产业转型升级方案》时作出了加快建设具有全球影响力的产业创新中心的设计。8月,广东省强调了要建设成为国家科技产业创新中心。同月,江苏省印发了《关于加快推进产业科技创新中心和创新型省份建设若干政策措施》。显然,产业创新中心的基本含义及其在国内不同地区的定位特色已成为首先要明确的问题。

"产业创新中心"是一个比较新的概念。从现有的理论资料和实践案例看,还没有对这一名词形成统一的认识和评价标准,也没有可以直接参考和借鉴的现实模板。通过对国外创新中心的考察,我们认为,成为产业创新中心必须具备的先决条件是:产业创新要素集聚,拥有在全国甚至国际上有影响力和竞争力的产业或产业集群;产业对接迅速,拥有支撑产业创新的先进基础设施和进行成果转化、精准对接相关产业的能力;产业服务体系健全,拥有高端产业创新人才和支持从事产业创新人员的服务体系;产业创新活跃,拥有开放合作、法制健全的产业创新生态环境;产业示范效果显著:拥有强大的对周边地区产业进行辐射、带动、示范引领的能力。

天津市在明确"打造具有国际竞争力的产业创新中心"的发展目标时提出,"三步走"战略目标的第一步,到 2020 年成为全国领先的创新型城市,基本建成具有国际影响力的产业创新中心。这是立足天津既往的比较优势、当前的产业基础，和未来的发展潜力制定的。作为京津冀区域的产业创新中心，认清其内涵既要注重与以往战略目标的融合对接，又要明确与类似战略目标的关系，把握其基本特点。具体来看，要厘清与以下五个关系。

（一）与京津冀协同发展战略及建设全国先进制造研发基地的关系

京津冀协同发展是一项重大国家战略，天津建设产业创新中心要继续服务并支持这一战略。北京在协同发展中的定位是"四个中心"，天津要积极对接北京的科技研发成果，将北京的一些创新成果落地，实施产业化，努力成为北京科技创新成果转化第一站。天津在协同发展中的定位是"一基地三区"，"产业创新"的提法从某种意义上来说，也是对建设全国先进制造研发基地这一目标的延伸和强化，与天津原有的制造业发展基础、产业结构状况等密切相关，最大程度地体现了天津先进制造业的发展优势。因此，天津在建设产业创新中心的过程中，要继续夯实制造业发展优势，持续引领中国制造转型升级，在实现产业创新目标的同时，搞好全国先进制造业研发基地建设，进而支撑京津冀协同发展重大国家战略。另外，我们也要时刻警惕三地产业发展过程中可能出现的一些不良现象，坚决避免出现产业高度重叠、同质严重、碎片明显等问题，保证京津冀三地产业错位发展、各具特色。

（二）与国家就北京、上海建设全国科技中心定位的关系

根据国家的明确部署，北京、上海依托各自的自主创新示范区，分别确定了"全国科技创新中心""具有全球影响力的科技创新中心"的

定位。深圳也提出了"世界一流科技创新中心"的目标。京、沪、深三地的发展重点是科技创新中心,天津的经济发展水平与上述三个城市尤其是京沪还有很大差距,因此天津的定位要区别于这些城市。如果说"科技创新中心"发展基点放在科技创新上,要围绕激发原始创新新动力、构建产业发展新体系、拓展创新发展新空间、构筑开放合作新格局、营造创新创业新生态等开展工作,那么"产业创新中心"是天津结合长期以来的产业发展优势形成的一个定位,其发展基点要放在"产业"上。

产业创新既蕴含着产业技术创新等与科技创新交融的内涵,但同时更为重要的是体现着产业化、集群化等产业发展思路,其工作重点在于加速推动一批高科技成果的产业化,并依托本地产业基础和资源优势,做大做强新一代信息技术、生物与健康、新材料与高端装备制造、新能源汽车、新能源与节能环保等战略性新兴产业,形成特色产业集群。同时,天津建设的产业创新中心应围绕打造先进制造研发基地具有全程的特点,有别于某些地区提出的产业科技创新中心。

(三)与《中国制造2025》的关系

随着全球产业竞争格局的重大调整,发达国家"再工业化"战略和发展中国家积极参与全球产业分工,对我国产业发展形成了"双重挤压"。同时,随着我国经济发展进入新常态,经济环境发生重大变化。为了更好地积极稳妥地应对国内外的挑战,在原有比较优势逐步削弱,新的竞争优势尚未形成的交替期间,我国政府坚决贯彻实施制造强国战略,颁布了《中国制造2025》第一个十年行动纲要,为我国产业转型升级、从工业大国变为工业强国作好充分准备。《中国制造2025》计划,将提升制造业整体素质,增强优势领域竞争力,形成一批具有较强国际竞争力的跨国公司和产业集群,明显提升在全球产业分工和价值链中的地位等作为目标。要实现这些目标,需要我国各省市在主要领域实行重点工程,引领和带动整个制造业的发展。天津产业创新中心建设无疑是大力推进《中国制造2025》的一个有效举措,通过对先进制造业的统筹规划,合理布局,在明确产业发展方向,实现率先突破的同时,引领和带动全国其他省市制造业发展方向,进而全面推进我国工业化进程。

(四)与国家建立的制造业创新中心的关系

创新是制造业发展的源动力和主引擎。当前,我国产业创新能力不强,关键核心技术受制于人、产业共性技术供给不足、创新成果产业化不畅的问题依然存在,现有的制造业创新体系已难以适应经济社会发展需要,亟须在发挥已有各类创新载体作用的基础上,围绕产业链部署创新链,围绕创新链完善资金链,瞄准制造业发展薄弱环节,打造高水平有特色的国家制造业创新平台和网络,形成以制造业创新中心为核心节点的制造业创新体系,推动我国制造业向价值链中高端跃升,为制造强国建设提供有力支撑。

为深入实施《中国制造2025》,围绕制造业创新发展的核心任务,国家推出了《推进制造业创新中心建设工程实施指南(2016—2020)》。地区的产业创新中心建设能够通过突破重点领域共性关键技术,加速科技成果商业化和产业化,优化制造业创新生态环境,形成国家制造业创新中心或省级制造业创新中心为核心节点的多层次、网络化制造业创新体系，从而显著提升国家制造业创新能力。但不同的是，这里重点表达了区域的新功能，前者是国家针对落实制造强国战略设置的国家级创新平台，是由企业、科研院所、高校等各类创新主体自愿组合、自主结合，以企业为主体，以独立法人形式建立的新型创新载体。

### （五）与天津自创区建设产业创新中心的关系

天津国家自主创新示范区于 2015 年 2 月在天津滨海高新技术产业开发区揭牌。同年 12 月，《天津国家自主创新示范区发展规划纲要（2015—2020 年）》获批，确定了天津自创区"一区二十一园"的发展新格局。其中"一区"即以天津滨海高新区为核心区，"二十一园"是在 15 个区县及滨海新区 6 个功能区建设 21 个分园。《纲要》明确了天津自创区的 5 项重点任务，其中的首要任务就是建设具有国际竞争力的产业创新中心，未来要实现创新主体集聚区、产业发展先导区、转型升级引领区和开放创新示范区的国务院定位。

天津市建设产业创新中心则有了更高层次的含义与意义，已突破自创区的任务，瞄准重点和短板，成为天津市建设全国先进制造研发基地的标志性和领衔式任务。当然，天津市要建设好产业创新中心，首先需要加强国家自主创新示范区的工作，发挥其政策优势和制度优势，推动"双自"联动发展；自创区通过促进各园区转型升级，以产业链、创新链拉动人才链，有效形成特色产业和产业集群，也必将更好地服务于天津建设产业创新中心的目标。

## 二、产业创新中心建设的意义

建设产业创新中心对京津冀地区及天津乃至全国都有积极的重要意义：

（一）有利于推动京津冀协同发展

天津在先进制造业发展方面具有举足轻重的作用，而且至今仍在持续引领产业变革与发展方向。加快建设产业创新中心，必须围绕天津重大产业部署和实际需求，在发挥当地主体作用的同时，推动京津冀地区协同发展。天津要持续发挥滨海新区、自贸区、自创区等在产业创新中的核心区域作用。在园区建设方面目前已加快进行了天津滨海中关村科技园、未来科技城京津合作示范区、武清京津产业新城、宝坻京津中关村科技城等相关承接平台，实现京津冀区域的合理布局，有序发展。在科技成果转移和产业化方面，天津还将开展京津冀三地技术转移机构合作，成立京津冀协同创新技术转移联盟，促进一批科技资源聚集，加快推进临港中小企业总部基地项目、临港高端装备制造产业基地建设等十大产业项目，吸引首都重点实验室来津建设研发转化平台，加速技术转移和成果转化。总之，产业创新中心建设能够起到京津冀三地功能定位很好地衔接融合，对推动京津冀产业协同发展战略起到重要促进作用。

（二）有利于加快全国先进制造研发基地建设

产业创新中心的主要工作是科技成果的产业化和产业的集群化。全国先进制造研发基地正是以科技创新为动力，以研发转化为先导，通过培育一批具有国际竞争力的企业集团，引导先进制造业产业集群化发展。伴随着天津科技城、机器人产业基地、汽车产业集群、三机一箭一星一站、智能港口等一系列重大项目的实施，以及自动化技术向石油化工、机械加工、精密仪器、电子信息、生物医药等多个支柱产业的不断延伸，目前天津已经突破一批产业关键核心技术，培育一批新业态，打造出系列特色发展的产业集群。比如围绕滨海高新区、空港、临港、北辰、西青、东丽、宝坻和宁河分园，构建的高端装备制造产业发展集群；围绕滨海高新区、开发区、空港、津南、西青、武清和宝坻分园，重点发展大数据与云计算、信息安全、互联网金融、移动互联和电子商务等产业，构建的新一代信息技术产业发展集群；围绕滨海高新区、开发区、空港、东丽、北辰和静海分园，构建的生物与健康产业发展集群；以及节能环保产业发展集群、新能源与新能源汽车发展集群和现代服务业与文化创意产业发展集群。因此产业创新中心的建设必将突出补充天津制造业发展短板，夯实已有发展优势，对加强先进制造研发基地建设起到有力的推动作用。

（三）有利于落实国家创新驱动战略

天津建设产业创新中心要始终瞄准世界产业前沿趋势。以培育产业生态为主线，通过加强平台建设，项目集聚效应不断显现。天津拥有全球领先全链条自主知识产权的新能源汽车整车制造企业;作为国内唯一的掌握光热电站各个系统最核心技术的天津滨海光热项目,也是中国首个具有国际先进水平的太阳能光热发电研发及产业化基地,是国内光热领域的先驱;天津高新区聚集了天津市70%的软件企业和53%的系统集成企业,形成了云计算、大数据、移动互联等优势产业链,产业年均增长率超过60%。曙光公司"星云"计算机在第三十五届全球超级计算机"TOP500"中排名全球第二,并且连续4年位居中国高性能计算机市场总份额第一。因此产业创新中心建设将集聚更多的国内国际创新资源,在落实国家创新驱动战略的过程中,发挥产业化和集群化等的重要影响,做全国产业创新的示范者和排头兵。

(四)有利于完善对外开放区域布局

开放是国家繁荣发展的必由之路,发展高水平的开放型经济是我国经济发展的重要动力。积极探索开放型经济的新模式、新路径,将促使我国深度融入世界经济体系,在更加广阔的市场空间中实现可持续发展。国家"十三五"规划就新形势下沿海、内地的提升开放水平作出了新部署,沿海地区的产业创新中心建设在持续巩固我国"传统制造业中心"和"传统贸易大国"地位的同时,可以通过延伸产业链、价值链,有效进行外贸转型升级,发挥率先作用。

"十三五"时期,我国将迎来从以工业制造业为主对外开放到更为注重服务业对外开放的转变过程,未来的开放重点是服务业的改革发展、对外开放及与国际接轨。目前,天津自贸区也正在探索服务业对外开放。天津产业创新中心建设将积极利用这一机遇,围绕"一带一路"

建设,促进航空、机械、冶金、轻工、纺织等方面的优势产业走出去,进一步完善对外开放布局,成为中国经济对外开放的"升级版"。

## 三、产业创新中心建设的路径

天津建设产业创新中心既要遵循产业发展的一般规律,又要体现中国特色,具有京津冀协同发展视阈下的天津特色;既要谋划长期推进的思路,又要抓好当前工作的重点。

### (一)长期推进思路

在我国经济发展进入新时代,新"三步走"战略进行实施的历史交汇期,天津建设产业创新中心必须体现在带动全面创新,率先形成以创新为主要引领和支撑的经济体系和发展模式;立足于发挥中心城市集聚辐射功能,带动区域创新发展;着眼于全球影响力、竞争力,在参与全球经济科技合作竞争中体现国家水平等。

1.集聚全球创新资源,构筑产业创新高地

我们要把"引进来"与"走出去"并重,吸引国际高端科技成果在津落地,推进自创区"一区二十一园"建设,引进一批高水平科研机构、研发中心和科技企业,形成一批具有国际竞争力的战略性新兴产业集群,进而形成面向全国甚至全球的技术转移集聚区;要以建设京津冀全面创新改革试验区为契机,着力打造京津冀协同创新共同体,在重点领域共建技术交易市场、科技孵化器,推动科研设备、信息资源共享共用,加快科技园建设,承接更多的先进技术、创新要素、高端产业;要继续深化部市、院市、市企合作，争取更多的国家重大平台、创新基础设施、重大科技项目落户天津。要支持企业到发达国家并购研发中心，大力吸引海内外高水平实验室、研究所、高校、跨国公司来津设立科研机构，建设一批国家重点实验室、工程中心、企业技术中心，为创新驱动发展提供支撑；同时鼓励企业在海外设立研发机构，加快海外知识产权布局，参与国际标准研究和制定，抢占国际产业竞争高地。

2. 深化机制体制改革，优化产业创新环境

建设产业创新中心，必须坚持科技创新和制度创新双轮驱动，协同发挥作用，通过深化体制机制改革，破除制约创新的思想障碍和制度藩篱，形成充满活力的科技管理和运行机制。注重深化改革，弘扬创新精神，建设结构合理、素质优良的产业创新人才队伍，深入推进人才评价体系和激励机制改革与创新，充分尊重企业、科技机构、高校科技人才的价值追求，建立短期激励与长期激励结合、收入与业绩合理挂钩、充分体现人才价值和贡献的人才回报机制，健全人才创新创业支撑体系，为产业发展提供坚实的智力保障。同时，加快推进全面创新改革试验区建设，不断优化创新创业生态，激发全社会创新创业活力。

3. 加速产业承接和对接，提高技术产业化水平

要努力解决好科技创新与经济社会发展融合问题，防止科技创新与产业活动"两张皮"。当前，推进供给侧结构性改革，亟须加强科技导向，加大科技供给。要以市场为引领，强化科技创新同经济对接、创新成果同产业对接、创新项目同现实生产力对接，围绕产业链打造创新链，着力提高科技进步贡献率，推动产业和产品向价值链中高端跃升。天津市要围绕京津冀协同发展，积极充当好北京科学技术转化的第一

阵地,通过产业对接和承接科技转移,在服务国家重大发展战略的同时,提升自身科技成果产业化水平。

4. 提升产业创新服务,汇聚产业创新主体

要积极发展社会化中介服务,培育一批科技服务机构和骨干企业,引进一批国际知名的中介机构,提高为企业服务的市场化程度,将"企业动嘴、政府跑腿"逐步转变为"企业动嘴、企业跑腿"。要完善投融资支持政策,落实中小微企业贷款风险补偿机制,发挥财政资金的杠杆作用,引导社会资本投入,鼓励金融机构创新科技金融产品和信贷服务,推动科技企业挂牌上市。要加强知识产权保护和应用,要完善知识产权保护制度,严厉打击侵犯知识产权行为,使天津成为知识产权保护工作做得最好的城市之一。

5. 实施产业创新工程,提升产业发展竞争力

在新一代信息技术、生物医药、能源、新能源汽车、节能环保、先导与优势材料、数字化制造、轨道交通等产业领域实施产业创新工程,引领支撑"高精尖"产业发展;推动以科技服务业、"互联网+"和信息服务业为代表的现代服务业高端发展,促进服务业向专业化、网络化、规模化、国际化方向发展。具有强大竞争力的产业集群是产业创新中心的显著特征。科技型中小企业是形成产业集群的主力军,天津要努力依靠科技创新、结构调整,汇聚中小企业实力,进而提升天津产业发展竞争力。

6. 服务辐射带动战略,构筑开放共享格局

优化创新格局,促进全市各区域精细化、差异化发展。建立京津冀有机衔接、互联互通的合作体系,打造区域协同创新中心。把握"一带

一路"等国际化发展重大机遇,形成全球开放创新核心区。天津产业创新要能够更多地通过产业技术突破来培育和衍生新兴产业和产业链,围绕产业链部署创新链,进而持续培育发展战略性新兴产业。同时,注重科技与服务业的融合发展,特别注重推广"互联网+"模式,发展互联网服务业,不断催生新兴业态,做信息科技服务领域创新的领跑者。另外,天津的产业创新要能够带动传统产业升级,特别是要推动信息化与工业化融合,利用信息智能技术推动传统制造向现代"智造"转变,并利用科技创新推动农业、制造业向价值链两端延伸,在研发、品牌、流通等"产业服务化"领域形成竞争力。

（二）当前工作重点

从天津推动建设产业创新中心的工作看,要注意做到:

1. 在功能定位方面,强化天津建设产业创新中心是京津冀协同发展战略的重要组成部分

在天津创建产业创新中心,最初提出于天津争创自创区之时,后又成为建设全国领先创新型城市的目标。这个任务在京津冀协同发展战略中居何种位置,是需要认清的问题。从京津冀协同发展对北京和天津的定位来看,北京的"四个中心"之一是科技创新中心,在天津的"一基地三区"之中,全国先进制造研发基地虽然含有与科技创新紧密相连的研发基地之意,但是为了更好发挥自身优势和协同优势,出质量和特色,应该更为强化建设产业创新中心。这有利于借助北京的科技创新中心优势更快捷地弥补天津的短项,以天津的制造业优势服务北京市和河北省,既实现错位发展、协同互补,又集中优势资源引领我

国破解缺少高端产业创新中心的难题。从这个角度说,建立产业创新中心没有降低全国先进制造研发基地建设的层次,反而会促进其提升水平,是天津打造特色制造业基地的应有之意和有机组成部分,也属于京津冀产业创新之举,影响和作用深远。

2. 在特色定位方面,凸显天津建设产业创新中心促进京津冀协同发展战略实施和补短板的作用

《中国制造 2025》提出了制造业创新中心建设的工程,其实施办法主要是安排了一些大项目、大工程。2016 年,全国多地已有此方面行动,如武汉市提出建设全球影响力的产业创新中心,广东省提出建立国家科技产业创新中心,江苏省提出建立产业科技创新中心等。

从京津冀协同发展的视角来看,天津市建设产业创新中心,其特殊含义可体现为以下特色:立足于京津冀区域、服务于建设全国先进制造研发基地、着眼于将先进制造科技成果转化为新兴产业的创新中心。第一个特点属于区位层面,要侧重考虑京津冀整体和长远发展的特色需要,与国内其它区域建设产业创新中心形成一种错位竞争。天津建设产业创新中心并非排斥别的地区设立同类特色平台,也没必要复制模仿其他地区的现成做法,这也符合全国发展战略布局赋予天津市的重点任务。为此,在覆盖地域方面,天津可不再仅仅局限于现有自创区确立的"一区二十一园",既要重视发挥现有园区作用,更应切实将产业创新中心作为全市的共同性和标志性任务之一,使之形成以自创区为骨干的系统工程。

第二个特点属于高度层面,既然国家战略要求天津建设全国先进制造研发基地,在实现目标的标准上则不能限于京津冀区域现有的水

平和视野,至少应体现全国的长远和高端要求。其实在中国真正成为先进的创新中心,就应该属于世界级的,必须具有世界眼光,着眼全球水平布局。

第三个特点属于重点层面,产业创新聚焦于先进制造业的新科技成果,关键在促进转化,使基本成熟的科技创新成果顺利制成市场需要的合格产品,进而形成产业。因此,天津发扬自身优势建设基地及中心还应包括大力搞科技创新,值得注意的是,要将更多的力量放在怎样把身边和各地已有的先进科技成果转化为新兴产业之上,这可能是天津落实创新驱动战略出特色、上水平、提升国际竞争力的一个着眼点。

3. 在途径定位方面,着力突破天津产业创新中心建设协同创新的难题

从京津冀协同发展的角度来看,现阶段趟出产业协同创新的路子,需有针对性地取得三个新突破:

第一,突破全国科技创新中心与天津产业创新中心的协同难题。近期通过建立中关村和滨海新区科技园已就这方面有了可喜突破,但是在运用北京科技研发成果方面天津还处在初始阶段,遇到了很多难题,但也存在很大潜力。我们需推动科技产业协同真正有所突破,成为北京高科技成果转化的第一阵地。同时,努力把全国科技创新中心的成果、体制、机制转过来、学过来,成为天津产业协同创新的一个重要成果,这方面还有很多事情要做。

第二,突破京津冀城市群产业链搭建的协同难题。京津冀协同发展的重要战略目标是建立北方的城市群,而且是立足于世界级的高端城市群。作为这个新兴城市群的产业创新中心,不能仅有一些科技研

发新成果,也不能停留于搞出一些代表性的新科技产品,更关键的是建立以这些为内容的,形成内在产业链条的产业集群。京津冀协同发展国家战略对三地的定位已就此作出了总体部署,但在现有体制机制条件下也遇到很多需解决的问题。作为产业集群领头羊的产业创新中心,可借助京津冀产业发展协同不断推进的时机,以优势产业为龙头,积极开拓协同搭建产业链的新局面,这从长远看有利于天津占据北方新兴城市群发展的先机。

第三,突破内部产业创新资源配置的协同难题。天津建设自创区在布局上设有"一区二十一园",这有利于不同地区都运用国家自创区的特色机制各显其能,冲刺高端发展,而且各个园区都在作出努力。但是基于各地肩负的发展任务和现行体制,客观上说,同时会产生天津内部协调不力乃至自我竞争的问题,不利于形成规模效益,提升整体效益。因此还需要进一步做好自身的协同文章,实现本身内部资源的很好整合,使各区域精细化、差异化发展,以理顺天津产业创新的内在协同机制,形成整体优势,从而更好地运用京津冀产业协同的优势。

[本文的主要部分为提交 2016 年京津冀社会科学界联合会举办的第三届京津冀协同发展研讨会论文。收入会议文集《京津冀协同发展——突破与提升》,河北科学技术出版社,2017 年。部分为 2016 年 11 月参加上海社会科学院、天津滨海综合发展研究院、综合开发研究院(中国·深圳)共同主办的"第十二届综合配套改革沪津深三城论坛"的大会发言。合作者:吕波,博士,现为天津师范大学京津冀新兴产业研究所所长,经济学院副教授。]

附录：评论与被评论

# 之一　理论界服务京津冀协同发展的天津声音

## ——评《京津冀协同发展研究》

2014年2月26日，习近平总书记在北京主持召开座谈会，专题听取京津冀协同发展工作汇报，明确指出，"实现京津冀协同发展，是一个重大国家战略"。面对中央一号工程，迎接发展新的机遇，天津市理论界一如既往地担起了责任，与京冀学界一起迅速兴起了理论研讨的高潮。2015年4月30日，中央政治局会议审议了《京津冀协同发展规划纲要》，指明了这个重大战略的核心、目标、原则和任务，更激发了天津理论界的研讨热情。

在这一重要规划制定过程中和即将正式发布之时，我先后拜读了天津人民出版社出版的邢元敏、薛进文、龚克主编的《新时期京津"双城记"——京津冀协同发展研究（一）》《优势互补 合作共赢——京津冀协同发展研究（二）》和《优势互补 合作共赢——京津冀协同发展研究（三）》（以下简称《研究一》《研究二》《研究三》）三书，深感是一套分量很重又特色鲜明的研究京津冀协同发展的标志性著作。

1. 富有系统性和前瞻性的研究成果

据我所知，为深入贯彻落实京津冀协同发展重大战略部署，南开大学当代中国问题研究院充分发挥自身优势，于2014年初就设立了

"京津冀一体化"和"京津双城记"专项研究课题,年内编辑出版了《研究一》,系统探讨了京津冀一体化战略中的重大问题和关键性问题。就该书内容看,既回顾了京津冀关系的历史变迁,又分别从产业、科技、金融、交通、生态诸多方面就协同发展现状和前景作出了全面的考察;既思考了经济一体化路径、京津双城功能定位等总体性问题,构筑了一个相对完整的体系,又着力分析了现实急迫需要解决的重点课题。如在"综合交通网络建设"一章,作者抓住京津冀一体化的这一先行领域,以探讨国外典型性大都市圈交通一体化的经验为基础,分析了京津冀的公路、铁路、航空、港口的发展现状及存在问题,从总体规划、基础设施建设、运营管理、管理机制、产业政策等方面提出了综合交通协同发展的思路,与"生态环境联手治理""产业对接与联动"两章一起作出了重点突出、颇具前瞻的研究,顺应了国家规划提出的要在京津冀交通一体化、生态环境保产业升级转移率先取得突破的需要。两书的作者重视将实际问题上升到理论层面进行研讨,就疏通京津科技上下游、打造京津金融左右手、联手建设共同市场、实现双城民生一卡通、构建交通同城化新格局等方面提出了许多独到的思路和见解,体现了著作的高端性和创新性。

2. 富有针对性和实效性的咨政成果

三部著作的一个鲜明特点是站在时代高度和紧扣实际需要,从各章节的架构到每部分的重点都植根于京津冀协同发展的实践,面对现实问题立选题,抓住难点问题找答案。在研究课题期间,部分成果以决策建议和咨询报告等形式,呈送党中央、国务院和市委、市政府,为领导科学决策提供参考。习近平总书记对有关建议作出重要批示,要求国务院和国家有关部委具体研究。市委、市政府主要领导同志批示将有关研究成果转化为发展规划内容。

3. 富有协同性和代表性的合作成果

三书的作者清醒认识到,京津冀地缘相接、人缘相亲、地域一体、文化一脉、历史渊源深厚,交往半径相宜,具备相互融合、协同发展的空间和条件,必须着眼发展大局,破除各种障碍,实现统筹合作,取得一加一大于二、一加二大于三的效果。为此,著作中也贯穿了协同精神与思路。这反映在各章的分析之中,打破了"一亩三分地"的惯性思维,站在全局的高度剖析问题,提出答案。同时,这也体现在作者队伍的组织上。课题的主持方南开大学当代中国问题研究院是一个跨学科的研究平台,在三书研究中联合了南开大学有关研究院,特别是来自京津冀三地的中国人民大学、中国社会科学院、北京社会科学院、北京国际城市发展研究院、首都经济贸易大学、河北大学、河北工业大学、河北社会科学院、河北省委政策研究室、河北省委党校、天津师范大学、天津财经大学、天津城建大学、天津社会科学院、天津市委党校、天津经济发展研究所、天津市农村经济与区划研究所等教育科研机构和天津市租赁学会等多家实际研究部门的几十名专家学者,开展课题研究,汇集了很多具有长期研究积累的专家。如,《研究一》写作"生态环境联手治理"一章的朱坦教授、"综合交通网络建设"一章的刘秉镰教授、"科技一条化发展"一章的周立群教授、"金融创新同城化"一章的杨海田教授、"产业对接与联动"一章的张贵教授、《研究二》的赵弘教授等都在该领域从事长期研究,承担了多项国家或天津市级课题,取得了很多高水平的成果,近年也在京津冀研究方面产生了广泛影响。这三部著作汇集了作者们新的系列研究成果，凝结了专家们的智慧和贡献，因而也代表了天津学者现阶段的研究水平，发挥了京津冀地区多方联合攻关的效能。

4.富有连续性和递进性的系列成果

《研究一》《研究二》《研究三》是相互衔接的著作。第一部在写作时根据中央提出谱写新时期京津"双城记"的要求确定了主题。第二部又依据京津冀协同发展推进的实践需要，确定了"优势互补 合作共赢"的主题，从协同发展的难点突破、协同发展的战略选择、产业对接与联动、生态治理合作、交通网络、科技创新与农业发展五部分深化了原有题目，开拓了新的领域。第三部是以"创新天津"为主题的著作，以京津冀协同发展、自由贸易试验区、国家自主创新示范区、"一带一路"建设、滨海新区开发建设五大战略为背景，集中探索天津在"十三五"期间的新定位、新使命、新突破、新试验。三部书近70余万字，厚重之中已见凝结的劳动与付出，而且内容不断深化，观点持续升华。三位主编都是我熟知的高层领导，他们对研究京津冀协同发展的高度重视，体现了责任的自觉担当，专家的宽阔视野，也代表了天津社会科学界的心声。

京津冀协同发展是高度复杂的系统工程，关乎到走出一条内涵集约发展的新路子，探索一种人口密集地区优化开发的新模式，形成一个区域协同发展的新增长极，构筑一套保障实现目标的新体制机制。这无疑是一个相当艰巨的任务，尚需伴随在实践中破解难题而不断深化理论研讨。相对于繁重任务来说，这套著作所提供的研究成果仍具阶段性，难得的是作者们奋发有为，孜孜不倦地继续探索，相信一定会不断拿出更好的成果，为推动京津冀协同发展发挥天津理论工作者不可替代的作用。

（本文部分内容以同题目发表于《天津日报》，2016 年 5 月 16 日。）

# 之二　透析中国区域经济增长极的新视角
## ——评《中国特色经济增长极与天津滨海新区》

　　长期从事滨海新区开发开放研究的天津滨海综合发展研究院副院长邢春生副研究员，于2010年9月在天津人民出版社出版了其研究中国当代区域经济增长极发展演进的专著《中国特色经济增长极与天津滨海新区》。阅读此书，总的感觉文如其题，特点突出。通篇分析了中国当代经济增长极的特有品质、表现形式和演进规律，阐释了现实中珠三角的广东深圳、长三角的上海浦东以及环渤海的天津滨海新区的诞生、发展和壮大的历史的、现实的、政治的、经济的以及自然地理、思想文化方面的根源与偶合作用，预示了中国经济增长未来走势和发展前景，体现了理论与实践的结合，既有研究价值，又有史料价值，既有时代的鲜活性，又有一定的思想深度。

　　该书在写作上有三个突出特点：

　　一是在改革开放宏大实践中探寻中国特色经济增长极的存在与发展。该书以实证分析的方法，以改革开放后珠三角、长三角、环渤海经济迅速发展的大量事例和数据为依据，通过就此作出分析，特别是对增长极地区经济发展与一般地区经济发展相比的案例和数据的分析，证实"中国特色经济增长极"的客观存在。用增长极地区对周边地区经济发展带动的相关材料，阐述"中国特色经济增长极"发挥作用的机理。该书还以滨海新区经济持续快速健康发展的事实，描述了"中国特色经济增长极"成长、壮大的发展轨迹，再次印证了"中国特色经济增长极"存在的必然性。总之，该书的主题并非形成于空中楼阁，而是建立在确凿的事实之上，完成于对大量数据的汇聚与分析之中。在这方面，作者发挥了其职业优势。

二是通过对区域经济发展规律的延展分析探究中国特色经济增长极的品质与内涵。该书从理论叙述开始，以理论概括结尾，通篇贯穿对区域经济发展规律的探讨。该书开篇以较多的笔墨、较长的篇幅叙述了传统区域经济发展规律和传统经济增长极理论，为全书主题的展开作了必要铺垫。作者在理论阐述的同时，注重以古今中外区域经济发展的实例印证区域经济的发展规律，还利用大量中国区域经济发展的实例，从一般区域经济规律中归纳总结出中国区域经济的增长极概念，又以现阶段中国经济社会发展的特殊含义来补充和丰富传统增长极的理论，明确提出自 20 世纪 80 年代开始先后形成的广东深圳、上海浦东和天津滨海新区都是具有中国特色的现实版的区域经济增长极，并且深入完整地分析了中国特色经济增长极的品质、特征、形态，还对今后一个较长时期中国区域经济增长极的发展前景作了预测，较好地完成了对中国特色经济增长极这一重大课题理论逻辑的构建。

三是以创新的视角、创新的理念来阐释中国特色经济增长极的今世来生。该书在围绕主题进行理论与实践的阐述时，既不拘泥于传统，也不滞留于对现实诱因的分析，而是以创新的视角寻找成功的内因，力求对成因作出新的解读。例如，关于环渤海区域较之珠三角、长三角区域产业雷同、低水平竞争更为突出的问题，作者并未过多纠缠地方政府实行保护主义政策等,而是从三个区域自然地理形态的差别上探寻新解,认为前两者是流域型地貌,后者是环海状地貌,后者各地的地理差别度远远小于前者,地理差别度又在一定程度上影响了产业的互补性,因此产业雷同、低水平竞争在一定时期成为必然。对这一分析,且不论完善与否,的确给人耳目一新的感觉。该书的最后一章还大胆地将"改革开放度"纳入区域经济增长的要素之中,并且创新性地推演出中国区域经济增长极的数学模型。其含义是:在中国特色增长极区域,在制度内生的发展环境下,制度进步的速度若快于技术进步的速度,经济增长达到均衡增长路径的速度便会加快。由此推论,以制度创新为特征的增长极区域,经济增长明显快于非增长极区域。这一模型很可能不完善,但此种做法应当是一种研究思路创新。

客观地讲,作为一名实际工作者撰写该书,难免会有一些局限性,主要是理论阐述不够系统和深入,对滨海新区管理体制改革等需要破解的现实难题没能具体论述,这有待于作者今后作出进一步研究。

(本文发表于《理论与现代化》,2014 年第 3 期。)

# 之三　经济思想、传奇历史和知识分子研究

## ——评《卓炯传》

　　华南师范大学博士生导师杨永华教授耗费十多年时间精心写作的《卓炯传》，最近由广东经济出版社出版。捧读之后，深感这部 48 万字的传记，生动准确地描述了享有中国经济体制改革理论先驱这一崇高学术地位的卓炯的传奇经历和杰出理论贡献。《卓炯传》作为一部经济学著作，对卓炯的经济思想作了全面的介绍和科学的评论；作为一部历史学著作，披露了大量鲜为人知的历史资料；作为一部研究知识分子的著作，提供了中国先进知识分子的一个鲜活案例。

　　一、《卓炯传》首先是一部经济学著作，准确地介绍了卓炯的经济思想的主要观点和学术成就，科学地作了评价，相当好地处理了写作中的理论难点

　　为一位取得杰出理论成就的经济学家写传记，难点在于如何准确科学地评介其经济思想。如果过分简略甚至完全略去卓炯的经济思想，只就个人发展历程作出介绍，就无法凸显卓炯的经济学家特征，学者传记的高度和本色就难以体现，不少学者传记不够成功的原因就在于此。事实上，有人曾经打算写作《卓炯传》，没有成功的原因可能也在于此。杨永华能够解决这个难题的一个重要原因是他对卓炯的经济思想作了多年的研究，而且有较为宽厚的政治经济学知识功底，在市场

经济理论、政治经济学史和发展经济学等领域有多方面和较深造诣。他先后出版过几部有一定影响的相关著作,如《社会主义政治经济学史》《中国市场经济学通论》等,1982 年在《未定稿》发表了国内第一篇正面评介卓炯商品经济理论的论文,被卓炯生前称为自己"最好的学生"。所以杨永华在写作中能够准确完整地介绍卓炯计划商品经济理论的形成和发展过程,介绍卓炯商品经济的主要观点,并且放在社会主义经济思想史的框架内,与其他经济学家的经济思想作比较,进行科学的评论。

《卓炯传》介绍了卓炯在德庆县凤村公社发表的一系列论文。卓炯认为,社会分工是商品经济产生和发展的唯一原因,所有制只能决定商品经济的社会性质和特点。社会主义存在着发达的社会分工,所以仍然是商品经济;社会主义生产资料公有制决定了商品经济有"计划"的特点,从而得出了社会主义经济是计划商品经济的著名论断。卓炯所理解的商品经济实际上是市场经济。他提出"计划商品经济(市场经济)"并作了令人信服的论证,可以说是"中国第一人"。他还在 1979 年 4 月提出经济改革的基本思路是破除产品经济,发展商品经济,把计划经济体制改革成市场经济体制。卓炯虽然在 1987 年 6 月离开了我们,但是他研究的经济学问题,现在乃至在将来的一个较长时期内,仍然是中国经济学界研究的热点和难点。今天读《卓炯传》,我们仿佛听到卓炯对当前改革开放实践,以自己的独特方式继续发表着睿智的观点,给大家以启迪和智慧。可见,作者对卓炯经济思想的评介是正确、可信和富有启发的。

二、《卓炯传》又是一部历史著作,第一次介绍了卓炯的传奇经历

和多种真实史料,提出了理解卓炯历史的正确方法,得出了一些正确的历史结论

由于各种原因,卓炯的传奇经历正在被历史的风尘所掩盖。把握卓炯历史的难点,首先是资料的严重缺乏,以致无法反映历史的本来面貌;其次还由于各方面认识存在着不小的分歧。比如,关于卓炯在新中国成立前夕, 受中共华南分局某组织授权在云南的一段革命经历,他参与创建的一支革命军队的性质等问题,直到20世纪80年代初期才有了统一的看法。历史是严肃的,来不得半点夸张和想象。杨永华写作《卓炯传》的态度也是相当严肃的。他一改经济实践研究的路子,走进了档案馆和图书馆,一头扎在浩如烟海的文献里,凭卓炯"文革"时期写作的检讨的一点点线索,从发黄的书堆和档案中找出了大量珍贵历史资料和一些革命老人的回忆史料,逐渐理清了鲜为人知的卓炯年轻时代的传奇经历,按照党中央的最新精神,作出了实事求是的描述和评价。又如,抗日战争初期,卓炯在担任《救亡呼声》编辑时,对广东的统一战线工作发挥了独特的作用。他以笔名在1935至1949年发表了19篇论文和出版了一部著作, 较早批判了汪精卫卖国投降主义的谬论,参与亚细亚生产方式的大论战,研究了党的统一战线理论。他受党的派遣,长期在国民党军政、学术界工作。《卓炯传》第一次披露了这些鲜为人知的光荣的革命活动,恢复了历史的本来面貌。

卓炯在60年代初期提出计划商品经济理论,触犯了当时占统治地位的半商品经济理论,受到了长期反复的批判。《卓炯传》运用档案资料,既真实可信地描述了已经被淡忘的历史,又回避了那时批判卓炯的当事人。杨永华曾在一篇论文中说,人们对卓炯计划商品经济理

论批评的深层次原因，是半商品经济论与商品经济论的冲突，而不是个人的恩怨，不要追求个人的责任。这种正确方法的运用，同样保证了作者对卓炯历史上一些重要问题作出了符合党中央有关精神的正确结论。历史证明，卓炯是一位有光荣历史的革命者，是一位革命的知识分子。《卓炯传》在为卓炯光荣历史复原方面做了很有意义的工作。

三、《卓炯传》还是一部以个案研究知识分子在中国大转变年代特殊的学术生涯和学术成就的著作

《卓炯传》描述了中国特定年代的知识分子的成长历程，给青年知识分子以无穷的启迪。杨永华在广东生活工作了十多年，熟悉卓炯的学生，认识卓炯的不少亲朋好友。可能是基于那些鲜活的熟悉的一件件小事的感受，他能生动地、贴切地描写卓炯，深刻地理解卓炯的优秀思想和高尚品德。他作出了以下概括："卓炯是一个知识渊博、作出杰出理论贡献的学者；一个追求共产主义远大理想、为之奋斗终身的革命者；一位诲人不倦的教导、关心青年的导师；一个严于律己，宽以待人的好人。"卓炯作为一位普通的知识分子，认真干着一件件平凡的小事，去学校上课，讲经济学理论，批改学生作业，参加研究生的论文答辩。不管是认识还是不认识的年轻人，凡是给他寄稿子，他都认真阅读和批改。

卓炯作为一位取得杰出理论成就的大师级的知识分子，也象每一位知识分子一样"爬格子"，撰写文章，发表文章。他激烈地反对斯大林的传统经济理论，坚持市场经济的大方向。他关注着中国的改革开放实践，关注着经济学界的动向，为改革开放沿着市场取向的思路顺利前进而高兴，甚至有些许的得意。他尽管对人相当随和，但是对不同学术观点毫不妥协。他写过不少文章，与一些著名学者商榷，批评他们不

彻底承认社会主义商品经济,不坚持市场取向的改革大方向。卓炯像所有知识分子一样,为自己追求的理想的实现而兴高采烈。他提出了社会计划商品经济的论点,实际上勾画了一幅社会主义的理想图画。这与当时计划经济的现实相差何止十万八千里,这种超前的思想使当时的大多数知识分子不能理解和接受,因而受到激烈的、反复的批判。但是他不放弃自己的学术观点,而在等待着现实世界向着他的商品经济理想前进。真理竟有那样神奇的力量。二十年,中国的历史发生了巨大的转折,从计划经济向市场经济迅速前进。卓炯的理想图画正向活生生的现实演变。卓炯说:"我终于跟上了党的步伐",这不是谦虚,而是他发自内心的幸福的心声。这反映了卓炯怎么对待自己,怎么对待社会的态度,为我们树立了一个楷模。卓炯追求学问已达"衣带渐宽终不悔,为伊消得人憔悴"的誉毁皆忘的痴迷程度。这是中国知识分子优秀品德的表现,留给我们很多的思考:怎么做人,怎么研究学问,怎么对待自己,怎么对待社会。《卓炯传》为研究中国知识分子,弘扬他们具有的传统美德和高尚情操,做出了自己的贡献。

杨永华教授的专业是经济理论及学说史研究,写传记未必是他的专长,因此《卓炯传》也存在着某些不足。但是从我在长期从事中国社会主义经济思想研究过程中所了解的情况看,这的确是第一部系统深入研究卓炯经济思想的具有创新性的传记,也是作为中国社会主义政治经济学史研究会副会长、秘书长的杨永华教授就此领域深化研究的一部力作。愿学界多拿出这样的高水平著作。

(本文发表于《理论与现代化》,2003 年第 6 期。)

# 之四　有特色地介绍与研究世界贸易组织

## ——评《世界贸易组织概论》

加入世界贸易组织是 20 世纪末和 21 世纪初中国对外经济发展战略的重要组成部分,对中国和世界经济发展均有重要影响。自我国加入世贸组织以来, 学界出版了一批研究和介绍世界贸易组织的著作与教材,其中有不少颇具特色之作,近日研读的刘书瀚教授、白玲教授主编的《世界贸易组织概论》(南开大学出版社,2003 年)就是其中之一。

该书的第一个特点体现在写作态度上。正如书中前言提到的,在中国入世所激发的对世贸组织的研究和介绍的热潮中,也显示出某种对世贸组织过分神化的态度,一切不切实际的期望在一定程度上掩盖了世贸组织的本质和缺陷, 使人们不能客观或冷静地来看待世贸组织、中国入世以及中国在世贸组织中应扮演何种角色等问题。作为天津市"十五"重点规划教材的《世界贸易组织概论》,既做到了使读者较为全面系统地掌握本门学科的知识,同时又注重培养了读者的求实和探索精神。为此,作者努力采取一种客观冷静的态度来分析世贸组织,正确指出,世贸组织达成的诸多协议和其中的一些条款,也存在违背公平竞争、非歧视待遇的情况,我们不是为了入世而入世,而是为了更好地维护和实现本国利益而入世。这样的基调有益于该书有针对性和重点地展开独到的分析。

第二个特点体现在研究方法上。与其他介绍世贸组织的书籍不同,该书着意先从经济学的角度对世贸组织的产生和发展原因进行了分析。这就使读者一下子抓住了世贸组织的本质,认识到该组织是"国际政策协调和妥协的结果"。这样做的好处是,从一开始就使读者能够更为客观、公正地对待"世贸组织"和"中国入世"等问题。其次,该书避免了使读者"如食嚼蜡"的介绍方法和写作风格。因为相当一部分有关书籍对世贸组织的介绍有复杂化和条款化的倾向。此类书更适合作为研究用的参考资料,但对普通读者来说却容易打消他们的学习积极性。而这部书主要是从经济学的角度对世贸组织达成诸协议产生的历史背景和基本内容等方面加以诠释和介绍,同时说明了这些协议所带来的影响,做到了既上升到理论分析,又深入浅出和通俗易懂。

第三个特点体现在涵盖的内容和专题上。我们知道,从关税与贸易总协定发展而来的世界贸易组织谈判的成果非常丰硕,因此任何一本概论性质的书籍必须在内容方面作出精炼和取舍。该书没有对世贸组织所达成的整套协议作事无巨细的解释,而是在世贸组织的总体结构框架的基础上,根据诸协议适用范围、影响作用以及人们关心的热点、焦点问题作了合适的安排。同时,书中还增加了一些专题性的分析和讨论,如"世贸组织与发展中国家"以及作为八轮回合谈判以外内容的"劳工标准"与"生态环境"等。这些世贸组织面临的新议题和新观点,对读者从更深层次上了解世贸组织大有裨益。

总之,《世界贸易组织概论》虽必然具有教材的局限性,但又的确从不少方面超越了相关的一般教材,具有创新性与学术性;不仅材料丰富翔实、结构合理新颖,而且展示了作者的研究特色与成果,可以说是一本很有特色和质量较高的介绍世贸组织的书籍。希望它在繁荣世界贸易组织教学与科研工作中发挥积极的作用。

(本文发表于《天津经济》,2014年第3期。)

# 之五　破解科研成果转化的难题

## ——评《高校科研成果转化探索与建构》

　　我国加快建设创新型国家必须要破解科研成果转化的难题,促进科技成果转化已成为建设社会主义现代化强国进程中各个领域共同承担的战略性任务。高校始终是我国科学研究的主阵地,是科研成果产出的重要载体。在创新驱动国家战略实施过程中,高校别无选择地要发挥自身的学科优势、人才优势和科研优势,推进科研成果转化,落实和拓展服务社会的功能定位,并在服务中发展壮大自己。然而多年来,无论是科学技术领域还是社会科学领域,高校科研成果转化的效率和效益都不尽如人意,不仅造成大量的资源浪费,也影响我国经济社会的发展进程。

　　面对这一亟待解决的重大问题,陈根来、张慧颖教授撰写的《高校科研成果转化探索与建构》(天津大学出版社,2016年)专著进行了独辟蹊径的探索,分三篇探讨了相关的理论基础问题,以及科学技术和社会科学两个不同领域的科研成果转化问题。

　　关于科研成果转化的理论基础,该书以科学研究成果的概念为出发点,阐释科学研究成果的创新机理与价值标准;进而分析科学技术成果转化与社会科学成果转化的理论内涵,总结高校科研成果转化所具有的综合性、专业性、多样性和协调性等特征和一般规律,并深入地剖析了科研成果转化与衍生企业,与学科建设、人才培养的相互作用关系。应当说,这不仅是对科研成果及其转化问题的宏观抽象表达,也为其具体研究提供了基本的价值原则。

科研成果可以区分为科学技术和社会科学两种不同类别的成果,在《高校科研成果转化探索与建构》一书中,以此为根据分别研究高校科研成果转化问题。高校科技成果转化领域目前不仅存在着制度性障碍,还有投入机制、激励机制和专利技术产业化的生态系统等问题,书中一方面通过实证研究,分析了高校科技成果转化模式,另一方面也介绍了国外高校管理的相关经验,获得思想启示;在法制保障、科技园区孵化和信息服务的平台建设、改革体制机制三个方面展望了未来前景。关于高校社会科学成果转化问题研究,采用了与高校科技成果转化问题研究接近的体例,分析了多种成果转化模式,构建了以中介机构为核心的成果转化功能模型,并运用实证方法研究成果转化的影响因素;评介了典型的国外社会科学研究机构。就高校社会科学成果转化的应然性而言,应当向政府决策转化、支持经济发展和引领社会舆论;而就其实然性来说,则存在着主客体认知错位、缺乏规范的研究建构、研究与需求信息不对称、体制机制障碍和制度保障缺失等诸多问题。有鉴于此,书中有针对性地提出展望方向,即决策咨询法制化助推社科成果转化、建设高校智库为社科成果转化提供平台、推进高校社科成果转化中介服务功能拓展、构建多元利益主体的高校社科成果转化的治理体系等。

《高校科研成果转化探索与建构》一书总体上呈现了三个特点：

1. 内容丰富、体系完整

该书的总体框架设计为理论篇、科学技术篇与社会科学篇。作者团队对科学技术成果转化和社会科学成果转化都曾 wt 过深入研究，在书中基于共性的概念内涵，提出了一致性的理论框架，统领全书的逻辑关系。理论篇着重于探讨和廓清概念基础，建构一个理论研究架构。科学技术篇和社会科学篇则分别从不同领域围绕高校科研成果转化这一主题展开了逻辑与实证的分析研究。

2. 结构清晰、方法多样

全书形成的三篇十二章内容都围绕着对科研成果转化的理论与实践的探索，从不同层面上，在归纳针对高校科研成果转化的政策支持与实施现状的同时，以大量实证调查为基础，提出假设，进行理论建构和体系建构。破解问题和实现研究目标需要多重要素支撑，其中方法的使用最为关键。书中采用了多种研究方法：解决理论问题是从已有文献的查阅和梳理来寻求理论支持，并立足对理论的缺失、缺陷和预留空间给予创新，从而形成相对完整的架构；实证方面则注重了多种调查、模型推理、统计分析和案例剖析等方法的使用。多种方法的综合运用也带来了丰富的研究特色：从解释模式和研究范式看，注重了理论与实际、逻辑与实证、宏观与微观、定性与定量、个案与通则的辩证统一关系，以及从系统性和结构功能来探究问题的可能性；从学科理论看，运用多学科和交叉学科知识，使得研究视野更为开阔。

3. 资料充分、数据详实

这本著作包括最后的附录，呈现了大量的国内外资料、案例材料、数据整理与分析。如,北京、上海、天津等地高校科技成果转化的现状、汤森路透 TOP100 全球最具创新力大学名单、国外社科研究机构介绍、政府管理部门案例、科技园区案例、国内智库案例、研究成果产出和转化关系的调查问卷等。应当说这本著作兼具学术性与资料性,丰富的资料成为学术研究的坚实底蕴;在充分描述我国的现状和国外情况的基础上,不仅有力支撑了科学研究在理论探索和实证观察方面的规范需要,还以宽泛的视野在比较中更加清晰地找到我国高校成果转化的问题和差距,并提出对策。

《高校科研成果转化探索与建构》一书的作者是一个密切合作多年的研究团队。他们从十年前开始关注科学成果转化问题到今天出版这本著作,承担了多个相关的国家级、省部级项目,也因此形成了较为系统、雄厚的学术积累。而且陈根来教授曾担任天津市社会科学界联合会秘书长,是天津市政府多领域的项目评审专家和天津市科协智库专家,在科研成果转化领域有着丰富的实践经验。作者团队通过这本著作展现了高校科研成果转化领域理论与实践的完美结合。

(本文主要观点发表于《天津日报》,2016 年 11 月 14 日。)

# 之六　中国转变经济发展方式理论的深入探索

## ——评《产业结构升级与经济发展方式转型关系的实证分析与国际比较》

转变经济发展方式理论是中国特色社会主义政治经济学的重要组成部分,党的理论创新成果包含了有关内容,国内学术界也对此作出了长时间探讨。近日,读了天津商业大学吕明元教授的专著《产业结构升级与经济发展方式转型关系的实证分析与国际比较》(中国经济出版社,2015 年,以下简称《比较》),深感又为这种研究增添了一部富有理论价值、展示明显特色的著作。

一、《比较》顺应了我国转变经济发展方式理论与实践发展阶段的新需要

《比较》写作和出版于我国"十二五"发展时期之末,有着深厚的发展阶段背景。从发展实践看,我国实行改革开放三十多年来,经济发展取得了举世瞩目的成就,经济总量已超过 10 万亿美元,成为仅次于美国的全球第二大经济体, 但是经济发展方式仍属于传统的粗放型增长,主要依靠投入大量资源来拉动,长期受到高投入、高消耗、高污染、低效益的困扰,面临着世界经济发展低迷的挑战。

经济发展方式转型一直是我们党高度关注的重大问题。早在 20 世纪 80 年代, 从粗放经营为主逐步转上集约经营为主的轨道就被提

了出来。20世纪90年代中期制定"九五"计划和2010年远景目标时，党中央在建议中确定,要实现转变经济增长方式从粗放型向集约型的根本性转变。进入新世纪后,党的十七大分析了新的形势,就实现未来经济发展目标明确指出,关键要在加快转变经济发展方式方面取得重大进展,以发展方式概念代替了增长方式概念,并针对重点内容提出了"三个转变"。在制定"十二五"发展规划之时,党的十七届五中全会紧密结合世界金融危机的影响与挑战，在发展指导思想部分作出了"以科学发展为主题,以加快转变经济发展方式为主线"的概括。这些都体现了指导实践的需要和基于实践的理论创新。与几个发展时期相连,我国经济学界也就此掀起了多次研讨高潮,对转变经济发展方式的重要意义、含义内容、主要途径等作出了深入研究,不断推进着理论的深化。

可见,转变经济发展方式是中国实现中华民族伟大复兴进程中的一个重大命题,"以加快转变经济发展方式为主线"使这方面的实践与理论进入了一个新的发展阶段,既引起发展理念的变革,又涉及发展模式转型与路径创新,为理论界提出了许多需要深入探讨的课题。《比较》作者正是以此为己任,承担了教育部人文社会科学研究项目《经济发展方式转型与产业结构升级的互动机理:模型研究及实证检验》,以其研究成果力图在理论层面拓宽研究视野，为我国转变经济发展方式,合理调整产业结构,实现经济可持续发展提供一种独到的阐释,为新时期国家经济发展战略和产业政策的制定提供决策依据,从而使该书具有了较好的理论价值和应用价值。

二、《比较》设计了我国转变经济发展方式理论与实践特色探讨的新思路

《比较》全书共有三篇十五章,在考察前人成果和进行系统研究的基础上,从三个特色角度深化了理论探索。

1. 探讨了产业结构升级与经济发展方式的关系

经济结构战略性调整被作为我国"十二五"时期加快经济发展方式转变的主攻方向,《比较》的"基本理论篇"深入研讨了产业结构升级与经济发展方式相互作用的机理,尝试将经济增长、要素效率和环保效益纳入统一的分析框架,运用模型分析了产业结构升级的评价。

2. 选择了典型个案作出实证分析

《比较》的"实证分析篇"以天津市经济发展方式转变与滨海新区产业结构升级为案例,采用层次分解法和结构化这两种方法,使用发展动力、经济增长、发展成果、资源环境支持四个方面的 29 个三级指标,对天津市经济发展方式转型作出量化性评价。作者还以保定等国家低碳试点典型城市为研究对象,开展对产业结构的定量评价和比较。这些都丰富了对经济发展方式转型经验与路径的认识。

3. 强化了国际比较与经验借鉴

《比较》的"国际比较篇"选择了老牌发达国家美国、法国、日本和新兴发达国家韩国、新加坡为典型,考察其战后经济发展方式转变中的经济增长、要素效率和社会福利水平的变化,对其产业结构软化、高级化与优化的特殊性及共性进行分析,探讨其过程、特点及影响因素,进而密切联系我国国情,在比较中从正反两个方面借鉴其经验和做法。

三、《比较》提出了我国转变经济发展方式理论与实践深化研究的新见解

我国当前处于"十三五"发展时期,经济发展方式转变的理论与实践也面临新的形势,特别是进入了经济发展新常态。习近平总书记提出,经济发展新常态正从高速增长转向中高速增长,经济发展方式正从规模速度型粗放增长转向质量效率型集约增长,经济结构正从增量扩能为主转向调整存量、做优增量并存的深度调整,经济发展动力正从传统增长点转向新的增长点。为适应和引领经济发展新常态,国家"十三五"规划确定了以供给侧结构性改革为发展主线的新定位。这里产生了经济发展方式转变和新常态、供给侧结构性改革之间关系的新问题。应该看到,经济发展方式转型仍是经济发展新常态的显著特征,经济发展方式转变与供给侧结构性改革两条发展主线之间在结构性调整和推进体制改革方面直接相连,但是新阶段新定位也对转变经济发展方式提出了更高更多新要求,给理论界吹响了新的进军号。

难能可贵的是,《比较》分析问题时已经注重以经济发展新常态为前提,没有局限于我国"十二五"时期的情况分析,而是力求结合我国特殊国情,从制度安排、政策调控和技术创新等方面入手,基于政府诱导性和市场内生性动力的共同作用机制,提出中国新时期经济发展方式转型的路径和产业结构升级的对策。在考察国际经验启发与借鉴时也提出了一些较长时间内具有重要参考价值的观点,如积极实现我国制造业内部结构的升级,是实现经济发展方式转型的关键;理性对待第三产业特别是生产性服务业的发展,更好平衡"保增长"与"节能减排"之间的关系;根据工业化各阶段的国情,以及各地区产业发展的不

同具体阶段，制定循序渐进的产业政策，促进产业结构合理化和高级化等。这些都体现了作者的创新努力，对新常态下加快转变经济发展方式有着参考意义。

当然，经济发展新常态和以供给侧结构性改革为发展主线包含许多新的理论和实践问题，这也是《比较》等专门研究经济发展方式转型的著作需要进一步丰富分析和论证之处。相信作者会在今后的探索中提交出顺应新阶段新需要的更深入研究中国加快转变经济发展方式的新著述。

（本文发表于《理论与现代化》，2017年第3期。）

# 之七　系统研究马克思
## 关于经济发展方式思想的力作
### ——评《马克思关于经济发展方式的思想及其当代价值》

转变经济发展方式理论是中国特色社会主义政治经济学的重要内容,也是马克思主义政治经济学的有机组成部分,国外和国内学术界对此作出了长时间探讨,在不同时期还兴起过高潮。近日,欣喜看到了刚刚出版的四川理工学院马克思主义学院李陈博士的专著《马克思关于经济发展方式的思想及其当代价值》(以下简称《价值》),深感又为这种研究增添了一部特色明显的创新之作。

一、《价值》对马克思关于经济发展方式的思想作出了具有现今意义的研究

从经济发展需要区分为外延与内涵或粗放与集约两种方式的角度看,马克思早在撰写经济学巨著《资本论》之时就有了明确分析,因此马克思的经济学说是包括经济发展方式理论的。在理论界承担着发展马克思主义政治经济学重任的今天,专门研究马克思关于经济发展方式的思想不仅顺理成章,而且富有新的现实意义。

从理论方面看,这有益于促进运用马克思主义理论与方法,丰富发展中国特色社会主义政治经济学。经济发展方式转型一直是党和国家高度关注的重大问题。早在 20 世纪 80 年代,经济发展从粗放经营

为主逐步转上集约经营为主的轨道就被提了出来。90 年代中期制定"九五"计划和 2010 年远景目标时，党中央在建议中确定，要实现经济增长方式从粗放型向集约型的根本性转变。进入新世纪后，党的十七大分析了新的形势和发展目标，明确指出要在加快转变经济发展方式方面取得重大进展，以发展方式概念代替了增长方式概念。在制定"十二五"发展规划之时，党中央紧密结合世界金融危机的影响与挑战，在发展指导思想部分作出了"以加快转变经济发展方式为主线"的概括。

近年来，习近平总书记在阐述经济发展新常态时，又将"经济发展方式正从规模速度型粗放增长转向质量效率型集约增长"作为新常态的一个重要特征进行了强调。可见，转变经济发展方式已经并长期成为中国推动科学发展，走上强国之路的一个重大理论命题，构成中国特色社会主义政治经济学的重要组成部分。基于此，理论工作者应当认真研究这一重要理论与实践问题，不断随着实践的发展而使之深化。《价值》正是站在这个历史起点上开展了马克思关于经济发展方式思想的深入研究，努力从整体上明确和把握思想内涵、丰富内容、科学方法、时代价值等，以特色视角丰富了对马克思主义政治经济学的认识，有针对性地探讨了马克思关于经济发展方式思想对中国当今加快转变经济发展方式的指导意义，在新的形势下为落实党中央关于发展中国特色社会主义政治经济学的要求，深化马克思主义中国化研究付出了实际行动，作出了有益尝试。

二、《价值》对马克思关于经济发展方式的思想作出了相当系统全面的研究

根据我的考察，国外特别是国内学界对马克思关于经济发展方式

思想的研究曾经历过三次高潮。一是在 20 世纪 60 年代,苏联与东欧国家的经济学界针对当时本国经济发展的低效率问题就马克思的粗放和集约型经济增长认识作出了探讨。我国理论界也在总结 50 年代发展教训时开始了初步思考。二是在我国改革开放初期,经济学界开始研究经济发展战略问题时就马克思关于内涵与外延两种扩大再生产方式及其对中国发展的指导意义进行了深入分析。三是在 20 世纪 90 年代中期,党和国家提出转变经济增长方式命题时,一些学者就马克思的有关思想再次进行了挖掘。然而长时期中还没见到一部专门研究马克思经济发展方式思想的著作。《价值》全书用了 5 章 26 万字,在扎实总结前人成果的基础上,分别考察了马克思关于经济发展方式思想的产生条件、形成过程、丰富内涵、辩证方法、历史地位,进而又就这方面思想在中国的发展进程作出了梳理,对我国转变经济发展方式理论与实践的指导性启示予以了分析。其中的各个部分也较为全面深入,如在分析经济发展方式思想内涵时,既细致介绍了马克思的直接阐述,又挖掘归纳了具有重要相关性的间接分析,还把这些思想放在马克思的经济发展理论整体框架内说明二者的区别与联系。又如在分析历史地位时,既从多方面充分阐述了历史贡献,又从内容和术语方面说明了时代局限性。这些考察从多角度深化了理论探索,可以帮助读者对马克思关于经济发展方式的思想获得系统丰富和更为深入的认知。

三、《价值》对马克思关于经济发展方式的思想作出了具有创新见解的研究

《价值》在深入研究中努力提出自己的独到见解。一是在研究视角

方面,不仅提供了一部专门的论著,而且对马克思关于经济发展方式的思想进行了横纵两个方面的系统梳理,即在全面归纳分析有关论述的同时,又单独对这一思想的发展史作出专门研究,考察了马克思关于经济发展方式思想的产生条件、思想渊源和产生形成历程。此外,该书将马克思的经济发展方式思想研究与当前我国加快转变经济发展方式的实践紧密结合起来,阐述这一思想对加快转变经济发展方式实践的重要启示,这在学界尚属少见。

二是在研究内容方面,《价值》从多方面予以拓展和充实。如以往研究马克思的经济发展方式思想,主要侧重于马克思就此作出的直接分析。《价值》则以论述的明确程度将马克思关于经济发展方式的思想区分为狭义和广义两个部分。前者是指在经典著作中对外延与内涵、粗放与集约的经济发展方式所作的直接明确阐述。后者是指散见在经典著作中,就影响经济发展方式及其转变的其他因素的间接论述,比如科学技术发展、企业管理、制度改变、自然环境和人的发展等相关思想与认识。该书分别深入考察了马克思的狭义和广义的经济发展方式思想,朝着更为全面深入清晰把握马克思关于经济发展方式思想内容的方面迈进了一大步。

三是在研究观点方面,《价值》除了提出了狭义和广义说外,还在多方面作出了自己的提炼与概括。如对马克思经济发展方式思想的方法论,该书从运用对立统一规律、抽象上升到具体、系统分析、逻辑与历史相统一等方面概括了所运用的方法,还专门分析了运用马克思关于经济发展方式思想的方法论对当今加快转变经济发展方式的指导意义,将此概括为:认清转型规律,予以高度重视;历史地看待粗放型经济发展方式,把握转型的长期性;明确转变战略重点,着眼新的发展方式生成三个方面。作者高度重视马克思关于经济发展方式思想的方法论研究并作出初次分析,即体现了著作的创新性,又符合当今研究马克思主义经典作家思想的正确方向,值得肯定。

据我所知,作者为作出特色和创新研究付出了艰苦的努力。马克思关于经济发展方式的论述特别是广义思想散见在他的著作之中,系统而又准确地把握马克思关于经济发展方式思想在中国的认识发展及其对现今的指导,需全面梳理中国的有关理论与实践,这些都要查阅并分析大量著作和资料。作者在攻读博士期间全力付出,所作的非凡努力也获得了承认,不仅博士论文得到了专家的好评,而且在高层学术刊物上发表了多篇阶段性成果。

当然,马克思关于经济发展方式思想的研究没有止境,该著作就此作出的概括也可能会有不同的理解和认识,在我国"十三五"时期,转变经济发展方式的理论与实践也面临新的形势和要求,应与供给侧结构性改革的新主线紧密衔接,从而为理论界提出新课题。据我了解,作者仍在继续钻研和深入探索,相信他会就此不断提交进一步的成果,为马克思主义中国化研究和中国特色社会主义政治经济学的繁荣做出年轻学者的贡献。

(本文主体部分发表于《四川理工大学学报》,2017 年第 12 期。)

# 之八 中国中长期全方位深化改革的战略选择

## ——评《包容性改革论
## ——中国新阶段全面改革的新思维》

　　现阶段中国体制改革的特征是全面深化改革,需要理论界紧密结合实际开展总结经验、着眼长远和着力创新的研究。近期拜读了常修泽教授独著的《包容性改革论——中国新阶段全面改革的新思维》(经济科学出版社,2013 年,以下简称《包容论》)及相关的多篇论文,深感这些都是就此方面作出研究的特色鲜明的著述。突出体现在如下方面。

　　一、开拓了视角独特的改革战略研究

　　跨入新世纪后的中国,既取得了举世瞩目的发展实绩,又遇到了前所未有的严峻挑战,从而将深化体制改革提上了重要议程。面对新一轮改革包含的纷繁复杂课题,《包容论》没有定位于短期需要和技术处理的层面,而是立足于中长期战略的思考,特别是从"包容性改革"的新视角展开了自己的深入探讨。在阐释包容性改革时,作者提出包括三个要义:包容性思想、包容性制度、包容性运作,认为"包容性体制总体优越于排斥性体制"。显然,这是针对我国现阶段发展所面临的突出问题,尤其是改革进入深水区和攻坚区所遇到的尖锐矛盾而构思的。

　　长时间中,学界比较重视和较多考察了包容性"发展",但就"包容性"和"改革"的有机结合尚少明确系统的论及。《包容论》的问世令人耳目一新,思想、制度和运作的安排兼顾了理论认识与基本实践、顶层设计与组织推动,为全面深入总结我国改革经验,剖析现阶段体制改革状况,观察中长期改革走向,增添了更开阔的视野,引进了更丰富的话语,提供了更广阔的前景。

二、提出了新颖系统的改革战略内容

从包容性改革的"三大要义"看,包容性思想、制度、运作依次体现了认识基础、核心范畴、实现路径的逻辑,统领了全书的脉络。从包容性制度内容看,安排了"五环式改革"架构,即在经济改革方面,寻求公正的深度市场化体制;在社会改革方面,寻求各阶层社会共生的社会体制;在政治改革方面,寻求最大政治公约数的政治体制;在文化改革方面,寻求多元文明交融互鉴的文化体制;在生态体制改革方面,寻求以"天地人产权"为基础的环资体制。既全面分析了"五位一体"的改革,又力图提炼出包容性体制的各方面特征:从经济体制转型看,提出在市场化和公正化"两个鸡蛋上跳舞","市场化谨防权贵,公正化谨防民粹"的主张;从"社会共生"看,明确了"穷人不能再穷、富人不必出走、中产必须扩大"的指向;从包容性运作看,论证了"大均衡"方略,强调要超越极端,双线平衡,在均衡中突破。包容的关键是包容"异类",特别关注了 21 世纪创新的新现象——"无限制"的新人。从这些已能看出,全书以一种新体系、新概括、新观点阐发了基本思路与主要内容,展示了作者独到的学术见解,读后给人以深刻启迪。

三、论证了立意深刻的改革战略取向

作者围绕《包容论》撰写了系列论文,与这本著作相融互补,从不同角度陈述了独特认知。如在《中国下一个30年改革的理论探讨——"人本体制论"角度的思考》①中，作者指出，就今后改革的广度和深度来说，无论是与前一个30年相比，还是与1919年以来中国现代史的前三个30年相比，都将是一场更深刻、更伟大的变革，因此必须思考在新的历史阶段，中国改革应按照什么样的价值取向来推进的问题。作者认为，应该立足于"人的解放和发展"的基本点，从"人本体制论"的角度思考下一个30年中国改革的若干理论问题。论文详细阐述了五个观点。

第一，改革的实质在于人的解放和自由的全面发展。应从横向、纵向和内核三个层面准确把握"人"的含义；抛弃"人本工具论"，树立"人本实质论"；由"不完全的、基础性人本"向"全面的、高端性人本"渐进式提升。

第二，把握"双线均衡"，即寻求经济市场化与社会公正之间的最佳均衡点。主要包括推进初次分配和再分配领域的改革，缓解社会财富"三个倾斜"（向政府、垄断企业和非劳动者倾斜）问题；建立资源环境产权制度，解决资源类产品价格和税收不合理产生的分配不公问题；政府、市场和社会三方联手，运用"公私合作伙伴关系（PPP）"机制，缓解公共产品和公共服务供给不足的问题。

第三，促进"三个解放互动"，即解放生产力、解放生产关系以及促进人自身的解放和发展，并使三者互动。

第四，在"上""下""内""外"四个方面推进经济领域体制创新。"上"

---

① 常修泽：《中国下一个30年改革的理论探讨——"人本体制论"角度的思考》，《上海大学学报》，2009年第3期。

创政府经济管理新体制，"下"创微观基础和市场体系的新格局，"内"创民生性和可持续发展体制，"外"创适应和应对全球化体制。

第五，推进经济、政治、社会、文化和生态环境制度的"五环"改革。要准确把握"五环改革"每个环的"中心"；抓住"五环改革"之间的"交扣"性，使之一体化；增强"五环改革"的动力，注意防止"权贵"和"民粹"两种现象。

值得关注的是，作者强调，马克思、恩格斯在《共产党宣言》中宣示了"每个人的自由发展"①。恩格斯在去世前一年给瑞士日内瓦共产主义者创办的杂志《新纪元》"创刊号"题词时，特意从马克思的著作中找出了这样一句话："……每个人的自由发展是一切人的自由发展的条件"，并特别申明，除了摘出这句话以外，"我再也找不出合适的了"。②可以认定，这是作为亲密战友的恩格斯对马克思思想核心价值最浓缩、最概括的表述，也是恩格斯积其一生之体验得出的关于马克思主义理论的最重要的结论。正是根据马克思主义关于未来新社会本质的思想，作者于20世纪80年代初步提出了"建立社会主义人本经济学"的观点，后一直坚持深入思考，力图探求在21世纪的中国如何建立无愧于人自身解放和发展的新体制，并在《包容论》中丰富了这一思路。

长时间中，我们思考和设计经济体制改革，较多地强调了服务促进生产力发展，这是必要的，可是在实践中又往往落在加快经济发展速度方面。从今天所需要通过改革破解的诸多难题看，将改革的深层目标理解为人的自身解放和发展是对我国新阶段改革的深层思考。尽

---

① 《共产党宣言》，载《马克思恩格斯选集》（第1卷），人民出版社，1972年，第228~286页。

② 参见［德］恩斯特·卡西尔：《人论》，甘阳译，上海译文出版社，1985年。

管这一价值取向的实现还需要根据实际情况在改革的中间目标和具体举措中不同程度地予以体现,并因受到不同发展阶段的制约而需经历一个过程,但是强化这一认知和思路有利于体制改革在新的条件下更好地体现社会主义方向,贯彻党的十八届五中全会提出的以人民为中心的发展思想和创新、协调、绿色、开放、共享的五大发展理念,实现改革实施的有效性和可持续性。《包容论》作者以马克思主义为指导,就此方面较早作出了积极倡导和系统思考,并在多项研究成果中保持这种价值取向,是难能可贵的。

四、展示了坚持探索的改革战略精神

在作者看来,《包容论》这部著作是为中国新阶段全面改革提供战略思维的一个尝试,是近五年潜心探索的理论成果。这种勇于尝试和孜孜以求的行动也反映了中国改革开放近40年来蕴含的一种精神,正因为有大胆试和闯的理念指引,有脚踏实地的持续求索,我国的改革开放才能不断克服困难,创新推进,为快速发展提供不竭动力。《包容论》作者以此种精神构思和撰写学术著作,积多年之研究,在"磨"出《人本体制论》和《广义产权论》两部学术著作之后,又以其为理论基础呈献给读者这部新的力作。

常修泽教授曾长期在天津求学和从事研究工作,我在多年与他交往和向他学习的过程中深深感到,这是他做学问的一贯做法,已在学术生涯和众多著述中烙下了明显印记。记得20世纪80年代末我和几位年轻教师撰写出版了《社会主义政治经济学奠基史》一书,在我登门求教时,他对青年学者的著作既鼓励其勇于进取的精神,又提出了治学上的殷切希望,欣然为该书撰写了书评,至今使我们深受启迪并对学长充满敬意。从我长期开展经济学研究和后来到天津市社会科学界联合会从事联系专家学者工作的观察和体会看,这种勤奋治学、勇于探索、坚持创新的精神充分体现在老一辈经济学家身上,也推动着中青年学者不断深化经济理论与实践的研究,从而为建设中国特色社会主义政治经济学做出贡献。在进一步繁荣发展中国特色哲学社会科学的今天,我们仍然特别需要和在学界大力提倡这种精神。

《包容论》还启迪我们进一步思考全面深化改革在我国进入新的发展阶段之际的深化新思维问题。随着党的十八大以来党和国家事业发生的历史性变革,我国发展站到了新的历史起点之上,中国特色社会主义进入了新的发展阶段。一个重要标志就是中华民族实现了从站起来、富起来到强起来的历史性飞跃。我们站在了"两个一百年"的历史交汇点上,既要到 2020 年全面建成小康社会,实现第一个百年奋斗目标的庄严承诺,又要在全面建成小康社会之后为实现第二个百年奋斗目标而努力,踏上建设社会主义现代化国家新征程。面对新的发展阶段,习近平总书记强调指出:"全党要提高战略思维能力,不断增强工作的原则性、系统性、预见性、创造性,按照新要求制定党和国家大政方针,完善发展战略和各项政策,以新的精神状态和奋斗姿态把中国特色社会主义推向前进。"[①]这对我国今后推进全面深化改革具有重要指导意义。

在新的发展阶段,我国全面深化改革必将在取得已有成绩的基础上承担新的历史重任,迎接新的现实挑战,也必须提高战略思维能力。

①　习近平:《高举中国特色社会主义伟大旗帜　为决胜全面小康社会实现中国梦而奋斗》,《人民日报》,2017 年 7 月 28 日。

思考这一重大历史性课题需要作出多方面研究，仅从包容性改革的角度看，就涌现了众多问题等待探讨。例如，在新的发展阶段中，全面深化改革应当具备哪些新的思维？包容性改革的思维在其中居何位置？被赋予哪些新的要求和内容？踏上建设社会主义现代化国家新征程的历史使命显然会对此提出新的课题；我国面对推动和引领世界经济全球化的形势要求必然继续深化体制改革，如何以更加开放的视野和思维认识包容性改革也需要作出进一步探讨。

又如，怎样以以人民为中心的发展思想指导深化包容性改革研究也是一个重要问题。以人民为中心的发展思想反映了坚持人民主体地位的内在要求，彰显了马克思主义政治经济学的根本立场，体现了当代中国经济社会发展的基本价值取向。近年来，理论界就此作出了积极学习阐释，特别是对科学内涵、指导意义、丰富内容等进行了深入研究，也就协调推进"四个全面"战略布局落实这一重要思想予以了必要分析，但是在全面深化改革的战略构想与实施中如何体现以人民为中心的发展思想尚需作出更有针对性的深入思考。包容性改革与以人民为中心的发展思想有着内在的密切联系，怎样认识二者之间的关系，如何在包容性改革中充分体现以人民为中心的发展思想的指导，都需要进一步作出全面系统研究。为此，理论界定将继续深化和创新中国体制改革的战略研究，为推进中华民族强起来提供理论支撑。应当看到，《包容论》已经结合我国实际情况开展了许多具有影响力的探讨，所倡导和遵循的"人本体制论"更是富有特色，相信作者将根据新的发展形势及需要拿出新的力作。

（本文部分内容发表于《天津日报》,2014 年 11 月 10 日,修改补充于 2017 年 8 月。）

# 之九　我国信誉理论研究取得的一项重要学术成果

## ——评《信誉与产权制度》

近年来,国内报纸期刊、广播电视、互联网络等各种各样的传媒上,信誉问题、信用危机或信任危机等字眼可以说频频出现,而人们所广泛议论的三角债、假冒伪劣、逃废银行债务、拖欠民工工资、违背合同条款,以及偷税漏税等,都是信誉问题或信用危机在社会经济生活不同领域中的表现。在信誉已经成为一个社会问题的情况下,在各界人士纷纷谈论信誉问题、信用危机的时候,如何从各种现象背后去揭示产生信誉问题的深层次内在原因,也就成为理论界、学术界必须面对和探索的一个问题。在中国不断扩大开放,提升在世界的竞争力背景下,已成为具有战略性的问题。

围绕信誉问题、信用危机已经发表了不少研究成果,但就事议事,描述现象、分析原因并提出治理对策的较多,而进行深入系统探讨的尚属少见。因此,当我读到西南财经大学程民选教授主著的《信誉与产权制度》一书时,感到这是一本具有研究深度与明显特色的学术专著。

《信誉与产权制度》由西南财经大学出版社新近推出。全书共9章,紧紧围绕信誉与信誉问题展开理论探讨。第1章明确提出和论述了信誉也是一种重要的社会资本,第2章用一个统一的分析框架对信誉的产生、强化与扩展进行了分析阐述,第 3 章论述了信誉的经济功能,第 4 章对信誉机制进行讨论。在对于信誉作出一般理论探讨的基础上,从第 5 章起,转入对于信誉与产权、产权制度关系的分析。第 5 章着重论述信誉主体的产权基础,强调信誉主体必须是产权主体;第 6 章从制度环境的视角探讨信誉与产权制度的关系,提出并阐明了对信誉资产实施产权保护的重要性和必要性。第 7 章从制度安排的视角进一步探讨信誉与产权安排的关系,分别就个人信誉与组织信誉对于产权安排的要求进行了分析。第 8 章专章讨论特殊信誉主体——政府与产权制度的有关问题,既分析了政府作为信誉主体的特殊性,又提出了政府诚信是现代信用社会的基石的论点,并且论述了政府对于构建现代产权制度所肩负的重大责任。最后一章专章分析转型时期的信用危机问题。《信誉与产权制度》是我所知道的国内将信誉与产权制度联系在一起进行分析的第一本学术专著。通观全书,结构独具匠心,研究思路清晰,学术问题探讨与现实生活联系密切,理论分析很有深度,学术观点颇有见地,是我国信誉理论研究所取得的一项重要学术成果。

作者在序言中写到:信誉研究具有价值,而研究信誉又得遵循学术传统与规范,需要借鉴前人已有的研究成果,并且能够与国外同行以共同的话语展开讨论。正是基于这一理念,《信誉与产权制度》以前人的研究为出发点,注重借鉴已有的重要研究成果,并在"以共同的话语"展开讨论中提出并阐明了自己的一些颇具新意的学术观点。

一是从理论上阐明了信誉与声誉的联系与区别,指出声誉、名声相对于信誉是更为一般的概念,明确提出只有与信任相联系的声誉才是信誉。

二是基于信誉的一般含义,从经济学的研究视阈给出了信誉的经济学内涵:由社会公众所形成和持有,行为者(信誉主体)因诚实交易、信守合约、真诚合作而赢得的声誉。指出从对信誉进行经济学分析的需要看,诚实交易、信守合约的声誉这一经济学定义显然要比由说话算话,言行一致所赢得的声誉这一非经济学定义更加适用。

三是提出了信誉是与信誉主体可信任度有关的信息,也是信誉主体的一项有价值的资产。并且尝试将信誉放入社会资本的理论框架中进一步考察, 从多个方面论述了信誉符合社会资本的内在规定性,提出并阐明了信誉也是一种重要的社会资本的论点。

四是论述了信誉是交易各方基于重复博弈而在合作互动过程中形成, 同时信誉的建立又对合作的深入和拓展具有十分重要的意义。并进一步指出信誉形成后,其强化和扩展也遵循着一定的机制。论述了信誉的强化包括:①信誉主体对信誉的自我强化,②信誉传播机制对于信誉的强化,③不同信誉主体信誉的叠加,而信誉扩展则是信誉在不同主体间的由此及彼和扩散,包括信誉在个人、组织之间的有条件转移和信誉主体的延伸。

五是分析了信誉主体是诚实交易、信守合约的个人和组织。明确提出能否诚实交易、信守合约,虽然首先是经济伦理问题,但同时又与履约能力息息相关。而履约能力显然又和主体的财产权利密不可分。

六是指出了产权是交易性互动的决定性因素,而在交易性互动过程中坚持合作以获得长期利益,遵守诚信经营的市场经济伦理,诚实交易、信守合约,才能在互动中建立起信誉。

　　七是说明了信誉是信誉主体专有的无形资产,其经济性不仅反映在信誉主体因为自身的信誉而减少进入成本,易于建立长期合作关系,从而会赢得更多商机上;而且有利于相关组织(包括企业、中介组织和政府机构)的活动,也为其节约交易成本和管理成本,因而信誉资产还具有外部经济性。

　　限于篇幅,对于该书中的创新观点不能一一列举。当然,《信誉与产权制度》作为国内学术界将信誉与产权制度联系起来进行专题研究的第一本学术专著,因其具有探索性,所论及的一些问题还有待进一步思考。相信本书的作者会继续在这一领域中耕耘,这部专著的出版也将会引发更多学者对信誉理论的关注,从而推动我国学术界从经济学的角度对于信誉理论的研究。

　　(本文发表于《南京财经大学学报》,2007 年第 6 期。)

# 之十　研究对外开放理论发展的力作

## ——评李家祥等著《中国经济开放理论研究》

天津师范大学经济发展研究所所长李家祥教授等近期编写出版了一部专著《中国经济开放理论研究》。该书对我国对外开放理论的发展历程作了相当全面和系统的考察，回顾了我国古代和近代的对外经济贸易思想，考察了新民主主义革命时期、社会主义建设初期的对外经济贸易思想和改革开放时期的对外开放理论的产生、发展与现状，作了具有相当深度的理论概括和学术总结。捧读之后，深感是一部具有重要学术价值和很强的现实意义的力作。

近20多年来，研究对外开放的学术著作为数不少，各种各样的经济思想史著作也比较丰富，但是把对外开放经济思想演进的历史进行研究和整理的著作却不多见。作为我国第一部研究对外开放经济思想史著作，该书填补了一项学术空白。

中国经过多年的努力，克服了重重困难和障碍，终于成功地加入了世贸组织，对外开放也从此进入了一个新的阶段。在这样的历史背景下，系统地整理、研究对外开放理论，无疑具有极强的现实意义。

体现思想史著作价值的一个重要方面，就是要引用新的资料，作出新的理论概括。《中国经济开放理论研究》在这方面作出了卓有成效的工作，书中的许多资料都是首次引用的，对某些时期理论的概括也是首次作出的。比如,作者在美国密西根大学做访问学者时,在该校著名的东亚图书馆,搜集到中国 20 世纪 20 至 40 年代大量学术资料,很多在国内学术界是鲜为人知的。由于这些重要资料的发掘和引用,作者就这一时期我国经济学界的对外经贸思想作出了较为完整的综合性研讨,既概括了总体特点,又介绍了一些代表人物如马寅初等经济学家的代表性著作及其经济思想。

《中国经济开放理论研究》取得了多方面的学术成果。根据我国经济开放实践及其理论思考的演进过程,作者提出了对外开放理论史的分期,把繁杂的经济思想理出了发展脉络,既说清楚了对外开放理论的内容、产生的背景条件,又科学地评价了重要思想家和理论观点的历史贡献与地位。该书着重研究了最近 20 年来的理论进展,从对外开放的理论传承、西方经济学的介绍与借鉴、外贸理论、引进外资和对外投资理论、外汇理论、经济特区与区域开放理论等众多方面着手,描述了整个经济学界的重要理论贡献。尤其突出地研讨了党和国家第三代领导人对于对外开放理论的发展及其在政治经济学中的地位所发挥的重要指导作用。这就使该著作不仅是一部经济思想发展史,同时也是一部现实感极强的经济理论著作。

李家祥教授自 20 世纪 80 年代中期就开始从事中国社会主义经济思想的发展与现状方面的研究,坚持不懈,著作颇丰。其他作者,或他指导的"中国社会主义经济思想研究"方向的研究生,或有做相关研究的青年教师,应该说,这部著作是经过作者的认真研究而拿出的力作,具有很高的学术价值。

（本文压缩稿发表于《光明日报》,2013 年 1 月 22 日。作者:杨永华,时为中国政治经济学史研究会副会长、秘书长,中国经济发展研究会副会长、秘书长。现为华南师范大学经济与管理学院教授、博士生导师。）

# 参考文献

1.《马克思恩格斯全集》(第 37 卷),人民出版社,1971 年。

2.《马克思恩格斯选集》(第 3 卷),人民出版社,1995 年。

3.《马克思恩格斯文集》(第 4 卷),人民出版社,2009 年。

4.《马克思恩格斯文集》(第 5 卷),人民出版社,2009 年。

5.《毛泽东文集》(第 7 卷),人民出版社,1999 年。

6.《毛泽东选集》(第 2 卷),人民出版社,1991 年。

7.《习近平谈治国理政》(第 2 卷),外文出版社,2017 年。

8.《十七大以来重要文献选编》(上),中央文献出版社,2009 年。

9.《十八大以来重要文献选编》(中),中央文献出版社,2016 年。

10.陈德华等编:《论经济增长方式的转变》,西南财经大学出版社,1997 年。

11.国家人口和计划生育委员会流动人口服务管理司:《中国流动人口发展报告》(2011),北京人口出版社,2011 年。

12.郝寿义、吴敬华、曹达宝:《滨海新区开发开放与综合配套改革》,南开大学出版社,2012 年。

13.洪银兴:《发展经济学与中国发展》,高等教育出版社,2005 年。

14.黄泰岩:《中国经济热点前沿》(第 5—7 辑),经济科学出版社,2008—2010 年。

15.《经济研究》编辑部编:《建国以来社会主义经济理论问题争鸣（一九四九—九八四)》(上),中国财政经济出版社,1985年。

16.李家祥主编:《经济发展中的经济稳定研究》,天津人民出版社,1993年。

17.李家祥:《经济增长方式转型比较研究》,陕西师范大学出版社,2000年。

18.刘传江:《中国城市化的制度安排与创新》,武汉大学出版社,1999年。

19.刘国光:《中国经济发展战略问题研究》,上海人民出版社,1984年。

20.陆南泉、高中毅:《苏联经济建设和经济体制改革理论的发展》,中国社会科学出版社,1988年。

21.王家庭:《国家综合配套改革试验区的理论与实证研究——以天津滨海新区为例》,南开大学出版社,2009年。

22.王敏:《中国经济转型战略研究》,中国言实出版社,2013年。

23.王元璋:《马克思恩格斯经济发展思想导论》,新疆人民出版社,1998年。

24.徐全勇:《浦东综合配套改革的理论与实践》,上海人民出版社,2011年。

25.张卓元主编:《论争与发展:中国经济理论50年》,云南人民出版社,1999年。

# 后　记

当向读者呈献此部著作时,我特别感谢为开展这些研究提供了诸多支持和帮助的方方面面。

这些成果很多来自于新世纪以来我主持的各级课题的内容。如,国家自然科学基金项目"国家综合配套改革试验区建立自由贸易区研究"(2007),国家教育部人文社会科学研究规划项目"世界经济全球化中的中国经济改革与发展研究"(2000),"滨海新区阶段发展跟踪分析与比较研究"(2006),"滨海新区发展报告"(2012)等,天津市哲学社会科学重点学科建设工程项目"滨海新区建设我国北方对外开放门户的对策研究"(2008),天津市哲学社会科学重大委托项目"京津冀协同发展视域下全国先进制造研发基地建设研究"(2015),"天津加快打造全国先进制造研发基地的路径创新研究"(2016),天津滨海新区委托项目"滨海新区发展报告"(2001—2012),天津市经信委重点项目"天津市战略性新兴产业选择与发展战略研究"(2011),天津市科学技术协会项目"天津市十个重点产业产业链总体综合研究"(2014),天津市工信委"十三五"重点调研项目"天津加快发展先进制造业对策研究"(2015)等。为完成这些课题,启发我作出深入思考,促使我经常撰写一些研究心得,从这种意义上说,这部著作的编撰也是上述课题的一项后续科研成果。同时,开展课题研究也得到了各个课题发布和管理方、调研单位、课题组成员的真诚信任和大力支持,在此表示诚挚谢意!还有多项成果或源于天津市委研究室的《参阅件》的选稿,或源于《天津日报(理论版)》《天津师范大学学报》《理论与现代化》的邀稿,在撰文的过程中更是促进了对马克思主义中国化理论创新的深入学习和中国特色社会主义政治经济学的接续研究,推动了对天津经济发展的调研和分析,这种信任和支持也是一种饱含感激的动力与激励!

由衷感谢本书收入了文章的合作者。其主体是新世纪以来跟随我学习的博士研究生和硕士研究生,主要有吕景春、张楠、李陈、陈燕妮、杨嘉懿、王晖和权超、席枫、戴超、崔丽娟、刘勇等。合作者还有几位天津师范大学的博士青年教师,主要有经济学院的张同龙、吕波、董智勇、杨畅,法学院的郭春明,历史与文化学院的赵文君等。合作者还有天津社会科学界联合会的青年干部肖雅楠博士。他们参加了我的课题并合作撰文,收进这些论文为本部著作增添了更加充实的内容、体现了富有特色的视角。为了体现他们的付出与贡献,本书在各有关部分的结尾予以了注明。

在从事研究的过程中,还得到了多方的信任和关注。如天津市委研究室、天津市委宣传部理论处、天津市社会科学界联合会、天津市环渤海经济研究会等多次在重要时刻相约理论文章稿件,或相邀出席高端研讨会议和服务于高层的咨政工作。学术界的许多专家热情邀我撰写书评或为我的著作写作书评。在课题的管理方面,天津市社会科学界联合会,天津师范大学及科研管理部门、滨海新区经济社会发展研究中心、经济学院、经济发展研究所等给予了很多支持和帮助。在出版方面,天津人民出版社给予了高度信任和积极支持,选入"纪念改革开放 40 年研究"丛书,郑玥编辑为申报立项和编审书稿提出了很好建议并做出了大量工作,在此一并表示衷心感谢!

需要说明的是,中国特色经济发展战略和经济改革开放战略问题的内容博大精深,党的创新理论极为丰富,经济学界的有关成果也浩如烟海,本书无法作出全面反映和考察,仅以此书名概括和收入自己进入新世纪后就此方面的一些初步思考。同时,本书的一些论文是处在当时的发展阶段和条件之下写作的,虽然那时也努力作出认真分析和较新探讨,但是今天看来则存在一些站位尚不高、视野尚不宽、分析尚不深、衔接尚不好之处。为了如实反映历史研究成果,本书编辑时只能作出较少的必要文字调整。因以上原因出现的不妥之处,敬请读者批评指教。

在本书编辑过程中还得到了我的夫人,天津师范大学经济学院彭金荣教授的大力支持与帮助,她不仅提供了一起合作的论文,还承担了搜集文章和编校工作。我的博士研究生杨嘉懿也为编辑书稿给予了热情协助,在此一并感谢!

李家祥

2018 年 2 月